龙游河公园

图书在版编目（CIP）数据

大事如皋：2017 / 江苏省如皋市档案局（馆）编. —北京：方志出版社，2018.4
ISBN 978-7-5144-3067-7

Ⅰ. ①大… Ⅱ. ①江… Ⅲ. ①如皋－地方史－大事记－2017 Ⅳ. ①K295.34

中国版本图书馆CIP数据核字（2018）第094601号

大事如皋（2017）

编　　者：江苏省如皋市档案局（馆）
责任编辑：王海荣
出 版 人：冀祥德
出 版 者：方志出版社
地址　北京市朝阳区潘家园东里9号（国家方志馆4层）
邮编　100021
网址　http://www.fzph.org
发　　行：方志出版社图书经销中心
电话（010）67110500
经　　销：各地新华书店
印　　刷：南通彩虹印刷有限责任公司
开　　本：889×1194　1/16
印　　张：14.125
字　　数：416千字
版　　次：2018年4月第1版　2018年4月第1次印刷
印　　数：001～500册
ISBN 978-7-5144-3067-7　定价：150.00元

大事如皋

CHRONICLE OF EVENTS IN RUGAO

中共江苏省如皋市委员会
江苏省如皋市人民政府 主办
江苏省如皋市档案局(馆) 编

2017

方志出版社
Publishing House of Local Records

《大事如皋》编纂委员会

序

斗转星移，岁序迭易。推开时光之门，刚刚过去的2017年，华夏神州处处波澜壮阔，不断涌现出的众多进步和飞跃，宛如一幅幅鲜活的缩影，交汇凝聚成党和国家事业取得历史性成就、发生历史性变革的一轴精彩长卷。

俯瞰长江之滨雉水大地，生机蓬勃的建设和发展图景灿然铺陈于长卷之中。一年来，勤劳智慧的如皋人民以习近平新时代中国特色社会主义思想为指引，贯彻落实新发展理念，重拾并弘扬“勠力同心、同甘共苦、坚韧不拔、善作善成”的治沙精神，开拓创新，撸起袖子加油干，全市经济社会呈现持续健康发展态势，综合实力持续增强，各行各业活力迸发，全面建成小康社会不断取得新的突破。

这一年，如皋在苏中苏北地区率先跻身全国文明城市，获得中国人居环境奖，并跃居全国综合实力百强县市第26位。全市粮食生产再获丰收，创成省粮食生产全程机械化示范市。地区生产总值、工业应税销售、服务业应税销售、建筑业施工总产值均突破1000亿元，全面完成“四个千亿”目标。

这一年，如皋获批国家知识产权示范县(市)，成功举办第二届国际燃料电池汽车大会、“一带一路”软件行如皋峰会。全市新技术产业、新兴产业产值分别增长22.7%、24%。相关企业主导制定并发布国家标准2个、行业标准3个。神马电力获国家科技进步特等奖，荣威国际在港交所成功上市。

这一年，如皋新批外资项目42个，实际到账外资3.8亿美元。进出口总额30.8亿美元，其中出口24.3亿美元。境外投资6951万美元。外经营业额3.2亿美元。如皋港新开通内贸集装箱直达航线4条，集装箱吞吐量突破15万标箱，泓北沙4个泊位获批正式开放。盐通高铁如皋南站成功获批，通皋大道开工建设。

这一年，如皋供给侧结构性改革持续深入，“互联网+政务服务”“不见面审批(服务)”渐次铺开，基层政务公开标准化规范化国家级试点有序推进。全市全年新开工亿元以上产业项目186个，其中10亿元以上项目19个。淘汰钢铁落后产能80万吨，房地产去库存周期降至4个月。

这一年，如皋获批国家节水型城市、中国绿色发展优秀城市，搬经镇入选全国特色小镇，城北街道平园池村获全国美丽乡村百佳范例奖。全市空气质量优良率74.1%，集中式饮用水水源地水质达标率100%。全面落实“河长制”“断面长制”，开展全域水环境治理，并在南通率先编制土壤污染防治方案。

这一年，如皋教育现代化示范区综合监测得分全省领先，普通高考万人本科上线率南通第一，职教对口高考本科上线人数占全省1/7。全市村卫生室公有化率达100%。基层综合性文化服务中心建成率达80%。成功承办第20届亚洲老将田径锦标赛。

这一年，如皋58%的新一轮建档立卡低收入人口实现脱贫。城乡居民医保整合并轨，职工“五险”实现动态全覆盖。城乡低保、农村“五保”标准稳步提高，被征地农民即征即保，残疾人两项补贴落实到位，职工基本照护险启动实施。

历尽天华成此景，人间万事出艰辛。回眸激情澎湃的2017年，全市人民秉持“创新、协调、绿色、开放、共享”的发展理念，辛勤工作，不懈努力，竭尽所能完成各项工作目标，方有此丰硕成果。成绩的取得来之不易，在此，谨借《大事如皋(2017)》出版，向所有为如皋发展做出辛勤贡献的人们表示由衷的感谢和崇高的敬意！

回首过去，为了更好前行，随着中共十九大落下帷幕，中国特色社会主义新时代大幕已经开启。新的一年，是贯彻中共十九大精神的开局之年，是改革开放40周年，更是决胜高水平全面建成小康社会、实施“十三五”规划承上启下的关键一年。当新时代的朝阳跃升在地平线上，建设“强富美高”魅力如皋又站在了新的起点。

幸福需要奋斗，美好生活靠我们自己创造。展望充满希望和挑战的2018年，我们有望看到通皋大道、美丽乡村、如皋全域旅游创建如火如荼的建设场景，我们有望见证国际顶级超跑品牌赛麟在如皋生产的城市SUV的正式下线，我们有望亲历如皋港华丽转型、软件园提档升级、高铁新城区建设迈上崭新台阶……

未来值得期待，这是属于我们每一个人的新时代！这是奋斗者的新时代！让我们携手并肩，再次出发，奋力前行，共同创造如皋更加灿烂辉煌的明天！

编委会

2018年3月

编辑说明

《大事如皋》是以马列主义、毛泽东思想、邓小平理论、“三个代表”重要思想、科学发展观、习近平新时代中国特色社会主义思想为指导，坚持辩证唯物主义和历史唯物主义的立场和观点，以时间为序，记录如皋市经济、政治、文化、社会、生态文明建设的重要档案文献资料，旨在为各级领导、各部门了解全市的工作动态和发展情况、总结经验、指导工作等提供系统的档案信息服务。

《大事如皋(2017)》记录和反映了如皋市2017年全市范围内发生的大事、要事、新事及市委、市政府为民办实事项目，以图文并茂的形式记述党和政府的重大政策、各部门的重大活动、各界人士关注的重大事件、与人民群众生活密切相关的重大项目，记录成就，展示风貌，保存史料。

全书由领导考察、热点聚焦、新闻人物、大事纪要、成就展台、惠民实事、专文选编、先进荣誉八个部分的内容组成。

1.领导考察 主要记录和反映省、部级以上和南通市委、市政府主要领导人在本地区的重要活动。

2.热点聚焦 选取全市当年事关全局、有广泛和长远影响的大事，重点加以记述。

3.新闻人物 简要介绍如皋市新上任、变动的主要领导人；做出重大贡献的本地、外地及国外如皋籍人士的履历、事迹。

4.大事纪要 按时间顺序逐条记载2017年如皋经济、政治、军事、文化、社会、生态文明等方面的情况、部门工作动态、重大活动和事件及本地区的特异自然现象等。

5.成就展台 记录和展示全市2017年经济社会发展所取得的重大成就和亮点。

6.惠民实事 主要记述2017年市政府确定的为民办实事项目的落实情况。

7.专文选编 选录市委、市政府重要专题报告和全市性的政策、法规性文件。

8.先进荣誉 包括获得国家、省级、南通市级和如皋市级奖励和荣誉称号的模范人物、科技成果、文体活动等。

如皋市档案局(馆)

2018年3月

目 录

■领导考察

■热点聚焦

■新闻人物

大事如皋

■大事纪要

■成就展台

■惠民实事

目录

■专文选编

■先进荣誉

大美如皋

领导考察

Lingdao Kaocha

江苏省委常委、政法委书记、公安厅厅长王立科调研如皋公安工作

王立科（右三）一行在李昌钰刑侦科学博物馆调研

邱　宇　摄

5月11日，江苏省委常委、政法委书记、公安厅厅长王立科带队调研如皋市公安工作。他充分肯定如皋市公安工作所取得的成绩，勉励全市公安机关和广大民警要坚定信念，勇于创新，继续在维护社会大局稳定、促进社会公平正义、保障人民安居乐业中开拓进取、奋发作为，为高水平全面建成小康社会提供坚强保障。南通市领导韩立明、姜永华及如皋市领导陈晓东、何益军、陈晓彬陪同调研。

王立科一行实地调研了丰乐派出所、市公安局交通管理服务中心、李昌钰刑侦科学博物馆等处。在丰乐派出所合成研判室，王立科对民警们爱岗敬业的工作态度表示赞赏。市公安交通管理服务中心集车驾管业务、交通事故综合服务、交通违法处理、执法监督管理等功能于一体，市公安、法院、司法、国税、保险等部门集中办公，提供“一站式”服务，是全省县级地区功能最全的交通管理服务中心。市公安交通管理服务中心事故科办公区内设有两个交通事故巡回法庭，也是目前全省唯一一家实体进驻、实体化运行的法庭。在事故科现场组办公室里，王立科就辖区内发生交通事故的协调和处理进行了询问和了解。在交通事故巡回法庭，王立科了解了法庭办案的流程以及处理一个交通案件需要的时间。当得知因为交通事故的鉴定需要外部机构介入，有时候会延长办案时间时，王立科表示，如何简化流程将办案时间缩短，这个问题值得大家思考，希望如皋能够不断探索新思路，创新服务方式，简化办事环节，优化办事流程，研究出好的对策来解决这个问题，届时他会将如皋研究出的好经验在全省推广。

南通市委书记陆志鹏在如皋开展"走帮服"活动

6月3日，南通市委书记陆志鹏利用周六休息日，到如皋开展"走帮服"活动。他强调，要贯彻落实好省委对全省大走访活动最新要求，始终坚持精准把脉、精准帮服、精准转化和精准治污，积极探索常态化、长效化工作机制，推动"走帮服"活动广泛深入扎实开展、确保善作善成，为推进"两聚一高"新实践提供强大动力支撑，为中共十九大召开营造和谐稳定的社会环境。南通市领导沈雷，如皋市领导陈晓东、何益军、马金华参加活动。

陆志鹏（右五）一行察看如皋汽车文化馆

邱　宇　摄

在国家"千人计划"专家、海归博士孙智江创办的海迪科（南通）光电科技有限公司，陆志鹏参观了生产线，听取产品研发、市场销售等情况介绍，并就人才招引、政策落实等听取企业家意见。陆志鹏要求，地方党委、政府要一如既往提供良好服务，继续支持企业做大做强。在如皋软件园，陆志鹏观看了软件园入驻企业介绍，并走进凌志软件，详细了解员工年龄、学历结构和稳定性、薪酬水平等情况。凌志软件落户软件园时只有20余人，现在达500余人，鉴于这样的发展势头，企业正不断将开发项目从北京、上海、苏州、无锡等地向如皋转移。陆志鹏指出，如皋软件业能够发展起来，很不容易。培育产业，就是要有这样的定力、这样的韧劲。陆志鹏还察看了如皋汽车文化馆，重点了解如皋氢能及新能源汽车产业发展情况，要求加强产业跟踪研究，不断取得新的进展。他强调，要始终把项目建设牢牢抓在手上，特别是要集聚重特大项目和重点产业，为全市经济平稳运行提供强大动能。

陆志鹏还实地走访了如皋市委、市政府重点建设的民生工程高新区城南花苑。走进社区公共服务中心，他与工作人员、社区民警、志愿者等交谈，了解基层党组织建设、居民自治组织设置、矛盾纠纷调处等情况。他指出，村民变成市民，生活方式等都有了很大变化，需求也不一样。这类新型社区的服务和管理，是一个全新的课题，要不断探索完善。随后，陆志鹏登门走访了老党员夏正泉、低保户陈某某两个家庭。夏正泉是一名复员老军人，20世纪60年代曾参加过抗美援越战争。他说，现在生活很好，街道领导经常来看望，表示关心。陆志鹏强调，共产党就是要为百姓办事。开展"走帮服"活动，就是要走进群众家中了解情况、解决困难。陈某某夫妇是低保户，加上其他保障和资助，温饱没有问题，陈某某还在参与秸秆禁烧宣传。陆志鹏与陈某某夫妇围坐在一起，关切询问夫妇俩生活情况，指出党委、政府有责任把困难群众的生活关心好、安排好。看到领导登门，陈某某十分高兴，表示一定会把禁烧宣传工作做好。

走访中，陆志鹏重点了解了"走帮服"活动在基层开展情况。他强调，要把抓好"走帮服"活动作为一项重要政治任务，进一步深化思想认识，精心组织、周密安排，着眼于发现问题、解决问题，让企业、百姓有切切实实的获得感。特别是镇街、村居层面，要把脱贫致富、薄弱党组织转化和生态环境保护等作为重要职责，确保守土有责。

青海省海南藏族自治州领导到如皋考察

6月10日，青海省海南藏族自治州委副书记、州长索南东智率队到如皋考察并看望在南通地区挂职的海南藏族自治州干部。南通市副市长赵闻斌，如皋市领导何益军、丁兴华、缪爱诚、卓么本陪同。

索南东智一行实地考察了如皋市城市规划展示馆、博物馆、中国·如皋国际园艺城、华夏胶片电影博物馆等处，了解了如皋市近几年经济社会发展情况。

据了解，根据中央的部署和要求，2010年起特别是“十二五”以来，江苏省扎实推进对口援青各项工作，对口支援海南藏族自治州工作成效明显，援建项目建设进展顺利；智力支援不断深化，江苏、青海两省交流合作取得丰硕成果。南通历来对援青工作非常重视，如皋作为援青干部的派出地之一，一直以来按照组织需求，安排年轻有为的干部赴对口县挂职，同时也非常欢迎海南藏族自治州年轻干部到如皋挂职交流。

在与挂职干部座谈交流时，索南东智说，此次参观考察，使他大开眼界也深受启发，特别是如皋干部敢闯敢试、敢为人先的精神让他大受感动。他说，如皋的援青干部素质全面，在挂职期间能够迅速转变角色，提出不同的工作理念和思路，为地方经济社会发展提供有益支持。同时，他对如皋一直以来对来如挂职干部给予的高度关心深表感谢。他还鼓励在南通挂职干部克服气候、饮食、文化差异等情况认真工作，努力学习先进的管理方式、工作理念，开拓工作思路，积累工作经验，在挂职期间听从组织安排，为挂职地贡献力量。

南通市委常委、政法委书记姜永华调研如皋政法工作

6月15日，南通市委常委、政法委书记姜永华到如皋，就如皋市政法工作进行专项调研。如皋市领导马金华、缪小华、刘向阳、陈晓彬陪同调研。

姜永华一行实地考察了丁堰镇鞠庄社区、东陈镇综治中心、经济技术开发区综治中心、如城街道综治中心和市综治中心等处，详细了解如皋市基层法治建设和综治建设工作。每到一处，姜永华认真听取负责同志的汇报，详细询问人员队伍建设、基层基础建设、体制机制运行情况、创新惠民举措以及社会稳定等。

2017年以来，如皋市政法系统按照中央、江苏省、南通市政法工作会议要求，紧扣市委、市政府决策部署，围绕“公众安全感高、法治建设满意度好、政法队伍形象优”三大目标，狠抓基础，创新举措，服务大局，扎实推进社会治理创新工程，在更高起点上夯实社会和谐稳定根基，为全市经济社会平稳较快发展提供了有力保证。

在听取了如皋市相关情况的汇报后，姜永华充分肯定了如皋的政法工作。并希望如皋市政法系统要始终围绕中心，服务大局，积极主动，紧扣重点难点做好服务，围绕网络化管理、信息化建设、政法为民惠民等方面，打造亮点，实现法律效果和社会效果的有机统一。要从法治建设满意度、综治中心建设打造等方面着手，补齐短板，不断提升法治建设水平；要加强廉政建设、业务能力建设，强化日常考核，提升办案质量，全方位提高政法队伍整体素质。

国家工商行政管理总局副局长甘霖到如皋调研

6月28日，国家工商行政管理总局副局长甘霖一行到如皋，就“花木盆景产业+互联网”发展情况进行专题调研。南通市副市长杨海龙，如皋市市委副书记、市长何益军陪同调研。

甘霖一行实地考察了中国·如皋国际园艺城，听取了如皋市相关情况汇报。

中国·如皋国际园艺城是花木大世界转型升级项目，总投资15亿元，占地66.67公顷。较花木大世界，园艺城内涵、品质、交易方式都得到升级。同时，随着电子商务产业的崛起，花木大世界网电商平台已经成为推动我市花木盆景产业面向全国、走向世界的“助推器”。花木大世界网于2013年10月正式上线后，秉承“花木生意网上做，不难”的理念，立足华东，放眼全国，积极服务国内花卉苗木和园林园艺客户，致力打造中国最具有电子商务行业特色、充满活力和影响力强大的花木交易电子商务平台。目前，花木大世界网电子商务平台拥有十万家注册用户，日均浏览量在6000人次以上，客户主要分布在江苏、山东、浙江、福建、安徽、上海等地区。

甘霖指出，如皋既是著名的世界长寿乡，又是享誉海内外的中国花木之乡。如皋国际园艺城的转型崛起，正在逐步实现“花木盆景产业与互联网”的有机结合，同时也逐步实现花木盆景产业与旅游产业的有机结合。这两种结合，正是落实今年党中央一号文件精神的具体体现。她强调，党中央高度重视休闲农业和乡村旅游业的发展。作为高效现代农业的花木盆景产业，要把花木产业与生态休闲旅游融合发展，提升花木产业发展层次。就花木大世界网的建设，她要求，作为服务于花木盆景产业的互联网建设，要进一步加大诚信体系建设，加强过程监管，发布真实可靠供求信息，积累大数据信息，使网站平台更好地服务广大用户，进一步激发花木市场活力，为经济社会带来更大效益。

南通市领导单晓鸣到如皋调研“双过半”等工作

6月29日，南通市委常委、常务副市长单晓鸣率队到如皋市调研“双过半”、交通港口等工作。市领导何益军、吴道健、高峰参加活动。

市委副书记、市长何益军作了专题汇报。2017年以来，面对复杂严峻的宏观经济形势，如皋市紧紧围绕全年目标任务，统筹推进改革发展各项工作，项目建设如火如荼，六大产业首次呈现全面增长态势。上半年如皋市预计实现地区生产总值497亿元、增长8.5%，预计完成固定资产投资280亿元、增长12%，预计完成工业应税销售528亿元、增长20%；此外，一般公共预算收入、外资到账、外贸进口额、城乡居民收入等指标均能顺利实现“双过半”。在交通港口工作方面，如皋市大力推进交通转型发展，扎实开展港口码头整治、高速公路建设服务保障、交通干线沿线环境整治、农村公路建养、非法码头整治等工作，取得了初步成效。

单晓鸣对如皋市“双过半”等重点工作的有序推进给予充分肯定。她说，下一步如皋要继续在项目建设上紧盯不放，加快推动赛麟汽车零部件等55个亿元以上在建项目快建设、快竣工、快投产；同时要紧紧围绕南通市建设“上海北大门”发展新定位，着力招引一批大项目、好项目。就如皋市在工作推进中遇到的重特大新材料项目审批、氢能及新能源汽车产业发展扶持政策、如皋港新港口项目报批等问题，她现场协调南通市相关部门，提出相应的解决方案。

随后，单晓鸣与如皋市部分拟上市企业负责人座谈交流时，详细了解了企业上市进展情况。她强调，上市企业就像是一个区域的“大熊猫”，政府、企业要共同努力，抓好企业上市工作落实。政府要高度重视，抓好服务，动员更多优秀企业走上市发展之路，加快出台政策，降低企业上市成本，让更多的企业进入多层次资本市场，迅速做强做大。同时，她勉励企业要转变理念，坚定上市信心，强化战略定位，坚定不移地走上市之路。

调研中，单晓鸣一行还乘船察看了如皋市焦港河沿线两岸护岸整治工程建设、岸坡占用、河道保洁、水质状况等情况。

中国科学技术协会党组成员宋军一行调研如皋企业创新服务工作

7 月 14 日，中国科学技术协会党组成员兼学会学术部部长、企业工作办公室主任宋军一行到如皋，调研创新驱动助力工程、科技信息企业推广应用服务成效等。省科协学会部副部长岳智顺、南通科协副主席缪建红、如皋市副市长陈杰参加调研。

在南通市锻压设备股份有限公司，宋军一行听取了公司负责人关于企业科技创新的汇报，并就如何更好开展企业创新服务进行了深入探讨交流。南通市锻压设备股份有限公司多年来一直注重技术改造，并以中国科协专利资源库培训为创新契机，连续的大规模技改投入使公司在研发数字化、装备重型化、制造数控化和管理模块化等建设方向取得长足发展，产品加工、装配综合能力已跃居国内同行业领先水平。宋军对锻压公司组织科技工作者整合利用包括中国科协科技信息在内的多个资源，结合技术市场发展趋势，前瞻研发组合木产品加工技术与设备取得的成绩表示肯定，并表示将组织相关学会对企业提出的专用胶黏剂技术开发提供精准服务，助力企业技术创新。

宋军表示，如皋市高度重视企业创新服务工作，如皋市科协主动作为，有特点、有激情，极大地调动了企业的积极性，整合了原有平台资源，提高了创新助力效果，创造了很多好的做法和经验，值得很好总结和借鉴。

南通市委书记陆志鹏率队观摩如皋市重大产业项目

7 月 17 日，按照南通市委十二届四次全会议程安排，南通市委书记陆志鹏率队到如皋，实地考察如皋市重大项目建设情况。如皋市领导陈晓东、丁兴华、马金华等陪同考察。

陆志鹏一行实地走访了如皋市的新能源汽车项目、光大生物能源（如皋）有限公司生物质发电项目、北外如皋培训中心项目，听取了相关负责人的项目汇报。

在如皋汽车文化馆，陆志鹏一行详细了解了如皋市新能源汽车产业及氢能产业发展情况。如皋市氢能产业链涵盖了氢能和燃料电池技术研发、实验测试，产业化、示范应用、科普教育等多个领域，是中国目前唯一一个打造了较为完整的氢能上下游产业链并形成高效推进体制的城市。2016 年 8 月 27

日，联合国开发计划署在中国正式启动了首个“氢经济示范城市”项目。陆志鹏表示，氢能是重要的清洁能源，未来发展潜力很大，如皋氢能产业已经有了雏形，下一步要算好富民账、平衡账和产业集聚账，既要满腔热情地去抓项目，又要冷静理智地去做好论证、做好决策。

陆志鹏（左三）一行考察如皋市重大项目建设情况

黄友谊　摄

在光大生物能源（如皋）有限公司项目施工现场，陆志鹏查看了施工进度并详细询问了运作模式及盈利方式。该项目将于9月份投产，投产后每年可处理农林废弃物等生物废料27万吨，向电网提供绿色能源2.1亿千瓦时。陆志鹏对项目的可持续发展问题十分关心。项目负责人介绍说，该项目的辐射半径在50公里，收购一般由经纪人组织到田间地头去收购，老百姓不用跑一步路，加上政府补贴，可以拿到120至150元每吨。市委书记陈晓东表示，项目完全投产后能够满足如皋全市的秸秆处理需求，可以说是从根本从解决了多年来面临的秸秆禁烧禁抛难题。

北外如皋培训中心总投资10亿元，主要致力于培养具有国际视野和国际交流能力的优秀人才，目前已完成投资4.5亿元，2018年9月将全面投入使用。

调研中，陆志鹏还指出，城镇化进程进一步加快是趋势，特别是对南通来说，城镇化还处于上升期。但在县城拓展过程中，一定要注重特色。要深入研究城市功能、城市结构，注重水在城市生态中的独特作用，更好地在城市中“把水显现出来”。同时，在城市发展中，要算好土地账，把静态平衡与动态平衡、项目平衡和区域平衡结合起来，注重政府债务的化解，实现可持续发展。

南通市委副书记、宣传部部长张兆江慰问驻如皋空军部队

7月26日，在“八一”建军节即将到来之际，南通市委副书记、宣传部部长张兆江率队到如皋慰问驻如皋空军部队，向广大官兵致以节日的问候和良好的祝愿，并送上慰问品。如皋市领导陈晓东、丁兴华、祝国庆、邵晓泉陪同慰问。

慰问中，张兆江与驻如皋空军部队官兵进行了亲切交流，详细了解了部队建设基本情况，并观看了驻如皋空军部队最新的训练宣传片。他说，这个宣传片展示了我们国家强大的国防力量，观之让人心潮澎湃，激荡起一种自豪之情。

张兆江说，当前南通正处在转型发展的关口、加速发展的风口，聚力创新、聚焦富民，高水平全面建成小康社会，离不开部队的关心和支持；随着沪通长江大桥加快建设，南通致力于打造上海

北大门愿景的实现，同样离不开部队的关心和支持。张兆江表示，驻如皋空军部队如果在生活、训练等方面有什么需要，地方上一定会尽最大努力进行保障，解决他们的后顾之忧，让他们能够专心地投入到国防力量的建设和发展中。

驻如皋空军部队负责人介绍了部队的光荣历史，他表示，如皋人文历史厚重，区位优势明显，发展态势迅猛，是一个优美宜居的城市，能够在这里学习、训练，广大官兵有很强的获得感。部队也积极学习贯彻习近平总书记系列重要讲话精神，努力建设一支听党指挥、能打胜仗、作风优良的人民军队。如皋历来高度重视双拥共建工作，对部队现代化建设给予了大力支持和帮助。今后，部队将一如既往地关注、支持如皋的发展，发挥自身优势，积极投身军地合作，密切联系，携手并进，主动参与和支持地方建设，努力为地方经济社会发展做出更大的贡献。

市委书记陈晓东表示,军队建设需要地方帮助,地方发展也离不开军队支持。当前,如皋城市承载能级大幅提升,创业就业环境持续优化。他热烈欢迎也衷心期待驻如皋空军部队官兵和家属在如皋市就业、定居,见证城市成长。关于部队场站建设,如皋市一定超前准备,全力支持,做好保障工作。

南通市委常委、纪委书记韩方调研如皋经济社会发展情况

韩方(右四)一行在平园池村生态藕池文化园调研

邱宇 摄

8月14日,南通市委常委、纪委书记韩方一行,调研如皋经济社会发展情况。市领导陈晓东、马金华、刘向阳、史有根陪同调研。

2017年，如皋市聚焦富民增收主题，以“六大指挥部”建设为引领，狠抓项目建设，进一步彰显区域发展优势，打造区域发展特色，有力推动了经济社会持续快速发展。“四个1000亿”指标完成率基本达序时，项目建设季度考核位居南通第一方阵，“四个全面”抓落实、“两聚一高”争标兵发展指标月度评估连续两个月位居南通第一，土地节约集约利用和闲置土地处置工作被国务院通报表彰，并建成国家火炬新能源汽车特色产业基地。

在经济技术开发区，韩方一行先后走访了陆地方舟、赛麟汽车、康迪电动车等处，详细了解了如皋市新能源汽车产业发展情况。在赛麟汽车项目建设现场，韩方仔细询问了项目建设进度。目前联合车身厂房总装车间生产管理中心基础已经出地坪，预计2018年建成投产，投产后可年加工汽车车身20万套。当听到项目负责人说赛麟将汽车品牌、车型成果、先进技术、知识产权等资源、资产全部转移到国内，在如皋建设运营国内最先进的核心零部件工厂和主机工厂时，他频频点头，希望如皋市加快推进赛麟汽车这个龙头项目建设，争取早日投产。走进康迪电动车，厂房内一派热

火朝天的生产场面。企业负责人告诉韩方，上年，公司应税销售实现2.6亿元。2017年，瞄准应税销售10亿元的目标，抓紧组织生产销售，争取打个漂亮仗。韩方希望企业坚持自主创新，掌握更多核心技术，实现又好又快发展，让市民更好地享受纯电动汽车带来的便利。

韩方充分肯定了如皋市新能源汽车产业集群发展取得的成绩，勉励如皋市进一步抢抓机遇，加强技术攻关和市场开拓，加强产业链延伸拉粗，做大做强新能源汽车产业。

在经济技术开发区平园池村生态藕池文化园，韩方称赞平园池村的实践既有“面子”也有“里子”，既守住了乡愁、美化了环境，又发展了产业、推动了富民。他同时强调，要进一步认真落实全面从严治党的政治责任，不断强化基层党组织的政治引领和服务群众功能，凝聚起共建共享幸福美好生活的强大合力。

随后，韩方一行还实地察看了中国·如皋国际园艺城、顾庄生态园等处。

李强在南通如皋调研

省委书记李强（中）在南通考察如皋国际园艺城

朱　江　摄

8月17日，中共江苏省委书记、省人大常委会主任李强在南通调研时强调，要把握百姓期盼做好聚焦富民各项工作，通过发展富民产业进一步增加百姓收入，着力推进基本公共服务标准化，不断提高人民群众安居宜居水平，不断丰富人民群众的精神文化生活。省委常委、秘书长樊金龙参加调研，南通市委书记、市人大常委会主任陆志鹏，南通市委副书记、市政府市长韩立明和如皋市委书记陈晓东陪同调研或参加相关活动。

如皋是全国知名的花木之乡，花木产业既是当地特色产业也是富民产业。李强到如皋国际园艺城，这是如皋花木大世界的改扩建项目，项目一期以国家4AAAA级旅游景区为规划建设标准，设有花木交易、园艺资材、商务配套等主题区。李强到中心馆和龙飙盆景工作室，听取园艺城发展情况介绍，察看这里展示的精品盆景，并与部分经营户交流交谈，了解市场经营状况以及带动当地百姓增收情况。他指出，如皋花木产业要在现有发展基础上进一步彰显特色、凸显优势，打造知名品牌，带动园艺、旅游等相关产业发展，让这一特色产业在富民增收中发挥更大作用。

顾庄社区是“如派”盆景的发源地，社区党总支以发展花木盆景为抓手，以实施“党建+服务”工程为支撑，富民增收工作取得了积极进展。李强到社区居民王广明家的特色庭院，边参观他的花木盆景作品，边与他拉家常，细算增收账。看到王广明一大家子住着三层楼房，日子过得红红火火，李强十分高兴，他关切地询问社区还有多少低收入群众，希望社区根据当地实际加大花木产业发展新模式、新业态的探索，积极拓展花木产业的发展空间，通过致富带头人的示范带动，使更多农户走上增收致富路。

李强到如皋汽车文化馆，边察看汽车文化馆各种产品展示，边听取如皋新能源汽车产业集群发展情况介绍，对当地新能源汽车产业呈现出的良好发展态势给予肯定。在南通百应能源有限公司的展厅，李强详细询问该公司车用燃料电池动力系统的相关情况，了解企业引进国外核心技术和自主研发取得的成效。他强调，要抓住机遇加快新能源汽车产业发展，着力通过提高技术水平来赢得市场竞争优势，不断壮大产业规模，逐步形成特色和优势。

江苏省政协副主席阎立调研如皋丝绸文化传承与发展工作

8月30日，省政协副主席阎立到如皋，就丝绸文化传承与发展进行专题调研。南通市政协主席黄巍东、如皋市政协主席张元健陪同调研。

“这幅挂毯上的一个结由9根线组成，一幅画共打了60多万个结。”在丝毯艺术博物馆，阎立一行详细了解了丝毯历史、工艺等方面的情况，并与该馆馆长就丝绸产业发展现状、存在的主要问题进行了沟通与交流。据了解，如皋丝毯艺术博物馆（如皋市博艺丝毯有限公司）是我国丝毯行业创始单位之一，博物馆自1981年始与中央工艺美术学院（现清华大学美术学院）合作开发现代艺术挂毯，经过30多年来的生产和探索，成为全国唯一生产最高水平的丝织挂毯厂家，该博物馆所生产的产品在国内外有较大影响。

阎立对丝毯艺术博物馆在文化传承发展方面所做出的贡献给予肯定。他希望如皋市切实做好文化产业的传承保护与创新发展，积极顺应产业个性化、时尚化消费趋势，加强产品研发设计，进一步打响品牌、拓展市场，做大做强做专产业，推动产业转型升级。丝毯艺术博物馆除了要致力丝毯的保护和维护、努力传承推广中国传统艺术文化，也要让藏在博物馆的文化走向社会、走向人群，让丝毯艺术博物馆成为皋城的新亮点、休闲旅游的好去处，进一步提升如皋旅游的文化品位。

最高人民检察院副检察长徐显明到如皋考察

9月6日，最高人民检察院副检察长徐显明一行，实地考察了如皋市检察为民服务中心、李昌钰刑侦科学博物馆等处。南通市委常委、政法委书记姜永华及如皋市领导陈晓东、缪小华、桂万先陪同考察。

在市检察为民服务中心，徐显明边走边看边听，不时停下来和中心工作人员进行交流，详细了解案件受理情况。

如皋市检察为民服务中心于2016年10月正式投入运行，包含案件管理工作区、控告申诉工作区、未成年人刑事检察工作区、刑事和解工作区、讯问询问工作区、检务公开工作区6个功能区，与网上检察为民服务中心对接，实现了集受案、控告、举报、申诉、咨询、查询、办案于一体的“一站式接待、一条龙服务、一揽子解决”功能。中心运行以来已接待各类人员6000余人次。

中心运行以来，坚持司法为民理念，完善司法为民机制，开展便民利民服务，取得了一定的成效。首先钝化了社会矛盾，坚持诉访分离，通过依法受理、规范办理、及时答复，先后受理的300件各类信访，均依法妥善办结，首办化解率97.3%，成功化解重大疑难访、集体访7件。刑事和解运用“玉山工作四法”，和解率约81%。其次规范了司法行为，镜头下办案、全流程监管，依托案管大数据应用平台和检察业务综合管理平台，实行自动巡查、提前预警，自动纠错、及时反馈，自动归档、及时问责，倒逼规范司法。再者增进了社会各界对检察工作的理解，建立“律师业务跟踪督办、律师意见监督落实、案件信息主动送达、律师接待回访”四项机制，保障律师执业权利。主动公开案件程序性信息1761件、法律文书1016份、重要案件信息102条，举行各类检务公开活动32次，保障了群众知情权、参与权和监督权。

徐显明对如皋市检察为民服务中心的建设给予肯定。中心立足于严格履行检察职能，把方便群众、服务群众，为群众做好事、实事落实到具体工作环节、工作举措上。他希望我如皋将检察为民服务中心的效用发挥到最大，切实提高检察机关的透明度和执法公信力。

考察中，徐显明一行还实地参观了李昌钰刑侦科学博物馆。他希望如皋市以此为平台，加强培训和交流，努力培养出一批刑侦鉴识人才。

蓝绍敏调研指导如皋特色田园乡村建设试点工作

9月16日，江苏省副省长蓝绍敏一行到如皋市，围绕特色田园乡村建设试点工作开展专题调研。南通市领导韩立明、沈雷、吴永宏以及如皋市领导陈晓东、何益军、丁兴华、刘向阳、丁锋、黄文斌等参加调研。

蓝绍敏（右二）一行在大明社区大镠马调研

邱 宇 摄

在如城街道顾庄社区顾家庄，蓝绍敏指出，发达地区的特色田园乡村要尽量减少城市的味道，用乡土材料、乡土工艺，散发乡土味道，营造乡土田园意境，顾庄原本就寸土寸金，将来这里老百姓的幸福感绝对会再上一个新台阶。并强调，老百姓是乡村建设的主体和最终受益者，乡村建设要更多地依靠老百姓的力量。

中国·如皋国际园艺城是如皋花木大世界转型升级之作。蓝绍敏一行饶有兴致地走进了园艺城中心主展馆进行参观。造型奇特的石榴盆景吸引了蓝绍敏的注意，在他询问价格时，工作人员用手机扫码就将价格报了出来。园艺城西二馆“龙飙盆景工作室”展示了各种微型盆景、山水盆景和树桩盆景。近年来，龙飙工作室的盆景在展示与展销的过程中，采取了“盆景+互联网”的模式，实现了线上与线下结合销售，打开了盆景在国内的销路。蓝绍敏听后很感兴趣，鼓励龙飙工作室为如皋花木盆景产业发展多做贡献。

在大明社区大镠马，蓝绍敏强调，除了调动居民的积极性外，还要形成有活力的长效机制，走出一条自我筹措资金、自我发展的路径。中国草坪第一村、苏中草坪的发源地钱长村夏家庄内，一望无际的绿色草坪上，村民们正忙着收割整理，如诗的农村田园美景映入眼帘。蓝绍敏向村负责人详细了解了草坪经营效益、市场前景等方面情况。他叮嘱街道和村负责人，要注重乡土气息，彰显个性特色，焕发内生活力，统筹有序推进特色田园乡村建设。

调研中，蓝绍敏高度评价了如皋市近年来经济社会发展取得的成绩，充分肯定了如皋市坚持“科学规划，全面整合资源，创新体制机制，推进农业供给侧改革，联动推进田园乡村建设”的工作指导思想。就下一步做好特色田园乡村建设试点工作，他指出，要把推进特色田园乡村建设作为提升“三农”工作水平、促进乡村复兴的一大战略抓手。如皋 3 个村推进特色田园乡村建设，具备良好的基础和条件，要进一步深化思想认识，加大工作力度，提升建设水平，积极探索乡村复兴的如皋路径，努力构建田园乡村与繁华都市交相辉映的城乡形态，为全省提供更多可复制可推广的如皋经验。

原省委副书记顾浩到如皋调研

12 月 18 日，原省委副书记顾浩到如皋调研。市人大常委会主任吴道健、副主任钱志刚陪同调研。

位于磨头镇的华夏花卉紧跟时代步伐，借力“互联网+”不断加快发展，将各种花卉盆景销售到全国各地，致力打造集珍优花卉生产、展示与科研、花卉文化传播、休闲旅游观光于一体的现代花卉苗木产业园。在华夏花卉，顾浩对磨头镇促进土地整理和流转，带动农业结构调整、农民集中居住、村级集体经济和公共服务发展的做法与成效表示赞赏，他希望如皋市不断放大改革的示范效应，通过体制机制创新，加快农业现代化和城乡发展一体化进程。光大生物能源（如皋）项目是中国光大国际有限公司在江苏省投资建设的第一个生物质直燃发电项目，总投资 3.2 亿元，可处理农林废弃物等生物质 27 万吨/年，可向电网提供绿色能源约 2 亿千瓦时/年。而这样一个偌大的项目，仅仅几个人就可以完成作业。顾浩很关心排出的气体是否有污，工作人员告诉他，该项目的技术、排放工艺在整个生物质发电行业是领先的，排放标准达到了“双五十”标准，即氮氧化物、二氧化硫排放浓度都低于 50 毫克/立方米，排放出来的就是空气和水蒸气，对环境毫无影响。顾浩表示，随着全球环境问题的日益严重，这样的项目有利于改善生态环境，对今后长远发展和生存环境有重要意义。顾浩一行还现场查看了磨头镇金旺家庭农场，鼓励该农场负责人强化技术创新，加快提档升级，用品质的提升带动产品市场美誉度的提升。

热点聚焦

Redian Jujiao

政协如皋市第十四届委员会第一次会议召开

市政协十四届一次会议召开

黄友谊　摄

1月11~14日上午，中国人民政治协商会议江苏省如皋市第十四届委员会第一次会议在市行政中心礼堂召开。

开幕式上，市委书记陈晓东代表市委向大会的召开表示祝贺，并表示，市委将一如既往地高度重视和大力支持政协工作，支持市政协组织按照章程履行职能，积极发挥人民政协作为协商民主的重要渠道作用，有事多商量、遇事多商量，坚持协商于决策之前和决策实施过程之中。同时，还就政协换届工作提出了要求。

受市政协十三届委员会常务委员会委托，市政协第十三届委员会常务委员会主席李中林向大会作工作报告。他说，过去的五年，市政协十三届常委会始终围绕团结、民主两大主题，认真履行政治协商、民主监督、参政议政三大职能，推动了政协事业持续健康发展。主要表现在：一是顺应时势，改革创新，准确把握政协工作的政治方向；二是围绕中心，服务大局，着力畅通协商民主渠道；三是聚焦民生，反映民意，不断增强民主监督实效；四是增进团结，促进和谐，广泛凝聚社会正能量；五是完善机制，拓展平台，不断加强自身能力建设。

受市政协十三届委员会常务委员会的委托，市政协第十三届政协常委会副主席黄文斌作提案工作报告。五年来，共收到委员提案2062件，审查立案1949件，立案率95.2%，其余提案作委员来信交相关部门处理。在1949件提案中，经济发展、农业农村方面的379件，占19.45%；城市与小城镇建设方面的594件，占30.48%；社会事业、民生保障方面的539件，占27.65%；社会管理、民主政治建设方面的437件，占22.42%。所提问题已经解决或所提建议已被采纳的1434件，占73.58%；列入工作计划逐步解决的421件，占21.6%；留作研究参考的81件，占4.16%。从反馈意见看，委员们对办理结果满意的1709件，占87.69%；基本满意的233件，占11.95%；不满意的7件，占0.36%。经68个承办单位的认真办理，产生了明显成效，为推动如皋市经济社会持续健康发展发挥了积极作用。

大会一致通过了提案审查情况的报告和《政协如皋市第十四届委员会第一次会议决议》。大会采用无记名投票选举的方式，选举产生了市第十四届政协主席、副主席、秘书长和常务委员会委员。经中共如皋市委推荐，市政协十四届一次会议主席团第三次会议审议通过的63名候选人均全部当选。其中，张元健当选为市政协主席，杜永红、郑振明、冒平、严世斌、刘晓洁当选为副主席，许映亮当选为秘书长；丁洋等56人当选为常务委员。

闭幕式上，新当选的市十四届政协主席张元健发表讲话。他说，这次会议是在市委提出“创新转型、聚焦富民，努力走在南通全面建成小康社会前列”的新形势下召开的一次重要会议。由于年龄和工作需要等原因，市十三届政协的部分领导、常委和委员离开了为之不懈奋斗的政协工作岗位。五年来，他们在团结民主的舞台上，有情有义地交往、有滋有味地学习、有声有色地工作，把智慧和心血凝聚到人民政协的各项事业中来，为全市经济社会发展做出了重要贡献。他代表新一届政协领导班子以及全体政协委员，向过去五年来为如皋市政协工作做出积极贡献的市十三届政协领导班子和全体政协委员表示衷心的感谢并致以崇高的敬意。

就做好新一届政协工作，张元健指出，要深入学习和领会市委书记陈晓东在开幕大会上的重要讲话精神，进一步明确市政协今后一段时期的工作任务，落实好“服务改革发展、推动协商民主、增进民生福祉、锤炼履职能力、致力广开言路”五个方面的要求，始终与市委、市政府思想上同心、目标上同向、行动上同行。张元健强调，新一届市政协委员是从社会各界协商推荐出来的，代表着如皋市各个界别、各个阶层，要在今后的政协工作中不断加强自身建设。要从严从实要求自己，努力提高协商质量，在推动常委会协商、主席会议协商、专委会对口协商、委员提案办理协商上有新的突破；要创新民主监督有效载体，在探索民主监督形式、拓宽民主监督领域上有新的进展；要营造参政议政的良好氛围，加强了解和反映社情民意，在调动政协委员积极性上有新的举措；要不断加强政协机关建设，努力造就一支政治坚定、敢于担当、学识丰富、业务熟练、作风优良的高素质政协干部队伍，为如皋市“创新转型、聚焦富民，努力走在南通全面建成小康社会前列”做出应有的贡献。

市委、市人大、市政府领导陈晓东、何益军、谢新民、吴道健、司祝建、胡拥军、马金华、缪小华、刘向阳、缪爱诚、茅红宇、祝国庆、吴瑕等应邀出席会议，市人大、市政府其他领导，市人民法院院长、市人民检察院检察长以及市政协历届老领导应邀参加。

如皋市十七届人大一次会议召开

1月12—15日，市第十七届人民代表大会第一次会议在行政中心礼堂举行。此次大会开幕式应到代表417名，实到代表398名；闭幕式应到代表417名，实到代表406名，符合法定人数。会议开幕式、闭幕式分别由市十六届人大常委会主任谢新民、新一届市人大常委会主任吴道健主持。

市十七届人大一次会议召开

黄友谊 摄

会议召开了三次全体会议，听取审议了何益军向大会所作的政府工作报告；谢新民所作的十六届人大常委会工作报告；章智敏、孙亚分别所作的市人民法院工作报告、市人民检察院工作报告，会议还听取了《如皋市2016年国民经济、社会发展计划执行情况和2017年国民经济、社会发展计划（草案）的报告》《如皋市2016年财政预算执行情况和2017年财政预算（草案）的报告》。

会议通过了《关于如皋市人民政府工作报告的决议》《关于如皋市2016年国民经济、社会发展计划执行情况和2017年国民经济、社会发展计划的决议》《关于如皋市2016年财政预算执行情况和2017年财政预算的决议》《关于如皋市人大常委会工作报告的决议》《关于如皋市人民法院工作报告的决议》《关于如皋市人民检察院工作报告的决议》。

根据大会选举办法的规定，选举产生市十七届人大常委会主任、副主任、委员，选举市人民政府市长、副市长，选举市人民法院院长、市人民检察院检察长，选举出席南通市第十五届人民代表大会代表。期间，新当选的市十七届人大常委会主任、副主任、委员，市人民政府市长、副市长，市人民法院院长、市人民检察院检察长，分批与全体代表见面。新当选的市十七届人大常委会主任、副主任、委员，市人民政府市长、副市长，市人民法院院长进行了宪法宣誓。新当选的市十七届人大常委会主任吴道健、市人民政府市长何益军分别作就职发言。

何益军在工作报告中总结回顾了如皋市2016年各项工作。经济运行稳中有进，现代农业持续发展，工业运行平稳向好，现代服务业提速增效。转型升级成效显现，创新能力稳步增强，特色产业快速集聚，项目投入加快推进，节能减排取得成效。改革开放纵深推进，重点改革有序实施，对外开放更加深入，载体功能加速提升。城乡面貌持续改善，交通建设扎实推进，城市建设不断加快，小城镇建设稳步推进，城乡环境持续改善。民生事业保障有力，人民生活得到改善，社会保障不断加强，社会事业蓬勃发展。和谐社会加快构建，精神文明建设扎实推进，民主法制建设不断完善，社会治理水平有效提升，政府自身建设全面加强。

今后五年的指导思想是：全面贯彻中共十八大和中共十八届三中、四中、五中、六中全会以及习近平总书记系列重要讲话精神，统筹推进“五位一体”总体布局和协同推进“四个全面”战略布局，坚持稳中求进工作总基调，牢固树立和贯彻落实新发展理念，适应把握引领经济发展新常态，以提高发展质量和效益为中心，以推进供给侧结构性改革为主线，以六大重点产业为发力点，致力推动先进制造业与现代服务业“双轮驱动”，创新转型、聚焦富民，促进经济平稳健康发展和社会和谐稳定，努力走在南通全面建成小康社会前列。

今后五年的努力方向：始终坚持创新发展，在转型升级中提高质量效益；始终坚持协调发展，在统筹规划中实现城乡一体；始终坚持绿色发展，在提升内涵中打造宜居环境；始终坚持开放发展，在深化改革中激发竞争活力；始终坚持共享发展，在聚焦富民中创造美好生活。争当“苏中新一轮发展排头兵”，争创“转型发展的先行区”，争创“生态宜居的示范区”，走在南通全面建成小康社会前列。

2017年主要预期目标：地区生产总值突破1000亿元、增长10%以上，全部工业应税销售1000亿元以上、增长10%以上，服务业应税销售力争1000亿元、增长35%左右，建筑业施工总产值1000亿元以上、增长10%以上，一般公共预算收入71.3亿元（“营改增”后），社会消费品零售总额增长10%以上，实际利用外资3.35亿美元，外贸进出口保持适度增长，城乡居民人均可支配收入分别增长8.3%、9%以上，城镇登记失业率控制在3%以内，全社会研发投入占GDP比重2.55%以上，万元GDP能耗下降3.4%，PM2.5平均浓度下降4.25%，主要污染物减排完成上级下达任务。

南通制造业单体投资最大项目“赛麟汽车”开工建设

2月12日，如皋经济技术开发区的江苏赛麟汽车核心零部件超亿元以上重大项目正式开工建设。这是一个南通制造业单体投资最大项目，总投资178亿元，一期投资50亿元，计划2018年6月投产，建成后将实现汽车核心零部件和总成15万套生产能力，可带动上下游产业链1500亿元的销售规模。

赛麟汽车项目由美国威蒙集团联合国内多家企业和机构共同投资，其有两点是国内其他汽车生产基地所不具备的，一方面，不再是以市场换技术，而是从国外直接引进全部核心技术，并全部掌握在自己手中；另一方面，在如皋生产的零部件总成和未来将生产的汽车整车可直接销往欧美，这将开创中国汽车在欧美市场批量销售的先河。威蒙汽车工业集团董事长兼首席执行官王晓麟还介绍说，他们将采取“高端化、品牌化、差异化”“中国制造、全球销售”战略，在如皋建设运营国内最先进的核心零部件工厂和主机工厂。

陈晓东在“赛麟汽车”项目开工仪式上致辞

邱 宇 摄

如皋市公安交通管理服务中心正式投入运行

3月16日，如皋市公安交通管理服务中心正式投入运行，市“民生交管”服务工作再上新台阶。市委书记陈晓东、南通市公安局副局长徐静共同为市公安交通管理服务中心揭牌。市领导陈晓东、缪小华、刘向阳、邵晓泉、冒平出席中心搬迁入驻仪式。

陈晓东(左)和徐静(右)为中心揭牌

邱 宇 摄

市公安交通管理服务中心占地4.8公顷，建筑面积1.3万平方米，总投资9700万元，集车驾管业务、交通事故综合服务、交通违法处理、执法监督管理等功能于一体，市公安、法院、司法、国税、保险等部门集中办公，提供“一站式”服务，是全省县级地区功能最全的交通管理服务中心。值得一提的是，市公安交通管理服务中心事故科办公区内设有两个交通事故巡回法庭，这也是目前全省惟一一家实体进驻、实体化运行的法庭。

搬迁入驻仪式结束后，陈晓东一行实地视察了市公安交通管理服务中心运行情况。

如皋被命名为国家节水型城市

3月9日，住房和城乡建设部、国家发改委公布了第八批国家节水型城市名单，如皋榜上有名。江苏省上榜的还有南通市和淮安市，如皋市为全省唯一一个县级市。

几年来，如皋市把节水型城市建设作为城市建设的重点，改善城市水生态，努力缓解水资源供需矛盾，改善人居生态环境，让每一滴水都最大限度发挥作用。连续三年将中心城区水系畅通工程、城区水系清洁畅通工程列入"市政府为民办十件实事"，打造百亿级水系生态功能区，修复性建设的龙游河生态公园和铁路取土坑演绎而成的龙游湖风景区成为海绵城市建设的先行先试区和节水城市创建的转型升级版，在长江以北县级市中率先创成江苏人居环境奖。率先在全国县级城市中出台《关于加快推进海绵城市建设的实施意见》，积极推进自然渗透、自然积存、自然净化的海绵城市建设，在长江以北率先跻身江苏省海绵城市建设试点城市，成为苏中苏北县级市(区)中唯一荣获此殊荣的城市，着力为全省乃至全国提供可复制、可推广的海绵城市建设经验和模式。

如皋市平园池村荣获2016"中国美丽乡村百佳范例村居"

4月9日，由农业部、农村杂志社评选的2016年"中国美丽乡村百佳范例村居"在北京揭晓，如皋平园池村光荣上榜！

全国60万多个行政村，初评入围1000多家，复评100家，江苏共4家，平园池村成为南通地区唯一的一家！平园池村位于如皋市经济技术开发区(城北街道)，由藕池、竹园、太平井三个片组成。这是一个以农业生产为主的纯农业村，全村共3354人，耕地面积236.53公顷。

村子里主要栽植各种花卉苗木、培育盆景、葡萄、丰水梨、黄花梨、黄桃等经济作物。在平园池村里，有如皋花木大世界近26.67公顷的育苗基地，53.33公顷的藕池观光农业项目，2016年还争取到一个玻璃智能大棚微型盆景培育项目。

村里先后建设了公共服务中心、徽派风格的龙门、村民文化广场、村民大舞台、文化长廊、居家养老等公共服务场所，结合"送戏下乡"开展多样性的农民文体活动，极大丰富了当地群众的文化生活。

如皋汽车文化馆璀璨开馆

5月26日，位于如皋经济技术开发区的如皋汽车文化馆开馆，正式开门迎客。市领导何益军、马金华、高峰，威蒙集团董事长兼首席执行官王晓麟，赛麟汽车创始人、美国赛车界传奇人物、"超跑之父"史蒂夫·赛麟等来宾出席活动。

市委副书记、市长何益军在致辞时指出，近年来，如皋围绕打造"中国最具竞争力的节能与新能源汽车产业基地”，坚持招大引强，不断延伸产业链条，提升产业集聚度。截至目前，拥有规模以上企业29家,形成了以赛麟、康迪、陆地方舟等6家整车生产企业为主导，以双钱轮胎、百应能源、泽禾氢燃料等新能源汽车配套项目为支撑的产业体系。先后获批江苏省汽车零部件产业基地、江苏省新能源汽车及零部件产业集群、联合国开发计划署氢经济示范城市、科技部新能源汽车火炬基地。他说，文化馆是一种文化的积淀与见证,对建设和创新文化理念、打造和提升城市特色,具有十分重要的意义。如皋新能源汽车产业的快速成长与蓬勃发展,为汽车文化馆的建设提供了良好的土壤和氛围。可以说,以“绿芯驱动、领驭未来”为主题的汽车文化馆的建成恰逢其时，充分展示了以氢能利用为特色的如皋新能源汽车产业的发展历程和综合实力。汽车文化馆的建成及开馆，必将推动如皋新能源汽车产业实现更好更快发展，进一步提升如皋市的知名度和影响力。

参观者正在体验赛车

沈小平　摄

谈及建设如皋汽车文化馆的初衷,市委常委、经济技术开发区党工委副书记马金华介绍,首先是要让整个社会了解新能源汽车和氢燃料电池包括氢能产业的发展情况,起到科普宣传的作用。其次是让大家了解国家对发展新能源汽车产业的政策，当前整个汽车的发展方向包括要求在这里都能找到答案。第三是回顾如皋新能源汽车发展历程,集中展示这么多年的发展成果,进一步增强发展信心,合力推动新能源汽车产业在如皋经济社会发展转型中起到重要作用。第四是展望新能源汽车的美好未来。如皋市将在新能源汽车和智联网联汽车方面认真规划,加强研究,及早布局,推动如皋新能源汽车产业在全国板块中树立自身特色。

中国·如皋长寿之道健康马拉松精彩纷呈

5月29日,在磨头镇举行了一场别开生面的马拉松比赛。市领导吴道健、张元健、茅红宇、陈万圣、钱志刚、张亚鸾参加活动。

上午7点半,伴随着枪响,来自各地的跑马爱好者从华夏花卉浩浩荡荡出发了。据了解,此次比赛设男、女半程马拉松和欢乐跑等4个项目,赛道设计为“长寿之道”,选手沿着路线,会跑出一个大大的“寿”字,共吸引近3000名跑马爱好者参与。

马拉松比赛很多,但是在世界长寿乡举办,跑“寿”字路线绝无仅有。赛道沿线设有独具风情的民

选手在赛道上奔跑

王海松 摄

俗表演、欣欣向荣的花木基地、丰收在即的广阔田野、初夏时节的小桥流水、特色鲜明的文化长廊。整条“寿”字型赛道串景如链，选手们穿行其间，移步换景，心旷神怡。选手们既能享受到马拉松带来的乐趣，又能领略到具有磨头特色的小镇风光。

经过一个多小时的挥汗如雨，选手吴向东率先冲过终点线，以1小时14分23秒的成绩夺得半程马拉松赛男子组的冠军，选手许月娥则以1小时38分24秒的成绩，成为女子组的第一名。选手们感受了沿途的风景，享受了长跑的快乐。“沿途的风景很美，空气也好，没有城市的喧闹，看到金黄色的小麦，很兴奋，跑到后半段还很有力气。”许月娥告诉记者。

如皋市举行庆祝建党96周年大会暨第二期“村(社区)书记大讲坛”

图为市领导为先进集体和先进个人颁奖

黄友谊 摄

7月1日，如皋市举行庆祝中国共产党成立96周年大会暨第二期“村(社区)书记大讲坛”。市领导陈晓东、何益军、吴道健、张元健、丁兴华、马金华、缪小华、刘向阳、丁锋、史有根、缪爱诚、茅红宇、祝国庆、卓么本在主席台前排就坐。

会上，市委书记陈晓东按动启动屏幕，正式开通了“雉水先锋”党建微信平台。市委副书记、市长何益军主持会议，并通报了全市被评为南通市党建工作示范点、南通市“四讲四有”党员标兵名单。市委副书记丁兴华宣读了《中共如皋市委关于表彰先进基层党组织、优秀共产党员、优秀党务工作者、十佳党员企业家和“双强”型村(社区)党组织书记标兵的决定》。市委常委、政法委书记缪小华通报了全市“矛盾纠纷化解突击月”活动情况。

陈晓东为广大党员干部上了一堂题为《旗帜鲜明讲政治 勠力同心抓发展》的“七一”专题党课。他代表市委向受到表彰的单位和个人表示热烈的祝贺，向奋战在全市各条战线的基层党组织和广大共产党员致以节日的问候和崇高的敬意。他说，今年是中国共产党建党96周年，也是如皋县委成立90周年。90年来，如皋人民不忘党的教诲，矢志不渝听党话、跟党走、报党恩，在革命战争年代，许多革命先烈为了信仰追求、为了民族解放，在雉水大地上献出了宝贵的生命。在和平建设时期尤其是改革开放以来，各级党组织和党员干部以高度的政治自觉，带领群众攻坚克难，推动经济社会发展取得了令人瞩目的成就。

陈晓东说，如皋历来有着讲政治的优良传统，要把这个优良传统进一步继承好、发扬好，自觉做到“旗帜鲜明讲政治”，不断开创各项事业发展新局面。他指出，旗帜鲜明讲政治，首先在思想上必须认识到位。我们党是用马克思主义理论武装起来的先进政党，必须坚定正确政治方向、坚守崇高理想信念，以此作为强大政治保证，才能有党的团结统一，才能始终成为中国特色社会主义事业的坚强领导力量。旗帜鲜明讲政治，其次必须在行动上落实到位。从宏观方面讲，就是要站在党和国家事业发展全局的高度，把握时代发展大势和党的发展规律，统筹推进“五位一体”总体布局，协调推进“四个全面”战略布局，贯彻落实“五大发展理念”，高水平全面建成小康社会。从微观方面讲，就是要落实到市级层面，围绕市委市政府的重大决策部署、中心任务和重点难点工作，锐意创新、干事创业、敢于担当，推动各项事业迈上新台阶、取得新进展。要把“旗帜鲜明讲政治”贯彻落实到推动发展、深化改革、改善民生上。旗帜鲜明讲政治，第三必须在精神上对标到位。回顾如皋治理高沙土辉煌的历史，从高沙土削平治理中彰显出了“勠力同心、同甘共苦、坚韧不拔、善作善成”的精神，而这种精神正是凝聚共识、推动发展不可忽缺的动力源泉。我们有必要大力传承好、发扬好这种精神，进一步提振各级干部“遇到矛盾就兴奋、碰到问题就迎上”的精气神，激发“勇担当、争作为、创一流”的内在动力，增强时不我待的拼劲、敢为人先的闯劲和一抓到底的干劲，而这正是对“旗帜鲜明讲政治”最有力的诠释。

陈晓东最后强调，全市广大党员干部，无论是做工作还是做人，忠于自己的内心，做一个大写的人，树立正确的世界观、人生观和价值观，做到心中有党、心中有民、心中有责、心中有戒。要在以习近平同志为核心的党中央坚强领导下，始终坚持马克思主义的正确方向，站稳人民群众的政治立场，忠实履行党和人民赋予的重要职责，做忠诚干净担当的共产党人，为建设“强富美高”魅力如皋、高水平全面建成小康社会而不懈奋斗，以优异成绩迎接党的十九大胜利召开。

就贯彻落实会议精神，何益军要求，要迅速传达抓落实。要迅速抓好会议精神的贯彻传达，以“旗帜鲜明讲政治”为总基调，以改革创新精神全面加强党的建设，把各级党组织建好建强，把党的执政骨干队伍建强建优，切实把全体党员干部的思想统一到会议要求上来。要争先创优作表率。要认真学习他们的好经验、好做法，大力宣传先进典型，努力在全社会营造学习先进、崇尚先进、争当先进的浓厚氛围，引导广大党员以高度自觉的“主人翁”意识，充分发挥党员干部先锋模范作用，对确定的发展目标和发展举措“咬定青山不放松”，用“勠力同心、坚韧不拔”的治沙精神和“踏石留印、抓铁有痕”的改革力度，一抓到底、抓出成效，真正把广大党员的智慧和力量凝聚到发展上来。要攻坚克难勇担当。要按照市委部署要求，把“讲政治”与“做贡献”紧密结合在一起，不断增强“四个意识”，积极投身招商引资、“六大指挥部”、“五线五百”等一线工作。

大会对相关先进集体和先进个人进行了表彰。会上，7名村(社区)书记分别围绕“文明城市创建”“完善村规民约推进移风易俗”两大主题进行了交流发言。

全国滚动轴承标准化技术委员会滚动体分委会成立会议召开

7月3日,全国滚动轴承标准化技术委员会滚动体分技术委员会成立会议暨第一次全体委员会议在如皋举行。国家标准委、国家质检总局法规司、中国质量万里行促进会、中国轴承工业协会、全国滚动轴承标委会、江苏省质监局、南通市和如皋市政府等单位的领导,以及滚动体分委会全体委员出席会议。

会上,国家标准委副主任殷明汉和省质监局副局长黄运海为该分委会揭牌,国家标准委工业一部主任科员王宇宣读成立批文,与会领导共同为各位委员颁发了聘书。分委会领导和秘书处承担单位江苏力星通用钢球股份有限公司代表作了专题发言。南通市委常委、副市长王剑锋、省质监局副局长黄运海、全国滚动轴承标委会主任委员杨晓蔚、国家标准委副主任殷明汉分别讲话,从不同角度对分委会的成立提出希望和要求。

黄运海在讲话中提出,滚动体分委会要在标准制定、人才培养和产业发展中发挥积极作用,要进一步梳理和分析现有产品标准及相关标准的需求,编制好标准体系规划,做好重点标准的研制,要发现和培养暨懂技术又懂标准的复合型人才,构建一支滚动体标准化核心人才队伍,要紧密围绕滚动轴承特别是滚动体产业转型升级的需求,积极采用国际标准和国外先进标准,转化先进科技成果为标准,为加快标准"走出去"、提升全省乃至全国滚动体产业发展水平做好技术支撑。黄运海在讲话中建议,南通市和如皋市进一步深化专业标准化技术组织建设工作,推动更多有条件的企事业单位,申报承担国家乃至国际专业标准化技术组织,为当地主导产业抢占技术标准高地、提高产业发展水平、跨越技术贸易壁垒服务。同时,黄运海还肯请国家质检总局、国家标准委对江苏标准化工作继续予以关心和支持。

国家标准委殷明汉副主任向与会人员介绍了国家标准化的最新形势,强调党中央高度重视标准化工作,标准化改革发展已进入新的历史阶段,要更好发挥标准化作用,服务创新发展和转型升级,用先进标准倒逼产业转型和制造升级,促进提质增效,并针对滚动体分委会的运行提出四点要求,一是要增强公平公正性,营造良好环境和氛围,建好工作机制;二是要做好标准规划,围绕滚动轴承的重点领域,增加标准有效供给和实际运用;三是要推动滚动体国际标准化工作,争取承担滚动体国际专业标准化技术组织;四是要加强分委会自身建设,打造一支懂技术、懂管理、懂规则的标准化人才队伍。会议期间,黄运海副局长专门向国家标准委殷明汉副主任汇报了近期江苏标准化工作情况和下一步打算,特别是江苏省申请开展国家标准化综合改革试点的最新进展。

如皋搬经镇跻身第二批全国特色小镇

8月29日,如皋市搬经镇和如东县栟茶镇从全国众多乡镇中脱颖而出,入选住建部、国家发改委、财政部共同认定的第二批全国特色小镇。

如皋市委、市政府提出,要善于发展现代农业,培育农业新产业新业态,打造一批乡愁浓郁、产业发达、风景独特、民生幸福的特色田园乡村。而搬经镇打造的以"长寿农业"为主题的特色小镇,就是基于"长寿"和"农业"这两大特征。

经权威机构调查研究,搬经镇土壤类型为水耕暗色潮湿雏形土,且富含抗衰老作用的硒元素以及氟、硼等微量元素。全镇13万人口中,80岁以上、90岁以上和100岁以上高龄者分别有6395人、945人和43人,最年长者113岁高寿,远超出联合国7.5/10万人的"世界长寿之乡"标准。更令人惊奇的是,500年以上的银杏树有7棵,其中1500岁高龄的卢庄银杏被誉为江苏省"十大寿星树"。

这里农产品品种优良、誉满江海,独有的黑塌菜、香堂芋、白萝卜、三黄鸡是国家地理标志产品,富硒稻米获得国家认证认可监督委员会认证。

特色小镇重在特色。搬经镇一方面壮大了以生产富硒稻米、原生畜禽、传统胡桑、时令蔬菜、生鲜瓜果5大特色农产品为主打的农业一产。另一方面,重点培育了以农产品深加工、农业装备制造两大制造业为主导的农业二产。此外还形成了以农产品物流贸易、田园乡村养老两大服务业为补充的农业三产。2016年,搬经镇长寿农业产业实现产值36.4亿元,占地区生产总值的71%,创造工作岗位4万个,实现增收10亿元。

通过实施"七位一体"环境综合整治,搬经镇城镇面貌持续改善,鞠桥、中心、谢甸3个村(居)建成水美乡村、生态示范村。此外,搬经镇还聚焦传承呵护,彰显农村传统文化内涵,建成苏中地区首家文化展示馆;维护修缮了绍隆禅寺、岳飞下马桩等历史古迹,"挑花担""打莲湘"等一批非物质文化遗产得到传承;修建了如皋西乡陈氏族史陈列馆,切实保护了原始村落风貌。

江苏如皋农村商业银行股份有限公司新三板挂牌

9月6日,经全国中小企业股份转让系统公司同意,江苏如皋农村商业银行股份有限公司在全国股转系统(新三板)挂牌公开转让,证券简称为如皋银行,证券代码871728,总股本为6.50亿股,主办券商为招商证券。

江苏如皋农村商业银行股份有限公司,成立于2010年12月8日,法人汪农生,是经中国银行业监督管理委员会批准设立的股份制银行机构,由原如皋市农村信用合作联社改制而成,位于如皋市如城镇海阳路195号,其主营业务为公司业务、零售业务及资金业务等货币银行业务。

第二十届亚洲老将田径锦标赛在如皋举办

9月24— 28日,第二十届亚洲老将田径锦标赛在如皋举行。比赛为期5天,2000余名来自20多个国家和地区的运动员参赛,其中年龄最大的101岁,最小的35岁。这项赛事在县级城市举办尚属首次。

亚老联主席维瓦·维格特塔纳利斯,世老联主席斯坦·帕金斯,亚老联副主席、中国田径协会副主席王大卫,国家体育总局田径运动管理中心主任于洪臣、副主任李频,省老年人体育协会主席王湛,省体育局副局长刘彤,南通市政府党组成员朱晋,南通市老年人体育协会主席刘井石以及如皋市领导陈晓东、何益军、吴道健、张元健、茅红宇、钱志刚、张亚鸾、严世斌等出席相关仪式。

锦标赛开幕式举行了"龙腾江海 如皋如歌"文体表演。闭幕式上,维瓦·维格特塔纳利斯为此次比

亚洲老将田径锦标赛开幕式文体表演现场

邱　宇　摄

赛的最佳女运动员获得者中国选手滕富恩和最佳男运动员获得者日本选手田中颁奖，并将亚老联会旗交给第二十一届亚洲老将田径锦标赛举办城市马来西亚沙捞越州体育部部长斯诺登·拉湾先生。

此次赛事由亚洲老将田径联合会主办，中国田径协会和如皋市政府联合承办。体育总局田径运动管理中心副主任王楠介绍，老将田径赛并非都是老人参赛，35 岁以上都称为老将，比赛按年龄分组。如皋市在 2015 年获得赛事举办权以来，积极为赛事提供良好的社会氛围，也为赛事提供了一流的比赛的场馆、赛事服务和安全保障。

第二十届亚洲老将田径锦标赛选择在县级市如皋举办，是缘于该市是闻名世界的“长寿之乡”，145 万人口中超过 100 岁的老人有 380 多位，其中热爱运动的老年人口超过 30 万人；如皋还是“全国群众体育先进单位”“全国全民健身先进单位”，首批“江苏省体育强县(市)”“江苏省公共体育服务体系示范区”单位。此前，如皋有成功举办高水平赛事的经验，曾举办过第十届及十六届全国老年人田径运动会，且连续十五届组队参加全国老将田径运动会，获奖成绩位居全国县级市之首。

如皋市列全国中小城市综合实力百强县市(全国综合实力百强县市)第二十六位

排序	城市	排序	城市
1	江苏昆山市	51	浙江嘉善县
2	江苏江阴市	52	辽宁庄河市
3	江苏张家港市	53	浙江永康市
4	江苏常熟市	54	内蒙古托克托县
5	浙江慈溪市	55	江苏句容市
6	湖南长沙县	56	浙江象山县
7	江苏太仓市	57	河南巩义市
8	福建晋江市	58	河南荥阳市
9	江苏宜兴市	59	山东青州市
10	辽宁海城市	60	辽宁大石桥市
11	山东龙口市	61	山东莱西市
12	浙江义乌市	62	江苏高邮市
13	浙江诸暨市	63	江苏新沂市
14	浙江余姚市	64	江苏仪征市
15	山东即墨市	65	福建安溪县
16	福建石狮市	66	安徽宁国市
17	山东荣成市	67	安徽肥西县
18	江苏丹阳市	68	山东茌平县
19	河北迁安市	69	吉林延吉市
20	内蒙古准格尔旗	70	河北武安市
21	江苏海门市	71	江苏沛县
22	福建福清市	72	安徽当涂县
23	江苏扬中市	73	黑龙江安达市
24	浙江海宁市	74	安徽肥东县
25	浙江瑞安市	75	内蒙古霍林郭勒市
26	江苏如皋市	76	江苏建湖县
27	浙江玉环市	77	云南安宁市
28	辽宁瓦房店市	78	山东昌邑市
29	江苏海安县	79	山东桓台县
30	福建南安市	80	山东齐河县
31	江苏启东市	81	山西孝义市
32	山东莱州市	82	江西贵溪市
33	山东招远市	83	河南永城市
34	浙江温岭市	84	广西平果县
35	福建惠安县	85	宁夏灵武市
36	山东新泰市	86	贵州仁怀市
37	浙江德清县	87	安徽长丰县
38	江苏邳州市	88	湖北大冶市
39	山东广饶县	89	贵州盘州市
40	陕西神木市	90	山东禹城市
41	河南新郑市	91	广东四会市
42	山东肥城市	92	湖南醴陵市
43	新疆库尔勒市	93	湖北宜都市
44	江西南昌县	94	安徽天长市
45	浙江平湖市	95	河北香河县
46	江苏如东县	96	四川西昌市
47	河北任丘市	97	湖北仙桃市
48	浙江长兴县	98	江西樟树市
49	河南禹州市	99	河南长葛市
50	陕西府谷县	100	海南琼海市

2017 年全国综合实力百强县(市)榜单

10 月 9 日，《人民日报》首次刊发“2017 全国综合实力百强县市”榜单，如皋榜上有名，列第二十六位。一同公布的“2017 全国新型城镇化质量百强县市”“2017 年度全国创新创业(双创)百强县市”，如皋也均上榜。

据悉，“2017 全国综合实力百强县市”“2017 全国新型城镇化质量百强县市”“2017 年度全国创新创业(双创)百强县市”等排行榜由中小城市经济发展委员会、中小城市发展战略研究院、中国社会科学院发展与环境研究所等单位权威发布，是我国官方机构发布的权威排行榜，对衡量地方经济和投资以及招商引资有重大指导意义。评选数据主要来源于 2017 年各省市区统计年鉴、2016 年各县市区统计资料、2016 年各县市区统计公报、各县市区统计部门提供的其他数据，从经济指标、社会指标、生态环境指标和政府效率指标等方面进行综合评价。

这些榜单中最具权威性、最具说服力、最能彰显城市发展综合实力的当属“2017 全国综合实力百强县市”，如皋列第二十六位。2017 年上半年，如皋市实现地区生产总值 502.30 亿元,可比价增长 8.8%,增速比全国、全省和南通分别高出 1.9、1.6 和 0.8 个百分点,连续六个季度排名南通九县(市、区)第一,预计 2017 年地区生产总值可突破 1000 亿元大关。

截至 2016 年年底,全国共有中小城市(广义范围,包括含乡镇的市辖区)2804 个,中小城市直接影响和辐射的区域行政区面积达 934 万平方公里,占国土面积的 97.3%;总人口达到 11.7 亿人,占全国总人口的 84.62%;经济总量达 63.08 万亿元,占全国经济总量的 84.78%。

如皋入围的其他两个榜单"2017 全国新型城镇化质量百强县市"和"2017 年度全国创新创业(双创)百强县市"分别列第六十八位和第二十三位。

如皋市荣获"中国人居环境奖"

10 月 31 日,2017 年 "世界城市日"全球主场活动在广州举行。会议颁发了 2017 年中国人居环境奖奖牌,市委书记陈晓东代表如皋市现场接受授牌。10 月 27 日,住房和城乡建设部公布 2017 年中国人居环境奖获奖名单,全国仅有两个城市获得"中国人居环境奖",如皋市是唯一上榜的县级城市,同时也是苏中、苏北地区率先获得此项殊荣的县级市。副市长黄文斌参加活动。

住房和城乡建设部副部长倪虹(左一)为如皋获得"中国人居环境"颁奖

黄友谊　摄

据了解,中国人居环境奖是城市人居环境建设领域的最高荣誉奖项,是为了表彰在城乡建设和管理中坚持以人为本、全面协调可持续的科学发展观,树立正确的政绩观,不断加强城乡基础设施和生态环境建设,切实改善人居环境,努力构建资源节约、环境友好的社会主义和谐社会,为实现全面建设小康社会做出突出贡献的城市。

人居环境奖创建是一项复杂的系统工程,涉及面广、工作量大,如皋市整合资源,着力强化整体联动。在组织层级方面,将人居环境奖创建工作提上市委、市政府的议事日程,纳入市政府工作目标,形成了"市委统筹协调、政府组织推进、创建办牵头抓总、职能部门密切配合、社会大众参与支持"的工作格局;在规划引领方面,着力摈弃临时观念和短期行为,始终秉承规划引领的理念,推进宜居工程和海绵城市建设,全力打造"长寿如皋宜居城"。同时,如皋市始终坚持把群众满意作为工作的出发点和落脚点,真正使创建过程成为改善群众生活的过程,从关心、改善群众的生活要素着手,真正做到创建成果普惠于民。如皋市重点在完善功能配套、坚持民生优先、筑牢水系防线、注重特色塑造、践行海绵城市理念等方面发力。此外,如皋市还持之以恒、常抓不懈,突出精细化管理,提升工作质效,切实践行"创建为民、创建利民"的不变宗旨。

陈晓东说,这个殊荣来之不易,是全市人民凝心聚力的结果、众志成城的结晶,是"绿水青山就是金山银山"等"两山"思想在如皋的生动实践,是如皋"治沙"精神在新时期的具体体现。他表示,人居环境建设只有起点，没有终点；只有更好，没有最好。如皋市将围绕"生产生活生态互动发展、宜居宜业宜游更加彰显"的总体要求，紧扣"水""孝""景"三大核心要素，发挥"陆海江黄金交汇点、沪苏通高铁桥头堡"的独特发展区位优势，抢抓上海建设全球卓越城市、江苏推进"1+3"重点功能区战略和南通建设上海"北大门"的历史机遇，着力在扬子江城市群和上海"北大门"建设中展现更大作为，全方位、立体式展现"一派江南景象"。

第十八届如皋科技·人才洽谈会隆重举行

第十八届如皋科技·人才洽谈会开幕式现场

黄友谊　摄

10月28日，第十八届如皋科技·人才洽谈会在市行政中心礼堂隆重开幕。此届洽谈会以"聚力创新、聚焦富民"为目标，以"广纳高端人才智力、助推实体经济发展"为主题。

商务部原副部长周可仁，省科技厅副巡视员景茂，省知识产权局副局长张春平，南通市委副书记张兆江，南通市委组织部副部长、人才办主任王亚雄等领导；中国科学院院士、化学工程联合国家重点实验室副主任、清华大学教授费维扬，中国科学院院士、上海交通大学教授颜德岳，中国科学院院士、北京大学物理学院教授秦国刚，国家首批"千人计划"专家、合肥国家同步辐射实验室主任、中国科技大学教授陆亚林等嘉宾和北京大学、清华大学、南京大学等全国66所知名高校，以及中国科学院院长春光学精密机械与物理研究所、中国科学院院上海微系统与信息技术研究所、中船重工702研究所等18家科研院所的300多位专家、学者应邀参会。陈晓东、何益军、吴道健、张元健、丁兴华等市四套班子领导出席活动。

市委书记陈晓东作了题为《如皋，一派江南景象》的主题演讲。他说，创新是引领发展的第一动力，是建设现代化经济体系的战略支撑。人才是发展的智力引擎，是"大众创业、万众创新"的核心要素。他指出，如皋市在人才政策上一直不遗余力，先后制定落实了"雉水英才"、名校优生、学子归巢等人才引进政策，研究出台了《关于加快推进顶尖人才创新创业的若干意见》，对国家"千人计划"专家、省"双创"人才等顶尖人才，加大财税、金融、津贴等方面政策的扶持力度。在人才政策上，苏南有的必须有，苏南没有的，创造条件也要有。在创业氛围也是不遗余力。如皋拥有良好的政务服务，一向注重积极营造亲商安商富商的社会氛围，为企业提供透明的政策支持，便利的沟通渠道，推行优质高效的"全方位、保姆式"服务，围墙里的事，企业决策，政府不干预；围墙外的事，政府服务，企业不操心。在体制改革上，如皋是国家行政审批制度改革试点城市，实现了一枚印章管审批，一支队伍管执法。在市场准入领域，证照3个工作日内办结。在投资建设领域，工业项目从立项到开工许可50个工作日审批完毕。在要素供给上更是不遗余力。如皋拥有比较充沛的要素资源，土地、电力、淡水、天然气等供应充足、价格低廉。根据国际机构德勤的评估，如皋综合成本只有周边沿海沿江地区的25%至35%。巨大的战略空间差，成为如皋加速发展与客商投资如皋的机缘优势。成批的上海人到如皋选房购房、投资兴业，他们考虑的不单是经济成本和区位优势，更重要的是环境的舒适度和生活的幸福感。

在如皋市创新创业的企业代表江苏赛麟汽车科技有限公司常务副总裁顾镭在发言中介绍，江苏赛麟汽车项目2015年落户如皋，作为江苏省重大项目，该项目总投资178亿元，是目前南通市单体总投资最大的制造业项目。赛麟是一家有着30多年历史的世界顶级跑车品牌，曾8次获得世界超跑制造商大赛冠军，拥有一系列包括轻量化车身、动力总成、电动总成、电池管理等高端核心技术。他表示，2018年赛麟SUV整车将从如皋走向世界。炫一下(北京)科技有限公司董事长、CEO韩坤在发言中透露，将在如皋加大投资力度，全力打造“互联网移动视频小镇”。

专家代表吉林大学党委常委、副校长孙友宏，省科技厅副巡视员景茂，中国科学院院士、上海交通大学教授颜德岳先后在会上发表了激情洋溢的讲话，对如皋市的经济社会发展给予充分肯定，并提出了殷切希望。

南通市委副书记张兆江对第十八届如皋科技·人才洽谈会的成功举办表示祝贺。他说，如皋是南通发展的重要板块，也是南通沿江开发的前沿阵地，2017年以来坚定不移抓项目、促发展，加快创新创业人才集聚，多项指标增速位居南通前列，经济社会呈现出持续健康快速发展的良好势头。他真诚期望各位来宾多到南通和如皋走走看看，考察指导、投资兴业，推动更多科技项目落户，一同开创更加美好的未来。

市委书记陈晓东、新华社中国经济信息社副总裁苏会志、中林如皋港务集团有限公司总裁王利伟共同启动华东煤炭价格指数发布触摸球。中国经济信息社指数中心副总经理韩显男进行了华东煤炭价格指数发布。

如皋是世界六大长寿乡之一，如皋人的长寿秘诀很多，其中尤以富有如皋特色的长寿饮食为最，如皋的长寿饮食风味独特、营养丰富、种类齐全，经过多年的发展，形成了独具特色的长寿饮食文化和长寿饮食产业，经中国文联民间文艺家协会的专家组实地考察、评审，决定授予如皋“中国长寿饮食文化艺术之乡”称号。中国民间文艺家协会党组成员、秘书长周燕屏宣读命名批复。中国民间文艺家协会副主席吴元新为如皋市“中国长寿饮食文化艺术之乡”授牌，副市长张百璘接受荣誉牌匾。

市委书记陈晓东和清华大学教授、清华大学“一带一路”战略研究院副院长、清华大学健康产业与管理研究中心主任黄德海共同为“健康如皋联合课题组研究基地”揭牌。

商务部原副部长周可仁宣布此届如皋科技·人才洽谈会开幕。

此届洽谈会以“聚力创新、聚焦富民”为目标，以“广纳高端人才智力、助推实体经济发展”为主题。洽谈会之前，来宾们参观了如皋汽车文化馆、江苏神马电力股份有限公司、中国·如皋国际园艺城、江苏赛麟汽车科技有限公司15万套汽车核心零部件项目现场等。

如皋高铁南站正式获批，站名“如皋南”

10月30日，中国铁路总公司、江苏省人民政府下发了《关于新建盐城至南通铁路初步设计的批复》(总鉴函〔2017〕845号)，对盐通铁路初步设计进行了批复，盐通铁路沿线设5个车站，“如皋南”在列，标志着如皋市高铁站正式获批，如皋将从“动车时代”迈入“高铁时代”。

盐通铁路从最初的“利用新长铁路复线改造”到“时速200公里新建到海安”，再到“时速350公里延伸到张家港”;如皋南站更是从“不考虑”“不同意”到“可以考虑”“原则同意”,再到“被否决”“原则并站”直到最后的“获批”。可以说是历经了千辛万苦,完成了如皋历史上又一个“不可能完成的任务”,实现了又一个从“不可能”到“可能”的嬗变!

盐通铁路项目预计建设工期4年,现正进入施工总承包招投标阶段。如皋交通局正按照省、南通市统一部署要求,积极协调规划、国土以及涉及到的镇(区)全力做好征地组卷上报等前期工作,力争年内开工。如皋高铁南站正抓紧推进建站方案设计工作,力争明年开工。

第二届国际燃料电池汽车大会在如皋成功举行

第二届国际燃料电池汽车大会现场

黄友谊　摄

11月9日,第二届国际燃料电池汽车大会在如皋市成功召开。大会由国际氢能燃料电池协会(筹)、中国汽车工程学会主办,南通市人民政府、如皋市人民政府承办,来自20多个国家和地区的近千名燃料电池产业的政学精英、业界巨头在会上交流碰撞。南通市副市长杨海龙及如皋市领导陈晓东、何益军、马金华、高峰等出席会议。

开幕式上,科技部高新技术发展及产业化司副司长续超前宣读了全国政协副主席、中国科学技术协会主席、科学技术部部长万钢的贺信。贺信充分强调发展氢能燃料电池技术对于实施新能源汽车战略、实现汽车产业转型升级的战略地位和重要作用,也强调了推动燃料电池汽车发展必须走“创新发展、系统推进”的道路,“合作、协同、共赢”将是未来很长一段时期燃料电池汽车技术和产业发展的主旋律。

当前,环境和能源是全球面临的共同挑战。氢能以其泛在、清洁的特殊禀性成为国际能源变革的重要选择,也是交通能源转型的主要方向。2017年以来已经有数个发达国家宣布传统燃油汽车退出历史舞台的时间表,国外知名汽车厂商也都相应地有所行动。我国作为全球新能源汽车布局的领先国家之一,已从政策层面给予包括燃料电池汽车在内的新能源汽车在研发、产业化和应用等各环节以持续高强度的支持,并明确到2020年要实现燃料电池车批量生产和规模化示范应用。在此背景下,大会主题确定为“融合发展、产业共赢”。

会上,市委书记陈晓东以“如皋氢能与燃料电池发展与应用实践”为主题作了交流发言。从中共十九大报告提出建立健全绿色低碳循环发展的经济体系、构建清洁低碳的能源体系,到世界气象组织发布公告2016年全球二氧化碳平均浓度达80万年来最高水平,再到我国启动停止生产销售传统能源汽车时间表相关研究,陈晓东指出,如皋选择发展氢能产业具有卓绝眼光,并已将氢能产业列为“十三五”重点发展产业,这主要得益于对氢能产业的发展预期坚定了如皋发展氢能的信心和决心,对未来发展的战略考量决定了如皋必须前瞻布局、超前谋划,省市领导对如皋氢能产业的肯定和支持增添了继续前行的勇气和动力。近年来,如皋市致力于研发推广氢燃料电池技术、推动燃料电池和汽车的融合发展、编制如皋氢能发展路线图、开展燃料电池产品的示范应用、参与燃料电池技术标准的研究制定、推动燃料电池检测中心建设、研究发布中国氢经济发展指数、加快实施制氢项目等方面的探索和实践,相继拥有了南通百应能源、泽禾新能源、南通亚曼、神华集团、江苏清能、南通安思卓等十多家氢能企业,和陆地方舟、康迪汽车、江苏赛麟等六家具备整车生产能力的企业,已成为我国氢能和燃料电池汽车产业发展布局早、产业链企业集聚度高的地区。下一步,如皋将以推进联合国“氢经济示范城市”为抓手,以打造国家“首批氢能产业化示范基地”为目标,加强统筹、做好规划、搞好服务,全力构建氢能与燃料电池发展的良好生态系统,为国际氢能产业的政、产、学、研、用探路。进一步强化政策支持、进一步推进示范应用、进一步完善公共平台、进一步优化亲商服务、进一步加快人才集聚。预计“十三五”期末,全市氢能产业实现销售额超百亿元,新能源汽车产能 80 万辆、产值超千亿元。

市委副书记、市长何益军在大会上致辞,希望各位专家为如皋市氢能产业向全产业链纵深推进,向全价值链中高端攀升献言献策,同时表示,如皋市将倍加珍惜已经形成的产业基础,倍加珍惜探索积累的有效经验,倍加珍惜千载难逢的发展机遇,持之以恒地发展壮大氢能与燃料电池产业,当好产业发展的领头羊,为推动全球能源转型变革做出如皋贡献。

与会的专家、学者分享交流了燃料电池汽车领域最新发展成果,从燃料电池及燃料电池技术、资本、政策、基础设施等方面,全面分析商业化遇到的问题、障碍、解决方案和发展建议等,就如何共同推进燃料电池商业化应用进行研讨。

如皋市荣获“全国文明城市”称号

11 月 14 日,中央文明委公布了第五届全国文明城市入选名单,如皋市在苏中、苏北县级市中率先跻身全国文明城市。

全国文明城市是目前国内城市综合类评比中的最高荣誉,也是最具价值的城市品牌。如皋市文明城市创建工作启动于 2003 年。十五年来,如皋全体市民,争朝夺夕,共建共享文明之城。如皋的城市品质和内涵不断提升,市民道德素养和文明风尚显著提高,宜居宜业宜游程度极大改善,社会管理和公共服务更加规范,变得更加文明、美丽、和谐、有序、温馨,广大群众拥有越来越多的获得感和幸福感。自 2005 年建成江苏省文明城市以来,三度蝉联江苏省文明城市,2015 年入围全国县级文明城市提名城市。

陈晓东赴京接受授牌

多年来,如皋市始终坚持创建为民,建设幸福如皋,把建设宜居宜业城市作为创建全国文明城市的基础性工作,全面优化城市环境,持续深化民生改善,统筹推进城乡创建,建设人民幸福城市,先后建成国家卫生城市、国家园林城市、国家生态城市、中国优秀旅游城市、江苏历史文化名城。坚持道德引领,建设爱心如皋,深入推进以如皋爱心邮路为发轫、爱心基金为基础、志愿服务为平台、爱心典型为示范的爱心城市建设,“爱心城市、和谐如皋”精神文明建设品牌独具魅力,连续三届获评中国公益慈善百强城市。坚持传承发展，建设文化如皋，先后被评为“江苏省非物质文化遗产普查工作先进集体”和“江苏省非物质文化遗产保护工作先进集体”，城市“15分钟文化圈”、农村“十里文化圈”奋斗目标基本实现。坚持立德树人，建设希望如皋，把加强未成年人思想道德建设作为事关如皋未来发展的希望工程，不断提升未成年人工作水平，被表彰为省未成年人思想道德建设工作先进县(市)。

荣威国际在香港股票交易所挂牌上市

11月16日，荣威国际在香港股票交易所挂牌上市，融资用到如皋打造智能化水上娱乐用品物流基地，投运后用工只需20名，与传统人工搬运相比减少用工150人。

南通荣威是上海转移如皋的实体经济大项目，由荣威国际控股有限公司投资设立，总投资30亿元，占地面积1200亩，注册资本18235万美元。荣威国际1994年成立以来，在欧美和国内设立研发机构，形成全球一体化研发、Bestway品牌全球推广和品牌产品销售的经营模式。目前，在330亿美元的全球规模水上休闲产品行业中位居前三。

2017年10月份，投资1.56亿美元的荣威第二工业园区水池项目一期工程竣工，实现了当年开工、当年投产、当年见效。产能进一步扩大，从如皋、安徽以及结对扶贫的陕西等地新招了2800多名员工。每找一批，都拉到课堂开展技能培训，灌输质量标准，挑选老员工当师傅带新徒，跟班作业6个月，手把手传教严谨的工作作风、细致入微的啄木鸟精神。一系列举措，让新员工进了车间就养成用国际标准衡量产品的习惯。

南通荣威的原料靠进口，产品95%以上出口，从如皋港出货，物流成本进一步下降。2017年5月份，荣威国际全自动智能立体仓库开工建设，8.5万立方米的仓储容量，将于2018年7月运营，智能化用工仅需20人，节省用工100多人，还节约了大量用地。2017年，投入9000多万元，改进设备和生产工艺工序，成为行业自动化程度最高的工厂，生产效率提升三成，公司实现应税销售20亿元，同比增长33.58%。

如皋港至营口港、如皋港至武汉港内贸集装箱直达班轮航线开通

11月28日，如皋港至营口港、如皋港至武汉港内贸集装箱直达班轮航线开通仪式在苏中国际集装箱码头举行。市领导何益军、丁兴华、张勇、高峰、陈杰、冒平，洋浦中良海运有限公司董事长朱建强等来宾以及口岸联检机关、市级相关部门、长江镇(如皋港区)负责人出席活动。

市委副书记、市长何益军在致辞中指出，如皋港至营口港、如皋港至武汉港内贸集装箱直达班轮航线开通，这是继今年内贸集装箱泉州航线、盘锦航线开通后，如皋市深化港口综合物流枢纽建设的又一件大事喜事。他说，近年来，如皋市高度重视港口物流发展，创新成立了如皋港深度开发指挥部，以打造长三角北翼港口群主力港、重要节点港、上海港组合港为目标，依托国家一类口岸，完善港口规划、强化平台建设、优化功能布局，支撑能级和港口集聚度不断提升，先后开辟了集装箱班轮直达航线4条，建成了港口供应链金融贸易物流服务平台，形成了具有鲜明特色的现代港口物流发展“生态链”。

集装箱年吞吐量从 2014 年的 1 万标箱跃升至 2016 年的 6.5 万标箱，连续三年实现翻番，2017 年 1 至 10 月份完成集装箱吞吐量 10.5 万标箱、增长 141.2%，增速在长江中下游名列前茅。

何益军希望如皋港集团要以此次航线开通仪式为契机，咬定“百万标箱、亿吨大港”的奋斗目标，科学谋划发展战略，不断创新经营思路，努力提升功能支撑能级和港口集聚度，积极打造长三角北翼港口群主力港。各相关部门要广泛地宣传和研究，不断提高综合服务水平，全力支持港口物流的发展，提升港口的综合实力。他希望货主企业主动抓住机遇，用好家门口的载体平台，增强产品市场竞争力。同时也希望各家代理公司积极加盟如皋港，设立办事处、分公司，大力拓展集装箱业务。

市委副书记丁兴华主持仪式。如皋港集团总经理马玉东介绍了如皋港集装箱业务发展情况。

中国华侨国际文化交流基地落户如皋

12 月 4 日，中国华侨国际文化交流基地在如皋市李昌钰刑侦科学博物馆揭牌，世界上第一个刑侦科学博物馆又增一张新“名片”。省侨联党组书记、主席周建农与如皋市市委副书记、市长何益军共同揭牌。市领导刘向阳、程瑞琴参加揭牌仪式。

李昌钰刑侦科学博物馆是由国际神探李昌钰博士全程亲自参与规划建设的博物馆，是全球首家刑侦科学类博物馆，总建筑面积 3100 平方米，于 2016 年正式开馆。博物馆自开馆以来，来自世界各地的参观者络绎不绝，日均接待参观者超过 800 人次，迅速成为全国重要的青少年科教文化基地、爱国主义教育基地，同时也是政法公安类高校学生、公安干警的实训基地。博物馆已成为如皋对外宣传推荐的名片、国内外刑侦鉴识合作交流的重要平台、弘扬爱国爱乡精神的教育实践基地。

远在他乡的李博士对基地的揭牌表示感谢。他说，这是一件好事，一方面侨胞回国时多了一个地方可以参访，另一方面可以鼓励其他侨胞也回家乡协助建设，还可以作为华侨子女夏令营培训基地。李昌钰刑侦科学博物馆一定会成为世界上独一无二的刑侦专业博物馆及训练中心。

何益军表示，中国华侨国际文化交流基地落户李昌钰刑侦科学博物馆，是中国侨联对博物馆的充分肯定。如皋市将以此次基地揭牌为契机，充分发挥中国华侨国际文化交流基地的作用，不断发扬以李昌钰博士为代表的侨界先贤的伟大精神，依托基地开展丰富多彩的系列文化活动，提升博物馆在全国侨联系统的感召力和影响力，助力中华优秀传统文化走向世界，不断提高如皋在海内外的影响力和知名度。

2017 年全国县域经济与县域基本竞争力排行如皋列第十五位

12 月 16 日，全国县域经济与县域发展专业研究机构、社会智库中郡研究所在北京发布了《2017 县域经济与县域发展监测评价报告》，在全国县域经济与县域综合发展榜单中，如皋市位列第十五位，连续六年保持争先进位的态势。

据悉，从 2012 年至 2017 年，县域经济与县域基本竞争力监测评价如皋市已经连续六年保持争先进位的态势，从第三十二位一路飙升到 2017 年的第十五位，创历史新高。据统计，前三季度，如皋市实现地区生产总值 775.08 亿元，可比价增长 8.6%，增幅比全国、全省和南通分别高出 1.7、1.4 和 0.7 个百分点。

几年来，如皋市经济发展稳中趋好、城乡面貌日新月异、人民生活持续改善，形成了以船舶海工、新材料、高端纺织三大支柱产业、新能源及新能源汽车、智能装备、电子信息三大新兴产业和大物流、大数据、大旅游、大健康四大现代服务产业为主的“3+3+4”现代产业体系。2017 年有望实现地区生产总值、全部工业应税销售、服务业应税销售、建筑业施工总产值“4 个 1000 亿元”目标。

如皋市地处长三角一体化、江苏沿海开发、苏南现代化示范区建设、上海自贸区建设、长江经济带建设五大国家战略交汇叠加区，面对“一带一路”带来的区域经济整合新机遇与发展新空间，磁吸效应越来越强。随着外部交通格局的打开，如皋“陆海江黄金交汇点、沪苏通高铁桥头堡”的独特发展区位，吸引着一批目光锐利的企业、产业与平台纷纷落户如皋。如皋市也适时制定落实了“雉水英才”、名校优生、学子归巢等人才引进政策，为经济发展提供人才保障。同时在创业服务上，始终坚持围墙里的事，企业决策，政府不干预；围墙外的事，政府服务，企业不操心，不断深化行政审批制度改革，工业项目从立项到开工许可 50 个工作日审批完毕。

南通皋液重工股份有限公司在“新三板”成功挂牌

12 月 27 日，全国中小企业股转系统公告显示，南通皋液重工股份有限公司（证券简称：皋液重工，证券代码：872520）的挂牌申请获得批准，并于当日挂牌。

南通皋液重工 2015 年度、2016 年度、2017 年 1—5 月营业收入分别为 3059.69 万元、3969.32 万元、1655.20 万元；净利润分别为-115.20 万元、81.67 万元、68.10 万元。

南通皋液重工股份有限公司（原南通皋液液压机有限公司，简称南通皋液、原南通液压机厂），创建于 1980 年，是专业生产液压机的规模制造公司。通过 30 多年的发展，企业规模、产品档次以及市场研发等方面都有了飞速发展。目前是一家专业从事成套液压设备和智能物流车辆的研发、生产和销售的高新技术企业，主要产品包括各类液压机、AGV 智能物流小车以及在研发产品新能源电动牵引车。

通皋大道正式开工建设

2017 年 12 月 29 日，如皋主城区至南通火车西站的快速通道——通皋大道正式开工建设。市领导陈晓东、何益军、张元健、丁兴华、黄文斌、万维庆出席开工仪式。市委书记陈晓东宣布通皋大道工程正式开工。市委副书记、市长何益军致辞。市委副书记丁兴华主持开工仪式。

何益军在致辞时说，通皋大道的建成必将对全市实现新一轮交通、城市、产业“三大转型”产生深远的影响。在交通转型上，将弥补如皋市中部地区路网空白，有效缩短与沪通铁路南通西站距离，实现如皋快速路网与南通快速路网的无缝对接、快速转换，推动如皋市真正融入上海建设“1+6”协同发展大都市圈。在城市转型上，将与盐通高铁如皋南站产生“共振效应”，撬动社会资本加入如皋城市能级的提升。在产业转型上，将对全市“四位协同”产业体系产生“联动效应”，有助于破解新时代如皋市区域发展不平衡、不充分等突出矛盾，更好地满足人民群众对美好生活的需要。

何益军表示，市委、市政府将始终秉承“无怨无悔当跑腿、心甘情愿当助手”的服务理念，关心支持通皋大道工程在内的各类交通基础设施建设，积极争取高铁、高速公路、高等级航道等更多纳入国家通道、区域通道，密切跟踪北沿江城际铁路布线布站规划，全力打造全国县域板块最具竞争力的大交通格局。

通皋大道开工典礼现场

邱 宇 摄

陈晓东、何益军与中国建筑股份有限公司副总裁李百安、中建华东投资有限公司董事长宋璇共同按动通皋大道项目启动球。

为顺应长三角经济一体化和长江经济带发展新常态，如皋市自2015年规划建设如皋主城区至南通火车西站的快速通道，取名为“通皋大道”。通皋大道位于如皋市中东部地区，整体路线呈南北走向，北起顺接已建海阳南路，向南终点至G204国道与海五线交叉口，顺接南通火车西站站前快速路。沿线分别经过如皋市高新区（城南街道）、下原镇、九华镇和通州区平潮镇，路线全长28公里，其中如皋段全长22.3公里，通州段全长5.7公里。

根据项目建设计划以及PPP合作协议，通皋大道全线按照双向六车道城市快速路标准进行设计，其中如皋段采用地面快速路建设形式，设计速度采用100公里/小时。道路预留控制宽度为90米，新增用地面积79公顷，预算投资约20亿元。通州段采用高架快速路的建设形式，路面宽度25.5米，双向六车道的建设标准，设计速度采用80公里/小时。新增用地面积21.67公顷，预算投资约10亿元。通皋大道如皋段2018年完成总投资的45%，实施路基桥梁下部结构、涵洞的施工；2019年12月31日前完成道路、桥梁、交通工程和绿化施工，争取与锡通高速、沪通大桥同步建成通车。

国家质检总局批准对如皋黄酒实施国家地理标志产品保护

12月8日，国家质检总局发布了《关于批准对新乐花生等32个产品实施国家地理标志产品保护的公告》，对新乐花生、柏各庄大米、辽砚、如东泥螺、如皋黄酒、于都梾木油、管窑陶器、东安鸡、南县小龙虾、古丈红茶、张坝桂圆、西岭佛手瓜、大邑麻羊、曹家梨、泸县青花椒、牛滩生姜、煎茶竹丝茄、芝溪玉液、色湾藏香猪、宜宾大头菜、江安黑山羊、观音豆干、新民场生菜、兴文猕猴桃、钟山葡萄、岱瓮杨梅、威宁芸豆、锦屏腌鱼、七舍茶、九层山茶、晴隆绿茶、柴达木枸杞共32个地理标志产品保护申请进行技术审查。经审查合格，批准上述产品为国家地理标志保护产品，自12月8日起实施保护。

公告对如皋黄酒的生产提出要求：

一、产地范围

如皋黄酒产地范围为江苏省如皋市现辖行政区域。

二、专用标志使用

如皋黄酒产地范围内的生产者,可向如皋市市场监督管理局提出使用“地理标志产品专用标志”的申请,经江苏省质量技术监督局审核,报质检总局核准后予以公告。如皋黄酒的检测机构由江苏省质量技术监督局在符合资质要求的检测机构中选定。

三、质量技术要求

(一)原料

1. 大米:选用保护范围内栽培生产的优质大米,质量符合国家大米相关标准。

2. 大曲:选用地产红皮小麦,经传统制曲工艺制成。

3. 酿造用水:采用保护范围内的地下水,水质符合国家生活饮用水标准,pH 值 6.5—7.5。

(二)制曲工艺

1. 工艺流程:

2. 工艺要点:

2.1 将小麦轧成每粒 3~4 片,加入清水(20%~25%),拌揉至手握成团、放开即散的状态,将曲料放在曲模子内踩实、切成块状。

2.2 堆曲后,关闭门窗,经 50 小时~60 小时,品温达到 50℃~55℃,适当降温,入房约 6 天~8 天后,品温回降至室温。

2.3 入房 20 天后,将曲在室外阴凉通风处晾晒干燥。

2.4 制曲应在农历伏天进行。

3. 含水量:含水量≤16.0 克/100 克。

(三)酿酒工艺

1. 工艺流程:

2. 工艺要点:

2.1 浸渍:大米用本地地下水浸泡,冬季 24 小时,春季 16 小时~20 小时,捞出冲洗沥干。

2.2 蒸煮:在蒸汽压力 0.18 兆帕~0.24 兆帕、温度 105℃下连续蒸煮 30 分钟~40 分钟。蒸煮后饭粒应外硬内软,疏松不糊,熟而不烂,均匀一致。

2.3 淋饭:将蒸熟的米饭用 38℃~42℃温水冲淋浇透。

2.4 喂饭:投水后次日加曲喂饭,温度控制在 25℃~28℃。

2.5 后酵养醅:醪液在缸内发酵 10 天左右,抽入大罐在常温下进行后酵养醅。

2.6 封坛:杀菌装入酒坛后,迅速用棉白纸、防水纸、防油纸分别将坛口封严。

2.7 陈酿:陈酿时间 3 年以上。

(四)质量特色

1. 感官指标:

色如玛瑙,清亮透明,鲜甜爽口,香气浓郁,回味悠长,风格独特。

2. 理化指标:

3. 安全及其他质量技术要求:产品安全及其他质量技术要求应符合国家相关标准要求。

新闻人物

Xinwen Renwu

党政领导

政协如皋市第十四届常务委员会主要成员

1月14日，市政协十四届一次会议举行第二次全体会议，选举产生了市第十四届政协主席、副主席、秘书长和常务委员会委员。其中，张元健当选为市政协主席，杜永红、郑振明、冒平、严世斌、刘晓洁当选为副主席，许映亮当选为秘书长；丁洋等56人当选为常务委员。

张元健，现任如皋市政协主席。男，1964年4月生，汉族，江苏如皋人，大学学历，2010年9月加入中国共产党，1987年8月参加工作。

1983年9月，在苏州大学中文系宣传文化专业学习；

1987年8月，任如皋县广播电台编辑、广播电视局宣传组副组长、电台专题部主任；

1992年3月，任如皋市广播电台副台长；

1995年9月，任如皋市人大常委会办公室副主任；

1996年5月，任如皋市广播电视局副局长；

1997年7月，任如皋市人民政府市长助理、市广播电视局副局长；

1997年8月，任如皋市人民政府市长助理；

1998年1月，任如皋市人民政府副市长（其间：1998年11月至2000年12月，在苏州大学世界经济专业研究生课程进修班学习并结业）；

2007年12月，任如皋市政协副主席；

2012年3月，任如皋市人大常委会副主任；

2013年4月，任如皋市人大常委会副主任、党组成员；

2014年5月，任如皋市人大常委会副主任、党组副书记；

2017年1月起，任如皋市政协主席，市人大常委会党组副书记。

如皋市第十一次、十二次党代会代表，中共如皋市第十二届委员会委员，如皋市第十一届、十二届、十三届、十四届、十六届人大代表，如皋市第十二届人大常委会委员。

杜永红，现任如皋市政协副主席，市工商联主席。男，1964年7月生，汉族，江苏如皋人，大学学历，硕士学位，无党派，1982年7月参加工作。

1979年9月，在扬州水利学校农田水利专业学习；

1982年7月，在国营海安农场农业科工作；

1984年9月，在海安建筑工程学校任教；

1985年5月，为国营海安农场建安公司技术干部；

1988年10月，在如皋县碾砣港闸管理所工作(其间：1985年9月至1988年2月，在河海大学农田水利专业函授学习，取得大专学历)；

1990年1月，任如皋县(市)水利局农水科办事员；

1995年12月，任如皋市水利局工管科副科长(主持工作)(其间：1995年9月至1998年7月，在河海大学工民建专业函授学习，取得本科学历)；

1996年12月，任如皋市水利局副局长；

2001年1月，任如皋市政协副主席，市水利(务)局副局长(其间，2000年9月至2004年4月，在河海大学环境工程学院学习，获环境工程硕士学位)；

2006年2月，任如皋市政协副主席，市水务局副局长，如皋港经济开发区管委会副主任、水务分局局长；

2007年12月，任如皋市人民政府副市长；

2016年12月，任如皋市人民政府副市长，市工商联主席；

2017年1月起，任如皋市政协副主席，市工商联主席。

南通市第十一届、十二届人大代表，政协如皋市第十届、十一届委员会委员，如皋市第十三届、十四届、十五届、十六届人大代表。

郑振明，现任如皋市政协副主席。男，1965年1月生，汉族，江苏如皋人，中共中央党校大学学历，无党派，1984年8月参加工作。

1981年9月，在南通农业学校农学专业学习；

1984年8月，任如皋县良种场农业技术员；

1985年12月，任如皋县(市)良种场副场长(其间：1985年2月至1988年6月，在江苏高等教育自学考试委员会南京农业大学农学专业学习，取得大专学历)；

1995年10月，任如皋市科协副主席(不驻会)、良种场副场长(其间：1997年8月至1999年2月，在中共中央党校函授学院经济管理专业学习，取得大学学历)；

2002年8月，任如皋港开发区管委会副主任(挂职)、如皋市科协副主席(不驻会)、良种场副场长；

2003年8月，任如皋港开发区管委会副主任、如皋市科协副主席(不驻会)；

2007 年 12 月，任如皋港务局、口岸办筹备组副组长(其间:2009 年 1 月明确为主任科员)；

2009 年 5 月，任如皋市港务管理局副局长(正科级)；

2009 年 12 月，任如皋市口岸和港务管理局副局长(正科级)；

2011 年 12 月，任如皋市口岸管理委员会办公室主任；

2012 年 3 月，任如皋市政协副主席，市口岸管理委员会办公室主任；

2013 年 12 月起，任如皋市政协副主席。

南通市第十一届、十二届、十三届人大代表，如皋市第十一届、十二届、十三届、十四届、十五届人大代表、人大常委会委员，政协如皋市第十三届委员会委员。

冒平，现任如皋市政协副主席，市人民政府党组成员，市政府办公室主任、党组书记。男，1962 年 10 月生，汉族，江苏如皋人，中共中央党校大学学历，1986 年 7 月加入中国共产党，1984 年 8 月参加工作。

1978 年 9 月，在如皋县丁堰中学高中学习；

1980 年 8 月，为如皋县丁堰乡材料员；

1984 年 8 月，任如皋县丁堰乡团委书记；

1986 年 12 月，任如皋县奚斜乡团委书记；

1987 年 9 月，任如皋县奚斜乡宣传委员(其间:1989 年 4 月享受副科级待遇)；

1990 年 1 月，任如皋县(市)建设乡党委宣传委员(其间:1990 年 9 月至 1993 年 7 月省委党校经济管理专业学习，取得大专学历)；

1994 年 2 月，任如皋市丁堰区工委秘书；

1995 年 11 月，任如皋市丁北镇党委副书记、镇工会工委主任、镇综治办主任、镇纪委书记；

1999 年 1 月，任如皋市丁北镇党委副书记、镇长(其间，1997 年 9 月至 1999 年 12 月，在中共中央党校函授学院经济管理专业学习，取得本科学历)；

2000 年 4 月，任如皋市东陈镇党委副书记、行政工作组组长、镇长；

2004 年 12 月，任如皋市东陈镇党委书记；

2005 年 12 月，任如皋市东陈镇党委书记、人大主席(其间，2008 年 12 月明确为副处级干部)；

2011 年 1 月，任如皋市委组织部副部长、市“两新”组织党工委书记、市党代表联络办公室主任(副处级)；

2013 年 4 月，任如皋市委组织部副部长、市“两新”组织党工委书记(副处级)；

2013 年 12 月，任如皋市委组织部副部长，市人民政府党组成员，市政府办公室主任、党组书记(副处级)；

2014 年 4 月，任如皋市人民政府党组成员，市政府办公室主任、党组书记(副处级)；

2017 年 1 月起，任如皋市政协副主席，市人民政府党组成员，市政府办公室主任、党组书记。

南通市第十二次党代会代表，如皋市第十一次、十二次党代会代表，中共如皋市第十一届纪委委员，中共如皋市第十二届委员会委员，如皋市第十五届人大代表，政协如皋市第十三届常委会委员。

严世斌，现任如皋市政协副主席，市委组织部副部长、市机构编制委员会办公室主任、市招商局党委书记、市行政审批局党委书记、市委党校副校长。男，1963 年 4 月生，汉族，江苏如皋人，大学学历，1986 年 7 月加入中国共产党，1981 年 8 月参加工作。

1979 年 10 月，在如皋师范学校文科专业学习；

1981 年 8 月，任如皋县江安池岸中学教师；

1982 年 9 月，任如皋县江安团结学校教师（其间，1983 年 9 月至 1985 年 6 月，在南通教育学院离职进修班汉语言文学专业大专学习并毕业）；

1986 年 8 月，任如皋县石庄中学教师（其间，1987 年 2 月，任校团委副书记、团委书记；1985 年 9 月至 1988 年 7 月，在扬州师范学院中文专业函授学习，取得大学学历）；

1991 年 8 月，任如皋县（市）石庄中学教导处副主任（主持教导处工作）；

1992 年 8 月，任如皋市江安中学副校长；

1995 年 9 月，任如皋市白蒲中学副校长、党总支副书记；

1997 年 2 月，任如皋市搬经中学校长、党支部书记（其间，1995 年 11 月至 1997 年 7 月，在苏州大学教育管理专业研究生课程进修班学习结业）；

2001 年 6 月，任如皋市委党校常务副校长、市行政学校常务副校长；

2002 年 11 月，任如皋市林梓镇党委书记；

2007 年 12 月，任如皋市委组织部副部长、市机构编制委员会办公室主任；

2008 年 1 月，任如皋市委组织部副部长、市机构编制委员会办公室主任、市招商局党委书记；

2008 年 12 月，任如皋市委组织部副部长、市机构编制委员会办公室主任、市招商局党委书记、市委党校副校长；

2014 年 12 月，任如皋市委组织部副部长、市机构编制委员会办公室主任、市级机关党工委书记、市招商局党委书记、市委党校副校长；

2015 年 9 月，任如皋市委组织部副部长、市机构编制委员会办公室主任、市级机关党工委书记、市招商局党委书记、市行政审批局党委书记、市委党校副校长；

2016 年 1 月，任如皋市委组织部副部长、市机构编制委员会办公室主任、市招商局党委书记、市行政审批局党委书记、市委党校副校长；

2017 年 1 月起，任如皋市政协副主席，市委组织部副部长、市机构编制委员会办公室主任、市招商局党委书记、市行政审批局党委书记、市委党校副校长。

南通市第九次、十次、十一次党代会代表，中共如皋市第十届、十一届、十二届委员会委员，如皋市第十三届、十五届、十六届人大代表，第十五、十六届人大常委会委员。

刘晓洁，现任如皋市政协副主席，市监察局副局长。女，1972年2月生，汉族，江苏如皋人，大学学历，无党派，1992年8月参加工作。

1990年9月，在如皋县(市)技工学校标准计量专业学习；

1992年8月，在如皋人民广播电台工作（其间，1993年9月至1996年7月，在北京广播学院新闻学专业学习，取得大专学历）；

1995年3月，任如皋人民广播电台直播部副主任；

1997年3月，任如皋市广播电视台播出部副主任；

1997年12月，任如皋市广播电视台总编室综艺部主任；

2001年4月，任如皋市广播电视台新闻中心副主任兼专题一部主任(其间，2002年12月，通过江苏省自学考试委员会新闻学专业自学考试，取得大学学历、学士学位)；

2003年6月，任如皋市广播电视台热线栏目制片人；

2004年12月，任如皋市文化局副局长；

2009年12月，任如皋市监察局副局长(其间，2013年1月，明确为正科级监察员)；

2017年1月起，任如皋市政协副主席，市监察局副局长。

南通市第十二届、十三届、十四届人大代表，政协如皋市第十届委员会委员，政协如皋市第十一届、十二届常委会委员。

大美如皋

如皋市第十七届人大常务委员会主要成员

如皋市第十七届人民代表大会第一次会议于1月15日，选举了如皋市第十七届人民代表大会常务委员会主任、副主任、委员，人员如下：

主　任：吴道健

副主任：陈万圣　邵晓泉　张　勇　钱志刚

委　员：（按姓名笔画为序）

丁　非	马铁军	马　斌	王　辉	王　鹏	王桂兰	吉小燕
朱华杰	朱兴雨	朱国镔	朱留宽	朱益红	仲纪元	孙世军
严世斌	李淑云	杨国斌	张　铁	张　勇	张　健	张建军
张爱民	张媛媛	陈建军	陈慧华	林　凯	周太荣	周荣明
周勇骑	胡欣荣	冒　燕	洪　军	姚呈明	钱建宏	黄亚周

吴道健，现任如皋市人大常委会主任、党组书记。男，1963年3月生，汉族，江苏如皋人，中共中央党校大学学历，1986年5月加入中国共产党，1986年7月参加工作。

1983年9月至1986年7月，在苏州农业学校农业经济与管理专业学习；

1986年7月至1991年1月，任如皋县农工部办事员（其间，1987年9月至1990年7月，在南京农业大学经济管理专业函授学习，取得大专学历）；

1991年1月至1992年5月，任如皋县（市）农工部指导员；

1992年5月至1993年7月，任如皋市委农工部政调研究科副科长；

1993年7月至1995年11月，任如皋市委农工部政调研究科科长、市政府办公室综合二科科长（其间，1995年3月至1995年10月，借调南通市政府办公室从事文秘工作）；

1995年11月至1997年3月，任如皋市政府办公室综合二科科长、建设乡党委副书记（任实职）（其间，1993年8月至1995年12月，在中共中央党校函授学院经济管理专业学习，取得本科学历）；

1997年3月至1998年2月，任如皋市建设乡党委副书记；

1998年2月至1999年8月，任如皋市吴窑镇党委副书记、镇长；

1999年8月至2002年10月，任如皋市吴窑镇党委书记；

2002年10月至2006年12月，任如皋市柴湾镇党委书记；

2006年12月至2007年7月，任如皋市委办公室主任；

2007年7月至2008年12月，任如皋市委办公室主任、市接待办公室主任；

2008年12月至2011年6月,任如皋市人民政府副市长;

2011年6月至2012年1月,任如皋市委常委、市人民政府副市长;

2012年1月至2012年3月,任如皋市委常委、市人民政府常务副市长;

2012年3月至2016年7月,任如皋市委常委、市人民政府常务副市长、党组副书记;

2016年7月至2016年8月,任如皋市人民政府常务副市长、党组副书记;

2016年8月至2017年1月,任如皋市人大常委会党组书记;

2017年1月起,任如皋市人大常委会主任、党组书记。

南通市第九次党代会代表,中共如皋市第十届、十二届委员会委员,如皋市第十次、十二次党代会代表,如皋市第十四届、十五届、十六届人大代表,如皋市第十五届人大常委会委员。

陈万圣,现任如皋市人大常委会副主任。男,1963年4月生,汉族,江苏如皋人,省委党校研究生学历,1992年7月加入中国共产党,1983年7月参加工作。

1981年9月至1983年7月,在连云港财校财政专业学习;

1983年7月至1984年1月,任如皋县江滩办事处会计;

1984年1月至1985年5月,任如皋县城西乡财管所会计;

1985年5月至1993年9月,任如皋县(市)财政局工作人员(其间,1988年9月至1990年7月,在南京农业大学农业财务专业学习,取得大专学历);

1993年9月至1995年7月,任如皋市财政局农财科副科长;

1995年7月至1996年12月,任如皋市财政局农财科科长;

1996年12月至1998年1月,任如皋市财政局局长助理;

1998年1月至1998年9月,任如皋市财政局副局长、党组成员(其间,1996年11月至1998年5月,任如皋市奚斜乡党委副书记);

1998年9月至1999年11月,任如皋市审计局副局长、党组副书记;

1999年11月至2001年4月,任如皋市审计局局长、党组书记(其间,1998年8月至2000年12月,在中共中央党校函授学院经济管理专业学习,取得本科学历);

2001年4月至2002年8月,任如皋市审计局局长、党组副书记;

2002年8月至2002年12月,任如皋市审计局局长、党组书记;

2002年12月至2003年2月,任如皋市财政局副局长、党组副书记,行政事业资产经营公司董事长;

2003年2月至2003年7月,任如皋市财政局局长、党组副书记;

2003年7月至2008年6月,任如皋市财政局局长、党组书记(其间,2003年2月至2004年7月,在省委党校政治经济学专业学习,取得研究生学历);

2008年6月至2010年10月,任如皋市人民政府副市长,挂职伊宁市人民政府副市长;

2010年10月至2017年1月,任如皋市人民政府副市长;

2017年1月起,任如皋市人大常委会副主任。

南通市第十次党代会代表，中共如皋市第十届、十一届委员会委员，如皋市第十四届、十五届、十六届人大代表。

邵晓泉，现任如皋市人大常委会副主任。男，1960年7月生，汉族，江苏如皋人，大学学历，无党派，1982年8月参加工作。

1978年10月至1982年7月，在南京农学院植保专业学习；

1982年8月至1984年8月，任如皋县丁堰区农技站技术员；

1984年8月至1995年11月，任如皋县(市)植保站助理农艺师、农艺师、副站长；

1995年11月至1996年12月，任如皋市农业局局长助理；

1996年12月至2000年9月，任如皋市农业局副局长〔其间：1997年4月至1998年4月，任高明乡副乡长（任实职），1997年9月至1999年7月，在东南大学市场经济与行政管理专业研究生课程进修班学习〕；

2000年9月至2000年10月，任如皋市农业局副局长(正科级)；

2000年10月至2001年1月，任如皋市农业局副局长(正科级)、陕西省旬邑县县长助理(挂职)；

2001年1月至2001年8月，任如皋市人大常委会副主任、市农业技术推广中心主任，陕西省旬邑县县长助理(挂职)；

2001年8月至2013年4月，任如皋市人大常委会副主任、市农业技术推广中心主任；

2013年4月起，任如皋市人大常委会副主任。

南通市第十二届、十三届、十四届人大代表、常委会委员，如皋市第十三届、十四届、十五届、十六届人大代表，政协如皋市第九届、十届委员会委员，政协如皋市第十届常委会委员。

张勇，现任如皋市人大常委会副主任、党组成员。男，1963年9月生，汉族，江苏如皋人，中央党校大学学历，1984年11月加入中国共产党，1983年12月参加工作。

1983年12月至1986年10月，任如皋县长青沙乡经营管理员、统计员、财务辅导员；

1986年10月至1990年5月，任如皋县长青沙乡财政所会计、农税专管员(其间，1985年10月至1988年11月，在中央农业广播电视学校农业经济管理专业学习，取得中专学历)；

1990年5月至1992年11月，任如皋县(市)长青沙乡财政所副所长(其间，1989年7月至1992年7月，在苏州大学成人高等教育财会专业学习，取得大专学历)；

1992年11月至1995年6月，任如皋市长青沙乡财政所所长；

1995年6月至1995年8月，任如皋市长青沙乡乡长助理、副乡长候选人；

1995年8月至1995年11月，任如皋市长青沙乡副乡长；

1995年11月至1996年3月,任如皋市长青沙乡党委副书记、乡长候选人;

1996年3月至1998年11月,任如皋市长青沙乡党委副书记、乡长;

1998年11月至1999年1月,任如皋市长青沙乡党委书记;

1999年1月至2001年10月,任如皋市长青沙乡党委书记兼人大主席(其间:1997年8月至1999年12月,在中共中央党校函授学院经济管理专业学习,取得本科学历);

2001年10月至2004年12月,任如皋市长江镇党委书记;

2004年12月至2005年12月,任如皋市长江镇党委书记、如皋港经济开发区党工委副书记;

2005年12月至2006年12月,任如皋市财政局副局长、党组副书记;

2006年12月至2007年1月,任如皋市监察局局长人选;

2007年1月至2007年4月,任如皋市监察局局长;

2007年4月至2008年7月,任如皋市纪委副书记、市监察局局长;

2008年7月至2008年8月,任如皋市纪委副书记、市监察局局长,市财政局局长、党组书记;

2008年8月至2010年7月,任如皋市财政局局长、党组书记;

2010年7月至2010年12月,任如皋市财政局局长、党组书记,市国有资产监督管理局局长、党组书记;

2010年12月至2012年3月,任如皋市财政局局长、党组书记;

2012年3月至2013年4月,任如皋市人大常委会副主任,市财政局党组书记;

2013年4月至2016年11月,任如皋市人大常委会副主任、党组成员,市财政局党组书记;

2016年11月起,任如皋市人大常委会副主任、党组成员。

南通市第十一次党代会代表,中共如皋市第十一届委员会委员,如皋市第八次、九次、十次、十一次党代会代表,如皋市第十三届、十六届人大代表,政协如皋市第十一届、十二届委员会委员。

钱志刚,现任如皋市人大常委会副主任,市政协党组成员。男,1962年3月生,汉族,江苏如皋人,省委党校大学学历,1990年6月加入中国共产党,1984年7月参加工作。

1982年9月至1984年7月,在淮阴市财经学校农业财务专业学习;

1984年7月至1986年1月,任如东县委农工部办事员;

1986年1月至1991年1月,任如皋县委农工部办事员(其间,1988年7月至1990年7月江苏农学院经济贸易系现代农业管理专业学习,取得大专学历);

1991年1月至1992年5月,任如皋县(市)委农工部指导员;

1992年5月至1995年2月,任如皋市委农工部秘书;

1995年2月至1995年11月,任如皋市委农工部部长助理〔其间,1995年3月至1995年11月,任如皋市丁堰镇党委副书记(任实职)〕;

1995年11月至1996年3月,任如皋市磨头镇党委副书记;

1996年3月至1998年2月,任如皋市磨头镇党委副书记、镇长;

1998年2月至2001年10月,任如皋市委农工部副部长(原职级不变);

2001 年 10 月至 2002 年 11 月，任如皋市委农村工作办公室副主任；

2002 年 11 月至 2004 年 5 月，任如皋市市级机关党工委书记；

2004 年 5 月至 2006 年 12 月，任如皋市文化局局长、党组书记(其间，2002 年 9 月至 2004 年 12 月，在江苏省委党校经济管理专业学习，取得本科学历)；

2006 年 12 月至 2008 年 12 月，任如皋市委宣传部副部长，市文化局局长、党组书记；

2008 年 12 月至 2013 年 6 月，任如皋市政府党组成员，市政府办公室主任、党组书记；

2013 年 6 月至 2013 年 7 月，任如皋市政府党组成员，市政府办公室主任、党组书记，市委统战部部长；

2013 年 7 月至 2014 年 1 月，任如皋市政府党组成员，市政府办公室主任、党组书记，市政协党组成员、市委统战部部长；

2014 年 1 月至 2016 年 6 月，任如皋市政协副主席、党组成员，市委统战部部长；

2016 年 6 月至 2017 年 1 月，任如皋市政协副主席、党组成员；

2017 年 1 月起，任如皋市人大常委会副主任，市政协党组成员。

南通市第十一次党代会代表，政协南通市第十一届委员会委员，中共如皋市第十一届委员会委员，如皋市第十四届人大代表、常委会委员，政协如皋市第十三届委员会委员。

如皋市人民政府市长、副市长

如皋市第十七届人民代表大会第一次会议，于2017年1月15日选举如皋市人民政府市长、副市长，何益军担任如皋市人民政府市长，副市长分别由胡拥军、陈晓彬、黄文斌、张亚鸾、高　峰、张百璘、程瑞琴担任。

何益军，现任如皋市委副书记，市人民政府市长、党组书记。男，1973年7月生，汉族，江苏句容人，大学学历，硕士学位，1994年1月加入中国共产党，1994年8月参加工作。

1990年9月至1994年6月，在扬州大学农学院植保专业学习；

1994年8月至1997年9月，任南通市港闸区房地产开发公司工作、办公室副主任；

1997年9月至1998年9月，任南通市港闸区房地产开发公司、南通市城镇房地产开发公司总经理助理（其间：1995年4月至1998年12月，在南京大学经济管理专业学习，取得本科学历）；

1998年9月至2001年5月，任南通市港闸区团委副书记（主持工作）；

2001年5月至2001年11月，任南通市港闸区团委书记；

2001年11月至2001年12月，任南通市港闸区团委书记、港闸区闸西乡党委副书记；

2001年12月至2003年3月，任南通市港闸区闸西乡党委副书记（正科）；

2003年3月至2005年1月，任南通市港闸区闸西乡党委副书记、乡长；

2005年1月至2005年3月，任南通市港闸区陈桥乡党委书记；

2005年3月至2006年8月，任南通市港闸区陈桥乡党委书记、人大主席（其间：2003年4月至2005年12月扬州大学农学院农业推广专业学习，取得硕士学位）；

2006年8月至2007年1月，任南通市港闸区陈桥乡党委书记、乡长；

2007年1月至2007年12月，任南通市港闸区陈桥乡党委书记；

2007年12月至2008年12月，任南通市港闸区陈桥乡党委书记、人大主席；

2008年12月至2009年3月，任南通市港闸区陈桥乡党委书记；

2009年3月至2009年9月，任南通市港闸区陈桥街道党工委书记；

2009年9月至2016年6月，任南通市城乡建设局副局长、党组成员；

2016年6月至2016年7月，任如皋市委副书记，市人民政府市长候选人；

2016年7月至2017年1月，任如皋市委副书记，市人民政府党组书记、副市长、代市长；

2017年1月起，任如皋市委副书记，市人民政府市长、党组书记。

南通市第十一次、十二次党代会代表，南通市港闸区第七届、八届人大代表，南通市崇川区第八届人大代表，中共如皋市第十一届、十二届委员会委员，如皋市第十二次党代会代表。

胡拥军，现任如皋市委常委，市人民政府常务副市长、党组副书记。男，1974年12月生，汉族，江苏如皋人，省委党校研究生学历，1998年3月加入中国共产党，1992年8月参加工作。

1989年8月至1992年7月，在如皋师范学校普师专业学习；

1992年8月至1995年8月，任如皋市磨头小学教师；

1995年8月至1998年4月，任如皋市磨头蔡庄小学副校长、校长（其间，1994年8月至1996年6月，在江苏教育学院小学教育专业学习，取得大专学历）；

1998年4月至2001年12月，任如皋市磨头中心小学校长(其间，1995年9月至1998年7月，在南通教育学院教育管理专业学习，取得大专学历；2001年12月，从江苏教育学院教育管理专业本科毕业)；

2001年12月至2003年9月，任如皋市委办公室信息科工作人员；

2003年9月至2004年2月，任如皋市委办公室党群科副科长；

2004年2月至2004年3月，任如皋市委办公室督查科科长；

2004年3月至2004年12月，任如皋市委办公室副科级秘书、督查科科长；

2004年12月至2005年12月，任如皋市委办公室副主任；

2005年12月至2007年12月，任如皋市长江镇党委书记；

2007年12月至2008年1月，任如皋市政府办公室党组书记；

2008年1月至2008年3月，任如皋市政府办公室主任、党组书记；

2008年3月至2008年12月，任如皋市政府党组成员，市政府办公室主任、党组书记；

2008年12月至2009年9月，任如皋市委办公室主任（其间，2006年9月至2009年7月，在江苏省委党校世界经济专业学习，取得研究生学历）；

2009年9月至2010年9月，任如皋市委办公室主任、市接待办公室党组书记；

2010年9月至2010年12月，任如皋市委常委、政法委书记、市委办公室主任、市接待办公室党组书记，市依法治市领导小组办公室主任；

2010年12月至2011年6月，任如皋市委常委、政法委书记，市依法治市领导小组办公室主任；

2011年6月至2016年7月，任如皋市委常委、宣传部部长；

2016年7月至2016年8月，任如皋市委常委、宣传部部长，市人民政府副市长人选；

2016年8月起，任如皋市委常委，市人民政府常务副市长、党组副书记。

南通市第十次党代会代表，南通市第十三届人大代表，中共如皋市第十届、十一届、十二届委员会委员，如皋市第十次、十一次、十二次党代会代表，如皋市第十五届、十六届人大代表。

陈晓彬，现任如皋市人民政府副市长、党组成员，市委政法委副书记，市公安局局长、党委书记、督察长。男，1968 年 5 月生，汉族，江苏如东人，大学学历，1987 年 12 月加入中国共产党，1990 年 8 月参加工作。

1986 年 9 月至 1990 年 7 月，在中国人民公安大学侦察系政治侦察专业学习；

1990 年 8 月至 1992 年 3 月，任南通市公安局港闸分局刑警队办事员；

1992 年 3 月至 1992 年 8 月，任南通市公安局港闸分局刑警队科员级民警；

1992 年 8 月至 1994 年 3 月，任南通市公安局港闸分局刑警队副队长；

1994 年 3 月至 1996 年 2 月，任南通市公安局港闸分局秦灶派出所副所长；

1996 年 2 月至 1998 年 7 月，任南通市公安局港闸分局幸福派出所所长(聘用)；

1998 年 7 月至 1999 年 10 月，任南通市公安局港闸分局幸福派出所所长；

1999 年 10 月至 2002 年 9 月，任南通市公安局崇川分局副局长(副科级)；

2002 年 9 月至 2004 年 5 月，任南通市公安局崇川分局副局长(正科级)；

2004 年 5 月至 2006 年 8 月，任南通市公安局指挥中心副主任；

2006 年 8 月至 2008 年 6 月，任南通市公安局指挥中心副主任兼情报信息中心主任；

2008 年 6 月至 2009 年 12 月，任南通市公安局指挥中心主任兼情报信息中心主任；

2009 年 12 月至 2016 年 6 月，任南通市公安局指挥中心主任；

2016 年 6 月至 2016 年 7 月，任如皋市人民政府副市长人选、市公安局局长人选；

2016 年 7 月起，任如皋市人民政府副市长、党组成员，市委政法委副书记，市公安局局长、党委书记、督察长。

南通市第十二次党代会代表，如皋市第十二次党代会代表，中共如皋市第十二届委员会委员。

黄文斌，现任如皋市人民政府副市长。男，1970 年 11 月生，汉族，江苏如皋人，大学学历，硕士学位，无党派，1988 年 12 月参加工作。

1988 年 12 月至 1994 年 11 月，任如皋县(市)人民检察院书记员(其间，1991 年 8 月至 1994 年 7 月，在南京大学法律专业学习，取得大专学历)；

1994 年 11 月至 1997 年 8 月，任如皋市人民检察院助理检察员；

1997 年 8 月至 1997 年 9 月，任如皋市人民检察院控告申诉检察科副科长；

1997 年 9 月至 1998 年 4 月，任如皋市人民检察院控告申诉检察科副科长、检察员；

1998 年 4 月至 1999 年 8 月，任如皋市人民检察院审查起诉科副科长；

1999 年 8 月至 1999 年 10 月，任如皋市人民检察院主诉检察官、审查起诉科副科长；

1999 年 10 月至 1999 年 11 月，任如皋市人民检察院检察长助理、审查起诉科副科长；

1999 年 11 月至 2001 年 10 月，任如皋市人民检察院检察长助理、检察委员会委员（其间，1997 年 9 月至 2000 年 7 月，任苏州大学法律专业学习，取得本科学历）；

2001 年 10 月至 2004 年 9 月，任如皋市人民检察院副检察长、检察委员会委员；

2004 年 9 月至 2010 年 12 月，任如皋市人民检察院副检察长、检察委员会委员（正科级）（其间：2003 年 11 月至 2006 年 12 月，在苏州大学法律专业学习，获得法律硕士学位）；

2010 年 12 月至 2012 年 11 月，任如皋市政协副主席，如皋市人民检察院副检察长；

2012 年 11 月至 2017 年 1 月，任如皋市政协副主席；

2017 年 1 月起，任如皋市人民政府副市长。

南通市第十二届人大代表，政协南通市第十届委员会委员，政协如皋市第十二届、十三届委员会委员。

张亚鸾，现任如皋市人民政府副市长，市政协党组成员。女，1967 年 9 月生，汉族，江苏如皋人，省委党校研究生学历，1999 年 6 月加入中国共产党，1987 年 7 月参加工作。

1984 年 9 月至 1987 年 7 月，在南通纺织工学院纺织化工系染整专业学习；

1987 年 7 月至 1994 年 11 月，任国营如皋县（市）染织厂技术员、厂工会文书；

1994 年 11 月至 1995 年 11 月，任如皋市环境监测站工作人员；

1995 年 11 月至 1997 年 6 月，任如皋市环境监理站综合室工作人员；

1997 年 6 月至 2002 年 1 月，任如皋市环保局法制宣教科副科长（其间，1997 年 9 月至 2000 年 6 月，参加北京防化指挥工程学院环境保护专业学习）；

2002 年 1 月至 2003 年 1 月，任如皋市环保局污控科科长；

2003 年 1 月至 2003 年 8 月，任如皋市环保局污控科科长、夏堡镇党委副书记(挂职)；

2003 年 8 月至 2004 年 12 月，任如皋市夏堡镇党委副书记；

2004 年 12 月至 2006 年 12 月，任如皋市柴湾镇党委副书记、镇长（其间，2004 年 8 月至 2006 年 12 月，在中共中央党校函授学院经济管理专业学习，取得本科学历）；

2006 年 12 月至 2007 年 12 月，任如皋市柴湾镇党委书记；

2007 年 12 月至 2009 年 1 月，任如皋市柴湾镇党委书记、人大主席(其间：2005 年 9 月至 2008 年 7 月，在江苏省委党校行政管理专业学习，取得研究生学历)；

2009 年 1 月至 2009 年 8 月，任如皋市科技局局长、党组副书记；

2009 年 8 月至 2012 年 3 月，任如皋市科技局局长、党组书记，市地震局局长；

2012 年 3 月至 2013 年 12 月，任如皋市政协副主席，市科技局局长、党组书记，市地震局局长；

2013 年 12 月至 2014 年 5 月，任如皋市政协副主席，市科技局局长、党组书记；

2014年5月至2016年11月,任如皋市政协副主席、党组成员,市科技局局长、党组书记;

2016年11月至2017年1月,任如皋市政协副主席、党组成员;

2017年1月起,任如皋市人民政府副市长,市政协党组成员。

南通市第十一次、十二次党代会代表,如皋市第十一次、十二次党代会代表,中共如皋市第十一届委员会候补委员、第十二届委员会委员,如皋市第十五届人大代表,政协如皋市第十三届委员会委员。

高峰,现任如皋市人民政府副市长、党组成员。男,1976年8月生,汉族,江苏如东人,省委党校研究生学历,1998年4月加入中国共产党,1998年8月参加工作。

1995年9月至1998年8月,在南京师范大学中文系涉外文秘专业学习;

1998年8月至2002年6月,任如东县政协办公室秘书(其间:1999年6月参加南京师范大学汉语言文学专业自学考试,取得本科学历);

2002年6月至2006年1月,任共青团如东县委副书记;

2006年1月至2007年11月,任共青团如东县委书记;

2007年11月至2011年1月,任如东县新店镇党委副书记、镇长(其间,2006年9月至2009年7月,在江苏省委党校世界经济专业学习,取得研究生学历);

2011年1月至2013年1月,任如东县新店镇党委书记;

2013年1月至2015年12月,任如东县岔河镇党委书记;

2015年12月至2016年5月,任南通外向型农业综合开发区管委会主任、如东县岔河镇党委书记;

2016年5月至2016年6月,任南通外向型农业综合开发区党工委副书记、管委会主任;

2016年6月至2016年7月,任如皋市人民政府副市长人选;

2016年7月起,任如皋市人民政府副市长、党组成员。

南通市第十次党代会代表,南通市第十三届人大代表,政协南通市第九届委员会委员,中共如皋市第十二届委员会委员,如皋市第十二次党代会代表,中共如东县第十二、十三届委员会委员,如东县第十四、十五、十六届人大代表,政协如东县第十二届委员会委员。

程瑞琴,现任如皋市人民政府副市长。女,1980年4月生,汉族,江苏海安人, 省委党校研究生学历,2001年6月加入中国共产党,2002年8月参加工作。

1998年9月至2002年6月,在苏州科技学院汉语言文学专业学习;

2002年8月至2003年12月,任海安县西场镇人大秘书;

2003年12月至2005年3月,任海安县计经委综合计划科办事员;

2005年3月至2007年7月,任海安县计经委综合计划科副科长;

2007年7月至2009年7月,任海安县发改委综合计划科科长;

2009年7月至2011年3月,任海安县西场镇副镇长;

2011年3月至2011年12月,任海安县西场镇党委副书记;

2011年12月至2012年2月,任海安县经济开发区管委会委员、项目建设推进办公室主任;

2012年2月至2012年3月,任海安县大公镇党委副书记、镇长候选人,大公科技产业园党工委副书记、管委会主任;

2012年3月至2014年12月,任海安县大公镇党委副书记、镇长,大公科技产业园党工委副书记、管委会主任(其间,2011年9月至2014年7月,在江苏省委党校宪法学与行政法学专业学习,取得研究生学历);

2014年12月至2015年4月,任海安县大公镇党委副书记、镇长;

2015年4月至2016年10月,任海安县大公镇党委书记;

2016年10月至2016年11月,任如皋市人民政府副市长人选;

2016年11月起,任如皋市人民政府副市长。

南通市第十二次党代会代表,海安县第十二次、十三次党代会代表,海安县第十五届人大代表。

张百璘,现任如皋市人民政府副市长,市委办公室主任、市接待办公室党组书记。男,1965年10月生,汉族,江苏如皋人,省委党校大学学历,1990年11月加入中国共产党,1985年7月参加工作。

1982年9月至1985年7月,在江苏省苏州农校农经专业学习;

1985年7月至1993年7月,任如皋县(市)委农工部办事员(其间:1988年12月江苏省高等教育自学考试经济管理专业学习,取得大专学历;1989年9月至1992年7月,在江苏省委党校行政管理专业学习,取得本科学历);

1993年7月至1997年7月,任如皋市委农工部政策调查研究科指导员;

1997年7月至1999年6月,任如皋市委农工部政策调查研究科副科长兼农业区划办副主任;

1999年6月至2002年1月,任如皋市委农工部办公室副主任(其间,1999年6月至2002年1月借用如皋市委办公室工作);

2002年1月至2003年1月,任如皋市委办公室经济科副科长;

2003年1月至2004年12月,任如皋市委办公室经济科科长(其间,2004年3月明确为市委办公室副科级秘书);

2004年12月至2005年12月,任如皋市委研究室副主任;

2005年12月至2006年12月,任如皋市委办公室副主任;

2006年12月至2008年12月,任如皋市委办公室副主任、研究室主任;

2008年12月至2009年2月,任如皋市江安镇党委书记、人大主席人选;

2009年2月至2010年12月,任如皋市江安镇党委书记、人大主席;

2010年12月至2017年1月,任如皋市委办公室主任、市接待办公室党组书记;

2017年1月起,任如皋市人民政府副市长,市委办公室主任、市接待办公室党组书记。

南通市第十一次、十二次党代会代表,中共如皋市第十一届、十二届委员会委员,如皋市第十一次、十二次党代会代表,如皋市第十六届、十七届人大代表,政协如皋市第十二届委员会委员。

如皋市人大常委会任命桂万先为市人民政府副市长、党组成员

3 月 7 日，市第十七届人大常委会第一次会议召开。会议任命桂万先为市人民政府副市长，吴道健为桂万先颁发了任命书。

桂万先，男，安徽繁昌人，1972 年 11 月生，研究生学历，博士学位，2004 年 6 月加入中国共产党。

1990 年 9 月至 1992 年 7 月，在安徽省铜陵财经专科学校英语专业学习；

1992 年 7 月至 1996 年 9 月，任安徽省繁昌县黄浒高级职业中学教师；

1996 年 9 月至 1999 年 7 月，在南京大学法学院学习，获法学硕士学位；

1999 年 7 月至 2000 年 2 月，招录省检察院见习期；

2000 年 2 月至 2002 年 11 月，任省检察院公诉处副科级书记员；

2002 年 11 月至 2004 年 4 月，任省检察院公诉处副科级助检员（其间，2002 年月 9 月至 2003 年 4 月，在爱尔兰都柏林大学圣三一学院欧洲法研究中心知识产权法研究项目学习）；

2004 年 4 月至 2006 年 9 月，任省检察院公诉处正科级助检员；

2006 年 9 月至 2009 年 3 月，任省检察院公诉二处正科级助检员（其间，2005 年 9 月至 2008 年 6 月，南京师范大学博士研究生学习，获法学博士学位）；

2009 年 3 月至 2012 年 1 月，任省检察院公诉二处副处长、检察员（其间，2010 年 10 月至 2011 年 12 月，挂职盐城市检察院党组成员、副检察长、检察委员会委员）；

2012 年 1 月至 2015 年 1 月，任省检察院研究室副主任；

2015 年 1 月至 2015 年 5 月，任省检察院研究室主任；

2015 年 5 月至 2017 年 1 月，任省检察院研究室主任、检察委员会委员；

2017 年 1 月起，任如皋市委常委、市人民政府副市长人选、党组成员（挂职），省检察院法律政策研究室主任、检察委员会委员。

如皋市人大常委会任命陈杰为市人民政府副市长、党组成员

3 月 7 日，市第十七届人大常委会第一次会议召开。会议任命陈杰为市人民政府副市长，吴道健为陈杰颁发了任命书。

陈杰,男,汉族,1979年7月出生,江苏南京人,大学学历,硕士学位,2001年8月参加工作,2001年5月加入中国共产党。

1997年9月至2001年7月 解放军理工大学计算机与指挥自动化学院（原南京通信工程学院）通信工程专业学习，获本科学历、工学学士学位；

2001年8月至2007年12月,任江苏省政府采购中心科员；

2007年12月至2009年12月,任江苏省政府采购中心副主任科员；

2009年12月至2013年9月,任江苏省政府采购中心主任科员；

(其间,2006年2月至2011年3月,在东南大学计算机科学与工程学院计算机科学与技术专业攻读硕士学位,获工程硕士学位)；

2013年9月至2015年2月,任江苏省科协信息中心副主任；

2015年2月至2016年3月,任江苏省科普服务中心副主任；

2016年3月至2016年9月,任江苏省科学技术协会计划财务部副部长；

2016年9月至2016年11月,任江苏省科学技术协会计划财务部副部长、如皋市人民政府副市长人选、市科技镇长团团长；

2016年11月起,任如皋市人民政府副市长、党组成员、市科技镇长团团长、江苏省科学技术协会计划财务部副部长。

如皋市人大常委会任命丁锋为市人民政府副市长

4月4日,如皋市第十七届人大常委会第二次会议召开。会议任命丁锋为市人民政府副市长,如皋市人大常委会主任吴道健为丁锋颁发了任命书。

丁锋,男,江苏海门人,汉族,1977年1月生,研究生学历,法学硕士,1998年6月加入中国共产党。

1991年9月至1994年7月,在海门师范学校普师专业学习；

1994年8月至2001年7月,任海门师范学校团委干事、教科室干事、办公室秘书（其间,1995年9月至1998年6月南京大学社会管理专业大专学习毕业)；

2001年7月至2003年7月海门师范学校办公室副主任（其间,1999年9月至2002年7月，在南京师范大学教育管理专业本科学习;2002年5月至2003年7月,借调南通市教育局办公室工作)；

2003年7月至2006年1月,任南通市政府办公室副主任科员；

2006年1月至2007年11月,任南通市政府办公室计划经济处副处长；

2007年11月至2010年9月,任南通市政府办公室计划经济处处长(其间,2006年9月至2009年

7月,在中央党校经济管理专业研究生学习毕业);

2010年9月至2012年1月,任南通农村商业银行监事长、党委副书记、纪委书记;

2012年1月至2013年7月,任海安县人民政府副县长、党组成员;

2013年7月至2014年8月,任海安县人民政府副县长、党组成员,老坝港滨海新区党工委书记、角斜镇党委书记(其间,2011年9月至2014年6月,在南京航空航天大学经济法学研究生学习毕业);

2014年8月至2016年1月,任海安县委常委,海安高新区党工委书记,海安镇党委书记;

2016年1月至2017年3月,任海安县委常委,海安高新区党工委书记;

2017年3月至2017年4月,任如皋市委常委、市政府副市长人选;

2017年4月起,任如皋市委常委、市政府常务副市长。

卓么本担任如皋市委常委(挂职)

卓么本,男,青海贵德人,藏族,1973年1月生,大学学历,1996年11月加入中国共产党。现任如皋市委常委(挂职),贵德县委常委、统战部部长,县总工会主席。

主要工作简历如下:

1989年9月至1992年7月,在青海省司法局学校学习;

1992年7月至1993年8月,任青海省贵德县河西乡政府办事员;

1993年8月至1998年9月,任青海省贵德县河西乡财政所办事员;

1998年9月至2000年7月,任青海省联合大学财经分院财政税收专业大专班学员;

2000年7月至2002年2月,任青海省贵德县财政局科员;

2002年2月至2003年5月,任青海省贵德县罗汉堂乡人民政府副乡长;

2003年5月至2005年1月,任青海省贵德县财政局副局长(其间,2001年7月至2006年4月,在青海广播电视大学会计专业本科班学习);

2005年1月至2005年12月,任青海省贵德县财政局副局长、国际农发项目办公室副主任;

2005年12月至2006年8月,任青海省贵德县东沟乡人民政府乡长;

2006年8月至2007年2月,任青海省贵德县河西镇党委副书记、镇长;

2007年2月至2011年4月,任青海省贵德县河东乡党委副书记、乡长;

2011年4月至2012年12月,任青海省贵德县尕让乡党委书记兼人大主席;

2012年12月至2016年8月,任青海省贵德县扶贫局局长;

2016年8月至2017年3月,任贵德县委常委、统战部部长;

2017年3月至2017年4月,任贵德县委常委、统战部部长,县总工会主席;

2017年4起,任如皋市委常委(挂职),任贵德县委常委、统战部部长,县总工会主席。

窦灿辉担任中共如皋市委委员、常委、副书记(挂职)

窦灿辉,男,安徽太和人,汉族,1968年11月生,大学学历,1993年12月加入中国共产党。现任中共如皋市委委员、常委、副书记(挂职),安徽省阜阳市颍上县委副书记、县长。

主要工作简历如下:

1986年9月至1990年7月,在安徽大学法学专业学习;

1990年7月至1997年7月,在安徽省太和县政府办公室工作;

1997年7月至2000年6月,任安徽省太和县政府办公室副科级秘书、法制局局长;

2000年6月至2002年1月,任安徽省太和县政府办公室副主任、党组成员、法制局局长(正科级);

2002年1月至2004年3月,任安徽省太和县政府办公室副主任、党组副书记、法制局局长;

2004年3月至2005年10月,任安徽省阜阳市政府法制办公室副主任;

2005年10月至2007年1月任,安徽省阜阳市政府法制办公室副主任、党组成员;

2007年1月至2007年3月,任安徽省临泉县人民法院院长候选人;

2007年3月至2011年11月,任安徽省临泉县人民法院院长(其中,2005年9月至2008年7月,在安徽省委党校法学专业研究生学习);

2011年11月至2013年5月,任安徽省阜阳市中级人民法院副院长、党组成员、审委会委员;

2013年5月至2014年9月,任安徽省阜阳市颍上县委副书记;

2014年9月至2017年5月,任安徽省阜阳市颍上县委副书记、县长;

2017年5月起,任中共如皋市委委员、常委、副书记(挂职),安徽省阜阳市颍上县委副书记、县长。

如皋市人大常委会任命吕兰为市人民政府副市长(挂职)

8月3至4日,如皋市第十七届人大常委会召开第四次会议。会议任命吕兰为市人民政府副市长。

吕兰,现任市政府副市长、党组成员(挂职),金陵石化公司团委(青年工作处)副书记(副处长)。女,重庆人,汉族,大学学历,政工师,1983年6月出生,2004年5月加入中国共产党,2006年7月参加工作。

其主要简历如下:

2002年9月至2006年7月,在四川大学英语语言文学、国际经济与贸易专业学习;

2006年7月至2007年6月,在中国石化金陵分公司经理(外事)办公室见习;

2007年6月至2008年4月,在中国石化金陵分公司经理(外事)办公室翻译、合资企业管理;

2008年4月至2009年9月,任中国石化金陵石化公司团委(青年工作处)办公室副主任;

2009年9月至2017年7月,任中国石化金陵石化公司团委(青年工作处)副书记、副处长(主持工作)(其中,2013年2月至2014年1月,挂职共青团中央国际联络部二处副处长);

2017年7月至2017年8月,任如皋市人民政府副市长人选、党组成员,中国石化金陵石化公司团委(青年工作处)副书记(副处长);

2017年8月起,任如皋市人民政府副市长、党组成员,中国石化金陵石化公司团委(青年工作处)副书记(副处长)。

刘琴担任如皋市人民政府党组成员(挂职)

刘琴,女,江苏通州人,汉族,1967年3月出生,大学学历,现任市政府党组成员(挂职),中国人民银行如皋市支行党组书记、行长,国家外汇管理局如皋市支局局长。

主要工作简历如下:

1986年7月至1986年12月,为中国人民银行南通县支行专柜会计

1986年12月至1994年3月,任中国人民银行南通县支行金融管理股办事员

1994年3月至1996年2月,任中国人民银行通州市支行金融管理科副科长

1996年2月至1996年10月,任中国人民银行通州市支行发行保卫科副科长

1996年10月至1999年1月,任中国人民银行通州市支行金融管理科副科长

1999年1月至2001年4月,任中国人民银行通州市支行办公室副主任兼秘书

2001年4月至2002年4月,任中国人民银行通州市支行外汇管理股股长

2002年4月至2005年5月,任中国人民银行通州市支行办公室主任

2005年5月至2010年10月,任中国人民银行通州市支行党组成员、副行长兼国家外汇管理局通州市支局副局长

2010年10月至2014年11月,任中国人民银行通州支行党组成员、副行长兼国家外汇管理局通州支局副局长(支行更名)

2014年11月至2016年3月,任中国人民银行如皋市支行党组成员、副行长(主持工作)

2016年3月至2017年5月,任中国人民银行如皋市支行党组书记、行长,国家外汇管理局如皋市支局局长

2017年5月起,任如皋市人民政府党组成员(挂职),中国人民银行如皋市支行党组书记、行长,国家外汇管理局如皋市支局局长。

突 出 贡 献

许秀飞:从如皋走出的享受国务院特殊津贴专家

2017年1月,人力资源和社会保障部公布了2016年享受国务院特殊津贴专家名单,中冶赛迪集团高级咨询师许秀飞教授名列其中。

许秀飞于1962年7月1日出生于江苏省如皋市戴庄乡,1982年1月毕业于南京工程学院金属材料专业。系教授级高级工程师、高级技师、经济师,九三学社社员、重庆市涪陵区政协四届常委,全国著名的钢带表面处理与热处理专家,在涂镀板生产技术与产品研发方面取得了一定的突破,获得"全国钢铁工业劳动模范""重庆市有突出贡献的中青年专家""重庆市工业先进个人"等荣誉称号,现任中冶赛迪高级咨询师。并建有重庆市委组织部授牌的专家工作室。

许秀飞于1997年涉足涂镀板行业,当时国内该行业刚刚起步,他参与了POSCO在张家港镀锌工厂的建设、安装和调试工作,两次前往韩国进行家电板和汽车板热镀锌生产技术研修。2004年起分别在美国上市公司、国内大型民营企业担任CTO和总工程师。他在长期的生产现场工作中积累了丰富的专业理论和实践经验,总结出版了《钢带热镀锌技术问答》和《钢带连续涂镀和退火疑难对策》两本专业著作,成为包括研究院博士、生产线操作工人在内涂镀行业从业人员入门必读的培训教材,有力地促进了全行业的生产技术进步和产品质量提高。

许秀飞发现国产涂镀生产线能耗较高,与国外差距很大,于是开展了系统化的研究,形成了完整的理论体系和实施方法,在《冶金内刊》上发表了在全国涂镀行业推广节能技术的专家建议,得到了时任副总理张德江的肯定和亲自批示,也得到了专家的一致赞同。钢铁工业协会委托钢标准化技术委员会组织了以他为组长的涂镀节能技术标准起草小组,现已经编写出版了涂镀板生产节能操作、设备准入、能效评估、余热利用等方面的5项国家标准和6项行业标准,在全国推广、实施。

许秀飞创造和总结出的节能技术,经过专家鉴定有关指标达到了国际先进水平,涂镀炉热诊断技术和镀锌板镀层均匀化技术两项成果分获重庆市科技进步三等奖。在长三角涂镀协会会长单位的浙江华东钢业也得到了全面的推广实施,获得浙江省科技进步二等奖。他作为课题组长在燕山大学、长江师范学院、重型机械研究院的专家帮助下,对冷轧生产线进行了一系列创新,获得了重庆市科技进步二等奖。他作为课题组长与钢铁研究总院、长江师范学院专家一道,成功开发了节能环保型电工钢带,获得重庆市科技进步一等奖。在中冶赛迪的重点研究项目钢铁制造流程系统集成优化技术中,他也发挥了一定的作用,获得冶金行业科技进步一等奖。

许秀飞将自己的技术毫无保留地传授给涂镀行业内的所有企业,帮助部分大型企业解决了大量的疑难杂症,他的成就与贡献得到了涂镀行业的广泛认可。

专家黄勇当选享受国务院特殊津贴人员

1 月，省人力资源社会保障厅公布了《2016 年江苏省享受政府特殊津贴人员名单》，根据人力资源社会保障部相关通知精神，经国务院批准，如皋市农田水利试验站农水专家黄勇当选为享受国务院颁发政府特殊津贴人员，成为如皋市获此殊荣的第五人。

政府特殊津贴制度是党和政府关心、关怀广大高层次、高技能人才，激励他们充分发挥引领作用，为国家建设做出更大贡献的重要制度，也是加强专业技术人才和技能人才队伍建设，为经济社会发展提供有力人才保障的重大举措。根据《中共中央、国务院关于继续实行政府特殊津贴制度的通知》规定，国家对新享受政府特殊津贴人员每人一次性发放 2 万元津贴，由中央财政专项列支，免征个人所得税。同时，根据南通市委、市政府《关于大力实施人才强市战略的意见》(通委发〔2009〕5 号，及实施办法等配套文件精神，南通及如皋市也有相关一次性匹配奖励。

在业内专家和同行们的心目中，黄勇始终活跃在乡间农田水利科研一线，献身如皋市农田水利试验工作 30 余载，频频推出创新成果，是位勤勉踏实的农水领域创新推动者，曾荣获国家科技进步二等奖、水利部技术技能创新特等奖。

20 世纪 70 年代末，高考落榜的黄勇回乡被村里临时安排到农水试验科研组，协助技术人员抬喷灌机搞喷灌试验。由于勤奋好学，他深得课题组技术人员的信任，第二年被招聘为临时工。1994 年，黄勇通过全省水利技术员考试，正式定编。

身处农水科研第一线，黄勇心里总是记挂着农水科研。20 世纪 80 年代初，农田水利领域所执行的灌溉试验规范和测试设备都是 60 年代引进的前苏联模式，试验仪器设备落后，试验人员辛苦且安全系数差，尤其是雷雨天气，试验人员必须在野外去测量暴雨径流量，容易遇到雷击，黄勇看在眼里，急在心头。

不久，省水利部门召集农水试验行业的精兵强将参加某项目绘制工作，黄勇也在其中。幸运的是，他与一位中国科学院地理所的老工程师同住一室，黄勇抓住难得的机会，提出了开发土壤渗漏测定仪、地表径流测量仪的设想，问题一经提出，立即引起了多位高级工程师及相关领导的共鸣。黄勇虚心请教，夜以继日地画图纸，然后自己动手加工样品。功夫不负有心人，他的设计成功了。该成果不仅在全国多家试验点得到广泛应用，还被省水利厅评为科技进步二等奖，被西南交通大学收入《中国实用科技成果大辞典》，从此黄勇在全省水利系统有了个“土专家”的雅号。

稻田无人值守全自动化智能灌溉系统是黄勇在水利部水利行业技术技能创新大赛决赛中夺魁的项目，据黄勇介绍，水稻是我国主要的粮食作物，传统的淹水栽培种植模式不仅耗水量大，水资源浪费十分严重，而且水分利用效率也低，容易引起环境污染，水稻具有一定的水旱两栖性，节水潜力很大，发明的系统就是根据水稻控制灌溉节水理论、水稻各生育期灌溉土壤耕作层含水量上下限指标、无线遥控技术等实现的水稻全生育期的自动化智能灌溉。

30 余载风雨春秋，黄勇将农水科研作为毕生追求，科研成

果也是硕果累累:控制灌溉自动化研究,采用稻田浅层地下水位与稻田土壤水分建立相关曲线,为国内首创;承包实施的"三联灌区自动化系统"项目,经水利部专家调研组考察后,推荐为国际农田灌溉技术交流窗口;开发的明渠和插入式管道流量计技术水平居全国领先,实现了农田灌溉量水设备造价低、精度高、使用方便的要求,被全国灌溉培训班作为推广技术设备。

作为课题组主要成员,黄勇参加了水利部、林业部、江苏省政府的10多项科研课题研究,曾先后获国家科技进步二等奖、省科技进步二、三等奖以及省、市科技推广奖、水利科技进步奖20多项,获多项国家专利,在全国科技学术期刊发表相关论文数十篇,荣获全国第六届水利技术能手、江苏省有特殊贡献的技术能手、江苏省"六大人才高峰"培养对象、江苏省有突出贡献的中青年专家等荣誉称号。

杨兴兵入选2月中国好人榜

3月3日,中央文明办发布2月份"中国好人榜",如皋市公安局刑侦大队四中队中队长杨兴兵当选2月份敬业奉献"中国好人",他也是如皋公安系统继卢俊、戴红梅、李百战之后,获评的第四位"中国好人"。

杨兴兵从医学院临床医学系毕业以后,进入了公安队伍,凭借着高超的技术和敢于担当的勇气,在这个让人胆战心惊的岗位一干就是20年。他长年累月与尸体、伤口打交道,用手中的解剖刀守望正义。20年来,他参与各类重特大刑事案件现场勘查300余起,4000余份鉴定零偏差。他先后荣获各级嘉奖十余次,荣立个人三等功2次,被评为南通好青年、南通"最帅刑警"、南通市刑事科学技术青年人才,如皋公安"优秀刑警""十佳民警"。

如皋李百战获评"全国优秀人民警察"

5月19日,全国公安系统英雄模范立功集体表彰大会在北京人民大会堂举行。如皋市公安局锦绣派出所副所长李百战获评"全国优秀人民警察"。

李百战的手机里存有群众号码2916个,微博"如皋片儿警"拥有粉丝12418人,微信朋友圈拥有好友2583人;从警21年巡查骑坏自行车12辆,下水救人23次,为152人找到回家的路……他开通了南通公安首家网上警务室,组建辖区QQ群,用粉丝好友超万人的"如皋片儿警"微博和微信朋友圈开展防范宣传、寻人寻亲活动,辖区电信网络诈骗案件发案率保持全市最低,帮助152名痴呆老人、走失儿童、失散多年的亲人找到回家的路。

东华大学如皋籍教授朱美芳获首届“全国创新争先奖”

5月27日，全国科技工作者日暨创新争先奖励大会北京举行。会上，东华大学校材料科学与工程学院院长、纤维材料改性国家重点实验室主任、如皋籍教授朱美芳荣获“全国创新争先奖”。

朱美芳，1965年生于江苏如皋，东华大学与德国德累斯顿工业大学联合培养博士，教授，博士生导师，东华大学材料学院院长、纤维材料改性国家重点实验室主任、材料学院教授委员会成员。第七届“中国青年女科学家奖”(2010年度)获得者、长江学者特聘教授。

朱美芳教授一直致力于纤维材料及其复合技术研究，在纤维材料功能化、纳米化和智能化等方向取得系统性工作成果，特别是发展了一系列聚合物基纳米复合材料及其纤维成形新理论、新方法和新技术，对推动我国纤维材料学科的发展和产业科技进步做出积极贡献。曾获国家、省部级科技奖11项，其中国家科技进步二等奖1项(排名第一)。近5年在Adv. Mater.等期刊发表SCI收录论文140篇(其中ESI高被引5篇)，出版专著7部(章)；获授权中国发明专利66件、PCT专利6件，广泛实施应用，效益显著；以第一完成人获上海市技术发明奖等省部级科技一等奖3项；应邀在国内外做特邀学术报告60余次。

全国创新争先奖由中国科协联合人力资源社会保障部、科技部、国务院国资委于2017年4月报请中央批准共同设立，主要表彰在科学研究、技术开发、重大装备和工程攻关、转化创业、科普及社会服务方面作出卓越贡献、在国内外具有影响力的优秀科技工作者和优秀科研团队。该奖项是继“国家自然科学奖”“国家技术发明奖”“国家科学技术进步奖”之后，国家批准设立的又一个重要的科技奖项，是仅次于国家最高科技奖的一个科技人才大奖。包括157名院士在内的300多位各学科领域的杰出代表、科技管理专家和企业负责人应邀担任评审专家。按照“德为先、术要精、能力强、基础厚、贡献大”的评选标准，经网上预审、初评、复评，从217个渠道推荐的1343名优秀科技工作者和227个科研团队中，共评选产生10个奖牌获奖团队、28名奖章获奖人选、254名奖状获奖人选。

如皋籍军人程海林荣立中央军委一等功

7月28日，新华社报道，中央军委主席习近平签署通令，如皋籍军人、海军试飞大队大队长程海林被授予一等功。

程海林是如皋市磨头镇人，出生于1973年，1991年从如皋中学毕业考入航空学校。虽然工作特殊，很少在家，在其岳父眼里是位好军人，也是好丈夫、好父亲、好男人。由于工作的特殊性，程海林能为家里做的事情十分有限,但是,他经常打电话问候。

程海林的妻子濮玉洁原先在如皋一所高中做英语老师。与程海林结婚后, 濮玉洁也随军到了部队。原先在如皋,日常生活都有父母打理,随军后,濮玉洁渐渐学会了各种家务活。经常是一个人带孩子,虽然辛苦,但她从未向丈夫抱怨过。2016 年 11 月,程海林的女儿得了阑尾炎,需要住院手术,由于他一直在外执行任务,妻子濮玉洁忙不过来,就把自己的父母接去帮忙照顾。在孩子的成长路上,程海林因为工作无暇照顾,但只要他任务完成一有空就会陪女儿。程海林为国家、为军队做出了贡献,也为家乡如皋争了光添了彩,全家人都为他感到骄傲和自豪。

在如皋中学上学期间,程海林家境不是很好,父母都是普通农民,但程海林学习非常刻苦。1991 年,程海林的高考成绩虽然达到大专线上,他依然选择了航空学校。每次回如皋探亲,大家聚会的时候,他从不开口提工作,严守部队机密。他做事特别沉稳,待人接物总是谦和有礼,从学校到部队,都非常出色和优秀,周边的人对他的评价都很高。他对家乡如皋的感情特别深厚,每次回如皋探亲,总会主动询问家乡最新的变化,还会为家乡取得的各项成就而欢欣鼓舞。

如皋籍作家郭姜燕获中国儿童文学最高奖

8 月 4 日,经过第十届全国优秀儿童文学奖评奖委员会投票表决,产生了 18 部获奖作品,在获奖作品名单中,如皋籍作家郭姜燕的《布罗镇的邮递员》在童话类榜上有名,作为与“茅盾文学奖”“鲁迅文学奖”齐名,被视为中国作家协会最高荣誉大奖的全国优秀儿童文学奖有了南通人的名字。

郭姜燕 2017 年 43 岁,是苏州大学实验学校的一名小学语文教师。据了解,郭姜燕从 39 岁开始,出于兴趣,她尝试写了几篇短篇小说。读着自己的作品,郭姜燕觉得很有趣,这才有了创作儿童文学的想法。

女儿读高三时,郭姜燕在学校边租了一间车库陪读。没有电视,没有网络,这份似乎与世隔绝的寂寞让她想起了很多往事,包括少年时与朋友的通信时那些等待一封信的静美时光,以及那些寄出一封信的美好心情。因此,郭姜燕开始动笔写下了几个与信有关的故事,便有了《布罗镇的邮递员》这本书。

《布罗镇的邮递员》由 15 个故事穿缀而成,充满了浪漫、温暖、柔情和想象,每个故事情节曲折婉转,但不过分追求幽深;想象自然轻巧,但不逞离奇怪诞;读起来或幽默动人,或清新明媚,有一种春日阳光般的亮色和纯净意境。

《布罗镇的邮递员》这本书最精彩的部分是少年阿洛帮一封多年无主的信件寻找主人,并由此走进了人们口中可怕的黑森林的故事。故事的最后,阿洛用善良化冻了森林内外那些冰封的心灵,重启了彼此的友爱。在洪水来临之际,呼唤大家齐心合力,登上生命之舟,彻底弥合了裂痕,重新找到了美好和幸福。

对于《布罗镇的邮递员》这本书，业界评价甚高："其蕴含的人与自然和谐共处理念让作品有了更深的思想内涵和当下性，是小学生打开想象之门，学习纯美文字表达，感受自然生机的童话精品。"

苗华担任中央军委政治工作部主任

9月7日，中宣部、中央军委政治工作部和共青团中央在人民大会堂举行陆军第74集团军某旅班长王锐先进事迹报告会。苗华以中央军委政治工作部主任身份出现，意味着他已履新军委政治工作部主任一职。

军委政治工作部，是新一轮军改中重新调整组建的部门，主要履行全军党的建设、组织工作、政治教育和军事人力资源管理等职能。一直以来，军队党建被视作是军队工作的"基础"和"关键"，政治工作则被称作是军队的"生命线"。

苗华此前是海军政委。他不仅有着不凡的履历，还曾经是中国现役上将中最年轻的一位。

公开履历显示，苗华，原籍江苏南通如皋，1955年出生于福建福州，国防科技大学管理工程专业毕业，本科学历。

他14岁参军，曾长期在原南京军区第31集团军从事政治工作，历任团政委、师政委、军政治部主任、第12集团军政委等职，2001年7月晋升为少将军衔。

2010年12月，苗华首次跨军区调任至原兰州军区，先后担任原兰州军区政治部主任，副政委，2014年7月任原兰州军区政委。其间，2001年7月，他晋升少将军衔，次年7月晋升中将军衔。

2014年12月，苗华跨兵种"转岗"，出任海军政委。此前海军政委人选多从海军系统副大军区职将领内部拔擢，苗华则是近年来罕见的来自陆军的高级政工将领，他加入海军后，被政情观察人士解读为是中央军委将进一步强化海军系统政治工作的信号。

他出任海军政委8个月后，再次获晋升。2015年7月31日，在中央军委举行的晋升上将军衔警衔仪式上，苗华成为中国现役最年轻的上将。

国际盆艺大师花汉民逝世

2017年11月26日，国际盆艺大师花汉民因病医治无效，不幸去世，享年77岁。

花汉民出生在如皋古城南郊一个农民家庭里，他家祖孙三代酷爱花卉盆景。在家庭环境的熏陶下，花汉民从七八岁起就跟在父亲后面，取土、栽插、浇水。到十四五岁，嫁接、造型、管理、经营……无不知晓。但是长大后的花汉民并没有直接继承家庭的衣钵，而是学习中医，从事医务工作。从医之后的生活并不平静，时值"文化大革命"，直到40岁以后才专心投入到花木盆景制作上。

他在"两弯半"的基础上形成了自己"顺其自然、因树造型"的艺术特色。数百年来，中国传统的"四

大名桩"盆景的取材，似乎从未跳出过松柏、榔榆、雀梅、黄杨之类的狭小圈子。花汉民认为："辽阔的大地上，具备盆景造型条件的材料多得很。眼睛何必老盯住这几种！"经过反复试作，那被庄稼人当作"篱笆"的火棘，那曾被视为"柴火"的龙柏，那随处可觅的择、朴、水杉、柳、槐等50多种树木，都成了他制作盆景的"坯料"。

传统的丛林式盆景和罗汉松、黄杨等盆景，常常以单数和单一品种出现，花汉民则认为，用单数还是双数，用单一品种还是由多种品种组合，应根据盆面的需要，注重艺术效果。他的盆景作品《留得清白在人间》，由木本艾和大叶黄杨组合，使又白又青的叶片与洁白的大理石盆子，简洁明快地构成了"一青(清)二白"的画面，加之画龙点睛的名称，将"清清白白做人"的崇高意境鲜明强烈地表现出来，受到观赏者的热烈称赞。"管它这个'派'那个'派'，我就喜欢这'田园风光'！"花汉民努力运用"缩龙成寸"的艺术手法，力求将美好的大自然浓缩于一盆，同时，辅之以放牧、下棋、划船、耕种等陶瓷人物摆件和追逐、吃草、饮水、奔跑等陶瓷动物摆件，使他的盆景艺术达到了炉火纯青的地步。

花汉民创作的盆景在国际国内花卉博览会获奖数十次。他先后被推选为中国盆景艺术家协会理事、被聘为南京林业大学硕士研究生导师、中国和国际花卉博览会评委、全国农业劳动模范。从1992年起，花汉民大师享受国务院颁发的特别奖励津贴。

如皋人严纯华任兰州大学校长

12月19日下午，兰州大学召开教师干部大会。中组部干部三局巡视员、副局长刘后盛在会上宣布了中共中央、国务院关于兰州大学校长调整的决定，任命严纯华为兰州大学校长(副部级)，王乘因年龄到限不再担任兰州大学校长。

严纯华，男，汉族，1961年出生于上海，江苏如皋人，1986年6月加入中国共产党，博士，教授，中国科学院院士。

1978年10月考入北京大学化学系，先后获理学学士（1982年7月)、硕士(1985年7月)和博士学位(1988年1月)。此后留校工作，先后任北京大学讲师(1988年)、副教授(1989年)、教授(1992年)、长江学者特聘教授(1999年)、博雅讲席教授(2016年)。任北京大学稀土材料化学及应用国家重点实验室主任、北京大学—香港大学稀土生物无机和材料化学联合实验室主任。2011年当选为中国科学院院士，2012年当选为发展中国家科学院(TWAS)院士，2013年被选为第十二届全国人大代表。

2013年11月起，历任北京大学副教务长、研究生院常务副院长，党委组织部部长。

2016年10月,任南开大学党委常委、副校长。

2017年12月,任兰州大学校长(副部级)。

王小龙获全国农业劳动模范称号

12月22日，人力资源和社会保障部、农业部颁布《关于表彰全国农业劳动模范和先进工作者的决定》，磨头镇丁冒村如皋市金旺家庭农场负责人王小龙获全国农业劳动模范称号，南通仅一人获此殊荣。

金旺家庭农场总投资近500万元，建有17.33公顷循环经济园。2016年度农场总产值达1050万元，净效益达200万元。2015年农场被列为全国基层农技推广补助项目的农业科技试验示范基地；2016年农场主王小龙获得南通市优秀农民标兵称号;2017年被评为江苏省示范家庭农场。农场坚持"人无我有、人有我优"发展理念,以市场需求为导向,以绿色生态为方向,以新品种、新技术、新模式为支撑,逐步形成了露天种植与设施栽培相结合、连栋大棚与标准钢架大棚相配套、地栽作物与水生作物共发展的种植模式。2016年,新引进种植苤蓝、芦蒿、溧阳白芹、茭白等品种,开展了设施蔬菜连作障碍防控技术、大棚芦笋优质高效栽培技术、设施蘘荷早熟栽培配套技术等示范应用,成为如皋市"三新"技术应用先进典型。农场集生产、加工、销售、配送服务于一体,在南通市拥有面积达100多平方米的长寿农副产品直销店。此外还依托"沪·皋农产品流通商会",主打长寿之乡、"硒"有蔬菜品牌,大力拓展上海及苏锡常等苏南大型农贸市场,积极承接大中企业蔬菜配送业务和企业节日礼品礼盒,不断提升市场占有率。其中芦笋、蘘荷、枸杞头、蕹菜、韭菜等中高端特色蔬菜已成为农场的拳头产品,尤其是蘘荷、芦笋等已成为周边市场最大的供货源。

据了解,截至2017年,如皋市共登记备案各类家庭农场763个,77个家庭农场被列入各级示范家庭农场名录,其中省级15个、南通市级17个、如皋市级45个。主要经营范围包括优质稻米、高效果蔬、优质畜禽、高效花木、特色水产、生态旅游等的生产、加工、销售等。全市家庭农场土地流转面积1.05公顷,经营总收入达2.76亿元。

大事纪要

Dashi Jiyao

2017 年 1 月

1 日

△ 如皋市举行 2017 年“农行杯”元旦健步走活动，市领导万维庆和全市近 2000 名群众参加。活动全程约 4 公里，从市行政中心东门出发，沿龙游河生态公园绕行，至市奥体中心西大门结束。

△ 即日起，《如皋市新建普通商品房预售资金监管工作办法》正式实施，明确对全市新开发建设并拟进行预售的商品房项目全面实施预售资金监管，实行预售资金与商品房建设进度同比例拨付的监管制度，确保项目销售资金全部投入本项目建设，商品房建设顺利进行，维护商品房交易双方合法权益。

3 日

△ 市委书记陈晓东召集市委办、发改委、商务局、招商局、经济技术开发区、长江镇（如皋港区）等部门和单位负责人召开项目建设务虚会，就 2017 年项目建设思路、考核体系等进行专题研究讨论。市领导茅红宇、高峰参加会议。

△ 市委副书记、代市长何益军召集市发改委、规划局、国土局、财政局、交通局、城管局等部门相关负责人，实地踏勘中央大道东延、环湖北路西延、龙游河游船码头建设等现场，就全市 2017 年政府性投资项目计划进行现场办公。市领导胡拥军参加活动。

△ 市委副书记、代市长何益军率领市政府办、安监局、消防大队等部门和单位负责人，到神马电力、九鼎集团等企业和天平市场、文峰大世界等人员密集场所，就安全生产工作开展专项督察。

△ 市政协召开十三届十九次常委会，协商讨论增补相关委员会主任、副主任人选，讨论修改市十三届政协常委会工作报告（讨论稿）和提案工作报告（讨论稿），通过市十四届政协委员建议名单、关于召开政协如皋市第十四届委员会第一次会议的决定（草案）。

4 日

△ 市政府召集市住建局、交通运输局、城管局等部门和四大主功能区及 10 个镇相关负责人召开座谈会，听取并会审 2017 年政府性投资项目计划，讨论各镇项目用地方案。市领导何益军、胡拥军、高峰出席会议。

5 日

△ 全省行政审批制度改革现场推进会在常州召开，市委副书记、代市长何益军代表如皋参加会议并作典型经验发言。

△ 市委书记陈晓东召集市委办、政府办、纪委、组织部、财政局、国土局、水务局、港口局、供电公司、长江镇（如皋港区）等部门和单位相关负责人，就如皋港集团发展议题进行专题研究会商，先后讨论长源码头腹地利用与建设、苏中国际集装箱外江码头审批建设等问题。市领导胡拥军、张勇、杜永红、高峰参加活动。

△ 市委副书记、代市长何益军主持召开十六届市政府第六十五次常务会议，研究讨论即将提交市第十七届人民代表大会第一次会议审议的《政府工作报告（讨论稿）》、《2017 年市政府为民办实事项目（讨论稿）》、《关于在市场体系中建立公平竞争审查制度的通知》、2017 年镇（区、街道）政府性投资工程计划和 2017 年城市建设项目计划，通过《如皋市创建全国县级标准化综合改革试点城市实施方案（草案）》。

△ 全市 2016—2017 年度党员冬训工作动员会召开，南通市委宣传部副部长黄正平作冬训首场

宣讲报告。市领导陈晓东、司祝建、缪爱诚、茅红宇出席会议。即日起,全市党员冬训工作开始,至3月底结束。

6日

△ 市委书记陈晓东主持召开市委常委会，传达全省经济工作会议和南通市委全会精神,研究讨论2017年各类目标责任制考核思路、《政府工作报告(讨论稿)》、《2016年度总结表彰大会方案》、《2017年全市作风效能建设大会方案》、《全市党员干部警示教育大会方案》等议题。

△ 如皋长寿农产品上海市场巡回展销活动(第二场)在上海农产品中心批发市场拉开序幕。副市长杜永红参加活动,并对如皋特色农产品进行推介。活动为期3天,来自9个镇(区、街道)的26家农产品企业参展,40家农产品经销商与如皋市企业进行了现场对接。

△ 如皋市2017年送温暖工作会议暨春节集中慰问仪式在市总工会举行。市总工会和各结对单位对部分贫困职工代表进行了集中慰问,各帮扶单位递交了2017年结对帮扶责任书。市领导缪爱诚、钱志刚出席会议。

7日

△ 市委书记陈晓东率领市委办、安监局、市场监管局、消防大队、公安局、商务局等部门和单位负责人,到主城区和经济技术开发区专题督察部分企业、学校、医院、商场、酒店、工地安全生产工作,实地察看思源赫兹、如皋初级中学、大润发如皋店、润宏酒店、市人民医院、开元酒店建筑工地等处。副市长高峰参加督察活动。

9日

△ 台湾农渔会联合资讯中心驻中国大陆代表、正点生机科技有限公司创办人萧义达率队到如皋,专题考察农业项目,实地走访中国·如皋国际园艺城、顾庄生态园以及位于长江镇(如皋港区)的海峡两岸经贸交流服务基地等处。省科协国际部副部长王安宁,市委常委、如皋工业园区党工委书记刘向阳陪同考察。

△ 市委副书记、代市长何益军主持召开第十六届市政府第六十六次常务会议,集中学习《中共中央国务院关于推进安全生产领域改革发展的意见》,讨论《市政府关于明确2017年财政收入目标的通知》等议题。

△ 市委副书记、代市长何益军前往市长热线办公区,专题调研“12345”市长热线办理工作,详细了解群众反映的热点问题和办理情况,要求进一步畅通群众诉求渠道,当好政府的参谋部、百姓的连心桥。

△ 市人民检察院召开内设机构改革试点动员大会,对相关机构整合、司法办案组设置、人员安排等配套改革工作进行布置落实,全面推行新的检察权运行机制改革和新的检察队伍管理模式。市委常委、政法委书记缪小华出席会议。

10日

△ 市委书记陈晓东主持召开增收富民专题座谈会，听取与会职能部门负责人、村(社区)党组织书记代表、农业经营主体代表等围绕“增收富民”主题,介绍富民工作的经验做法、取得成效、思路举措,提出合理化意见和建议。市领导司祝建、吴瑕、杜永红、郑振明出席会议。

△ 市政府召开专题会议,听取相关职能部门汇报茅雉河综合整治一期工程方案、河道流域性整治方案、城区水系建设进展情况及水环境区域生态考核办法,并进行讨论研究,切实推进全市水系建设。市领导何益军、杜永红、陈万圣、程瑞琴出席会议。

△ 市政协十四届一次会议预备会议在市民服务中心报告厅举行。会议听取市政协十四届一次会议筹备工作情况报告,进一步严肃换届纪律,一致通过大会主席团成员和秘书长名单,通过大会议程、

日程，通过大会提案审查委员会成员名单。主席团向大会报告了主席团执行主席分工名单、大会副秘书长名单。

11日 △ 市十七届人大一次会议预备会议在市行政中心礼堂举行。会议听取市第十七届人大代表资格审查报告，表决通过市十七届人大一次会议议程，按照规定选举产生本次大会的主席团和秘书长，并对市十六届人大五次会议优秀代表建议进行了表彰。

△ 省统计局总统计师周国强到如皋调研，慰问一线统计人员，并就进入关键阶段的农业普查工作提出具体要求。市委副书记、代市长何益军，市委常委、如皋工业园区党工委书记刘向阳陪同调研。

△ 上海石油化工交易中心董事长孙继东一行到如皋考察。市领导陈晓东、司祝建陪同考察。

11—14日

△ 中国人民政治协商会议江苏省如皋市第十四届委员会第一次会议在市行政中心礼堂举行。市委书记陈晓东出席大会。大会听取市政协主席李中林所作如皋市第十三届委员会常务委员会工作报告、市政协副主席黄文斌所作十三届政协常委会提案工作报告，审议通过提案审查情况报告和《政协如皋市第十四届委员会第一次会议决议》。大会采用无记名投票方式进行了换届选举，经中共如皋市委推荐，市政协十四届一次会议主席团第三次会议审议通过的63名候选人全部当选，其中，张元健当选为市政协主席，杜永红、郑振明、冒平、严世斌、刘晓洁当选为副主席，许映亮当选为秘书长，丁洋等56人当选为常务委员。

12日 △ 2017年全省公务员招录报名启动，如皋市计划招录96名公务员和参照管理单位工作人员，其中，乡镇机关招录56名。此次招录5个职位面向在村(社区)任职服务满3年的大学生村官，3个职位面向服务基层项目人员，2个职位面向如皋市工作表现优秀的村(社区)党组织书记(主任)。

12—15日

△ 市第十七届人民代表大会第一次会议在行政中心礼堂举行，听取审议十六届市政府工作报告、市人大常委会工作报告、市人民法院工作报告、市人民检察院工作报告，审查《如皋市2016年国民经济、社会发展计划执行情况和2017年国民经济、社会发展计划(草案)的报告》《如皋市2016年财政预算执行情况和2017年财政预算(草案)的报告》等书面汇报。会议通过《关于如皋市人民政府工作报告的决议》《关于如皋市2016年国民经济、社会发展计划执行情况和2017年国民经济、社会发展计划的决议》《关于如皋市2016年财政预算执行情况和2017年财政预算的决议》《关于如皋市人大常委会工作报告的决议》《关于如皋市人民法院工作报告的决议》《关于如皋市人民检察院工作报告的决议》《如皋市第十七届人民代表大会法制委员会名单 (草案)》《如皋市第十七届人民代表大会财政经济委员会名单(草案)》，选举产生了如皋市第十七届人民代表大会常务委员会主任、副主任、委员，市人民政府市长、副市长，如皋市人民法院院长、如皋市人民检察院检察长，如皋市出席南通市十五届人民代表大会代表。

14日 △ 政协如皋市第十四届委员会召开第一次常委会议，协商通过有关人事任免事项，通过政协如皋市委员会2017年工作要点，明确2017年市政协常委会政治协商、视察调研、民主评议、委员论坛、政协提案、社情民意、对外交往、委组活动、文史研究等方面工作重点。

16日 △ 市委书记陈晓东一行专题调研全市高标准农田建设情况，实地察看长江镇(如皋港区)郭南村占补平衡现场、下原镇腰庄村高标准农田建设现场、高新区现代农业示范区等处。市领导司祝建、张百璘、程瑞琴参加调研。

△ “中国梦 劳动美 工会情”工会在身边系列活动颁奖典礼在市文广传媒集团演播大厅举行，2016年“如皋市五一先锋号”、“如皋市技能状元”、“如皋市五一劳动奖章”和劳动保护教育馆建设特别贡献奖以及“工会在身边”心系职工百企行活动、“万名职工竞技能”活动获奖单位和个人受到表彰。省总工会经济技术部部长蒋先宏，南通市总工会主席葛玉琴、副主席杨晔鹛，如皋市委书记陈晓东，市委常委、组织部部长、统战部部长缪爱诚出席典礼。

△ 全市农村留守儿童关爱保护工作联席会议暨“合力监护、相伴成长”专项行动部署会议召开，通报全市农村留守儿童摸底排查工作情况，部署相关工作。副市长程瑞琴出席会议。

17日

△ 市妇联举行“不忘初心、与爱同行”新春慰问活动，190名孤困儿童和贫困母亲获得资助。市委常委、组织部部长、统战部部长缪爱诚参加活动。

18日

△ 如皋市举行干部送任大会，市委书记陈晓东一行送新任干部到市人大、市政府、市政协任职，要求新一届人大、政府、政协领导班子在传承中创新，在创新中发展。会上，市委常委、组织部部长、统战部部长缪爱诚就换届选举当选领导职务调整情况作了说明，离职及新任领导干部代表作了表态发言。市领导何益军、吴道健、张元健、司祝建、胡拥军、缪爱诚等及新任职人大、政府、政协班子成员参加会议。

19日

△ 市委副书记、市长何益军主持召开第十七届市政府第一次常务会议，讨论2017年市政府重点工作及为民办实事任务分解情况、《如皋市人民政府工作规则（讨论稿）》、《关于建立市政府重点工作汇报交流推进机制的通知》、2017年全市安全生产工作意见、市政府领导班子工作分工、《市政府关于进一步规范政府常务会议议事程序的通知（讨论稿）》《市政府关于进一步加强政府督促检查工作的实施意见（讨论稿）》等议题。

△ 全市深化“百千万”工程推进富民强企奔小康“走帮服”活动动员会召开，市委副书记司祝建出席会议并作动员部署，要求着力抓好“三个走访、三个帮助、三个服务”，即百名联助书记走访村居，帮助排忧解难，服务强基固本；千名党政人才走访企业，帮助做大做强，服务转型升级；万名党员干部走访农户，帮助增收致富，服务民生改善。市领导缪爱诚出席会议。

20日

△ 如皋市召开“六五”普法总结表彰暨“七五”普法部署推进大会。市领导缪小华、陈万圣、陈晓彬、郑振明出席会议。

△ 如皋市慈善基金会举行2017年春节“情暖如皋”慈善慰问活动启动仪式，慰问全市500户特困家庭每户1000元，同时分别以30万元和20万元慰问吴窑镇敬老院和东陈镇敬老院，改善五保老人生活条件。市领导邵晓泉、张百璘、郑振明出席仪式。

21日

△ 市委书记陈晓东主持召开市委常委会，传达全省宣传部长会议精神，研究讨论2016年经济社会发展情况汇报会活动方案、《如皋市“两减六治三提升”专项行动实施方案（讨论稿）》、2017年全市安全生产工作意见、2016年度现代农业奖补兑付方案、2017年春节系列慰问方案、如皋市第十二届纪律检查委员会第二次全体（扩大）会议方案和工作报告等议题。

△ 市委书记陈晓东主持召开党政联席会议，先后听取2016年考核结果介绍，研究讨论《2017年镇（区、街道）协调推进“四个全面”战略布局综合考核办法（初稿）》、《关于如皋市市级机关2017年目标责任制绩效考核意见（讨论稿）》、《2017年中心城区工作目标责任制考核办法》等2017年相关考核办法。

22日

△ 市委书记陈晓东主持召开2016年度党(工)委书记抓基层党建和落实全面从严治党主体责任述职评议会,通过现场述职、现场点评、现场评议,推动各级党组织书记履职尽责,更严、更实抓好基层党建工作,落实全面从严治党主体责任,为全市新一轮发展提供坚强组织保障。南通市委组织部副部长王亚雄专程到会指导。如皋市委副书记、市长何益军,市委副书记司祝建,市委常委马金华、缪小华、刘向阳、史有根、缪爱诚、茅红宇、祝国庆、吴瑕,市政协副主席严世斌参加会议。

23日

△ 全市总结表彰大会召开,回顾总结2016年全市经济社会发展取得的成就和经验,表彰各行各业涌现出的先进典型。大会宣读了《市政府关于表彰2016年度先进集体和先进个人的决定》《市委、市政府关于授予高新区(城南街道)、丁堰镇等单位2016年度重点经济工作考核综合优胜奖杯的决定》《市委、市政府关于表彰2016年度先进集体和先进个人的决定》等文件。市四套班子领导陈晓东、何益军、吴道健、张元健、谢新民、司祝建等出席会议。高新区(城南街道)、丁堰镇、市发改委、市行政审批局、江苏赛麟汽车科技有限公司、凌志软件如皋有限公司等部门、单位及企业负责人交流发言。

△ 如皋市举行2017年企业创新转型迎春恳谈会,市委书记陈晓东出席恳谈会并致辞。南通荣威娱乐用品有限公司、江苏卓远机器人科技有限公司、如皋长三角石化商品交易中心有限公司、江苏南通六建建设集团有限公司、人民银行如皋支行等单位负责人在会上交流发言。市四套班子领导何益军、吴道健、张元健、司祝建等出席恳谈会。

△ 市人大常委会主任吴道健到磨头镇,走访慰问新中国成立前老党员、"五保"老人、贫困妇女、残疾人家庭等,送去慰问品、慰问金和新春祝福。市人大常委会副主任钱志刚、副市长陈杰参加慰问。

24日

△ 南通市委常委、常务副市长单晓鸣,南通市人大常委会副主任曹斌,南通市政协副主席杨展里到如皋开展节前慰问,先后走访慰问高新区(城南街道)桃园敬老院老人、桃林村13组低收入户和驻如皋空军部队官兵,并检查海迪科光电、国电阀门等企业安全生产工作。如皋市领导何益军、祝国庆、冒平陪同慰问和检查。

△ 市委书记陈晓东主持召开市委常委会2016年度民主生活会,围绕"两学一做"学习教育要求,联系思想和工作实际深入查摆问题,严肃认真开展批评和自我批评。南通市委常委、常务副市长单晓鸣,南通市纪委、市委组织部相关同志到会指导。会议通报了上一次民主生活会整改措施落实情况和本次民主生活会征求意见的情况。

△ 中共如皋市第十二届纪律检查委员会第二次全体(扩大)会议召开,传达中央以及省和南通市纪委全会精神,听取市委常委、纪委书记史有根代表中共如皋市第十二届纪律检查委员会常务委员会向第二次全体(扩大)会议所作题为《严明党的纪律,强化专责监督,奋力推动如皋全面从严治党向纵深发展》的工作报告,回顾总结2016年全市纪律检查工作,研究部署2017年工作。市委书记陈晓东出席会议并讲话。

△ 全市党员干部警示教育大会召开,与会人员共同观看警示教育片《正道》。市委书记陈晓东要求全市党员干部认真吸取反面典型的深刻教训,切实筑牢为政清廉的坚固防线。市四套班子全体领导,法院院长及检察院检察长,全市各镇(区、街道)、市级机关各部门领导班子成员等参加会议。

△ 市文广新局主办的"燕赵之风·雉水起舞"河北武强木板年画精品展举行启动仪式。副市长张亚鸾出席仪式。

△ 副市长张百璘率领市政府办、农委、水利、民政等部门负责人一行,督察节前安全生产,先后实地查看家家乐超市(绿园店)、焦港闸管所、搬经敬老院、兴隆屠宰场及粮食储备库等处,详细了解安全生产防护设施和消防设备配备、现场安全管理等情况。

25日

△ 国家历史文化名城研究中心主任，同济大学教授、博导阮仪三一行考察如皋历史文化名城保护工作，实地察看白蒲镇古街、主城区东大街历史文化街区、顾庄生态园等处。市领导陈晓东、何益军、茅红宇、黄文斌陪同考察。

△ 市委书记陈晓东开展春节走访慰问活动，向百岁老人、困难户、特困职工、新中国成立前老党员、道德典型、孤困儿童和驻如皋空军部队、武警边检站官兵等送上新春祝福。市领导丁兴华、马金华、祝国庆、张百璘、严世斌参加活动。

△ 市委副书记、市长何益军到市消防大队、人武部、军队干休所、武警中队、高新技术企业及百岁老人、新中国成立前老党员、特困儿童家中开展春节慰问，并深入市文广传媒集团电视新闻部、新媒体部、日报要闻部等部门，看望坚守一线的新闻工作者。市领导刘向阳、祝国庆、陈万圣、冒平参加活动。

△ 市政协主席张元健率队到白蒲镇、如皋工业园区（如城街道）等处，看望慰问百岁老人、新中国成立前老党员、敬老院孤寡老人、低保户、特困职工和离退休老干部等群体，向他们致以新春的祝福。市领导黄文斌、刘晓洁参加活动。

△ 市“扫黄打非”办公室牵头组织市文广新局、市公安局、市场监管局、城管局、文广传媒集团、江苏有线如皋分公司等部门和企业，联合开展春节前“扫黄打非”集中行动，先后对市新华书店、皋城书店、天平市场、苏浙大市场等场所进行突击检查，共查处店铺7家、流动商贩1个，收缴非法书籍970余册、音像制品225余张、地面卫星接收设施“小耳朵”42套，确保全市文化市场环境健康有序。

26日

△ 市委书记陈晓东率队督察春节期间安全生产工作，实地察看市长途汽车客运站、市消防大队、江苏长寿大红门食品有限公司，要求严格落实安全生产各项保障措施，确保全市人民度过一个安定祥和的春节。市领导史有根、茅红宇、陈晓彬、黄文斌、高峰参加督察活动。

△ 市委书记陈晓东，市委副书记、市长何益军率队走访海阳路大润发路口、供电公司、文峰大世界广场、十里墩水厂、益有管道燃气公司等处，慰问坚守一线的交巡警、环卫工人等广大劳动者，向他们送上新春的祝福。市领导缪小华、史有根、茅红宇、陈晓彬、黄文斌、高峰、冒平参加慰问。

△ 市委副书记、市长何益军，市政协副主席冒平一行到市信访局慰问，向辛勤工作在一线的基层信访干部职工送上新春祝福。

2017 年 2 月

1 日

△ 江中集团 2016 年总结表彰暨 2017 年部署动员大会召开。市委书记陈晓东、副市长黄文斌等出席会议，并为 2016 年取得优异成绩的江中集团下属企业、优秀项目经理、优秀党员和优秀工作者颁奖。

3 日

△ 春节长假后上班第一天，市委书记陈晓东，市委副书记、市长何益军一行到市行政服务中心大厅各服务窗口、市公共人力资源市场和市发改委、财政局等有关部门，就行政审批如何创新优化、人力资源如何为发展提供支撑、项目建设如何全面发力、财政收入如何稳增长强保障等问题，与广大干部职工一起研究讨论，勉励大家迅速投入到各项工作中，以优异成绩迎接中共十九大胜利召开。市领导胡拥军、冒平、严世斌参加活动。

△ 全市作风效能建设大会召开，总结 2016 年全市机关作风效能建设工作情况，部署安排 2017 年重点工作，动员全市上下进一步改进作风，为高水平全面建成小康社会提供坚强的作风保障。会议对 2016 年度作风效能建设考评优秀单位、2016 年度民主考评百名科长活动中的优秀科长进行了表彰。市公安局、如皋工业园区（如城街道）、下原镇、市供电公司等单位有关负责人在会上作了经验交流，市民政局、市物价局负责人在会上作了表态发言。市四套班子领导陈晓东、何益军、吴道健、张元健、谢新民、司祝建、丁兴华等出席会议。

4 日

△ 市委书记陈晓东率领相关部门负责人一行，实地检查节后企业复工及重点项目建设情况，先后查看新城吾悦广场、如皋农商行总部办公大楼、南通超达装备股份有限公司、梦百合家居科技股份有限公司、双钱集团（江苏）轮胎有限公司、南通荣威娱乐用品有限公司、江苏金元亚麻有限公司等项目。市领导胡拥军、马金华、茅红宇、高峰、郑振明参加活动。

6 日

△ 市政府与部分市人大代表、政协委员举行座谈会，通报 2017 年政府性投资工程情况，征求意见和建议。会议就 2017 年城区城建项目编排计划作了详细说明，截至 2016 年 12 月底，全市共上报 2017 年政府性投资项目计划 391 个，计划投资 131.8 亿元。市四套班子领导何益军、吴道健、张元健、胡拥军、史有根等参加活动。

△ 如皋市召开 2017 年首次亿元以上产业项目招引审批建设会办会议，听取市发改委负责人汇报 2016 年续建项目和 2017 年一季度拟申报项目情况，对亿元以上项目存在问题进行会办。会上，各镇（区、街道）汇报了新增项目信息，市商务局通报了外资到账和项目信息情况。市领导何益军、胡拥军、茅红宇、桂万先、高峰、程瑞琴、陈杰、冒平参加会议。

△ 市委副书记、市长何益军主持召开市长办公会，听取年初全市相关会议统筹安排情况、2 月份重点工作和重点活动安排情况，强调全市上下要从早抓起、从头抓紧，狠抓各项重点工作推进，努力实现"开门红"。

7 日

△ 南通市委常委、常务副市长单晓鸣一行调研如皋经济社会发展情况，到如皋经济技术开发区平园池村，参观村公共服务中心，了解村级经济发展情况，探望新中国成立前老党员，并参观康迪、赛麟、陆地方舟、百应能源等新能源汽车生产和氢燃料电池生产项

目。市领导何益军、胡拥军、马金华等参加调研活动。

8日 △ 南通市副市长朱晋率队赴白蒲镇开展富民强企奔小康“走帮服”活动，先后走访该镇苏中红木大世界以及华星木业、玉华阁红木等红木艺术品生产和销售企业，探访白蒲镇林梓社区和文著社区3户因病致贫家庭。副市长张亚鸾参加活动。

△ 南通市文广新局党组书记、局长徐国祥率队到如皋开展富民强企奔小康“走帮服”活动，实地走访江安镇部分经济薄弱村、重点贫困户和企业，并对如皋市文化工作开展调研，先后查看高新区（城南街道）建设社区公共服务中心、中国·如皋国际园艺城、市博物馆、市图书馆、市文化馆等处。市委常委、宣传部部长茅红宇，副市长张亚鸾参加活动。

△ 全市建筑产业转型发展大会召开，总结2016年全市建筑业成绩，表彰一批先进企业、先进个人。市委常委、纪委书记史有根主持会议，市委副书记、市长何益军出席会议并讲话。

9日 △ 如皋市召开“263”(263指两减六治三提升，即减少煤炭消费总量和落后化工产能，治理太湖水环境、生活垃圾、黑臭水体、畜禽养殖污染、挥发性有机物污染和环境隐患，提升生态保护水平、环境经济政策调控水平、环境监管执法水平）专项行动领导小组办公室全体人员会议，宣布“263”专项行动领导小组办公室抽调人员名单，并进行工作动员部署。市领导何益军、胡拥军、黄文斌、严世斌出席会议。

10日 △ 全市住房和城乡建设工作大会召开，动员全市住建系统全面贯彻“创新、协调、绿色、开放、共享”五大发展理念，围绕“水灵、境绿、城秀、景美、人和”总体要求，全力打造长江以北最具特色、最具魅力、最显品位的县级城市。市领导史有根、黄文斌、冒平、万维庆出席大会。

△ 如皋市举行城市管理工作会议，总结2016年工作，部署2017年工作，并对2016年度城管系统先进单位和个人以及第五届“如皋热心好市民”进行表彰。市领导史有根、陈万圣、黄文斌、冒平、万维庆出席会议。

△ 如皋市企业联合会、如皋市企业家协会在力星钢球会议室举办企业家新春联谊活动，与会数十家企业和部分银行、部门负责人共同分析发展形势，互相支招应对发展挑战，携手谋求发展新业绩。市领导何益军、高峰出席活动。

11日 △ 全市“两减六治三提升”专项行动动员大会召开，要求全市上下以“263”专项行动为抓手，坚决打赢生态保护和环境治理攻坚战，为建设“强富美高”魅力如皋、高水平全面建成小康社会做出更大贡献。市领导陈晓东、何益军、吴道健、张元健等出席会议。长江镇（如皋港区）、市环保局等6家单位在会上表态发言。

△ 如皋市召开公安工作会议，总结经验，分析形势，深化公安改革、优化工作体系，全面推动公安工作升级发展，为建设“强富美高”魅力如皋创造更加和谐稳定的社会环境。市领导陈晓东、缪小华、陈晓彬出席会议。

12日 △ 如皋市5个超亿元重大项目集中开工，总投资额超88亿元。南通市副市长朱晋，如皋市领导陈晓东、何益军等参加开工活动。此次开工的5个项目中，计划投资额超10亿元的占4个。计划投资50亿元的江苏赛麟汽车科技有限公司15万套汽车核心零部件项目是单体投资规模最大的项目，建设周期18个月，一期建成后可实现汽车核心零部件和总成15万套生产能力，达产后可实现年产值250亿元；计划总投资12.01亿元的江苏华电如皋热电联产项目在长江镇(如皋港区)开工,建成投产后可形成440吨/小时的供汽能力,极大提升长江镇(如皋港区)综合功能配套水平;总投资约1.56亿美元的南通荣威娱乐用品有限公司年产600万个充气水池扩建项目位于经济技术开发区,分两期实施,一期建成投产后可年产充气水池300万个,实现年销售2亿美元;计划投资约10亿元的中铟纳米(天汽模)项目在高新区(城南街道)开工,由南通超达装备股份有限公司与天津汽车模具股份有限公司共同投资实施,主要从事汽车大型复杂模具、检具项目的生产和销售,建成后将成为区域高端装备制造产业发展的新支撑;计划总投资5.35亿元的恒康海绵自动化机械生产迁建项目在丁堰镇开工,建成达产后可形成年产数控海绵切割机300台、数控海绵滚胶流水线20套、海绵智能仓储系统12套的生产能力。

△ 软银中国资本管理合伙人薛村禾一行到如皋考察,重点了解新能源和纺织行业发展情况。市委书记陈晓东,副市长程瑞琴陪同考察。

13日

△ 市政府召开专题会议,研究部署全市粮食适度规模经营补贴工作。副市长张伯璘出席会议。此次粮食适度规模经营补贴是2016年如皋市农业支持保护补贴的组成部分,从2016年秋播起到2017年秋粮收获期间实施。资金补贴对象为全市种植规模为100—500亩或500亩以上的粮食适度规模生产经营者,重点向种粮大户、家庭农场、农民合作社和农业社会化服务组织等新型经营主体和新型服务主体倾斜。省财政安排如皋市粮食适度规模经营补贴资金1900万元,重点用于支持重大技术推广与服务,其余部分用于支持已建立的支持粮食适度规模经营的农业融资风险补偿基金和对粮食适度规模经营主体的贷款贴息。

△ 如皋市举行财经工作会议,就2017年工作进行部署,动员各部门、各板块继续保持良好精神状态,创新提升好经验好做法,把生财、聚财、用财三篇文章做得更好。会议对2016年全市财经系统工作先进集体和个人进行了表彰。市领导何益军、胡拥军、桂万先、张勇出席会议。

△ 全市交通运输工作会议举行,回顾和总结2016年所取得的各项成绩,表彰为全市交通运输事业作出突出贡献的先进集体和先进个人,动员全系统进一步凝聚发展正能量,增强发展新动力。市领导史有根、陈万圣、黄文斌、万维庆出席会议。

△ 如皋市召开2017年全市体育工作会议暨第二十届亚洲老将田径锦标赛动员大会,回顾总结2016年体育工作,部署2017年工作任务,并表彰一批先进集体和先进个人,启动第二十届亚洲老将田径锦标赛筹备工作。市领导茅红宇、钱志刚、张亚鸾、严世斌出席会议。

△ 如皋市召开创建"中国人居环境奖"推进会,动员部署全市创建工作。市领导黄文斌、万维庆出席会议。

△ 市总工会着力解决镇(区、街道)工会工作人员力量薄弱、"无人办事"的问题,公开招聘14名社会化工会工作者充实基层(每个镇区1名),配合所在镇(区、街道)工会做好各类非公企业、非公社会和经济组织组建工会和发展会员,指导所属基层工会组织进行规范化建设,并依法维护职工合法权益,帮扶困难职工等工作。

14日

△ 中国光大绿色环保有限公司副总裁杨志强率队到如皋考察,市领导何益军、黄文斌陪同考察。

△ 2017年全市招商引资工作暨招商人员出征动员大会召开,总结2016年全市招商工作成绩,分析存在问题,部署2017年全市招商工作,动员和组织全市上下抢抓高铁时代新机遇,以招商引资的大突破促进项目建设大提速,推动全市经济实现大跨越大发展。市领导何益军、司祝建、吴瑕、张勇、程瑞琴、郑振明出席会议。

△ 位于市经济技术开发区的南通桑美特机械制造有限公司生产的亚洲最大吸砂绞车顺利交付。该吸砂绞车重量达50吨,最大回转直径达8米,主要用于近海海洋清淤疏通,在亚洲同类型绞车中体

积最大、制作难度最高。

16日 △ 工业和信息化部软件与集成电路促进中心主任卢山率队到如皋，就如皋软件园(一期)全托管运营方案与如皋市进行会商。中心全资子公司北京赛普信科技术有限公司项目负责人分别就如皋软件园(一期)和"开源空间"的运营方案进行了介绍。未来3年至5年，中心将联合上海凯璞庭资本管理(集团)有限公司，以"技术支持+资源共享+金融服务+孵化+加速+产业聚集+产业升级"的方式，对如皋软件园(一期)的产业服务、资本服务、招商服务和基础服务进行整体创新，力求打造国内一流的新兴软件和信息技术服务产业园区，形成一个人才高地、资本高地和产业高地。市领导何益军、程瑞琴参加活动。

△ 全市国税工作会议暨党风廉政建设工作会议召开。市委书记陈晓东专门对国税工作作出批示，肯定过去一年成绩，对2017年工作提出明确要求。

△ 如皋市召开2017年"政风行风热线"上线动员会。市委常委、纪委书记史有根出席会议。根据上线安排，2017年3月7日至12月26日，市政府行风热线共举办40期，于每周二中午11:05—11:55，邀请各有关镇(区、街道)政府(管委会、办事处)主要负责人和市相关部门主要负责人上线，受理群众诉求，并在下期节目"热线回音"版块专题反馈上期群众诉求办理情况。

16—19日

△ 第八届全国草莓大会在合肥长丰举行，中国园艺学会草莓分会组织国内外草莓专家组成评审组，对来自全国各地的1000多个参展样品进行评选，如皋市东陈镇全红草莓园选送的"桃薰"草莓荣获金奖。

17日 △ 兴业银行南京分行副行长林端珍一行到如皋考察，参观如皋国际园艺城、李昌钰刑侦科学博物馆、城市规划展示馆等处，并就新能源产业发展、城市配套设施建设等方面开展交流。市委书记陈晓东、副市长程瑞琴陪同考察。

△ 新华社中国经济信息社江苏经济研究中心主任、新华社智库江苏中心主任周国洪率领专家组一行到如皋，就如皋港深度开发开展专题调研，实地走访长江镇(如皋港区)永友粮油精品粮油产业园、森松重工、苏中国际集装箱码头、东升国际石材产业城等处，详细了解项目运行情况。市领导陈晓东、丁兴华、高峰陪同调研。

△ 福州大学·如皋创新创业交流会暨福大人创业训练营长三角基地揭牌仪式在经济技术开发区蜗壳道场·皋起点众创空间举行。原福建省政协副主席李祖可，福州大学党委副书记陈少平，如皋市副市长、科技镇长团团长陈杰出席活动并为基地揭牌。

18日 △ 市委副书记、市长何益军召集市发改委、住建局、财政局、审计局、纪委、监察局等部门负责人，对市政府投资项目工程建设中心、市公共资源交易管理办公室工作进行调研。市领导史有根、黄文斌、冒平、万维庆参加调研。

18—19日

△ 中国科学院科技促进发展局副局长赵千钧一行到如皋考察，就生态环境保护项目洽谈合作，实地查看东陈镇项目选址现场、思瑞皮革机生产企业及中国·如皋国际园艺城等处。市领导陈晓东、司祝建、张百璘参加活动。

21日 △ 如皋市与中铁第五勘察设计院集团有限公司在北京签订战略合作框架协议，就盐通铁路如皋南站可行性研究、北沿江铁路如皋段前期工作以及如皋境内铁路总体规划的研究等达成合作意向。市委副书记、市长何益军、中铁第五勘察设计院集团有限公司董事长汤友富分别代表双方签订了战略合作框架协议,副市长黄文斌参加活动。

△ 市委书记陈晓东,副市长、市公安局局长陈晓彬到市社会矛盾纠纷调处中心接待室开展大接访活动,与来访群众面对面交流,并会同有关部门负责人研究解决群众反映的问题,现场解决和交办一批群众关心的民生问题和迫切要求解决的合理诉求。

△ 市委书记陈晓东召集市委办、市委农工办、市发改委、市人社局、市商务局等部门负责人,对做好 2017 年项目建设和"四个全面"考核工作进行研究部署。市领导司祝建、胡拥军、缪小华参加活动。

△ 市委副书记、市长何益军率队赴中国北方车辆研究所考察,实地查看中国北方车辆研究所的兵器外贸展厅、863 动力电池试验室、电磁兼容试验室以及国家综合传动试验室。促进军民深度融合发展,协调推进中国北方车辆研究所在汤臣汽配设立院士工作站。市领导茅红宇、高峰参加活动。

△ 市领导胡拥军、桂万先、严世斌调研"放管服"改革工作,听取市政府办、编办、法制办、行政审批局、发改委、国土局、规划局、住建局、机关事务管理局、建工局、消防大队等部门和单位相关负责人汇报推进"放管服"改革工作中遇到的突出问题和进一步深化改革的具体目标、措施,并就深化全市行政审批制度改革明确相关时间节点和督察考核方案。

22日

△ 市委书记陈晓东主持召开市委中心组(扩大)学习会暨 2017 年第二期"党校选学"活动,邀请中共中央党校马克思主义学院执行院长、教授刘海涛作"中国特色社会主义理论体系"专题辅导。

△ 市政协第四届联谊会理事会议召开,听取并审议通过《如皋市政协联谊会第五届理事长、常务副理事长、副理事长、秘书长、副秘书长建议名单》《如皋市政协联谊会第五届名誉理事长建议名单》《如皋市政协联谊会第五届理事建议名单》《如皋市政协联谊会第五届各联谊分会会长、副会长建议名单》《如皋市政协联谊会第五届会员及分组建议名单》《关于召开政协第五届联谊会第一次全体会议的决议(草案)》以及对政协联谊会章程修改建议意见。市政协第四届联谊会理事长李中林,市政协主席张元健、秘书长许映亮出席会议。

△ 全市卫生计生系统举行年度工作会议,总结成绩,分析问题,研判形势,全面部署 2017 年改革发展各项任务。市领导缪爱诚、钱志刚、张亚鸾、严世斌出席会议。

△ 市行政审批局(政务服务中心)举行总结表彰暨作风效能建设大会。市领导胡拥军、桂万先、张勇、严世斌出席会议。

△ 市招商局举行全体人员会议,总结 2016 年工作,并对 2017 年工作进行具体安排。副市长程瑞琴、市政协副主席严世斌出席会议。

△ 如皋经济技术开发区举行政银企金融合作恳谈会。江苏银行、建行、农商行、工行、南京银行、华领集团等银行及基金公司分别与经济技术开发区管委会及相关企业举行签约仪式,达成 102 亿元授信合作意向。市委常委、经济技术开发区党工委副书记马金华出席活动。

23日

△ 软银中国投资的上海长胜科技、上海国惠科技以及软银中国相关负责人和团队到如皋考察。副市长程瑞琴陪同考察。座谈会上,市发改委、招商局、住建局、环保局等相关部门与考察组进行了深入对接。

△ 南通中院党组书记、院长曹忠明一行到如皋调研,先后参观市人民法院信访接待中心,诉讼事务中心,律师工作室等处,详细了解市人民法院的基础设施建设、队伍建设等方面情况。市委常委、政法委书记缪小华陪同调研。

△ 市委书记陈晓东主持召开市委常委会,讨论《中共如皋市委常委会 2017 年工作要点》《如皋市人大常委会 2017 年工作要点》《政协如皋市委员会 2017 年工作要点》等议题。

△ 市委书记陈晓东主持召开党政联席会议,研究讨论《关于 2017 年重点工作目标任务分解落实

的意见》、《2017年市四套班子领导及法检两长挂钩联系工作通知》、《2017年督查工作意见》、《关于组织开展全市一季度重点工作点评会暨无会月工作成果展示活动的方案》、《全市党建暨农村工作会议方案》、《2017年如皋市金融工作意见》、《2017年如皋市金融工作考核办法》、《2017年如皋市现代服务业发展工作意见》、《2017年如皋市现代服务业发展考核办法》、《关于进一步加强创建全国文明城市长效管理工作的意见》、开放型经济工作和招商引资工作等议题。

△ 副市长张亚鸾赴市人民医院进行专题调研，实地查看市人民医院后勤综合楼工程施工情况，详细了解正在改建的DSA机房建设情况和2016年医院重点工作完成情况、医联体建设情况。

24日

△ 纳诺科技集团鸿基新材料科技落户如皋暨产品技术发布会举行。市领导何益军、高峰、程瑞琴出席发布会。鸿基新材料科技项目总投资1亿美元，注册资本金3000万美元，计划用地200亩，由香港纳诺科技有限公司投资，昆山纳诺新材料科技有限公司主办新建，建成后可在如皋港绿色新材料产业园形成年产环保金属加工液3万吨、环保研磨液3万吨、纳米离子水10万吨、金属粉末注射成型MIM500吨的大型生产基地，其中一期项目可形成年产值8亿元，税收6000万元，全部建成后年产值可达约20亿元。

△ 市委书记陈晓东专题听取长寿集团总部大厦概念规划设计方案、如皋农商行新建办公大楼外装石材调整设计情况、城区水系整治规划实施方案、龙游河生态公园西地块规划设计方案多个规划设计方案汇报。市领导马金华、黄文斌以及市委办、规划局、住建局、水务局等部门负责人参加讨论活动。

△ 市人民检察院召开内设机构改革试点暨重点工作任务推进会。南通市检察院党组书记、检察长俞昕水，如皋市委书记陈晓东，省检察院检察官管理处副处长贺小雄，如皋市委常委、政法委书记缪小华，市人大常委会副主任陈万圣，市政协副主席冒平出席会议。

△ 如皋市召开民政工作会议，总结2016年民政工作成绩，明确2017年民政工作重点。市领导司祝建、郑振明出席会议。

△ 市慈善(基金)会举行二届七次理事会，审议通过关于2016年工作情况和2017年工作打算的报告。市领导司祝建、邵晓泉、郑振明出席会议。

25日

△ 国药控股(中国)融资租赁有限公司总经理陈凯一行到如皋，就全市大健康产业投资环境进行专项考察，实地查看市博爱康复护理院。市领导陈晓东、刘向阳、张百璘陪同考察。

△ 全市经济工作会议召开，总结2016年经济工作，分析当前经济形势，安排部署2017年经济工作，并对先进集体和先进个人进行了表彰。市四套班子领导陈晓东、何益军、吴道健、谢新民、李中林、司祝建、丁兴华等出席会议。

△ 市委、市政府召开城市工作会议，动员全市上下以新“六城同创”为抓手，加快把资源优势转化为产业优势、竞争优势，推动城市转型发展。市领导陈晓东、何益军、史有根、陈万圣、黄文斌、冒平、万维庆出席会议。

△ 如皋市举行粮食生产全程机械化示范市创建推进大会暨农机化工作会议，对粮食生产全程机械化示范市创建工作进行再动员、再推进，对2017年农机化重点工作进行部署。市领导司祝建、邵晓泉、张百璘、郑振明出席会议。

26日

△ 市委副书记、市长何益军主持召开市长办公会，听取2016年各条战线接受南通市“四个全面”综合考核的情况、2月份重点工作完成情况，部署3月份重点活动安排。

△ 市委副书记、市长何益军主持召开市政府第二次常务会议，研究讨论市政府全体(扩大)会议暨对接上海推进会方案、《如皋市有关部门和单位安全生产工作职责规定(送审稿)》和通

皋大道规划、建设等议题。

△ 江苏海通海洋工程装备有限公司承接的三亚人工岛南护岸钢圆筒工程首批产品发货。该笔订单共计钢圆筒 290 个，单筒筒径 30 米，高 25 米至 39 米不等，重 500 吨至 800 吨不等，是国内目前制作、振沉直径最大的插入式钢圆筒结构。

27 日

△ 司法部法宣司副司长李志路一行到如皋，就全市"法润江苏·德法同行"及基层民主自治工作进行调研，实地走访搬经镇湖刘社区、江安镇周庄社区，并听取相关工作汇报。副市长陈晓彬陪同调研。

△ 如皋市举行建议提案交办会，对 2016 年市"两会"期间收集的 322 件代表建议和 412 件委员提案进行集中交办。会议对 2016 年度优秀建议、提案和办理工作先进集体、个人进行了表彰。市领导胡拥军、桂万先、张勇、冒平，市政协秘书长许映亮出席会议。

△ 市国税局、地税局邀请部分媒体单位和纳税人代表，举办国地税联合办税服务厅新闻发布会，宣布国地税办税服务厅正式进驻市民服务中心，国地税全方位、深层次合作迈入新阶段。市委常委桂万先、市人大常委会副主任张勇、市政协副主席冒平参加活动。

28 日

△ 江苏省委举办县委书记工作讲坛。市委书记陈晓东在如皋分会场以《走访企业聚力创新 走访百姓聚焦富民》为题作交流发言。市四套班子领导何益军、吴道健、张元健、司祝建、丁兴华等收听收看会议。

△ 全市党建暨农村工作会议召开，学习贯彻中共十八届六中全会、习近平总书记系列重要讲话以及中央、省市相关会议精神，动员全市各级党组织和广大党员干部不断提升党建和农业农村工作水平，为努力走在南通全面建成小康社会前列提供坚强有力的保证。市委书记陈晓东出席会议并讲话。磨头镇、市市场监督管理局、搬经镇鞠桥社区等 7 家单位在会上交流发言。市四套班子领导何益军、吴道健、张元健、谢新民等出席会议。

△ 如皋市举行宣传思想文化工作会议，表彰 2016 年在道德实践、理论宣讲、文化宣传等工作中贡献突出的先进集体和先进个人，部署 2017 年相关工作。市领导司祝建、茅红宇、张亚鸾、严世斌出席会议。

△ 如皋市召开深化"文明如皋"志愿服务行动暨 2017 雷锋季系列活动动员部署会。市委常委、宣传部部长茅红宇出席会议并讲话。

2 月 28 日—3 月 1 日

△ 柬埔寨商务部副部长金斯坦率队到如皋考察，并与南通六建洽谈合作事宜。市委常委吴瑕陪同考察。

2017 年 3 月

1 日 △ 如皋市召开安委会(扩大)会议暨危险化学品安全综合治理会议,进一步动员全市上下坚决落实各项安全生产防控措施,确保全市安全生产形势稳定好转。市领导高峰、陈杰出席会议。

△ 副市长高峰召集相关市级机关部门和各镇(区、街道),下发全市创建国家食品安全城市工作任务分解及进度安排表,并就安全责任体系、监管执法体系、技术支撑体系、应急处置体系、产业发展体系、社会共治体系"六大体系"创建工作进行具体部署。

2 日 △ 如皋市召开深化"百千万"工程、推进富民强企奔小康"走帮服"活动协调部署会议,下发活动实施方案,明确活动内容包括百名联助书记走访村居、千名党政人才走访企业、万名党员干部走访农户,由市、镇、村三级党员干部负责实施。市委常委、组织部部长、统战部部长缪爱诚出席会议。

△ 双钱轮胎有限公司党委书记、董事长储征宇率队到如皋考察。市委书记陈晓东会见储征宇一行,并表示全力保障双钱集团(江苏)轮胎有限公司外贸进出口需求。副市长高峰参加相关活动。

3 日 △ 市委书记陈晓东召集市委办、市政府办、国土局、国税局、规划局、行政审批局、住建局、统计局、建工局等部门负责人,前往市重大项目协调推进办公室,督察推进全市亿元以上产业项目建设工作, 各要素保障部门和服务部门对项目建设过程中遇到的难题一一进行了梳理。市领导丁兴华、高峰参加督察活动。

4 日 △ 如皋市召开组织工作会议,回顾总结 2016 年组织工作,安排部署 2017 年目标任务,动员全市组织系统和广大组工干部奋力开创全市组织工作新局面,为建设"强富美高"魅力如皋、高水平全面建成小康社会提供坚强组织保证。市领导陈晓东、缪爱诚出席会议。

△ 如皋市召开政法工作会议,总结成绩,分析形势,研究部署 2017 年全市政法工作,并对 2016 年政法工作中涌现出的先进集体和个人进行表彰。市领导陈晓东、缪小华、陈万圣、陈晓彬、郑振明出席会议。

6 日 △ 市委书记陈晓东前往搬经镇卢庄村开展随机"大走访"活动,先后与卢庄村两委班子负责人进行深入交谈,与随机走访的农户促膝谈心,并实地查看了省道 334 如皋和泰兴接壤处情况,要求相关部门全力打造好如皋西大门,提升如皋对外形象。

△ 市妇联在市民服务中心举行第 107 个 "三八" 国际妇女节纪念活动, 对全国五好文明家庭——姜峰家庭以及如皋市巾帼现代农业科技示范基地、 "爱心护蕾" 先进集体、优秀妇联干部、维护妇女权益先进个人等先进典型进行表彰。南通泰慕士爱心基金会理事长杨敏、长江镇（如皋港区）中心沙社区妇联主席周霞、市女律师服务团团长储呈红、丁堰镇 "最美家庭" 家庭代表陈瞳、江苏先锋信息科技有限公司总经理戴薇分别作精彩演讲。市领导缪爱诚、张勇、张亚鸾、郑振明参加活动。

7日

△ 市第十七届人大常委会第一次会议召开，听取并审议通过《如皋市人大常委会2017年工作要点（草案）》《如皋市第十七届人大常委会代表资格审查委员会组成人员名单(草案)》和31个政府部门行政负责人任命事项，任命桂万先、陈杰为市人民政府副市长，并为新接受任命的同志举行宪法宣誓仪式。

△ 市人大常委会组织开展新一届组成人员履职培训，邀请南通市人大常委会原副秘书长张彦武为市人大常委会组成人员作题为“明确责任，把握重点，切实履行法定职权”的专题培训，讲解地方各级人民代表大会常务委员会的组织架构、基本职权、运作方式、重点工作以及常委会组成人员的政治责任。市人大常委会主任吴道健，副主任陈万圣、邵晓泉、张勇、钱志刚出席会议。

△ 如皋市召开会议，对“通皋大道”建设工程征地搬迁工作进行全面部署。市领导史有根、黄文斌、万维庆出席会议。

△ 如皋市举行《如皋港集装箱业务发展规划》评审会暨《如皋港岸线开发利用规划》汇报会，由国内港口、物流经济方面的6位领导和专家组成的专家组听取编制单位的规划方案后，结合多方意见对两项规划进行了认真评审，围绕如皋港如何开发利用建设提出了意见和建议。市领导陈晓东、丁兴华、杜永红和相关部门负责人参加会议。

8日

△ 省新闻出版广电局局长焦建俊一行到如皋，就全市新闻出版广电基层公共服务和重点企业发展进行专题调研，实地查看市文广传媒集团新闻采访制作和演播大厅使用情况，走访高新区(城南街道)广播电视综合服务站、高新区(城南街道)建设社区基层综合文化服务中心、新华书店等处。副市长张亚鸾参加调研。

△ 如皋市公务用车制度改革领导小组办公室制定《如皋市党政机关公务用车标识化实施办法》，要求全市各级党政机关(包括党委、人大、政府、政协机关，审判、检察机关，各民主党派、工商联机关，参照公务员法管理的人民团体、群众团体、事业单位)公车改革核定保留的有关公务用车，喷涂公务用车统一标识，主动接受社会监督，切实维护党政机关良好形象，本月底前，现有车辆喷涂工作全部完成，今后，配备更新的车辆在办理车辆牌照登记15日内完成标识喷涂。

8—9日

△ 省委研究室副主任陈向阳率队到如皋，对全市教育惠民工作进行专题调研，实地走访如城小学、如皋市实验初中、高新区实验初中、高新区实验幼儿园等学校。市领导缪爱诚、张亚鸾陪同调研。

9日

△ 中国银行江苏省分行行长王兵率队到如皋考察，并与如皋市就产业承接等方面战略合作进行座谈交流。市领导陈晓东、桂万先陪同考察。

△ 山东省泰安市宁阳县县委副书记、县长陈波率领党政代表团一行到如皋考察，实地参观东升国际石材产业城、陆地方舟、康迪汽车、软件园(青软实训)等处。市领导陈晓东、吴道健、丁兴华、高峰接待代表团一行。

△ 泰州市委副秘书长陈正泉率队到如皋考察花木盆景产业，实地参观位于江苏南通国家农业科技园区核心区的中国·如皋国际园艺城。市委常委、如皋工业园区党工委书记刘向阳陪同考察。

△ 市人大常委会副主任陈万圣率队专题调研全市环境保护工作，实地查看市环境监测站、如皋工业园区(如城街道)方庄社区畜禽养殖现场、白蒲污水处理厂、如皋港化工新材料产业园区等处。

△ 市政协主席会议专题协商全市高标准农田建设工作。市政协主席张元健，副主席杜永红、郑振明、冒平、刘晓洁，秘书长许映亮参加会议。

△ 市工会第十五届代表大会第三次会议举行，全面总结2016年工会工作，部署安排2017年工作，构建工会工作大格局。市领导缪爱诚、张勇出席会议。

△ 如皋市召开文化广电新闻出版工作会议，总结2016年有关工作，部署2017年工作重点。副市

长张亚鸾出席会议。

△ 住房和城乡建设部、国家发改委公布第八批国家节水型城市名单，如皋市名列其中，是全省唯一一家县级市。

△ 在南京举行的新认定省级示范物流园区授牌仪式上，如皋港现代综合物流园获得省发改委授牌。园区位于如皋市长江镇（如皋港区），核心区面积174.38公顷，分三个地块。其中，地块一的四至范围为：东至疏港路，南至定海路，西至重洋路，北至静海路；地块二的四至范围为：东至疏港路，南至长江，西至长青沙港池，北至静海路；地块三的四至范围为：东至长青沙港池，南至苏中国际码头，西至长清沙港池西侧路，北至静海路。

10日

△ 省物价局副局长孔祥平率队到如皋，就全市价格改革工作进行调研，听取如皋市经济社会发展情况介绍、2016年以来全市物价工作开展情况以及2017年价格改革工作思路和方法的相关汇报。市委书记陈晓东陪同调研。

△ 中合置业有限公司董事长孔德春率队到如皋考察，实地考察市龙游湖商务风景区、顾庄生态园、李昌钰刑侦科学博物馆、华夏胶片电影修复基地、城市规划展示馆、中国·如皋国际园艺城等处，并与市委副书记、市长何益军就建立友好合作关系进行交流。市领导刘向阳、茅红宇、黄文斌、张亚鸾参加活动。

△ 2017年南通市保护母亲河集中行动月启动仪式暨“共植生态林·绿动青春梦”植树活动在如皋市母亲河——龙游河边举行。共青团南通市委书记王鸣昊，如皋市委常委、组织部部长、统战部部长缪爱诚参加活动并为共青林揭牌。当日活动中，环保社团负责人宣读了保护母亲河倡议书，市住建局负责人为青年环保志愿服务队代表授旗，百余名青年志愿者代表及青少年共种下垂丝海棠、杏梅等160多棵。

△ 市四套班子领导陈晓东、吴道健、张元健、丁兴华等集体前往如皋工业园区（如城街道）十里社区如泰运河旁，与社区群众一起参加义务植树活动。

11日

△ 如皋市企业董事长资本运作专题培训班在上海开班。市委副书记丁兴华出席开班仪式并作动员讲话。

12日

△ 南通支云足球俱乐部2017赛季出征誓师大会在南通普天同庆会议中心举行。南通市领导葛玉琴、朱晋，如皋市领导茅红宇、张亚鸾等出席活动。

△ 力星股份在浙江省宁波市奉化区华信国际大酒店举行收购工作汇报会，收购奉化市金燕钢球有限公司100%股权，并顺利完成交割。中国轴承工业协会常务副理事长、秘书长周宇，市委常委、如皋工业园区党工委书记刘向阳出席汇报会。

13日

△ 如皋市召开财政工作会议和财政系统党风廉政建设会议。市委书记陈晓东，市委副书记、市长何益军专门作出批示，充分肯定2016年财政工作取得的成绩，并对2017年财政工作提出明确要求。

14日

△ 南通市人大常委会副主任，南通市总工会主席、党组书记葛玉琴率领南通市总工会富民强企“走帮服”工作组到白蒲镇开展专题对接，就“走帮服”活动近期工作进行部署分工，并对活动工作纪律和安全注意事项提出明确要求。工作组一行慰问了白蒲镇文峰社区百岁老人徐良泉、贫困户顾连珍，走访了南通白蒲黄酒有限公司。市政协主席张元健参加活动。

△ 南通市副市长赵闻斌率队专题调研如皋海洋与渔业工作，实地考察范氏生态水产专业合作

社、东陈镇双群村观赏鱼养殖基地、丁堰水绘园观赏鱼养殖基地、下原镇陈桥村观赏龟养殖基地、江苏如意公司鳗鱼养殖基地。市人大常委会副主任邵晓泉参加调研。

△ 中船重工资产经营管理有限公司董事、总经理时志刚,中国船舶重工集团公司第七一六研究所所长顾浩率队到如皋考察,与市政府就大健康产业园区项目达成明确合作意向,决定发挥自身在科研、人才、资本等方面的优势,在市高新区(城南街道)建设中船重工如皋大健康产业园,布局连锁医疗服务、生物制剂、高端医疗设备和生物芯片等产业方向。市领导陈晓东、程瑞琴参加相关合作意向书签约仪式。

△ 市政府与新余本体同源投资管理有限公司合作的军民融合产业园区项目签订合作意向书。该项目将发挥新余资本在电子、雷达等军民融合领域的科研优势、资本优势和丰富投资经验,推动如皋市军民融合产业发展,打造新的经济增长点。

△ 全市全民科学素质工作会议召开,动员全市科协系统干部职工和广大科技工作者,围绕创建“全国科普示范市”目标,积极投身创新驱动发展实践,并表彰一批先进集体和先进个人。6 家单位代表在会上交流发言。市领导缪爱诚、钱志刚、高峰出席会议。

△ 江苏有线如皋分公司举办年会,回顾 2016 年工作,迎接 2017 年新挑战。市领导茅红宇、钱志刚、张亚鸾、严世斌出席活动。

15 日

△ 如皋市举行“3·15”消费维权新闻发布会,解读 2017 年度消费维权年主题,发布 2016 年度十大消费警示,组织服务行业代表向社会公众作诚信经营放心消费的公开承诺。副市长高峰出席活动。

16 日

△ 如皋市公安交通管理服务中心正式投入运行。中心总投资 9700 万元,占地 4.8 公顷,建筑面积 1.3 万平方米,集车驾管业务、交通事故综合服务、交通违法处理、执法监督管理等功能于一体,市公安、法院、司法、国税、保险等部门集中办公,提供“一站式”服务,是全省县级地区功能最全的交通管理服务中心。中心事故科办公区内设有两个交通事故巡回法庭,是目前全省唯一一家实体进驻、实体化运行的法庭。市委书记陈晓东、南通市公安局副局长徐静共同为中心揭牌,并实地视察中心运行情况。市领导缪小华、刘向阳、邵晓泉、冒平出席中心搬迁入驻仪式。

17 日

△ 江苏省机关事业单位养老保险制度改革推进会在如皋召开,稳慎加快推进全省机关事业单位养老保险制度改革工作。省人力资源和社会保障厅党组成员、副厅长相伯伟,如皋市委常委、副市长候选人丁锋出席会议。如皋市人力资源和社会保障局负责人作为全省唯一代表作汇报交流,重点介绍了如皋市机关事业单位养老保险制度改革推进过程中的具体做法,演示了省机关事业单位养老保险业务经办系统的操作流程,分享了如皋市在改革推进过程中的切实体会。

△ 中国北方车辆研究所院士王哲荣与汤臣汽配签订共建院士工作站协议,经济技术开发区、如皋工业园区与中国北方车辆研究所签订战略合作协议,分别就共建中国北方车辆研究所(如皋)汽车及零部件产业研究院、军民融合产业园达成合作意向。市委副书记、市长何益军,副市长高峰、陈杰参加签约活动。

△ 南通市工业投入现场会在如皋举行,与会人员实地走访如皋工业园区(如城街道)的尔昕木业、天南电力、巨业杭萧、元升集团和经济技术开发区的百应能源、赛麟汽车零部件、荣威娱乐、大唐如皋热电联产等新建、扩建、技改项目现场,了解项目建设进展。市领导丁兴华、马金华、茅红宇、高峰参加相关活动。

18日

△ 市委书记陈晓东主持召开市委常委会，听取全市关心下一代工作专题汇报，研究《如皋市对接服务上海工作实施方案》《2017年如皋市对接服务上海工作考核办法》《如皋市对接服务上海工作目标任务分解表》《市政府关于在全市实施"晚霞行动"的意见》等议题，并在会议结束前主持召开市委常委议军会，就相关议题进行了讨论。

△ 市委副书记、市长何益军主持召开第十七届市政府第三次常务会议，讨论《如皋市对接服务上海工作实施方案(讨论稿)》《2017年如皋市对接服务上海工作考核办法》《如皋对接服务上海工作目标任务分解表》《市政府关于在全市实施"晚霞行动"的意见(讨论稿)》《畜禽养殖专项治理实施方案(试行)(讨论稿)》《如皋市危险化学品安全综合治理实施方案》等相关议题。

△ 市委统战工作会议召开，回顾总结近年来全市统战工作，对2016年统战工作中涌现出的先进集体和个人进行表彰，研究部署当前和今后一个时期统战工作任务。市领导陈晓东、缪爱诚、邵晓泉、张亚鸾、杜永红出席会议。

△ 如皋市召开司法行政暨大调解工作会议，总结回顾2016年司法行政暨大调解工作，研究部署2017年工作。市委常委、政法委书记缪小华出席会议。

△ 如皋市浙江商会举行第五届第一次会员大会，选举产生商会第五届会长、常务副会长、副会长、秘书长等。市领导张勇、杜永红出席会议。

18—19日

△ 2017"中如杯"乒乓球俱乐部联赛在市实验小学乒乓球馆举行。联赛由市体育局、市乒乓球协会主办，中如建工集团协办，市实验小学承办，来自全市9家俱乐部的近90名乒乓球爱好者报名参赛，经过2天近180场次角逐，中如建工集团俱乐部、明白俱乐部、市设计院俱乐部分获联赛前三名。市委常委、宣传部部长茅红宇出席活动。

19日

△ 省知识产权局协调管理处处长牛勇，南京工业大学经济与管理学院院长、国家知识产权人才(江苏)培训基地常务副主任赵顺龙率领专家组一行，对经济技术开发区"省知识产权试点园区" 建设情况进行现场考核验收。专家组对照省知识产权试点园区建设方案、目标任务，听取相关建设情况汇报，现场审阅相关创建资料后，一致同意通过现场验收。市委常委、经济技术开发区党工委副书记马金华参加活动。

△ 茅雉河综合整治一期工程开工建设。市领导陈晓东、何益军、邵晓泉、张百璘出席开工仪式。工程为全市2017年度城市水系建设项目，位于高新区(城南街道)的汪平路至大明河段，主要新建河道1500米、护岸3266米、栈道184.5米、亲水平台6座、河道沿线排水涵洞13座，改造五里港西闸。

20日

△ 吉林省松原市前郭县常务副县长孟祥和一行到如皋考察，实地参观经济技术开发区康迪电动汽车如皋分公司、陆地方舟（江苏）新能源电动车股份有限公司、赛麟汽车项目建设现场、北郊花苑、人才公寓等处。市委常委、经济技术开发区党工委副书记马金华陪同考察。双方就招商引资、搬迁安置、国有公司运作、创新发展等方面工作进行了座谈交流。

△ 省港口协会会长王昌保率队到如皋，就港口经济发展情况进行调研，实地参观如皋港保税物流中心(B型)、苏中国际集装箱码头等处，并召开座谈会，听取诚晖石化、东方石化、中铁山桥等企业相关负责人交流生产经营状况和改革创新做法。市委副书记丁兴华陪同调研。

△ 市委书记陈晓东到东陈镇开展"走帮服"活动，先后看望慰问东陈镇尚书村建档立卡户、低保户周海红，详细了解东陈镇南东陈村村规民约制定、山河社区"五老会"建设情况，并听取了东陈镇重点工作推进情况汇报。

20—25日

△ 市政协组织部分新任政协委员和政协机关干部，在青原红军干部学院延安学院举办政协委员培训班。市政协主席张元健，副主席郑振明，秘书长许映亮参加活动。

21日

△ 市妇联在市民服务中心举办基层妇联主席培训班，邀请南通市妇联党组书记、主席钱锁梅，全国基层理论宣讲先进个人、市人大常委会党组成员姚呈明和市司法局局长卢延林，分别就如何当好妇女的“贴心娘家人”、新时期如皋奋斗历程及基本经验、常见婚姻家庭纠纷的现状及对策作主题讲座。市委副书记丁兴华出席活动。

22日

△ 山东省莒县县委书记孟青率领莒县党政代表团一行考察如皋经济社会发展情况，实地考察市城市规划展示馆、顾庄生态园、中国国际园艺城、康迪电动车、陆地方舟、东大街等处。市领导吴道健、桂万先、严世斌陪同考察。

△ 南通市富民强企奔小康“走帮服”活动督导一组组长王乃儒率队到如皋，对“走帮服”活动开展情况进行专题调研。市委副书记丁兴华陪同调研。

△ 市委书记陈晓东率队就环境保护工作进行专题调研，先后实地查看市政府大气自动监测站、丁堰水质自动监测站的运行情况和监测数据，走访九鼎新材、如皋工业园区(如城街道)方庄社区、经济技术开发区金属表面处理园区，了解企业“三废”处置、社区畜禽养殖污染治理情况、园区污水处理情况。市领导丁锋、陈万圣参加调研。

△ 市人大常委会召开宣传和贯彻实施《中华人民共和国公共文化服务保障法》座谈会，听取市文广新局相关负责人介绍如皋市现代公共文化服务体系建设状况、2017年现代公共文化服务体系建设工作安排。市人大常委会副主任钱志刚、副市长张亚鸾出席会议。

△ 市纪检监察系统举行全体人员会议，集中表彰2016年先进集体和个人，动员部署2017年重点工作。市领导史有根、刘晓洁出席会议。

23日

△ 南通市委常委、副市长王剑锋一行到如皋，就全市“263”专项行动推进情况进行督察，实地查看丁堰镇的豪利莱化工有限公司和高新区(城南街道)张八里社区一处畜禽养殖基地、如皋工业园区(如城街道)一处老建材厂，对发现的问题要求立即整改，并召开座谈会，听取了全市“263”专项行动推进情况汇报。市领导陈晓东、黄文斌参加活动。

△ 南通银监分局富民强企奔小康“走帮服”活动在磨头镇启动，分局工作人员向磨头镇21个村(社区)赠送金融消费者权益保护、金融信贷政策等资料，开展了普及金融政策知识宣传教育活动。市人大常委会主任吴道健出席启动仪式。

25日

△ 市委书记陈晓东主持召开市委常委会，研究讨论2017年“爱心慈善宣传月”活动方案、《中共如皋市委、如皋市人民政府关于加强“六大指挥部”建设的通知(讨论稿)》等议题。

△ 市委书记陈晓东主持召开市委中心组(扩大)学习会，邀请全国人大代表、省农委主任吴沛良传达全国“两会”精神，对如皋市“三农”工作给予精准指导。

△ 市委副书记、市长何益军主持召开市长办公会，听取3月份以来重点工作完成情况，部署4月份重点活动安排，并对各条线工作进行点评，要求全力确保实现一季度“开门红”。

26日

△ 市委副书记、市长何益军到如皋工业园区(如城街道)长港村，开展富民强企奔小康“走帮服”活动。市委常委、如皋工业园区党工委书记刘向阳参加活动。

27日 △ 市委书记陈晓东专题调研如皋国际汽车城项目，实地查看如皋奔驰4S店项目硬件设施建设进展情况，要求发挥国有平台撬动作用，提升汽车城公共服务水平和形象，打造以人为本的全业态现代化汽车商贸区。市领导刘向阳、陈晓彬、黄文斌参加活动。

△ 如皋市联合外研社举办《中国文人园林（汉英对照版）》新书出版座谈会，并签署相关战略合作协议。双方将以如皋地方特色文化为基础，在学术出版、文化旅游、创意展览、周边文创等多领域深入挖掘、探索，把以如皋古城及水绘园为代表的地方特色历史文化更加系统、全面、立体地展现给国际社会。市领导陈晓东、茅红宇、张亚鸾参加活动。

28日 △ 菲律宾棉兰老岛地区北苏里高省副省长卡洛斯·阿都洛·伊给一行到如皋考察，重点考察南通中铁华宇电气有限公司。市领导刘向阳、邵晓泉接待卡洛斯·阿都洛·伊给一行。

△ 云南省瑞丽市委副书记马剑率考察团一行到如皋考察行政审批制度改革工作，实地参观如皋市行政审批大厅，详细了解全市推动行政审批制度改革创新举措以及市场准入和项目投资建设领域的审批授权、办事流程、服务质量等情况，并与如皋市进行了座谈交流。市委常委、副市长桂万先陪同考察。

△ 南通市工程建设优秀质量管理小组（QC）成果发布会在南通市华通大饭店举行。参与交流的南通市42家建筑企业的192项QC成果中，如皋建筑企业QC小组成果交流数量、取得江苏省发布资格数量均在南通市各县（市、区）占据首位。会上，如皋共有南通六建、元辰安装、江中集团等8家建筑企业的QC小组成果受到表彰，获得一等奖8项、二等奖6项、三等奖8项、优秀奖7项，江苏元辰安装集团有限公司金杰发布的课题“高层屋面菱形钢架施工方法创新”，江苏南通六建建设集团有限公司朱千琪、黄明发布的课题“固定支座式无配重吊篮在突出屋面幕墙施工中的应用创新”进入六强，锁定江苏省QC发布资格。

△ 如皋市举行长江南京以下深水航道二期工程如皋段第一期增殖放流仪式，放流鱼种包括白鲢、大头鲢、白条等，共150万尾。市领导张百璘、郑振明参加活动。

△ 市委干部教育培训工作领导小组举行全体成员会议，研究讨论2017年全市干部教育培训工作要点。市领导丁兴华、缪爱诚出席会议。

29日 △ 科技部火炬中心特色产业基地处副处长金学奇率领考察组一行到如皋，对“国家火炬如皋新能源汽车特色产业基地”创建情况进行现场考察，先后到百应能源、双钱轮胎、陆地方舟、康迪汽车、赛麟汽车等企业，实地了解全市新能源汽车特色产业基地建设情况。副市长高峰陪同考察。

△ 住房和城乡建设部产品行业标准《城市户外广告巡检监管信息系统》编制组第二次工作会议在如皋召开。相关专家对全市户外广告巡检监管信息系统进行评审。住建部信息中心原副主任、教授级高工郝力，副市长黄文斌参加会议。

△ 住房和城乡建设部、省住建厅组织专家在如皋召开现场会，对如皋市户外广告巡检监管信息系统进行检阅。来自北京、广州、重庆、河南、南京等省市的行业专家对如皋市自创的户外广告监管“如皋模式”给予好评，认为“如皋模式”起点高、性能优、成效好，值得学习借鉴、总结推广。

△ 省交通运输厅公路局副局长胡萌率队调研如皋农村公路建设养护工作。副市长黄文斌参加调研。当前，如皋市列入省计划管养的农村公路3084公里，其中县道432公里、市管乡道138公里、镇管乡道829公里、镇管村道1685公里。

△ 如皋市举行消防工作会议，部署推进2017年消防安全工作。与会人员集中收看收听了全省、南通市消防工作电视电话会议，听取了2016年火灾形势及消防工作完成情况通报。副市长陈晓彬出

席会议。

△ 市委常委、政法委书记缪小华赴搬经镇开展“走帮服”活动，实地调研华冠电器有限公司，听取企业负责人相关工作情况汇报，并走访慰问搬经镇任庄村8组、13组的3户困难户。

30日 △ 如皋市在上海扬子江万丽大酒店举行对接服务上海推介会，48个项目集中签约，投资总额达220亿元，涉及智能家居、环保设备、信息科技、医疗卫生、影视文化等领域，其中单体投资规模最大项目计划投资60亿元。推介会由市委常委、副市长候选人丁锋主持，市委书记陈晓东致辞，副市长程瑞琴作投资环境、产业方向推介，东华大学材料学院院长朱美芳、软银中国资本副总裁赵理、上海尔昕实业有限公司董事长孙明如分别发言，来自上海及周边地区的世界500强、国内100强企业代表、上市企业代表、创新创业领军人才代表和市领导马金华、刘向阳、茅红宇等参加推介会。

31日 △ 如皋市召开年轻干部座谈会，倾听年轻干部在工作遇到的困难和烦恼，了解他们需要的关心和支持，营造有利于年轻干部干事创业、成长成材的良好环境。市领导陈晓东、缪爱诚出席座谈会。

△ 市老科协举行四届五次会员代表大会，总结2016年工作经验，表彰2016年工作先进集体和优秀老科技工作者，部署2017年重点工作。市领导缪爱诚、高峰、冒平出席会议。

2017 年 4 月

1 日 △ 南通市副市长徐新民到如皋调研基层党建与安全生产工作，实地查看丁堰镇鞠庄社区、东陈镇尚书村、九鼎集团、森松重工等处。市委常委、组织部部长、统战部部长缪爱诚，副市长高峰陪同调研。

△ 市第十七届人大常委会第二次会议召开。会议听取并审议通过市政府关于全市环境保护工作情况的专项报告，通过《〈中华人民共和国律师法〉执法检查报告》、《如皋市人大常委会关于加强自身建设的实施意见（草案）》、《市政府关于落实人大常委会对幼儿教育专项工作报告审议意见情况的报告》和相关人事任免事项，任命丁锋为市人民政府副市长。新接受任命的同志进行了宪法宣誓。

△ 如皋市专题召开畜禽养殖污染专项整治暨环境信访集中化解工作动员大会。会议由市委副书记丁兴华主持，市委书记陈晓东出席会议并讲话，市委副书记、市长何益军作动员报告，市农委、环保局、人社局、白蒲镇、搬经镇、东陈镇万富社区等部门和镇、村（社区）负责人进行了交流发言，各镇（区、街道）相关负责人递交了畜禽养殖污染专项整治工作责任状。市四套班子全体领导出席会议。

5 日 △ 南通市委副秘书长唐建泉一行调研如皋市软件园建设情况，实地走访青软实训、先锋信息科技、凌志软件、天正信息技术、博云物联科技、如云科技等企业，听取如皋软件园发展情况汇报。市委常委、常务副市长丁锋陪同调研。

△ 市委书记陈晓东主持召开市委中心组（扩大）学习会，邀请中国经济体制改革研究会副会长、福卡智库首席经济学家、上海市新一轮城市总体规划编制工作咨询专家王德培作专题讲座，贯彻落实省委、南通市委把南通建设成上海“北大门”和市委“跨江融合、接轨上海”的重大决策部署，推动全市党员干部进一步解放思想，开阔眼界。

△ 市级机关党建工作会议召开，全面回顾总结 2016 年机关党建工作成果，安排部署 2017 年机关党建各项工作任务。会议表彰了一批先进基层党组织、优秀共产党员和优秀党务工作者。市城管局、司法局等机关部门党组织代表在会上作交流发言。市委常委、组织部部长、统战部部长缪爱诚出席会议并讲话。

6 日 △ 省民政厅副厅长、党组成员刘亚军率领省委组织部城市基础党建工作调研组一行到如皋调研，先后参观博爱医院、如皋工业园区（如城街道）迎新社区、市供电公司等处，听取各单位党建工作情况介绍，并就如皋市推进“两学一做”学习教育常态化、制度化和窗口党员“亮身份”树形象等方面做法，进行了现场询问与交流。市委常委、组织部部长、统战部部长缪爱诚陪同调研。

△ 上海浦东软件园股份有限公司总经理张素龙一行到如皋考察，实地参观青软实训、凌志软件、顺丰速运等企业，并就寻求合作空间、实现互利共赢开展相关交流。市领导陈晓东、丁锋、程瑞琴陪同考察。

△ 市委书记陈晓东率队到下原镇，就招商引资、项目建设、社会治理等重点工作推进情况进行调研，先后走访花园头村、老坝村、展志电子、卓远机器人、乐腾医疗、同创医疗等处，与村干部和企业负责人进行了现场交流。市领导史有根、郑振明参加调研。

6—8日

△ 2017中国国际氢能与燃料电池及加氢站设备展览会暨产业发展大会在北京举行，如皋经济技术开发区应邀出席大会，与氢能领域的专家、学者以及企业家共同探讨氢能源产业发展。

7日

△ 双鸽集团有限公司董事长李仙玉率队到如皋考察，并就医疗资源对接等事宜进行初期洽谈。副市长黄文斌、张亚鸾参加活动。

△ 中交集团华东区域总部副总经理唐志俊一行到如皋考察，并洽谈如皋市交通工程投资建设合作，就特色小镇、健康养老休闲基础设施建设等话题进行了讨论与交流。市委常委、如皋工业园区党工委书记刘向阳陪同考察。

△ 市政协组织召开文史编辑委员会成员会议，宣布《政协如皋市委员会关于调整如皋市政协文史资料编辑委员会成员的通知》，并专题研究《如皋文史》第二十九辑编辑工作相关事宜。市政协主席张元健，副主席郑振明、刘晓洁，秘书长许映亮出席会议。

△ 全市政法系统执法督查员工作会议召开，宣布23名执法督查员名单，并举行受聘仪式。市委常委、政法委书记缪小华出席会议。

△ 市总工会举办为期2天的全市工会干部综合能力提升培训班，来自各镇(区、街道)、产业工会以及重点骨干企业的110余名工会主席和工会干部参加培训。

8日

△ 市政府与大唐江苏发电有限公司签订大唐如皋燃机热电联产项目投资协议书。市领导何益军、缪爱诚、高峰、程瑞琴出席签约仪式。根据协议，大唐如皋燃机热电联产项目一期规划建设6FA型燃气—蒸汽联合循环热电机组，投资约12亿元，设计热负荷暂定为120吨/小时；远景预留扩建2套9F级燃气热电机组。该项目以天然气为燃料，无烟尘和灰渣排放，可实现热、冷、电三联供，1号机组预计2019年3月投产发电。

△ 市委副书记、市长何益军率队到如皋工业园区(如城街道)，深入九鼎集团等企业、中国·如皋国际园艺城项目现场和长港村，开展富民强企奔小康“走帮服”活动。市委常委、如皋工业园区党工委书记刘向阳参加活动。

△ 市政府办公室印发《关于公布市政府部门随机抽查事项清单的通知》，并在市政府门户网站、市编办(审改办)网站向社会公布涉及38家部门的271项随机抽查事项，接受社会监督，有效保证行政执法检查的公开、公平、公正。

9日

△ 市委副书记、市长何益军率领住建、规划、农委等部门相关负责人开展“走帮服”活动，实地查看大司马路河工程建设现场、福寿路(实验初中)西侧绿地、海阳南路给排水(含绿化)改造工程现场、外城河沿线改造现场、宁启铁路如皋段绿化景观一标段工程建设现场等处，现场协调解决项目推进过程中遇到的困难和问题。副市长黄文斌、张百璘参加活动。

10日

△ 省安监局局长陈正邦一行到江苏长寿大红门食品有限公司专题调研安全生产工作，先后听取公司安全生产、涉氨制冷专项治理工作汇报和南通市政府、如皋市政府2017年以来安全生产工作报告。南通市副市长徐新民，如皋市副市长高峰参加调研。

△ 银来集团董事长蒲晓东一行到如皋考察，实地考察金岛生态园、长江药用植物园、东升国际石材产业城、苏中国际集装箱码头、如皋港保税物流中心、中国·如皋国际园艺城等处。市领导陈晓东、丁兴华参加活动。

△ 市政协召开会议部署如皋市提案办前协商试点工作，市农委、市公安局、长江镇(如皋港区)三单位被列为此次试点单位。市政协副主席严世斌出席会议。

△ 市政协主席张元健率队到白蒲镇,走访茂鑫工艺品、华东油压、白蒲黄酒厂、金轶纺织、康盛园林等帮扶企业,开展“走帮服”活动。市政协秘书长许映亮参加活动。

△ 省经信委在南京召开全省小微企业成长暨产业集群创新工作座谈会,公布“2016 年度江苏省优秀高成长中小企业”名单,如皋市的江苏汤臣汽车零部件有限公司榜上有名。截至 2017 年 4 月,全市有明德塑胶、泰慕士服装、星球石墨等多家企业获此荣誉。

11 日

△ 泰州市委副书记、市政协主席卢佩民率领党政代表团一行,到如皋考察花木盆景产业,实地考察如皋市最大的花木盆景交易市场——中国·如皋国际园艺城。南通市领导黄巍东、赵闻斌,如皋市领导陈晓东、张元健、丁兴华、刘向阳、张百璘陪同考察。

△ 南通市人大农业和农村工作座谈会在如皋召开,与会人员集中参观如皋市华夏花卉市场、金旺家庭农场、钱长村及中国·如皋国际园艺城。南通市人大常委会副主任孙建华,如皋市人大常委会主任吴道健、副主任邵晓泉出席会议。

△ 市委书记陈晓东率队到长江镇(如皋港区)现场督察沿江非法码头整治情况,通过随机走访,实地查看几处非法码头拆除情况,询问重点难点,并提出具体要求。市领导丁兴华、丁锋、程端琴参加督察。

12 日

△ 市委书记陈晓东主持召开市委常委会,研究讨论《2017 年如皋市产业项目建设综合考评办法(试行)》《如皋市委关于落实南通市党风廉政建设责任制检查考核反馈意见的整改方案》《关于 2016 年度落实党风廉政建设责任制检查考核情况的通报》《2017 年如皋市落实党风廉政建设责任制任务分解及督查考核办法》等议题,通报《2017 年如皋市“村(社区)书记大讲坛”活动实施方案》。

△ 市委书记陈晓东主持召开专题会议,听取全市“大走访”活动阶段性工作情况汇报。市委副书记丁兴华,市委常委、组织部部长、统战部部长缪爱诚参加会议。

△ 在如皋的南通市政协委员专题视察如皋工业园区(如城街道)项目建设情况,先后参观南通尔昕木业有限公司、中国·如皋国际园艺城、顾庄生态园特色庭院建设等项目现场,并就做好项目落地服务、完善基础设施配套、打造多功能旅游景区等提出意见和建议。市政协主席张元健、秘书长许映亮参加活动。

△ 如皋市举行 2017 年老小区改造暨省示范社区创建动员会,全面部署全市老小区改造和示范社区创建工作。2017 年,老小区改造再度被列入政府为民办实事工程,市委、市政府计划投入 1000 万元,由市城管局牵头,对健康西村 311~502 栋、蒲行新村 9~18 栋、新北商城、建工综合楼 207 栋、绘园二区、丰乐苑共 103 栋、约 21 万平方米的 6 个老小区进行改造,惠及居民 3240 户。

△ 汪瑞章书画作品展开幕暨《幻庐诗存》首发仪式在如皋举行。市委常委、宣传部部长茅红宇出席相关活动。

13 日

△ 南通市人大科教文卫工作座谈会在如皋举行,与会人员集中参观如皋市文化馆、图书馆、博物馆、李昌钰刑侦科学博物馆、中国·如皋国际园艺城等处。南通市人大常委会副主任黄卫成,如皋市人大常委会主任吴道健、副主任钱志刚出席会议。

△ 南通市通州区区委常委、副区长王任率队到如皋考察护理院筹建及管理运营情况,实地考察如皋市博爱康复护理院,听取如皋市养老护理院建设及运行、推进医养融合做法等情况介绍,并就养老护理院审批材料及程序、申办医保定点及运营监管等话题进行了座谈。副市长陈杰陪同考察。

△ 市委书记陈晓东率队到磨头镇,就招商引资、项目建设、社会治理等重点工作推进情况进行调研,先后走访南通博尔德汽车零部件有限公司、联泰纺织、董堡村、光大生物能源、丁冒村设施农业、建成丽园等处。市人大常委会主任吴道健参加调研。

△ 副市长程瑞琴率领市商务局、招商局等部门相关负责人到高新区(城南街道)、搬经镇、江安镇、东陈镇,就开放型经济工作开展督察,先后走访超达模具、爱珂服饰、海泰科特、明嘉电梯配套、永兴肠衣等企业,与企业负责人深入交流,详细了解了企业产品生产、出口等相关情况。

13—15 日

△ 第九届中国(江苏)国际农业机械展览会在南京举办,市农机局组织全市农机系统骨干力量约40人参观展览。副市长张百璘参加活动。

14日

△ 民进南通市委专职副主委、市人大常委刘志刚率队到如皋,就特色小镇创建工作进行专题调研,先后实地考察如皋经济开发区氢能小镇、如皋盆景旅游风情小镇、白蒲镇长寿食品小镇等特色小镇。市人大常委会副主任钱志刚参加活动。

16日

△ 市委副书记、市长何益军率队督察新城建设情况,并到如皋市校外足球场训练基地项目现场,了解项目实施进展,推动项目加快建设。副市长张亚骞参加督察。

△ 市委副书记、市长何益军到如皋工业园区(如城街道)宏坝社区部分群众家中,开展"走帮服"活动,并听取了社区发展情况介绍,为社区发展出谋划策。

17日

△ 台湾新北市五股区里长参访团时隔半年多再次到如皋考察交流。参访团一行由团长杨阿万率领,规模由上年的16人增加到32人,里长们先后到如皋金岛生态园、水绘园和中国·如皋国际园艺城等处进行了实地考察。

△ 省纺织工业协会会长谢明率队到如皋,就如皋市创建江苏省纺织服装产业基地进行现场评审,听取了如皋市纺织服装产业发展情况介绍,并对如皋市纺织服装产业发展表示肯定。副市长高峰参加相关活动。

△ 南通市委常委、组织部部长、统战部部长冯军一行到如皋调研指导基层服务型党组织建设工作,先后实地查看磨头镇天阳社区、新港村和双钱集团江苏轮胎有限公司、博爱医院、海迪科光电科技有限公司等基层党组织建设情况。市领导陈晓东、丁兴华、马金华、缪爱诚陪同调研。

△ 市人大代表建议办理情况调研座谈会举行,市发改委、教育局、财政局、卫计委等部门相关负责人分别汇报代表建议办理情况。市人大常委会副主任张勇出席会议。

△ 江苏标龙建设集团有限公司邀请苏州建筑交通职业大学教授为员工进行装配式建筑知识培训,并与苏州建筑交通职业大学达成装配式建筑产学研合作意向,大力推动建筑业转型升级。

18日

△ 如皋市举行小麦赤霉病防控会议,分析如皋市小麦穗期重大病虫发生形势,全面部署小麦穗期病虫防治工作。副市长张百璘出席会议。

19日

△ 2017年如皋市老小区改造一期工程正式开工。工程总建筑面积达13万平方米,涉及新北商城、建工综合楼207#、绘园二区、丰乐苑,共计4个小区23栋楼,惠及居民782户。2017年是如皋市实施老小区改造的第五年,自2013年以来,市城管局根据市委、市政府工作要求,牵头对海宁苑、健康花苑、东皋新村、蒲行苑一和二区、紫竹园、幸福新村等29个老小区398栋楼,约157万平方米建筑进行改造,惠及居民12963户。

20日

△ 市委书记陈晓东率领如皋市党政代表团赴杭州市余杭区,学习考察该区在特色小镇、创新创业、"智能+环保"、金融服务等方面的经验和做法,实地参观梦想小镇创业集市、阿里巴巴西溪园区、杭州未来科技城等处。吴道健、张元健、丁兴华等市四套班子领导

参加活动。

20—21 日

△ 如皋市粮食适度规模经营项目正式开始实施，由市财政局、农办、农机局、农委相关人员组成的考核组对各镇申报的“支持粮食生产公共服务平台建设”和“农牧结合生态循环模式建设”项目进行实地考察和评选。此次省财政安排如皋市粮食适度规模经营补贴资金 1900 万元，其中，1300 万元左右重点用于支持重大技术推广与服务（重大农技推广补助 900 万元左右，粮食生产公共服务平台建设 400 万元左右），500 万元左右用于支持已建立的支持粮食适度规模经营的农业融资风险补偿基金，100 万元左右用于支持对粮食适度规模经营主体的贷款贴息。

21 日

△ 市委书记陈晓东率领如皋市党政代表团赴昆山市，学习考察该市在创新创业、产业链培育等方面的经验和做法，先后参观昆山小核酸及生物医药产业园、昆山杜克大学、昆山光电产业园、苏南国家自主创新示范区昆山核心区。苏州市委常委、昆山市委书记姚林荣等接待考察团一行。吴道健、张元健、丁兴华等如皋市四套班子领导参加活动。

△ 全市一季度重点工作点评会召开，全面分析总结一季度各项重点工作推进情况和存在问题，学习借鉴余杭和昆山的先进经验和成功做法。会议通报了一季度产业项目建设考核结果、重点单项工作考核结果，并对相关先进单位进行了表彰。与会人员观看了《抓项目、促发展——全市一季度项目建设巡礼》电视专题片。住建局、公共资源交易管理中心、消防大队在会上作了表态发言。陈晓东、何益军、吴道健、张元健、丁兴华等市四套班子领导出席会议。

21—23 日

△ 省侨商总会北大纵横商学院 EMBA 总裁班在如皋开展活动，听取如皋市、石庄镇经济社会发展情况介绍，参观中国·如皋国际园艺城等处，并举行澳大利亚魏基成夫妇天籁列车助听器捐赠仪式。省侨联副主席、省侨商总会常务副会长镇翔，副市长程瑞琴参加活动。

22 日

△ 市委副书记、市长何益军主持召开第十七届市政府第四次常务会议，传达全省县域科技体制改革经验交流会精神，讨论《如皋市城乡居民基本医疗保险制度整合并轨实施方案》、92 个市级机关绩效考核单位(包括市委、市政府直属事业单位和垂直管理单位)改革创新奖评选办法、《关于统筹推进城乡义务教育一体化促进优质均衡发展的若干意见(讨论稿)》《如皋市环境信访集中化解实施方案》《如皋市“十三五”消防事业发展规划》《如皋市有关部门和单位安全生产工作职责规定(讨论稿)》等议题。

△ “4·23”全民阅读日暨李渔读书节在市文化馆小剧场正式启动，一批书香如皋建设先进集体和先进个人受到表彰，反映如皋市“四色名片”的《四色丛书》首发式成功举行。市领导陈晓东、茅红宇、张亚鸾参加活动。活动中，陈根生等人推荐了《追问》《曾国藩》《有理想就有疼痛》《作家笔记》等数本好书，“爱心公益书吧”志愿者展示了项目成果。

△ 以“有效化解农村矛盾纠纷”为主题的全市首期村(社区)书记大讲坛开讲。来自全市各镇(区、街道)的 14 名优秀村(社区)书记次走上讲台现身说法。陈晓东、何益军、张元健、丁兴华等市四套班子领导出席活动。

△ 中华全国妇女联合会在北京召开全国城乡妇女岗位建功先进集体(个人)表彰大会，如皋检验检疫局综合业务科被授予“全国巾帼文明岗”荣誉称号，成为 2017 年如皋市唯一被授予“全国巾帼文明岗”称号的先进集体。

22—23 日

△ 全国如皋商会第六次合作交流(安徽)会议在安徽省蚌埠市举行，如皋市工商联相关负责人在会上作关于全国如皋商会第五次合作交流(福建)会议闭会期间的工作报告和如皋市招商引资政策解读。

24日 △ 如皋市召开“‘263’在行动”栏目曝光问题整治工作推进会。与会人员集中收看江苏卫视《江苏新时空》栏目“‘263’在行动”暗访报道节目录像，针对节目中曝光的4家企业存在的环境问题，长江镇(如皋港区)负责人作了整治工作落实情况汇报。市领导陈晓东、丁兴华、丁锋、桂万先、黄文斌、高峰、张百璘、万维庆出席会议。

△ 如皋市举行创建生态园林城市动员大会，就生态园林城市的创建工作进行全面动员和部署，对创建生态园林城市指标体系进行深入辅导。市领导陈万圣、黄文斌、万维庆出席会议。

△ 欧洲海智专家“如皋行”项目路演与对接活动上，来自全欧华人专业协会联合会的19位拥有高新技术和超强创新力的海外“特种精英”，带着项目漂洋过海来到如皋，与企业家面对面交流，寻找合作共赢点。9位海智专家进行了现场项目路演和推介，涵盖大数据、大健康、智能装备等领域，现场达成初步合作意向10个。市领导缪爱诚、高峰出席活动。

△ 如皋市九华镇在上海环球港凯悦酒店举行2017年(上海)投资环境说明会，向广大客商宣传推介九华。与会客商观看了《锦绣九华》专题片，听取了九华镇项目推介，部分项目在说明会上签约。市领导陈杰、冒平参加活动。

24—25日

△ 中国社会科学院财经战略研究院旅游与休闲研究室主任戴学峰一行到如皋考察，先后到水绘园风景区、东大街历史文化街区、内外城河风光带、李昌钰刑侦科学博物馆、中国·如皋国际园艺城、顾庄生态园等处，对景区自然风光、人文景观、市场前景等方面进行实地考察，并就如皋市旅游资源开发、旅游产业转型升级提出意见和建议。市领导刘向阳、程瑞琴陪同考察。

25日 △ 《如皋日报》报道，俄罗斯联邦中央银行行长助理伊戈尔等率领的俄罗斯工商代表团一行到如皋考察，实地参观苏中国际集装箱码头、港务集团、东升国际石材产业城等处，详细了解如皋市港口贸易发展情况。市委副书记丁兴华陪同考察。

△ 省农机具开发应用中心主任蔡国芳率调研组到如皋，就粮食生产全程机械化创建工作进行调研，先后到经济技术开发区桥港村实地观摩了“万亩示范方”和“千亩示范片”农机具现场作业情况，听取了市农机局负责人关于目前全市粮食生产全程机械化工作的汇报。副市长张百璘参加活动。

△ 南通市委副书记、宣传部部长张兆江，如皋市委书记陈晓东率队赴上海开展对接服务活动，分别拜访上海华谊集团、中国二十冶集团等公司，推动已合作相关重点项目进展。市领导丁兴华、马金华参加活动。

△ 市政协主席张元健率队调研东升国际石材产业城，实地参观金东升、新景玉石、致尊建材等石材企业，详细了解企业生产、加工、销售等情况。市政协副主席郑振明、秘书长许映亮参加活动。

△ 如皋市举行创建中国人居环境奖推进会。副市长黄文斌出席会议并讲话，要求通过创建该奖项，着力将如皋建设成“经济发达和生态宜居协调融合、都市风貌与田园风光相映生辉、人与自然和谐共生的美好家园”，进一步提高百姓的满意度和幸福度。

△ 如皋市举行2017年知识产权联席会议，总结分析全市2016年知识产权工作成效，促进知识产权创造、运用、保护、管理、服务、人才等工作再上新台阶。市领导高峰、陈杰出席会议。

26日 △ 最高人民检察院未成年人检察工作办公室主任张志杰率队到如皋，就如皋市未成年人刑事检察工作进行专题调研，实地参观并听取如皋市未成年人刑事检察工作情况汇报，对如皋市未成年人刑事检察工作表示肯定。市委常委、政法委书记缪小华，市委常委、副市长桂万先参加调研。

27日 △ 全省公众参与行政程序建设经验交流会在如皋召开，总结交流经验，探讨分析问题，研究部署进一步推动落实公众参与行政程序建设工作。市委常委、常务副市长丁锋参加会议。会上，如皋市及镇江市、东台市、省环保厅、南京市城管局、泰州质监局等单位作典型交流发言，通过资料片及PPT的形式介绍各自经验和做法，展示公众参与行政程序建设的生动实践和特色亮点。

△ 南通对接服务上海大会在上海世博中心举行，包括如皋市单体投资规模达100亿元的文化产业项目——电影特色小镇在内的32个沪通合作项目签约。

△ 如皋市召开基层综合文化服务中心建设现场推进会，与会人员集中参观城北街道平园池村、丁堰镇刘海村、如城街道迎新社区综合文化服务中心，如城街道等5个镇(区、街道)在会上交流了工作做法。市委常委、宣传部部长茅红宇，副市长张亚鸾出席会议并讲话。

△ 如皋市召开相关镇农业服务中心负责人会议，根据省《2017年粮食绿色高产高效创建工作方案》要求，商讨2017年全市粮食高产高效创建项目实施方案，初步落实城北街道、磨头镇等6个乡镇(街道)为实施单位。

28日 △ 省人民政府下发《省政府关于同意森松(江苏)重工有限公司等单位4个泊位对外开放的批复》(苏政复〔2017〕30号)，同意森松(江苏)重工有限公司、江苏海通海洋工程装备有限公司、南通瑞泰船务工程有限公司等单位4个泊位对外开放。至此，如皋对外开放泊位达23个。

△ 省住房和城乡建设厅在南京主持召开《如皋市城市总体规划(2013—2030)(2017修改)》专家审查会。专家组经过认真讨论，认为修改后的如皋市城市总体规划基本符合《江苏省城市总体规划修改工作规则》的相关要求。副市长黄文斌出席会议。

△ 南通市“雅言传文明”示范观摩活动在如皋市文化馆举行。南通市委宣传部副部长、市文明办主任蔡忠，如皋市委常委、宣传部部长茅红宇等领导出席活动。

△ 如皋市举行庆“五一”暨劳动模范颁奖典礼。市委书记陈晓东出席活动并致辞，市委常委、组织部部长、统战部部长缪爱诚宣读了“如皋市劳动模范”表彰决定。活动对“如皋市劳动模范”“南通市劳动模范”和其他受表彰对象进行了表彰，副市长张亚鸾为坚守在工作一线的劳动模范颁奖。

4月28日—5月1日

△ 2017年如皋市“翠湖苑”杯城际乒乓球邀请赛暨如皋市乒乓球单打比赛在市奥体中心举行。比赛由市体育局、市体育总会、如皋市平凡置业有限公司联合主办，吸引来自南通市区、启东、海门、通州、如东、海安、如皋等地区的10支乒乓球代表队参加。市委常委、宣传部部长茅红宇出席相关活动。

2017 年 5 月

3 日

△ 如皋市召开纪念建团 95 周年暨第十届“如皋青年五四奖章”表彰大会。市委书记陈晓东出席大会讲话,并为“如皋籍在外学子家乡行服务联盟”揭牌。会议表彰了第十届“如皋青年五四奖章”获得者和提名奖获得者以及如皋市新长征突击手等。市领导缪爱诚、张勇、严世斌参加会议。

△ 市委副书记丁兴华率队到江阴和张家港,专题考察学习两市在全国文明城市创建工作中的先进做法和经验,实地走访江阴市数字化城管监督指挥中心、新华菜场、剪金街社区和张家港市金塘社区、梁丰生态园、文化中心、沙洲中路步行街等处。市领导茅红宇、陈晓彬、黄文斌、高峰参加活动。

△ 北京大数据研究院院长助理顾敏洁率领考察团到如皋,就如何运用大数据技术和国内外最新技术成果推动如皋市旅游产业发展进行考察,实地考察水绘园风景区、中国·如皋国际园艺城、顾庄生态园、李昌钰刑侦科学博物馆等处。市委常委、如皋工业园区党工委书记、如皋市长寿旅游度假区党工委书记刘向阳陪同考察。

△ 科技部火炬中心核定句容交通新材料产业基地等 8 家产业基地为国家火炬特色产业基地,如皋经济开发区成功获批 2017 年“国家火炬如皋新能源汽车特色产业基地”。

4 日

△ 市委组织部召开镇(区、街道)党(工)委副书记座谈会,听取 18 位党(工)委副书记介绍个人学习、工作、履职情况和对组织部门的建议,全面了解、跟踪研判换届后基层一线干部队伍运行质态。市委常委、组织部部长、统战部部长缪爱诚出席会议。

△ 如皋市召开各镇(区、街道)政法书记季度述职考评会,听取各镇(区、街道)政法书记对 2017 年以来政法工作进行述职,并进行相关测评。市领导缪小华、陈晓彬出席会议。

△ 16 时,从响水出发前往如东的苏盐城货 063199 船载运 650 吨钢材,行驶至如泰运河丁北砖瓦厂航段时,船体触碰水下障碍物,船艏尖舱右侧破损大量进水下沉,经如皋市地方海事处、丁堰消防中队全力施救,至次日凌晨 3 时,遇险船舶安全脱险,挽回经济损失 20 多万元。

5 日

△ 市委书记陈晓东召集相关部门负责人,就招商引资、项目建设工作进行专题调研,听取市重大项目协调推进办公室、招商局、商务局负责人分别汇报如皋市亿元以上产业项目建设、在手项目信息、利用外资等有关情况及下一步工作举措。市领导丁兴华、茅红宇、桂万先、高峰、程瑞琴参加调研。

6 日

△ 青海省海南州委常委、组织部部长李清明率队到如皋考察,听取市委书记陈晓东介绍如皋历史沿革、现期发展思路和未来愿景,参观长江镇(如皋港区)苏中国际集装箱码头、保税物流中心(B 型)、东升南通国际石材产业城、港城实验学校等处,了解近几年长江镇(如皋港区)的经济社会发展情况以及该镇领导干部推动区域经济跨越发展、可持续发展的理念、思路和举措,并就如皋市派出的援青干部(海拔 2200 米的海南州贵德县是南通市援青对口县,如皋市长江镇党委书记吴志华现挂职担任贵德县委常委、副县长)工作表现进行交流。市领导陈晓东、缪爱诚、卓么本参加活动。

△ 中铝萨帕特种铝材(重庆)有限公司总经理王力华一行到如皋考察,先后参观康迪、赛麟、陆地

方舟等企业，并就中铝萨帕与如皋市汽车铝制品方面合作可能性进行交流探讨。市委常委、经济技术开发区党工委副书记马金华陪同考察。

△ 全市武装工作会议召开，回顾总结2016年工作，表彰先进集体和先进个人，部署2017年全市武装工作任务。市领导陈晓东、何益军、祝国庆、邵晓泉、张百璘、杜永红参加会议。

8日

△ 中兴通讯股份有限公司中国区副总裁王幸率队到如皋考察，实地参观经济技术开发区赛麟汽车、陆地方舟等项目建设现场，并就智慧城市建设有关事宜与如皋市发改、公安、城管、旅游等部门负责人进行探讨。副市长高峰参加活动。

△ 南通出入境检验检疫局局长朱伟光到如皋，就如皋市苏中国际集装箱码头进境粮食指定口岸设立可行性进行调研。副市长程瑞琴参加活动。

△ 市委书记陈晓东，市委副书记、市长何益军率队专题调研全国文明城市创建工作，实地查看丰泽怡园小区、安置小区、老市场、农贸市场、城市黑臭河道等处，要求瞄准"如皋特色、江苏样板"这一目标，加快整改，迎接创建最终"大考"。市领导刘向阳、茅红宇、陈晓彬、黄文斌、高峰参加调研。

△ 市委副书记、市长何益军率领市发改委、国土局、民政局、人社局等部门和部分镇(区、街道)负责人，走进南通人民广播电台"政风行风热线"直播间，借助电波，介绍如皋市经济社会发展情况，对听众提出的问题进行细致解答，并就群众反映和记者调查的环境污染、违章搭建、古街区保护等方面问题进行现场交办。

9日

△ 省委组织部副部长陆永辉率"旗帜鲜明讲政治"专题调研组一行到如皋调研党建工作开展情况，实地调研经济技术开发区平原池村、北郊花苑、市博爱医院等处。市领导陈晓东、缪爱诚陪同调研。

△ 市委副书记丁兴华率领相关部门负责人到如皋工业园区(如城街道)城南社区，就全国文明城市创建工作进行督察，实地查看紫竹园、南门桥市场、阳光花苑等处，对发现问题现场办公，协调相关部门或社区进行整改落实。市政协副主席冒平参加督察。

△ 市委常委、组织部部长、统战部部长缪爱诚率队赴白蒲、吴窑等镇，对白蒲镇文峰社区、沈桥社区，吴窑镇何柳村第一书记的驻村工作进行走访调研。机关驻村第一书记工作是如皋市把年轻干部实践锻炼和新农村建设相结合的创新之举，2010年以来，如皋市连续七年从机关选派126名优秀年轻干部到班子软弱、基础脆弱、经济薄弱的农村村(社区)担任"第一书记"，在加强村级班子建设、助推经济发展、服务民生事业、加快自身成长等方面取得良好成效。

△ 如皋市举行2017年第二次亿元以上产业项目招引审批建设会办会。部分镇(区、街道)交流汇报二季度以来在重大项目招引、审批、建设过程遇到的难题，相关部门就解决方案提出意见和建议。市发改委、商务局、招商局部门负责人通报二季度以来全市项目信息捕捉、招商活动开展、外资到账等情况，并就部分镇(区、街道)的完成情况和推进举措进行了点评。市领导何益军、茅红宇、桂万先、高峰、程瑞琴、陈杰出席会议。

△ 如皋市对接服务上海暨招商引资培训班正式开班，市委常委、宣传部部长茅红宇，副市长程瑞琴出席开班典礼。培训班为期4天，来自全市各镇(区、街道)和市级机关参培人员共50多人参加。

△ 如皋市召开"爱心慈善宣传月暨一日捐"活动推进会，推进第八个"爱心慈善宣传月"各项工作，继续充实慈善资源，努力增强救助能力，促进慈善事业持续健康发展。市领导丁兴华、吴瑕、邵晓泉、张百璘、郑振明出席会议。

△ 全国燃料电池及液流电池标准化技术委员会国家标准起草工作组会议在如皋经济技术开发区召开，经过充分协商讨论，确定《燃料电池电动汽车燃料电池堆安全要求》国家标准的主要技术参数和性能指标。市领导马金华、高峰和机械工业北京电工技术经济研究所所长郭振岩、中国科学院大连

化学物理研究所衣宝廉院士等40多位国内氢能行业知名专家、教授出席活动。如皋经济技术开发区内的百应能源、泽禾、上海清能等近10家氢能企业列席参会。

10日 △ 青海省海南州州委常委、秘书长马建宏率队到如皋考察，实地参观长江镇（如皋港区）苏中国际集装箱码头、保税物流中心（B型）、东升南通国际石材产业城等处，了解长江镇（如皋港区）经济社会发展情况，并就如皋市派出的对口援青干部工作表现进行交流。市领导陈晓东、卓么本、钱志刚陪同考察。

△ 2017年全国田径青少年训练工作会议在如皋召开。国家体育总局田径运动管理中心主任、中国田径协会副主席兼秘书长杜兆才，省体育局副局长王伟忠，市委副书记、市长何益军，市委常委、宣传部部长茅红宇，副市长张亚鸾出席会议。

△ “5·10”思廉日，如皋市党风廉政教育馆正式开馆并举行落成仪式，南通市委常委、纪委书记韩方，如皋市委书记陈晓东共同为党风廉政教育馆揭牌。如皋市四套班子全体领导出席仪式，并在仪式结束后参观了面积约680平方米的党风廉政教育馆。新建成的党风廉政教育馆是全市大型党性党风党纪和警示教育基地，集党规党纪学习、警示教育培训、廉政文化展示、现场互动教学等功能于一体，展陈内容紧扣全面从严治党主题，融入如皋元素，突出当地特色，综合运用雕塑、蜡像、图片、声光电等多种形式，富有震撼力和感染力。

△ 全市创建全国文明城市冲刺动员会召开，动员全市上下彰显如皋特色，打造江苏样板，确保实现在苏中苏北率先高标准建成全国文明城市的目标。会议由市委副书记、市长何益军主持，市委书记陈晓东出席会议并讲话，市委常委、宣传部部长茅红宇就小区环境、交通秩序、集贸市场、经营秩序、重点区域环境卫生、镇村环境六大专项整治，市民素质、公益宣传、志愿服务、诚信建设、窗口服务、基础设施六大提升行动进行了部署，如皋工业园区（如城街道）、市公安局、经济技术开发区、市住建局、市城管局、市市场监管局、江安镇7家单位表态发言。

△ 市委常委、组织部部长、统战部部长缪爱诚率队前往挂钩联系的如皋工业园区（如城街道）长巷社区，调研全国文明城市创建工作，深入社区各主要街道、老旧小区等处，详细了解路面车辆停放管理、小区楼道清理等工作开展情况。市政协副主席严世斌参加调研。

11日 △ 省委常委、政法委书记、公安厅厅长王立科率队到如皋，就全市公安工作进行调研，实地查看丰乐派出所、市公安局交通管理服务中心、李昌钰刑侦科学博物馆等处。南通市领导韩立明、姜永华，如皋市领导陈晓东、何益军、陈晓彬陪同调研。

△ 市委副书记、市长何益军主持召开第十七届市政府第五次常务会议，讨论《2017年全市深化行政审批制度改革工作要点》、《如皋市农村公路提档升级工程资金补助调整办法（送审稿）》、《如皋市交通干线沿线环境综合整治工作方案》、《如皋市全面推进河长制实施意见》、《关于完善“五道医疗保障线”建设的实施办法》和如皋市创建“国家全域旅游示范区”实施方案、考核办法及激励办法等议题。

△ 如皋市第五届“创·青春”青年创新创业大赛暨“聚·富民”大学生村官创业大赛决赛举行。大赛由市委组织部、团市委与如皋农商行共同举办，16个项目参与角逐，最终3个项目获得一等奖。市委常委、组织部部长、统战部部长缪爱诚参加活动。

12日 △ 市委书记陈晓东主持召开市委常委会，传达学习全国、省、南通市党校工作会议精神，听取2017年一季度“两个责任”检查发现问题及整改意见汇报，讨论如皋市创建“国家全域旅游示范区”实施方案、考核办法及激励办法和《如皋市全面推进河长制实施意见》、关于创建全国文明城市相关重点难点问题的责任明确、2017年改革创新奖评选办法、市委全面深化改革领导小组2017年工作要点、关于深化投融资体制改革的意见、如皋市有关部门和单位安全生产工作职责规定、关于成立市委网络安全和信息化领导小组的通知、《关于深入推进教育现代化建设努力办好人民满意教育的意见》、2017年"七一"表彰评选通知等议题。

△ 市委2017年度全面深化改革领导小组会议召开。市委书记陈晓东出席会议并讲话,市委副书记、市长何益军主持会议,市委全面深化改革领导小组专项小组组长交流发言,承办国家级改革试点工作的单位负责人进行相关工作汇报。市委全面深化改革领导小组全体成员,联系重点改革事项的市领导,市委全面深化改革领导小组专项小组组长、副组长、联络员,国家级、省级改革试点承办单位主要负责人,市委改革办全体人员出席会议。

△ 苏州青创会考察团到如皋考察,听取如皋区位优势和产业发展情况介绍,并与如皋对接,努力寻求项目合作。副市长黄文斌、程瑞琴参加活动。

△ 南通市汽车职业教育集团在如皋中专正式揭牌成立。副市长张亚鸾出席揭牌仪式。如皋中专建有近5000平方米的国家级汽车应用与维修实训基地,拥有19个功能齐全的实习实训室,每年为地方汽车行业培养70名素质优秀的高职生和100多名技能突出的中职生,集团的成立标志着南通市汽车专业职业教育进一步迈向集团化。

13日

△ 市委书记陈晓东主持召开市委中心组(扩大)学习会,邀请华领集团高级顾问、摩根资本董事总经理蒋海涛,方正证券首席经济学家、研究所董事总经理任泽平作"调结构·兴产业——产融一体化研讨"专题讲座,并与如皋市部分企业家和有关部门负责人就产融一体化进行座谈探讨。

△ 如皋市召开化工企业"四个一批"专项整治动员大会,贯彻落实省、南通市"两减、六治、三提升"及开展化工行业"四个一批"专项行动等系列文件精神,加大力度淘汰落后化工产能,提升化工生产企业安全、环保水平,推进化工行业转型,实现绿色、安全、集约发展。市领导何益军、丁锋、张勇、高峰、杜永红出席会议。会上,各镇(区、街道)主要负责人向市政府递交"四个一批"专项整治工作责任状。化治办、环保局、白蒲镇、长江镇表态发言。

△ 如皋市召开全市综合治税工作推进会,听取相关部门加强征收管理、提高综合治税水平及确保全面完成目标任务等工作汇报,提出下一步工作措施。市领导丁锋、桂万先、张勇、冒平出席会议,各镇(区、街道)、相关单位负责人参加会议。

△ "沪皋情"——上海如皋两地书画作品展在市文化馆举行。上海市政协社会和法制委员会专职副主任朱慧,上海市浦东新区区委宣传部副部长、文广局副局长赵瑞春等上海文化艺术界的领导、艺术家,如皋市领导陈晓东、马金华、茅红宇、张亚鸾出席活动。

13—14日

△ "美丽乡村主题年产业融合大会"暨2017(第三届)国际风景园林设计峰会在如皋召开。此届峰会由全国美丽乡村建设联盟主办,花木大世界网、美丽乡村培训学院、中国·如皋国际园艺城承办,旨在通过"政、产、学、研、用"相结合,促进美丽乡村建设单位的密切合作,推动我国园林绿化行业与美丽乡村建设产业链融合发展。来自全国各地的园林施工企业、设计单位、美丽乡村建设服务商以及业内专家学者汇聚如皋,就如何打造美丽乡村、加快发展现代观光农业和休闲旅游产业等话题开展了探讨。开幕式上,市委副书记丁兴华介绍了如皋市经济社会发展情况,"美丽乡村培训学院苏中分院"揭牌,"美丽乡村十年有约:全国百场公益大讲堂"正式启动,如皋市丁堰镇森果农庄、长江镇金岛生态园、安徽省东至县泥溪镇隐东村等5个村庄从全国20个省、172个乡村参与的网络评选中脱颖而出,一同获颁"我眼中的最美乡村"称号。市领导刘向阳、张百璘出席峰会。

15日

△ 如皋市水稻集中育秧暨“三夏”工作现场会在白蒲镇集中育秧示范点召开。会议现场展示了集中育秧整田、开沟、摆盘、播种、盖土、盖膜、暗化处理等关键环节，研究部署了下一阶段全市水稻集中育秧和夏收夏种工作。市农委分管领导、各乡镇农业服务中心主任、农技人员、育秧大户等100多人参加会议。

16日

△ 南通市民政局局长、老龄办主任王国平一行到如皋调研民政工作，实地参观如皋博爱康复护理院等处，听取如皋民政工作推进情况汇报。副市长张百璘陪同调研。

△ 市委副书记、市长何益军率队督查断面水质及“263”专项行动推进情况，实地查看勇敢大桥、曙光电灌站、高新区（城南街道）袁绍建养鹅场、经济技术开发区浦东社区等处，要求各镇（区、街道）、相关部门吸收浙江“五水共治”经验，结合如皋实际进行标本兼治，促进全市生态环境持续好转，力争“十三五”期末生态建设水平走在南通前列。市领导丁锋、桂万先、黄文斌、高峰、张百璘、冒平、万维庆参加督查。

△ 市委常委、宣传部部长茅红宇率队到石庄镇、九华镇、长江镇（如皋港区）、吴窑镇、下原镇，就镇村文明创建工作开展专题督察，实地查看各镇主次干道、便民服务中心、综合文化站、农贸市场以及村（社区）公共服务中心、文体广场、道德讲堂等处。市领导陈杰、郑振明参加督察活动。

17日

△ 南京海关关长郑汉龙率队到如皋，就全市港口物流业发展及海关工作进行调研，实地走访苏中国际集装箱码头、如皋港保税物流中心（B型）等处，听取如皋有关港口经济发展情况汇报。市领导何益军、程瑞琴参加活动。

△ 常州市溧阳市人大常委会主任潘云芳率队到如皋，专题考察文明城市创建工作，实地查看市文化广场、丰泽怡园小区、文明诚信经营示范街中山路、东大街历史文化街区、龙游河生态公园等处。如皋市人大常委会主任吴道健，市委常委、宣传部部长茅红宇陪同考察。

△ 市委副书记、市长何益军到江苏国胶化学科技有限公司开展“走帮服”活动，并帮助协调中国胶粘新材料产业园推进相关工作。

△ 如皋市召开全市社会组织从业人员统战工作会议，安排部署统战工作各项任务。市委常委、组织部部长、统战部部长缪爱诚出席会议。

17—18日

△ 全市新任村（社区）居委会主任集中培训。副市长张百璘出席培训班开班仪式。

18日

△ 省统计局副局长费丽明率队到如皋调研深化统计基层基础规范化建设和服务业发展情况，实地参观顺丰速运、凌志软件、汽车文化馆、中国·如皋国际园艺城等处。市领导丁兴华、刘向阳、丁锋陪同调研。

△ 为期4天的第二届中国如皋国际石材与装备展在东升国际会展中心开幕。十届全国政协外事委员会副主任、原外经贸部常务副部长周可仁，十届全国政协委员、中华全国供销合作总社监事会原副主任林乃基，中国科学院院士、南开大学副校长严纯华，中国石材协会会长陈国庆，南通市委常委、副市长王剑锋，如皋市领导何益军、吴道健、张元健、丁兴华、吴瑕、程瑞琴、冒平等出席展会开幕式。此届展会共有石材（境内）区、石材（境外）区、机械辅料区、协办区4个展区，面积达5万平方米，设有国际标准展位2000个，来自巴西、意大利、伊朗等23个国家和地区的近230家知名企业参展，首日即吸引8000多人进场参观。

△ 省新技术新产品推广应用工作联席会议办公室公布省重点推广应用的新技术新产品目录（第十三批），南通市17项新技术新产品列入该目录，如皋市江苏天南电力器材有限公司“特高压输电线路智能监测金具”产品名列其中。

19日 △ 山东省龙口市市委副书记张海军率队到如皋,专题考察全市精神文明建设情况,实地参观市文化广场、东大街历史文化街区、高新区(城南街道)城南花苑、如皋工业园区(如城街道)丰泽怡园小区、红十四军公园等处。市人大常委会主任吴道健陪同考察。

△ 南通市"美丽人生 德法引航"动员部署会在如皋举行,如皋市委常委、政法委书记缪小华参加会议。"美丽人生 德法引航"活动时间为5—11月,内容包括"德法护成长""德法伴行政""德法进家庭""德法润村居""特色法治文化培育"等。

△ 如皋市召开创建"国家全域旅游示范区"动员大会,副市长程瑞琴作创建动员报告,市委副书记、市长何益军出席大会并讲话。会议动员全市上下抢抓"陆海江黄金交汇点、沪苏通高铁桥头堡"黄金机遇,聚力创建"国家全域旅游示范区",并对有关先进集体和先进个人进行了表彰。如皋工业园区(如城街道)、长江镇(如皋港区)、白蒲镇、住建局、旅游局等单位负责人在会上交流发言。市领导张元健、刘向阳、冒平出席会议。

△ 市委副书记、市长何益军到如皋工业园区(如城街道)宏坝社区,开展"走帮服"活动,就社区发展及百姓关注的黑臭河道整治等问题进行研究。市委常委、如皋工业园区党工委书记、如皋市长寿旅游度假区党工委书记刘向阳参加活动。

△ 市政协主席会议专题协商社会治安综合治理工作,实地查看如皋工业园区(如城街道)城东社区公共服务中心、高新区(城南街道)综治中心、市公安局交通管理服务中心、市公安局合成研判作战中心、敏政律师事务所等处,并举行相关座谈交流。

20日 △ 市委副书记丁兴华率队专题督察农贸市场创建工作,全面检查东皋市场、城北市场、庆余市场等市场环境卫生、亮证经营、持证上岗、消防设施、食品安全、规范管理、公平秤设置、全国文明城市创建宣传等方面情况。市委常委、宣传部部长茅红宇参加督察。

△ 2017年全国科技周暨如皋市第二十九届科普宣传周开幕式在市奥体中心举行。市领导缪爱诚、钱志刚、陈杰、杜永红出席开幕式,观看科普剧表演、科普演示、科普咨询等系列科普活动。

△ 2017地球小姐 & 地球夫人中国区总决赛在上海举行,出生于1991年的如皋选手石冬旭夺得桂冠,成为2017地球夫人中国区总冠军,将代表中国前往拉斯维加斯参加世界总决赛,争夺世界地球夫人的桂冠。

21日 △ 如皋六大指挥部公开选调20名左右紧缺型高学历人才,共有来自全国各地高校院所的300多名高学历人才报名,经过资格复审、初试面谈等环节,91名考生参加笔试和面试。市委常委、组织部部长、统战部部长缪爱诚主持召开全体考官会议,对面试相关工作进行部署。

23日 △ 中国通信工业协会会长王秉科一行到如皋考察,先后考察凌志软件、顺丰速运、汽车文化馆、康迪电动车等处,详细了解如皋市经济社会发展情况。市领导丁锋、桂万先参加活动。

△ "千名通商故里行"考察团到如皋,就经济社会发展情况和投资环境进行考察,实地参观高新区信息电子产业园、龙游湖商务区、汽车文化馆等处,听取如皋市经济社会发展情况和投资环境介绍。市领导缪爱诚、杜永红陪同考察。

24日 △ 海峡两岸关系协会副会长叶克冬率队到如皋调研,先后到南通斯密特森光电科技有限公司、李昌钰刑侦科学博物馆等处参观调研,深入了解如皋市经济社会发展情况。市委常委、如皋工业园区党工委书记、如皋市长寿旅游度假区党工委书记刘向阳陪同调研。

△ 中组部党建读物出版社、中共南通市委联合举行《怎样选派与当好驻村第一书记》出版座谈会，如皋市委常委、组织部部长、统战部部长缪爱诚应邀参加，并作为县(市、区)组织部门唯一代表发言，如皋市驻村第一书记刘志俭作为南通市优秀第一书记代表汇报了工作经验成果。

△ 水利部长江委农水局副局长张小林一行对如皋市 2017 年高效节水灌溉工程建设进行督察，实地检查高新区(城南街道)蒋北项目区、桃园项目区，丁堰镇新堰项目区、凤山项目区，城北街道北杨祠项目区等高效节水项目建设情况，查阅相关资料，听取有关情况汇报，详细了解项目组织领导、建设资金落实、建设任务推进等情况，并对如皋市高效节水灌溉项目工作给予充分肯定。副市长张百璘陪同检查。

△ 南通市机关党建服务品牌专题研讨班在如皋举行，与会人员参观东陈财政所、红十四军纪念馆、行政审批局、城管执法大队等处，并听取相应服务品牌创建经验介绍。市委常委、组织部部长、统战部部长缪爱诚参加活动。

△ 如皋市与中国光大国际有限公司在深圳签署全面战略合作协议，双方进一步深入合作，结合如皋产业定位和光大集团技术优势，开展水环境治理项目，提升如皋水环境质量。中国光大国际有限公司总经理、中国光大水务有限公司董事长王天义，如皋市领导何益军、程瑞琴、杜永红、万维庆出席签约仪式。

25日

△ 2017 年如皋(深圳)投资环境说明会在深圳四季酒店举行，市委副书记、市长何益军致辞，副市长程瑞琴推介如皋投资环境并发布项目信息，副市长陈杰推介如皋人才发展环境。市领导张勇、杜永红、万维庆，深圳及周边地区世界 500 强、国内 100 强企业代表，上市企业代表，创新创业领军人才代表参加活动。中国光大绿色环保有限公司副总裁杨志强，深圳(南通)商会常务会长、红岭创投董事长周世平，深圳(南通)商会会长、深圳市康成亨投资有限公司董事长袁亚康等客商代表发言，畅谈了对如皋发展的感受和对如皋发展的期望。此次活动共形成签约项目 54 个，22 个重点项目在会上进行集中签约，总投资逾 100 亿元，其中外资项目 4 个，总投资共 2.5 亿美元，单体投资最大的项目为中国光大国际有限公司和如皋市人民政府的全面战略合作项目，总投资达 50 亿元。

26日

△ 如皋市召开推进"两学一做"学习教育常态化制度化工作座谈会暨"走帮服"活动推进会，回顾总结全市"两学一做"学习教育、"走帮服"活动开展情况，对推进如皋市学习教育常态化制度化作出全面部署，对深化全市"走帮服"活动提出具体要求。市领导何益军、缪小华、丁锋、史有根、缪爱诚参加会议。磨头镇、市城管局、市交通运输局等部门和单位交流发言。

△ 如皋市在行政中心礼堂举行"爱心慈善宣传月"文艺演出暨捐赠动员大会，倡导扶贫济困美德，弘扬互帮互助精神，进一步推进如皋市慈善事业蓬勃发展。活动中共有 57 家企业举牌捐款 1165 万元，现场募集到捐款 4.59 万元。市四套班子领导何益军、吴道健、张元健、丁兴华等参加活动。

△ 位于如皋经济技术开发区的如皋汽车文化馆正式开馆。市领导何益军、马金华、高峰，威蒙集团董事长兼首席执行官王晓麟，赛麟汽车创始人、美国赛车界传奇人物、"超跑之父"史蒂夫·赛麟等来宾出席开馆活动。

△ 全国轻工机械标委会皮革机械分委会换届大会在如皋举行。会议报告了第一届分委会工作总结和第二届分委会五年工作规划，宣读了第一届"标准化工作先进单位和先进个人"表彰决定，介绍了皮革机械"十三五"发展规划纲要。副市长高峰出席会议。

△ 市委宣传部、市文广新局、市体育局、市妇联、市文广传媒集团、江苏有线如皋分公司在市奥体中心联合举办"舞出美丽、绽放精彩"如皋市第二届广场舞大赛，来自全市 14 个镇(区、街道)及老年大

学的15支代表队1500名演员参赛。

27日 △ 如皋市召开城区生活垃圾分类管理推进会，推动城区生活垃圾分类管理，规范城区生活垃圾分类投放、收集、运输和处置，以逐年提高生活垃圾分类回收利用率，解决日益凸显的垃圾围城问题。市领导黄文斌、万维庆出席会议。

△ 副市长张百璘率队到磨头镇、江安镇、长江镇（如皋港区）、石庄镇、吴窑镇等镇（区），就如皋现代农业发展情况进行调研，先后深入农业种植园、家庭农场、粮食烘干中心、育秧基地等处，全面了解夏收夏种、秸秆禁烧禁抛与综合利用、粮食生产全程机械化、农业产业结构调整等情况。

27—30日

△ 端午小长假如皋火车站发送旅客9000人次，30日出现最高峰，发送旅客4100人次。

29日 △ 如皋市在磨头镇举行别开生面的马拉松比赛，将赛道设计为“寿”字路线，吸引近3000名跑马爱好者参与。比赛分设男、女半程马拉松、欢乐跑4个项目，选手吴向东、许月娥分别以1小时14分23秒、1小时38分24秒的成绩夺得半程马拉松赛男、女子组冠军。市领导吴道健、张元健、茅红宇、陈万圣、钱志刚、张亚鸾参加活动。

30日 △ 截至当日，如皋市“三夏”工作全面展开，大麦、油菜收割已经结束，68.8万亩小麦已收割75%，进度快于往年。市政府、农委要求各镇（区、街道）全力打好夏收保卫战，抓住最后几天有利时机，组织突击抢收，确保全市小麦在6月5日前收割结束，以避开其后连续十天左右降雨。

31日 △ 市委副书记、市长何益军主持召开市长办公会，听取各条线5月份重点工作完成情况汇报，部署6月份重点活动安排。

△ 市委副书记、市长何益军率队赴搬经镇开展“走帮服”活动，先后查看南通市华冠电器有限公司、南通曼淇威电气有限公司、南通海泰科特精密材料有限公司等企业，并走访群岸社区24组的5户家庭，了解生产生活情况和遇到的困难，帮助寻找解决办法。市领导窦灿辉参加活动。

△ 如皋市推出企业注册便民举措，将名称核准、营业执照补换照、公司单项变更、分公司变更、三证合一、个体工商户登记、各类备案等事项纳入市民服务中心窗口即办事项，只要资料齐全完备，当天即可发放营业执照。5月份，全市共有50多家企业享受到“当天办结”的便利服务，市场准入领域所有行政许可事项在3个工作日办结的基础上再提速30%。此外，为进一步简化审批程序，优化营商环境，“企业开办套餐式服务”进入试运行阶段，企业注册登记、公章刻制及备案、银行开立账户、领购国税发票等相关环节纳入一体化服务。

2017 年 6 月

1 日 △ 南通市政协副主席金元率对接服务上海调研课题组一行专程到如皋调研，与如皋市对接服务上海办公室、商务局、发改委、卫计委、人社局等单位相关人员座谈交流。市领导程瑞琴、杜永红参加活动。

△ 南通市委、市政府召开推行河长制动员大会，如皋市在政务中心设立分会场，吴道健、缪小华、刘向阳、茅红宇、祝国庆等市四套班子领导收听收看会议，并在会议结束后进行相关工作部署落实。

△ 副市长高峰率领相关部门负责人对如皋城区市场进行专项督察，实地查看南门桥市场、东皋市场等城市建成区范围内集贸市场，重点检查了诚信经营公益广告设置情况和有无杂物乱丢乱扔、地面积水、车辆乱停乱放现象，并对发现问题现场勒令整改。

△ 如皋市粮食生产全程机械化创建暨秸秆还田现场推进会在九华镇四圩社区召开。参加现场演示的联合收割机、喷杆式喷雾洒肥一体机、大中型拖拉机等农业机械，分别进行小麦收割、秸秆切碎抛洒、施肥作业、旱田机械化还田作业和水田耱田机械化还田作业，市全程机械化办公室技术人员现场讲解夏季秸秆还田技术路线及各种农业机械的性能、操作要领和作业标准。

1—2 日

△ 市第十七届人大常委会第三次会议召开。会议听取并审议市政府《关于全市亿元以上工业重大项目建设情况的报告》《关于农林水利综合执法工作情况的报告》《关于市人大常委会对全市行政审批改革工作审议意见的贯彻落实情况报告》《关于〈市人大常委会关于全市建筑业发展情况专项报告的审议意见〉整改落实情况报告》《市人大常委会关于修改完善相关规章制度的决定(草案)》等议题，表决通过市人民法院提请的人事任免事项。市人大常委会主任吴道健为新任命人员颁发任命书，新任命人员进行了宪法宣誓。

2 日 △ 南通市副市长赵闻斌率队督察如皋市夏收夏种工作，先后考察丁堰镇的建锋家庭农场、鞠庄村机械化育秧现场、赵明村秸秆还田现场和白蒲镇朱家桥村水稻移栽现场。市委副书记丁兴华陪同督察。

△ 全市人大代表工作会议召开，传达省和南通市人大人事代表联络工作座谈会精神，安排部署2017 年全市人大代表工作，并对 2016 年度“万名代表小康行”主题实践活动和市、镇人大代表换届选举工作中涌现出的先进单位和个人进行表彰。市人大常委会主任吴道健，副主任陈万圣、邵晓泉、张勇、钱志刚出席会议。

△ 2017 环太湖国际公路自行车俱乐部巡回赛·长江站暨“学府御园杯”如皋市第八届环长青沙岛自行车公开赛新闻发布会在长江镇(如皋港区)举行。环太湖国际公路自行车赛组委会秘书长、江苏省体育产业集团有限公司副总经理王先正，市委常委、宣传部部长茅红宇出席发布会。

3 日 △ 南通市委书记陆志鹏到如皋开展“走帮服”活动，先后实地探访海迪科(南通)光电科技有限公司、如皋软件园凌志软件、如皋汽车文化馆、高新区城南花苑社区公共服务中心，详细了解相关产业发展和基层党组织建设、居民自治组织设置、矛盾纠纷调处等情况，并登门走访老党员夏某某、低保户陈某某两个家庭。南通市领导沈雷，如皋市领导陈晓东、何益军、马金华参加活动。

△ 如皋市召开亿元以上产业项目招引审批建设会办会议，就亿元以上产业项目存在问题进行集中会办，并研究二季度亿元以上产业项目相关情况和项目信息情况。市领导何益军、茅红宇、高峰、程瑞琴出席会议。

4日

△ 如皋市召开镇村文明创建工作推进会，各镇（区、街道）相关负责人作交流发言。与会人员集中参观了丁堰新农贸市场、凤山社区、文体活动中心和搬经镇搬经社区、碧水新城小区及农贸市场。市领导何益军、丁兴华、马金华、刘向阳、史有根、茅红宇、陈万圣、严世斌、万维庆出席会议。

5日

△ 台湾桃园市芦竹区农会、台湾农渔会考察团到如皋，就投资环境进行专项考察，推进如皋、台湾两地企业在传统农业、生态旅游等领域合作。市委常委、如皋工业园区党工委书记、如皋市长寿旅游度假区党工委书记刘向阳陪同考察。

△ 市委副书记丁兴华率队到如皋工业园区（如城街道）沿河村调研农业农村工作，实地查看江苏五色原农业发展有限公司培育的千亩黄金枸骨彩色树种生产基地，考察集旅游观光、休闲农业、科普教育和生产经营于一体的万禾生态园的特色古树展示区、造型植物培育基地、乡土树种繁殖基地等处，要求该村加快打造集观赏、旅游于一体的美丽乡村、水美乡村。

6日

△ 富力地产江苏省公司总经理李明率考察团到如皋，就如皋市投资环境进行专项考察，详细了解如皋区位优势、投资环境、基础设施配套建设以及招商引资相关政策。市领导何益军、吴道健、陈万圣陪同考察。

△ 南通市召开深化行政审批制度改革暨“互联网+政务服务”工作会议。南通市委书记陆志鹏讲话，市委副书记、市长韩立明作工作部署。如皋市委副书记、市长何益军在会上交流发言。市领导桂万先、张勇、严世斌、刘琴在如皋市分会场参加收听收看。

△ 高考来临之际，市领导何益军、缪爱诚、张亚鸾等分别率队深入如皋中学、市第一中学、白蒲中学、江安中学等高考考点和市第二中学等食宿点，就全市2017年高考准备工作进行拉网式检查，确保为高考学子创造最佳考试环境。

△ 全市安全供水工作会议举行，进一步落实责任，强化监管，切实保障2017年夏天高峰供水有序、平稳运行。副市长黄文斌出席会议。

△ 2017年老小区改造二期工程在健康西村全面开工。此次老小区改造二期工程总建筑面积约78400平方米，涉及健康西村311—502栋、蒲行新村9—18栋，共计2个小区23栋楼、居民810户。

7日

△ 吉林省延边朝鲜族自治州珲春市市委常委、组织部部长朴成哲率考察团一行到如皋考察行政审批制度改革工作，实地参观如皋市行政审批大厅，听取如皋市推动行政审批制度改革创新举措的介绍，详细了解了市场准入和项目投资建设领域的审批授权、办事流程及服务质量等情况。市委常委、副市长桂万先陪同考察。

△ 2017年高考首日，市领导张元健、缪爱诚、钱志刚、张亚鸾、严世斌一行分多路视察江安中学、如皋中学、白蒲中学、市第一中学考点，检查考务工作，全力保障高考顺利进行。

△ 市委常委、组织部部长、统战部部长缪爱诚就文明城市创建相关工作进行督察，实地查看市人民医院、中医院和东陈镇便民服务大厅、农贸市场及部分小区。市人大常委会副主任张勇、市政协副主席严世斌参加督察。

8日

△ 贵州省德江县县委副书记、县长秦智坤率考察团一行到如皋考察产业发展和城市建设工作,实地考察中国·如皋国际园艺城、文化广场、东大街历史街区等处,并就苗木供给培育和绿化工程等合作项目进行洽商,相关部门负责人与如皋市企业家就相关投资需求进行了座谈。市领导丁兴华、杜永红参加活动。

△ 省民防局副局长沈斌一行到如皋调研人防工作,实地查看如皋火车站站前广场、江中世纪城地下人防工程、如皋人防地下指挥所,详细了解各工程内部结构和具体功能。南通市民防局局长朱桂华、如皋市领导万维庆陪同调研。

△ 通过竣工、消防、人防验收的如皋火车站站前广场正式全面启用。该站前广场建设工程由如皋市交通运输局负责实施,整体分上下两层,旅客流向总体为上进下出,上层建筑面积 36000 平方米,主要由公交停车场、非机动车停车区、广场通道以及绿化景点等组成,地下建筑面积 15000 平方米,结合人防工程标准实施,设有出租车候车区及 256 个小型私家车停车位。广场启用后,旅客可由地面公交、送客通道实现就近进站。旅客出站既可经地下出租、车库直接出站,也可经楼、扶梯至地面直接换乘公交。

△ 国家标准委公布全国首批 40 个党建标准化试点单位名单,中共如皋市委成为全省唯一一家入选单位。

9日

△ 省编办副主任钱亚东一行到如皋开展"县市区家家到"调研走访活动,听取市委常委、常务副市长丁锋介绍如皋市集成改革工作情况,并主持召开企业家座谈会,听取江苏园博会展中心有限公司、江苏陆地方舟新能源车辆股份有限公司等 10 家企业围绕企业注册开业时间、涉企收费、不动产登记、施工许可等提出的意见和建议。市领导严世斌参加活动。

△ 南通市富民强企奔小康"走帮服"活动督导一组组长王乃儒率队到如皋,对如皋市"走帮服"活动开展情况进行专题调研。市委常委、组织部部长、统战部部长缪爱诚陪同调研。

△ 市委常委、常务副市长丁锋率领市农委、环保局、水务局等相关部门负责人一行,督察中央环保督察交办环境信访事项和环境突出问题整治事项,先后实地查看东陈镇丁基再生橡胶行业整治现场、白蒲镇南通鸿志化工有限公司污染整治现场、经济技术开发区袁桥何庄小型养殖户畜禽粪污整治现场,深入了解环境突出问题、信访群众诉求、整改进度等方面情况,并召开督导座谈会布置案件整改工作。市领导桂万先、张百璘参加督察。

△ 在全国第十六个、如皋市第三十个安全生产月来临之际,如皋市举行 2017 年"安全生产月"启动仪式暨"最美基层安监人"表彰活动,丁新建、倪劲松、李志俊等 10 人被授予如皋市"最美基层安监人"荣誉称号。市委书记陈晓东,市委副书记、市长何益军分别就开展好"安全生产月"活动作出批示。市领导缪小华、张勇、高峰、杜永红出席活动。

9—10 日

△ 苏中地区第三十三届统计信息交流年会在如皋举行,与会苏中地区 16 个兄弟县(市)统计系统工作人员交流统计工作体会,共话统计发展。市委常委、常务副市长丁锋出席会议。

10日

△ 青海省海南州委副书记、州长索南东智率队到如皋考察,实地考察如皋市城市规划展示馆、博物馆、中国·如皋国际园艺城、华夏胶片电影博物馆等处,了解如皋近几年经济社会发展情况,并看望在南通地区挂职的海南藏族自治州干部,与挂职干部座谈交流。南通市副市长赵闻斌,如皋市领导何益军、丁兴华、缪爱诚、卓么本陪同考察。

△ 省委农工办、省住建厅、省委研究室组成全省特色田园乡村建设专家组到如皋,专题调研特色田园乡村建设,实地踏勘如城街道顾庄社区顾家庄、大明社区大缪马、贺洋社区贺家坝、钱长村夏家庄、中国·如皋国际园艺城等处,重点考察村庄的田园风貌、特色产业、交通道路、水系环境、建筑风格、基础

设施等现状。市领导刘向阳、桂万先陪同调研。

△ 省体育产业集团董事长顾晔率队到如皋考察，并与如皋市签订战略合作协议，明确双方合作原则、合作目标、合作内容、合作方式等事项。市领导何益军、茅红宇、张亚鸾参加活动。

11日

△ 中国信息产业商会会长聂玉春一行到如皋考察电子信息产业发展情况，实地查看海迪科光电、高新区规划展示厅等处。上海浦软董事长何在明对浦东软件园的发展历程及运营模式作了具体介绍，并就浦东软件园和如皋软件园合作项目、可继续合作项目进行了沟通探讨。市领导陈晓东、丁锋参加活动。

△ 2017环太湖国际公路自行车俱乐部巡回赛·长江站暨“学府御园杯”如皋市第八届环长青沙岛自行车公开赛举行。此次公开赛吸引来自英国、德国、菲律宾、马来西亚等国家的数十名外籍选手及来自江苏、上海、浙江等14个省市的国内选手参加。比赛分为男子公路个人赛(52公里)、男子公路团体赛(77公里)、山地大赛组(52公里)、大众体验组(13公里)四个组别，赛事总奖金额高达15万元，位居国内自行车业余赛事的前列。市领导何益军、茅红宇、张亚鸾出席活动。

12日

△ 中储粮南京分公司总经理胡平南、省粮食局副巡视员韩峰等人组成的省夏粮收购检查组一行，到如皋检查夏粮收购情况，实地查看如皋粮食储备库夏粮收购现场，要求继续加强夏粮收购服务，规范托市收购行为，让广大粮农在丰收之年可以增加收益。南通市粮食局局长张军、如皋市副市长张百璘陪同检查。

13日

△ 全市机关部门招商引资推进大会召开。市委常委、宣传部部长茅红宇主持会议。副市长程瑞琴对2017年以来机关部门招商引资情况进行详细点评。市委副书记、市长何益军出席会议并讲话。

△ 如皋市举行交通干线沿线环境综合整治工作会议，就《如皋市交通干线沿线环境综合整治工作方案》进行解读，全面部署环境综合整治“五项行动”，提升全市交通干线沿线环境面貌。副市长黄文斌出席会议。

△ 如皋市下发《市政府办公室关于公布如皋市“不见面审批(服务)”事项清单(第一批)的通知》(皋政办发〔2017〕107号)，公布首批213项“不见面”审批事项清单，率先在南通市完成首批1432项“不见面”审批事项梳理工作。

15日

△ 中国统计信息服务中心主任严建辉率队到如皋，专题调研如皋市大数据产业发展情况，实地考察中国·如皋国际园艺城、花木大世界网、凌志软件、博云物联、顺丰速运等处。市委副书记、市长何益军，市委常委、常务副市长丁锋陪同调研。

△ 南通市委常委、政法委书记姜永华到如皋，就政法工作开展专项调研，实地考察丁堰镇鞠庄社区、东陈镇综治中心、经济技术开发区综治中心、如城街道综治中心和市综治中心等处，详细了解如皋基层法治建设和综治建设工作。市领导马金华、缪小华、刘向阳、陈晓彬陪同调研。

△ 南通市副市长赵闻斌率队到如皋督察如泰运河如皋段“河长制”工作推进落实情况，实地巡查如泰运河搬经至东陈段的水质情况、河面保洁、河岸环境及截污纳管等工作，并在随后召开的座谈会上，听取如皋市在“河长制”方面所做工作介绍和下一步打算，以及就当前面临困难和问题提出的建议，环保、水务、农委等部门相关负责人汇报了如皋市河道综合治理情况。市领导丁兴华、卓么本陪同督察。

△ 市委副书记、市长何益军率队就全市全国文明城市创建工作进行现场专项督察，先后前往金鼎酒店北侧待建地块、城市社区紫竹园、火车站、城东居住河、宏坝社区老防疫站宿舍、庆余桥、世纪佳

苑、丰泽怡园等如皋市重点场所、农贸市场、社区单位，实地查看创建情况，针对督查中发现的问题，督促抓好整改落实。市领导丁兴华、马金华、刘向阳、茅红宇、卓么本、黄文斌、万维庆参加督察。

17日

△ 市委副书记、市长何益军主持召开第十七届市政府第六次常务会议，讨论《如皋市法治政府建设实施方案(2017—2020年)》《市政府关于加快推进全市"互联网+政务服务"的实施意见》《如皋市妇女发展规划(2016—2020年)》《如皋市儿童发展规划(2016~2020年)》等议题。

18日

18—21日

△ 以"创新驱动、转型升级"为主题，促进产业链、创新链、资金链三链融合，推动科技成果转化为现实生产力的第十五届"中国·海峡项目成果交易会"在福州举行，来自木爷家族的医导智能机器人小薇和医用智能物流机器人诺亚一号(Noah 1)参加交易会。

19日

△ 中国基因联盟主席洪专率队回家乡如皋考察，并就在如推行精准医疗产业化相关事宜进行协商，先后实地考察如皋市鑫程医院、广慈医院、高铁新城商务区(龙游湖)、中央创新区(创智湖)、长寿生态旅游度假区等地，并对如皋市新城区功能定位提出相关建议。市委副书记、市长何益军接待洪专一行，市领导刘向阳、张亚莺陪同考察。

△ 市十七届人民政府召开第一次全体(扩大)会议，与会副市长分别围绕各自分工，总结前一阶段重点工作，部署下一阶段具体任务。会议对10家依法行政示范单位进行了授牌，并表彰了10家政府信息公开工作先进集体、10家政务信息报送先进集体。

△ 如皋市召开2017年第四次亿元以上产业项目审批建设会办会议，对亿元以上项目存在问题进行会办。市发改委、行政审批局、规划局等相关部门负责人就项目推进中遇到的问题进行交流会商，探讨解决路径。与会市领导进行了点评分析，为各板块进一步理思路、明重点、解难题。市领导何益军、丁锋、桂万先出席会议。

△ 《如皋市城市综合交通规划(2016—2030)》《如皋市商务区控制性详细规划交通影响评价》两项交通发展规划通过专家评审。副市长黄文斌、市政府党组成员万维庆出席评审会。评审组由来自中设设计集团、东南大学、南京理工大学、南通市规划局、市交通局、住建局、公安局的7位专家组成，经过认真讨论，认为规划资料详实、理念先进、内容全面，基本符合国家和江苏省相关规定，原则同意通过评审。

20日

△ 如皋港至泉州港内贸集装箱直达航线开通仪式在苏中国际集装箱码头举行。市领导何益军、丁兴华和洋浦中良海运有限公司总经理宋守坤等代表出席仪式。

△ 市委副书记、市长何益军召集规划、水务、住建等相关部门负责人，听取上海园林工程有限公司、南通市政工程设计院有限公司针对河道畅通景观工程设计方案，就如皋市龙游河二期、宝塔河、茅雉河畅通景观工程设计工作进行再推进。市领导黄文斌、万维庆参加会议。龙游河二期工程南起皋南路、北至外城河，南北长约850米，总占地面积约5万平方米；宝塔河西起龙游河、东至茅雉河，东西长约1920米，总占地面积约14万平方米；茅雉河此次设计北起汪平路、南至大明河，南北长约1520米。

21日

△ 市委副书记丁兴华一行到丁堰镇敬老院开展调研工作，查看敬老院食堂、生活区环境，详细了解供养老人就餐、住宿和日常娱乐生活情况，对敬老院"公建民营"模式及优良的服务质量给予高度评价。

22日 △ 江苏省知识产权局副局长施蔚率专家组一行到如皋，就如皋市创建国家知识产权试点城市进行验收。专家组通过听取汇报、审阅资料、专家质询等方式详细了解如皋市试点工作开展情况，经过认真评议、打分，形成验收及评价意见，认为如皋市提供的验收材料齐全，试点工作组织周密，措施扎实有效，知识产权创造、运用、保护、管理和服务能力得到大幅提升，完成了国家知识产权试点的各项目标任务，一致同意如皋市通过国家知识产权试点城市考核验收。副市长高峰参加活动。

△ 全省律师代表座谈会在如皋召开，与会人员参观了李昌钰刑侦科学博物馆，并就进一步推进司法改革、构建新型检律关系、保障律师执业权利等话题进行了探讨。省检察院党组书记、检察长刘华，省检察院副检察长、反贪局局长游巳春，省司法厅副厅长、省律协党委书记万力，南通市委常委、政法委书记姜永华出席会议。如皋市领导吴道健、缪小华参加活动。

△ 南通慈善会会长王德忠到如皋，就慈善工作开展情况进行专项调研。如皋市委副书记丁兴华参加活动。如皋市于2002年成立市慈善会，2007年建立慈善基金会，截至2017年6月，全市349个村(社区)已全部建立慈善工作站，2016年以来，以村(社区)为单位开展募捐活动的有318个，募捐总额达396.3万元。

23日 △ 如皋市在北京金茂万丽酒店举办如皋(北京)投资环境说明会，31个重点项目集中签约，项目总投资达150亿元。说明会重点向北京及环渤海地区以及国内外各界朋友，推介如皋投资环境、人才引进政策，发布项目信息，促进交流与合作。市领导陈晓东、刘向阳、缪爱诚、茅红宇、张勇、程瑞琴、杜永红以及来自北京及周边地区的世界500强、国内100强企业代表，上市企业代表，创新创业领军人才代表出席说明会。国务院扶贫办主任、国务院参事，全国农业科技创业创新联盟主席、董事长刘坚，中国经济信息社董事长兼总裁徐玉长，北京如皋商会会长、中国建筑股份有限公司副总裁李百安，中国科学院教授、生态环境研究中心研究员范彬等客商代表及创新创业领军人才代表作了发言。

△ 如皋市召开在京如皋籍专家教授座谈会，邀请在北京有一定影响力的如皋籍专家教授座谈交流。与会的中国科学院过程研究所教授曹宏斌、清华大学热能系教授丁艳军、中科院力学所教授仲峰泉、中科院微电子所教授吴玉平、中国标准化研究院研究员宗建芳、中国地质大学教授黄朝辉、中国科学院生态环境研究中心环境水质学国家重点实验室教授范彬等专家教授，分别从自身所从事的科研领域如何助力家乡产业发展建言献策。市领导陈晓东、缪爱诚参加活动。

△ 全国爱国卫生运动委员会下发《关于命名2014—2016周期国家卫生县城(乡镇)的决定》，如皋市的搬经镇、江安镇、磨头镇、丁堰镇4镇荣膺“国家卫生乡镇”称号。截至2017年6月，全市共有9个镇(区、街道)被命名为国家卫生乡镇。

△ 省经信委公布“2017年江苏省两化融合创新(互联网与工业融合创新)示范试点企业名单”，南通14家企业入选，如皋市5家企业名列其中，分别是：如皋市梦百合家居科技股份有限公司、南通泰慕士服装有限公司、森松(江苏)重工有限公司、江苏神马电力股份有限公司如皋分公司、南通荣威娱乐用品有限公司，数量名列南通首位。

24日 △ 市委书记陈晓东主持召开市委常委会，传达省委书记李强在省委常委会上专题研究社会稳定和安全生产工作时的讲话、南通市政协工作会议和《江苏省信访工作责任制实施细则》文件精神，研究讨论《信访维稳“百日攻坚”活动方案》《如皋市推进集成改革试点工作实施方案(讨论稿)》《关于在全市党员干部中开展“旗帜鲜明讲政治”专题学习培训的实施方案》《如皋市委常委会推进“两学一做”学习教育常态化、制度化2017年工作安排》《关于进一步加强村规民约修订完善工作的实施意见》《如皋市市级预算审查监督办法》《如皋市人大常委会关于对政府部门、“两院”和其他职能部门进行工作评议的办法》《如皋市法治政府建设实施方案(2017—2020年》等多项议题。

△ 市委副书记、市长何益军主持召开市委中心组(扩大)学习会,邀请南通市安监局局长郤江淼作“深入贯彻安全生产领域改革发展意见、全面落实安全生产责任体系”专题讲座,并就做好2017年防汛工作提出具体要求。

△ 科勒集团全球水龙头亚太区运营及产品开发副总裁张俊惠率队到如皋考察。市领导何益军、马金华、程瑞琴参加活动。

26日

△ 市委书记陈晓东率队调研镇村文明创建工作,实地查看如皋工业园区(如城街道)新官村和东陈镇农贸市场、镇文体中心、滨湖小区等处。市领导丁兴华、刘向阳、茅红宇、窦灿辉、卓么本参加调研。

△ 市委副书记、市长何益军率领环保、水务、住建、农委等部门相关人员,前往长江镇(如皋港区)、丁堰镇、白蒲镇调研全域水环境整治情况,开展“走帮服”活动,实地查看三个镇的污水处理厂、化工企业、畜禽养殖户和部分三级四级河道,详细了解通扬运河流域水污染防治措施以及整改落实情况,并召开座谈会,与基层人员及老党员、老干部交流,分析流域水环境污染成因。市领导丁锋、黄文斌、高峰、张百璘、杜永红、万维庆参加活动。

△ 张家港农商银行第101家分支机构——如皋支行顺利开业,向如皋市慈善基金会捐赠10万元人民币,并与如皋市企业代表进行授信签约。张家港市委常委、常务副市长卞东方,张家港市政协副主席、财政局局长周兵,如皋市委常委、常务副市长丁锋出席相关活动。

27日

△ 全市巾帼文明岗创新创优创建工作推进会召开,进一步深化如皋市“巾帼建功”创建工作,引导各条线妇女立足本职岗位、学习新知识、掌握新技术、创造新业绩。市委副书记、市长何益军,市委常委、组织部部长、统战部部长缪爱诚出席会议。

△ 市委常委、常务副市长丁锋率队前往长江镇(如皋港区)专题调研涉水港口企业夏季安全生产工作,实地走访苏通国际码头、南通东方石油化工有限公司等处,重点检查码头区域标识标牌、各类设施、安全生产管理制度、安全生产作业操作规程、特种设备防风、特种作业人员持证上岗、外来务工队伍管理、应急预案演练等情况。市港口局、国土局、安监局、消防大队、海事局、口岸办等相关部门人员及专家参加调研。

△ 河海大学孙学智教授率领研究生团队一行,到如皋通扬灌区开展泵站管道压力、出水量、出水口流量等数据测量工作,通过分析研究,为如皋市水稻大面积节水灌溉系统的优化设计、运行管理提供理论支持。

28日

△ 国家工商行政管理总局副局长甘霖一行到如皋,就“花木盆景产业+互联网”发展情况进行专题调研,实地考察中国·如皋国际园艺城,听取如皋市相关情况汇报。南通市副市长杨海龙,如皋市委副书记、市长何益军陪同调研。

△ 市委副书记丁兴华率队督察镇村文明创建工作,先后实地走访磨头镇、吴窑镇和下原镇,查看农贸市场、镇文体中心、社区服务中心等处,针对镇容村貌、生活垃圾处理、荷塘整治、道德讲堂活动开展等进行了现场督察。市委常委、宣传部部长茅红宇参加督察。

△ 如皋市召开全市统战委员座谈会,交流上半年工作,部署下半年重点工作,全面了解基层统战干部工作生活状态。市委常委、组织部部长、统战部部长缪爱诚出席会议。

△ 市委、市政府主办,市旅游局、市文广传媒集团承办的“美好江苏 享寿如皋”第六届旅游文化节在水绘园开幕。南通市政府党组成员朱晋,如皋市领导何益军、刘向阳、程瑞琴、冒平出席开幕仪式。

△ 如皋市首家村级劳务信息咨询中心——里庄村劳务信息咨询中心成立揭牌仪式暨富余劳动力专场招聘会在经济技术开发区里庄村村委会门前广场举行。市委常委、经济技术开发区党工委副书记马金华出席活动。招聘会上，双钱轮胎、荣威国际、双龙健制衣、康迪电动汽车等 14 家企业设摊摆点，提供就业岗位 435 个，最终达成就业意向 99 人，其中超龄人员 28 人。

△ 省政府办公厅印发《江苏省特色田园乡村建设试点方案》，公布首批试点地区和试点村庄候选名单，如皋市跻身全省特色田园乡村建设首批试点县（市、区），如皋工业园区（如城街道）的顾庄社区顾家庄、大明社区大缪马、钱长村夏家庄名列首批试点的 45 个村庄之中。

29日

△ 中国城市科学研究会城市数据安全管理中心主任徐志君率领专家组到如皋考察，听取如皋市经济社会发展情况介绍、高铁新城建设详细规划，实地查看高铁新城商务区（龙游湖）、顾庄生态园等处，就智慧城市建设及生态城市建设进行交流探讨。市领导何益军、刘向阳陪同考察。

△ 南通市副市长徐新民率队到如皋督察如海运河如皋段“河长制”工作推进落实情况，实地巡查如海运河碾砣港至通扬运河段的水质情况、河面保洁、河岸环境及截污纳管等工作，听取环保、水务、农委等部门相关负责人关于如皋市河道综合治理情况的汇报。市政协主席张元健陪同督察。

△ 南通市委常委、常务副市长单晓鸣率队到如皋调研“双过半”、交通港口等工作，先后听取市委副书记、市长何益军的专题汇报，与如皋市部分拟上市企业负责人座谈交流，详细了解企业上市进展情况，并乘船查看了如皋市焦港河沿线两岸护岸整治工程建设、岸坡占用、河道保洁、水质状况等情况。市领导吴道健、高峰参加活动。

△ 如皋市正式启动城镇居民基本医疗保险和新型农村合作医疗的整合并轨工作，实施 14 年之久的新农合制度退出历史舞台。从 2018 年起，如皋市开始实施统一的城乡居民医保制度。

30日

△ 市委副书记、市长何益军率领相关部门负责人到万都广场、江苏天南电力器材有限公司等地，督察夏季安全生产工作，要求各镇（区、街道）、市各部门和单位针对高温高湿多雨季节特点，深入扎实开展夏季安全生产大检查，全面消除事故隐患，确保不发生任何安全生产事故。

△ 2017 年，市委、市政府出台《畜禽养殖污染专项整治实施方案》，把“治理畜禽养殖污染”列为“263”专项行动“六治”重点内容之一，截至 6 月底，如皋市已关闭拆除畜禽舍总户数为 2446 户，累计面积为 87.3 万平方米。

2017 年 7 月

1 日

△ 如皋市举行庆祝中国共产党成立 96 周年大会暨第二期“村(社区)书记大讲坛”,相关先进集体和先进个人受到表彰。会上,市委书记陈晓东正式开通“雉水先锋”党建微信平台,并为广大党员干部上题为《旗帜鲜明讲政治 勠力同心抓发展》的“七一”专题党课,市委副书记、市长何益军,市委副书记丁兴华分别通报了如皋市被评为南通市党建工作示范点、南通市“四讲四有”党员标兵名单和《中共如皋市委关于表彰先进基层党组织、优秀共产党员、优秀党务工作者、十佳党员企业家和“双强”型村(社区)党组织书记标兵的决定》,市委常委、政法委书记缪小华通报了全市“矛盾纠纷化解突击月”活动情况,7 名村(社区)书记分别围绕“文明城市创建”“完善村规民约推进移风易俗”两大主题进行了交流发言。

△ 市委副书记、市长何益军主持召开市长办公会,听取各条线 6 月份重点工作完成情况汇报,部署 7 月份重点活动安排。市领导丁锋、陈晓彬、黄文斌、张亚鸾、高峰、张百璘、程瑞琴、万维庆出席会议。

△ 7 月起,根据救助标准自然增长机制,全市调整 2017 年度城乡低保、农村特困供养、城市“三无”人员及孤儿救助等救助标准:城市低保标准由 590 元/人·月提高到 600 元/人·月,570 名城镇低保对象从中得实惠;农村低保标准由 480 元/人·月提高到到 550 元/人·月,增长 14%,惠及全市 8565 户 18266 名农村困难群体;农村特困供养标准达到 7728 元/人·年,其中,集中供养对象每人每年统筹 500 元用于解决医疗问题,分散供养对象每人每年统筹 1128 元用于解决住房、医疗等问题;城市“三无”供养对象标准提高到 16800 元/人·年;机构供养孤儿救助标准为 1968 元/人·月,分散供养孤儿救助标准为 1192 元/人·月。

2 日

△ 中国侨联文化交流部部长刘奇一行到如皋,就侨联文化宣传工作开展情况进行专项调研,实地参观李昌钰刑侦科学博物馆、中国·如皋国际园艺城,了解如皋文化交流基地建设情况,听取相关工作建议和意见。市政协副主席刘晓洁参加调研。

△ 市委常委、组织部部长、统战部部长缪爱诚率领相关部门负责人,实地查看北外附属如皋龙游湖外国语学校项目建设现场,了解项目规划建设推进情况。

△ 全市妇女儿童工作会议召开,总结“十二五”期间如皋市妇女儿童事业发展情况,表彰先进,交流经验,研究部署下一阶段妇女儿童工作,进一步推动全市妇女儿童事业又好又快发展。副市长张亚鸾出席会议。

△ 市公安局举行警风警纪监督员聘请仪式,正式向 24 名警风警纪监督员颁发聘书及监督员证。副市长陈晓彬出席会议。

3 日

△ 中建环球投资控股有限公司董事长马亚军率领考察团到如皋考察,实地查看高铁新城商务区、创智湖、如皋港保税物流中心等处,了解如皋市经济社会、物流业、旅游业、大健康产业等发展情况。市委副书记、市长何益军,市委常委、常务副市长丁锋,副市长高峰陪同考察。

△ 南通市首家标准化技术委员会分委会——全国滚动轴承标准化技术委员会滚动体分技术委员会在如皋成立,江苏力星通用钢球股份有限公司获批滚动体分技术委员会秘书处承担单位。国家质量监督检验检疫总局法规司司长许新建,国家标准化管理委员会副主任殷明汉,江苏省质量技术监督

局副局长黄运海,南通市委常委、副市长王剑锋等出席成立大会,如皋市委副书记、市长何益军为江苏力星通用钢球集团授牌。

4日

△ 中国光大水务有限公司总裁安雪松率队到如皋,就开展水环境治理、提升水环境质量进行专题研究。公司在前期调研的基础上,针对如皋市主城区、长江镇、九华镇的水系综合整治工程提出初步方案,通过专题片介绍、PPT演示、专家现场陈述等多种方式进行了详细汇报,拉开如皋市与光大水务在水环境整治项目上的合作序幕,力争把如皋建成在全国可复制推广的全域水环境治理示范城市。市领导何益军、丁锋、杜永红、万维庆参加相关会议。

△ 市政协召开十四届第三次常委会,与会人员实地参观汽车文化体验馆、康迪电动汽车、赛麟汽车、陆地方舟等处,听取市政协第一、二、三调研小组分赴新能源汽车产业发展较好的浙江、山东、广东等地区调研的相关报告,就加快推进如皋市新能源汽车产业提出建议,并协商通过关于调整相关政协委员的决定。市政协主席张元健,副主席杜永红、郑振明、冒平、严世斌、刘晓洁,秘书长许映亮出席会议。市领导马金华、陈杰应邀参加会议。

△ 南通市第十一届运动会暨第二届全民健身运动会农民部项目比赛在如皋市金岛生态园举行。副市长张百璘出席活动并致辞。

6日

△ 南通市委常委、纪委书记韩方率队到如皋督察通扬运河水环境治理工作,实地查看白蒲镇污水处理厂和林梓大桥、丁堰大桥、东陈大桥的水体断面情况。市领导何益军、史有根陪同督察。

7日

△ 市委副书记、市长何益军率队到磨头镇开展"走帮服"活动,先后走访南通博尔德汽车零部件有限公司、邓高社区、如皋纵固精密电子有限公司、如皋市花神糖业有限责任公司等企业、村(社区),倾听基层声音,帮助解决难题。

△ 全市意识形态领域情况分析研判会暨中共十九大宣传工作动员会召开,通报《如皋市落实党委(组)意识形态工作责任制实施方案》《迎接党的十九大宣传工作方案》,听取相关部门、镇(区)对全市意识形态领域情况进行分析研判,市文广传媒集团、市委党校负责人就迎接中共十九大宣传工作进行了交流。市委常委、宣传部部长茅红宇主持会议,市委副书记丁兴华出席会议并讲话。

△ 如皋软件园在上海举办专题招商推介会,向上海和长三角地区以及国内外各界朋友,介绍如皋软件园投资环境、发展前景、人才引进政策,并对软件及信息服务外包进行专题推介,一批重点项目集中签约。市委常委、副市长桂万先出席活动。

△ "赛麟之夜"中德高雅古典音乐交流会在如皋大剧院举行,南通市政府党组成员朱晋,如皋市领导吴道健、马金华、茅红宇、邵晓泉、张亚鸾出席音乐会,与广大市民共同欣赏了如皋籍旅德青年女高音歌唱家李洁与两位德国老师的精彩演唱。

8日

△ 如皋市召开专利工作推进会议,动员全市上下突出关键核心指标、奋力弥补序时脱幅、加大执行力度,全力抓好专利重点指标工作推进。副市长高峰出席会议。

9日

9—10日

△ 全国农业科技创业创新联盟主席、国务院扶贫办原主任、农业部原副部长刘坚一行到如皋,实地考察城市规划展示馆、龙游湖、中国·如皋国际园艺城、李昌钰刑侦科学博物馆和部分农业项目,听取现代农业、大健康、大旅游产业发展有关情况介绍。

10日 △ 福建省宁德市霞浦县副县长王建华率领考察团到如皋，就教育改革发展情况进行考察，听取如皋市教育改革情况介绍。副市长张亚鸾陪同考察。截至2017年7月，如皋市有中小学90所，在校生15万人，在职教职工1.01万人。

△ 如皋市召开省环境保护督察迎查动员部署会议，市委副书记、市长何益军出席会议并讲话，市委常委、常务副市长丁锋传达省环境保护督察工作有关文件精神。市领导桂万先、黄文斌、张百璘、万维庆出席会议。

△ 市委副书记、市长何益军召集四大主功能区主要负责人，就10亿元以上重大项目进行会商，并讨论发展新能源汽车产业，做大做强如皋港现代物流产业。市领导吴道健、马金华、刘向阳、丁锋参加会议。

△ 2017年全国田径耐力项目高水平后备人才基地训练营开营仪式在如皋市少体校举行，国家体育总局田径运动管理中心副主任王楠、副市长张亚鸾出席相关活动。本次训练营主要针对中长跑、竞走两大耐力项目进行专业培训，来自全国的众多专家、教练和运动员后备人才齐聚皋城进行训练。

10—11日

△ 省老年体协常务副主席华洪兴一行到如皋，看望慰问即将参加在贵州举行的第三届全国老年人体育健身大会持杖健走交流活动的如皋老健会运动队，并实地参观搬经镇文体中心，对如皋老年人体育工作进行调研。副市长张亚鸾陪同调研。

11日 △ 市委副书记、市长何益军主持召开高铁新城指挥部会议，研究讨论高铁新城各项目推进情况，先后实地查看先进制造业园区、茅雉河工程、龙游河北延等现场，听取有关快速路网规划及一期建设方案招标范围、先进制造业园区选址、创智湖开挖方案及周边功能规划、北外英语教育研究院选址、新城区医院及学校建设模式等方面的汇报。市领导丁锋、史有根、缪爱诚、黄文斌、张亚鸾、万维庆参加会议。

△ 市委常委、宣传部部长茅红宇一行调研市文广传媒集团、江苏有线如皋分公司工作，实地查看市文广传媒集团报纸、电视、广播、新媒体主要科室及江苏有线如皋分公司机房，听取了两家单位有关发展情况介绍。

11—12日

△ 市委常委、副市长桂万先调研司法行政工作，听取市司法局服务全市发展稳定的相关工作汇报，实地走访如城、城南、城北三个街道司法所和市社会矛盾纠纷调处中心、特殊人群管理服务中心、法律援助中心以及市公证处等处。

12日 △ 淮安市淮安区区委副书记、区长施恩佩率领区农委等相关部门负责人一行到如皋考察休闲农业，实地考察如皋市长江药用植物园、金岛生态园、中国国际园艺城、顾庄生态园等处。副市长张百璘陪同考察。

△ 南通市体育局局长杨建一行调研如皋体育工作，实地走访如皋市奥体中心各功能馆、少体校、全民健身中心、龙游河生态公园等处，并听取全市体育工作开展情况及下一步工作思路汇报。市委常委、宣传部部长茅红宇陪同调研。

△ 省政府办公厅下发文件，通报第四届江苏省优秀年鉴评比结果，《如皋年鉴(2015)》荣获综合一等奖。

13日 △ 中国城市科学研究会智慧城市建设相关专家到如皋，就如皋市智慧城市建设进行初步研讨。市领导何益军、丁锋参加相关活动。

△ 亚洲(勒芒)汽车运动投资基金管理有限公司董事长曹建伟率队到如皋考察，实

地查看如皋港区规划沙盘、金岛生态园、长江药用植物园以及项目地块,并就在如投资项目推进事宜进行沟通交流。市委副书记丁兴华陪同考察。

△ 市委副书记丁兴华,市委常委、宣传部部长茅红宇率队到吴窑镇、江安镇督察文明城市创建工作,先后实地查看吴窑镇长西村、文体中心、农贸市场和江安镇农贸市场、妇女儿童活动中心、陈严村等处,并就热点难点问题进行现场对接、协调处理。

14日 △ 中国科学技术协会党组成员兼学会学术部部长、企业工作办公室主任宋军一行到如皋,就创新驱动助力工程、科技信息企业推广应用服务成效等开展调研,实地查看南通市锻压设备股份有限公司,听取企业科技创新汇报,并就如何更好开展创新服务进行了探讨交流。省科协学会部副部长岳智顺、南通市科协副主席缪建红、如皋市副市长陈杰参加调研。

△ 北京市政府产业协调中心常务副主任房晓率队到如皋,就产业对接进行专题调研,听取市委副书记、市长何益军介绍如皋市经济社会发展情况和高铁新城发展规划,并实地考察如皋市京通产业园、龙游湖外国语学校、创智湖(中央创新区、生命健康科技园、国际社区)、顾庄生态园、李昌钰刑侦科学博物馆等地。市领导何益军、丁锋、张亚鸾、程端琴、吕兰参加活动。

△ 台湾电电公会(台湾区电机电子工业同业公会)副理事长郑富雄率领参访团到如皋,就如皋市经济社会发展情况以及投资环境进行考察,先后实地参观软件园、中国·如皋国际园艺城、斯密特森、汽车文化馆等处。市委常委、宣传部部长茅红宇,市人大常委会副主任邵晓泉,副市长高峰陪同考察。

△ 如皋市举行"90后"优秀年轻公务员座谈会。市委常委、组织部部长、统战部部长缪爱诚出席会议并讲话。

15日 △ 如皋市召开服务业重点工作推进会议,对2017年上半年如皋市服务业发展情况"回头看"、下半年服务业发展工作进行"再部署",助推全市服务业实现平稳较快增长。市领导丁锋、桂万先出席会议。

△ 如皋市举行高端人才招引"百日竞赛"动员会,回顾总结上半年全市招才引智工作成效和经验,动员部署高端人才引进"百日竞赛"活动,目标在10月底成功招引10名以上顶尖人才、20名以上符合省"双创"申报条件的高端人才。市委常委、组织部部长、统战部部长缪爱诚出席会议,听取14个镇(区、街道)主要负责人、人才工作分管负责人交流汇报上半年落户人才项目和在手在谈人才项目情况以及下一步工作打算。

17日 △ 南通市委书记陆志鹏率队到如皋,实地考察重大项目建设情况,实地走访如皋市新能源汽车项目、光大生物能源(如皋)有限公司生物质发电项目、北外如皋培训中心项目,听取相关负责人项目汇报。如皋市领导陈晓东、丁兴华、马金华等陪同考察。

△ 市政协主席张元健,副主席杜永红、郑振明、冒平、刘晓洁,秘书长许映亮一行视察如皋港集团工作,实地查看江苏联仓科技、如皋港苏中国际集装箱码头、如皋港保税物流中心等处,听取集团运行情况汇报,并从注重柔性人才引进、合理开通航线等方面对如皋港集团发展提出建议。副市长程瑞琴参加活动。

17—19日

△ 市委常委、组织部部长、统战部部长缪爱诚,市人大常委会副主任张勇,市政协副主席严世斌先后看望慰问高温下坚守岗位的环卫工人和北外如皋培训中心项目实施现场、荷兰小镇B区项目现场一线工人,送去防暑降温用品,感谢他们为如皋城市建设所做出的贡献。

18日 △ 为期12天的如皋市新录用公务员、高学历人才、大学生村官初任培训班开班。市委常委、组织部部长、统战部部长缪爱诚出席开班典礼。此次培训包括开班、理论教育及党性修养、如皋市情、能力素质提升、结业与任职等模块，内容涵盖新时期如皋奋斗历程及基本经验、中国共产党的奋斗历程及基本经验、公务员职业道德与行为规范等。

19日 △ 国家统计局江苏省调查总队总队长邓盛平一行到如皋调研，实地走访高新区(城南街道)桃北村和村里部分“记账户”、如皋工业园区(如城街道)顾庄社区部分农户，以及如皋汽车文化馆等处。市领导陈晓东、刘向阳、丁锋陪同调研。

20日 △ 2017年市政府为民办实事项目督查推进会召开，与会人员实地查看茅雉河整治、通皋大道搬迁、宏坝河西段整治、如师河东小游园、新民社区综合文化服务中心及卫生服务站等项目现场，听取各有关牵头部门关于民办实事项目推进情况汇报和相关配合部门合力推进为民办实事项目补充发言。市委副书记、市长何益军出席会议并讲话。会上，市人大常委会主任吴道健、市政协主席张元健进行了点评，各分管副市长就进一步抓好为民办实事项目实施进行了表态发言，受邀的人大代表和政协委员对为民办实事项目推进提出了建议。

△ 统计数据显示，自3月31日正式发行以来，截至当日，全市“交通一卡通”累计发行近2万张，推动如皋三级公交乘载率持续上升，从售卡首日的几十人次升至当前每日千余人次；二季度，市民使用“公交一卡通”乘坐公交享受优惠政策总额近43万元，刷卡人次占客运总量的28%。

21日 △ 市委书记陈晓东主持召开市委常委会，传达学习全省开发区改革创新大会、全省促进农民增收工作会议、全省市县人大常委会负责同志座谈会、全省新的社会阶层人士统战工作会议及南通市统战部部长座谈会精神，讨论《关于分解落实2017年南通市“四个全面”综合考核目标任务的通知》、《2017年镇（区、街道）协调推进“四个全面”战略布局综合考核办法》、《关于对2016年度落实党风廉政建设责任制检查考核反馈意见的整改落实情况报告（讨论稿）》、《关于全面落实市纪委向市一级党和国家机关派驻纪检机构的方案》、《科级领导班子和领导干部谈心谈话活动建议方案》、《如皋市落实党委（党组）意识形态工作责任制实施方案》等议题。

△ 市委副书记、市长何益军主持召开第十七届市政府第七次常务会议，讨论《如皋市产业发展基金管理办法(试行)》《关于加强投资项目在线审批监管平台应用工作的通知》《2017年市政府为民办实事“教育信息化基础工程”项目规划方案》等议题。

△ 市委书记陈晓东到赛麟汽车零部件加工项目建设工地，实地查看项目进展情况，慰问奋战在一线的建设者，要求在确保安全和质量的前提下，展现“如皋速度”，加快施工进度。总投资178亿元的赛麟汽车项目是省重大项目，也是当前南通单体总投资最大的制造业项目，一期投资50亿元，计划2018年6月投产，建成后将实现汽车核心零部件和总成15万套生产能力。

△ 市委书记陈晓东前往挂钩联系的经济技术开发区平园池村开展“走帮服”活动，了解民意，倾听民声，谈建议，鼓干劲。

22日 △ 上海科学院(上海产业技术研究院)党组书记、院长钮晓鸣率队到如皋，就经济社会发展、产业发展等情况进行考察，听取市委书记陈晓东介绍如皋市历史沿革、现期发展思路和未来愿景，并开展座谈交流。市领导何益军、丁锋、程瑞琴陪同考察。

△ 市委书记陈晓东率队对全国文明城市创建工作进行专项督察，先后深入百岁步行街、人民医院东侧搬迁地块、南门桥市场、城南社区老小区等处，沿途查看道路交通、管理秩序、环境卫生、老小区

管网改造、背街小巷治理等情况，详细了解工作中遇到的困难和问题，就热点难点问题进行现场对接、协调处理、督促落实，并看望慰问在创建全国文明城市一线工作的交警、志愿者及环卫工人。市领导丁兴华、刘向阳、茅红宇、陈晓彬参加督察。

△ 第七届“小亭志愿服务月”暨“我为创建全国文明城市做贡献”主题志愿服务活动在安定广场启动，市委书记陈晓东出席活动并讲话。活动现场发布了第三批志愿服务伙伴计划项目，并向全市发出《我为创建全国文明城市做贡献》倡议书，2016—2017年度优秀志愿服务组织、优秀志愿服务项目、优秀志愿服务社区、优秀志愿者受到表彰，市委副书记、市文明委主任丁兴华为大学生暑期社会实践志愿服务队授旗。市领导茅红宇、陈万圣、张亚鸾、严世斌出席仪式。

△ 如皋市召开全市安全生产工作暨“大排查大整治”动员会，回顾总结上半年安全生产工作，进一步增强安全生产责任意识、大局意识、忧患意识。会议由市委常委、政法委书记缪小华主持，市委副书记、市长何益军出席会议并讲话，副市长高峰作安全生产工作报告，经济技术开发区、市建工局、市公安消防大队交流发言。

24日

△ 省侨办副主任徐井信一行到如皋考察，并就筹备第二届国际司法鉴识、教育研讨会进行交流。市领导陈晓东、刘向阳参加活动。

△ 市委书记陈晓东率队调研市综治中心建设运行情况，实地参观一站式服务大厅、法律援助业务受理大厅、涉法涉诉来访接待窗口、信访局、司法局等处，详细了解中心组织结构、人员组成、运行机制等情况。市委常委、政法委书记缪小华陪同调研。

△ 省经信委下发《关于公布2017年度江苏省科技小巨人企业和专精特新产品名单的通知》(苏中小科技〔2017〕519号)，认定全省50家企业为2017年度江苏省科技小巨人企业，如皋市共有江苏万达特种轴承有限公司、江苏省如高高压电器有限公司2家企业上榜，占南通入选总数的1/3。此前，神马电力科技、力星通用钢球、明德塑胶3家企业获此殊荣。

25日

△ 澳大利亚江苏工商联合总会会长陈银新一行到如皋，实地考察金旺家庭农场、李昌钰刑侦科学博物馆、外国语学校附属幼儿园。市领导陈晓东、张亚鸾陪同考察。

△ 市委书记陈晓东主持召开市委常委（扩大）会议，对国民经济运行、财经、开放型经济、服务业、工业经济、科技创新、旅游业、城建、交通、环保、建筑业等工作进行专题调研，全面总结上半年工作，谋划下半年经济社会发展思路举措，进一步聚力创新转型，聚焦项目建设，加快富民进程。市四套班子领导张元健、丁兴华等出席会议。

△ 团市委主办的2017年“青春筑梦·e路有你”青年电子商务培训班开班，市委常委、组织部部长、统战部部长缪爱诚出席开班仪式。此次培训聘请南通大学商学院朱建新教授为如皋市青年电商培训导师，并在如皋电子商务产业园、如皋市技工学校两家单位挂牌成立了“大学生暑期电商创业就业见习基地”。

△ 副市长吕兰前往如皋港保税物流中心和苏中国际码头，看望慰问高温下坚守岗位的干部职工，并召开座谈会，听取如皋海关、如皋国检、如皋港集团3家单位负责人汇报上半年工作完成情况以及下半年工作打算。

△ 中国建筑业协会发布2016—2017年度第二批中国建设工程鲁班奖（国家优质工程）复审名单，南通六建集团承建的芜湖规划展示馆、江苏江中集团承建的哈尔滨金河湾世纪广场酒店两工程成功入围。作为我国建设工程最高质量奖，鲁班奖始评于1984年，30多年来，如皋建筑企业凭借过硬的技术实力，先后荣获鲁班奖24项，使如皋成为全国获得鲁班奖数量较多的县级市之一。

26日

△ 省道教协会四届九次会长办公(扩大)会议在如皋举行,听取江苏省第三届道教文化艺术节筹备情况汇报、"道教文化与台商精神家园"研讨会筹备情况汇报、第四届横山论坛筹备情况汇报等,审议通过《江苏省道教协会2017年上半年工作总结及下半年工作要点》。副市长张亚鸾出席会议并介绍如皋经济社会发展情况。

△ 省信访局副局长王传东率领督察组一行到如皋,就社会矛盾和安全隐患大排查大整治工作进行专项督查,听取汇报并实地查看如皋工业园区(如城街道)综治中心、文峰大世界等处。市领导何益军、缪小华、刘向阳、高峰陪同督察。

△ 中远海运集装箱运输有限公司上海公司总经理陶卫东率队到如皋考察交流,详细了解如皋区位优势、产业发展及港口开发等情况,如皋港发展状况、特色优势、规划愿景、潜在市场、业务运营等情况。市委副书记、市长何益军,副市长程瑞琴接待陶卫东一行。

△ 南通市委副书记、宣传部部长张兆江率队到如皋,专题调研"两学一做"学习教育常态化制度化工作开展情况,实地走访如皋经济技术开发区平园池村、双钱集团(江苏)轮胎有限公司等处,并召开座谈会,听取如皋市推进"两学一做"学习教育常态化制度化工作情况汇报和部分基层党组织负责人、党员代表结合"两学一做"学习教育、围绕"如何促进农业增效、农民增收"话题提出的建议意见。市领导陈晓东、丁兴华、缪爱诚陪同调研。

△ "八一"建军节即将到来之际,南通市委副书记、宣传部部长张兆江率队慰问驻如皋空军部队,向广大官兵致以节日的问候和良好的祝愿,并送上慰问品。如皋市领导陈晓东、丁兴华、祝国庆、邵晓泉陪同慰问。

△ 市委书记陈晓东率队慰问市人武部官兵,向他们送上节日祝福,并了解市人武部工作开展情况,就进一步做好征兵和人武工作提出要求。

△ 市政协主席会议协商全市群众体育工作,与会人员实地参观搬经镇文体中心、健康桥健身点、奥体中心等处。市政协主席张元健,副主席杜永红、郑振明、冒平、严世斌、刘晓洁,秘书长许映亮出席会议。

△ 2017海外华裔和香港、台湾地区青少年"中国寻根之旅"夏令营(南通营)闭营仪式暨汇报演出在长江青少年素质教育实践基地举行。副市长吕兰出席活动。此次夏令营为期一周,共有来自美国、匈牙利的34名华裔青少年和8名中国香港、台湾地区青少年,在领队老师带领下,通过参加刻凿喜笺、学习国粹、游览古迹、品味特产等趣味活动,感受了如皋深厚的历史文化、佛教文化、长寿文化、盆景文化、美食文化,领略了中华文明的源远流长。

△ 为期12天的2017年全国田径短跨、跳跃、投掷项目高水平后备人才基地训练营在如皋开营。训练营设置军训、专家实践课等课程,来自全国各省(市、区)的109名教练员、735名运动员参训。

27日

△ 安徽省滁州市政协副主席、天长市委书记金维加率领考察团一行到如皋考察全国文明城市创建工作,听取市委书记陈晓东介绍全市经济社会发展及全国文明城市创建工作情况,并实地考察如皋工业园区(如城街道)丰泽怡园、顾庄社区等处。市领导陈晓东、丁兴华陪同考察。

△ 省农委副主任徐惠中率领全省农业对外合作工作会议与会人员到如皋考察,实地参观中国肠衣城、中国·如皋国际园艺城等处。市委副书记丁兴华陪同考察。

△ 市委书记陈晓东主持召开市委常委(扩大)会议,就教育、卫生计生、社会事业、社会治理和平安法治建设、宣传思想、组织(群团)、党风廉政建设、统战以及市人大、市政协有关工作开展情况进行调研,分别听取各分管市领导交流各自条线上半年工作完成情况,客观分析存在问题,介绍下半年工作思路。市四套班子领导何益军、吴道健、张元健、丁兴华等参加调研。

△ 市委书记陈晓东,市委副书记、市长何益军率队慰问南通军分区部队官兵,向广大官兵致以节

日的问候和良好的祝愿,并送上慰问品。市委常委、市人武部部长祝国庆参加慰问。

△ 市委副书记、市长何益军率队到如皋边防检查站、武装中队、消防大队和军休所,开展"八一"建军节慰问活动,感谢他们多年来为如皋经济社会各项事业作出的贡献,希望继续关心和支持地方发展,共同谱写双拥共建新篇章。市委常委、市人武部部长祝国庆参加活动。

28日

△ 南通市政法工作暨社会治理创新推进会在如皋召开，与会人员实地参观东陈镇综治中心、市检察院为民服务中心、市交通管理服务中心、如皋工业园区(如城街道)城西社区、市综治中心等处。南通市委常委、政法委书记姜永华,如皋市领导陈晓东、何益军、缪小华、刘向阳、陈晓彬参加相关活动。

△ 如皋市召开筹备工作推进会，就9月24日—28日在如皋举办第二十届亚洲老将田径锦标赛的各项准备工作进行部署。副市长张亚莺出席会议。

△ 如皋市召开2017年征兵工作会议,总结2016年征兵工作,宣布2016年度征兵工作表彰通报和市廉洁征兵监督员名单,下达2017年度征兵命令。市委副书记、市长、市征兵工作领导小组组长何益军,市委常委、市征兵工作领导小组副组长、市人武部部长祝国庆,副市长、市征兵工作领导小组副组长张百璘出席会议。

△ 如皋市举行喜迎中共十九大、纪念中共如皋县委诞生90周年暨"长江情长"汉皋文化交流专场文艺晚会。市领导茅红宇、杜永红出席活动。

29日

△ 如皋市召开质量强市工作会议,动员全市上下牢固树立质量第一、争先进位的强烈意识,全面提高质量发展水平,服务支撑供给侧结构性改革。副市长高峰出席会议。

△ 如皋市举行2017年新任驻村第一书记出征动员会,全体新任第一书记递交任期目标责任书并进行了集体宣誓。市委常委、组织部部长、统战部部长缪爱诚出席会议。

△ 2017年如皋市新录用公务员、高学历人才、大学生村官初任培训结业典礼举行。市委常委、组织部部长、统战部部长缪爱诚出席活动。

31日

△ 市委书记陈晓东主持召开座谈会,通报如皋市经济社会发展情况,就市委十二届五次全体(扩大)会议报告,征求老领导意见。市领导丁兴华、缪爱诚、窦灿辉参加会议。

△ 市委书记陈晓东率队调研如皋工业园区（如城街道）孔庙社区文明城市创建工作,先后查看孔庙社区新装修的社区公共服务中心和武定苑小区的车辆停放、垃圾分类回收、楼道文化建设等情况,要求突出如皋个性、如皋特色,让创建更有生命力。市委常委、宣传部部长茅红宇参加调研活动。

2017 年 8 月

1 日

△ 市委副书记、市长何益军召集市法制办、市场监管局、行政审批局、规划局、农委、发改委、国土局、编办等相关部门负责人召开座谈会，听取各相关部门意见和建议，进一步推进全市生态环境保护工作责任机制的研究制定。市领导丁锋、桂万先、高峰、万维庆出席会议。

△ 市委常委、纪委书记史有根率队到泛华建设集团保利广场项目工地和标龙建设集团金科世界城、中如建工集团荷兰小镇 B 区项目施工现场，走访慰问一线建筑工人，送去防暑降温物品及安全手册，并强调重视高温天气下安全生产工作。市领导黄文斌、万维庆参加活动。

△ 《如皋日报》报道，全市首批 347 项“不见面审批(服务)”事项清单在江苏政务服务网正式公布。这些审批(服务)事项覆盖教育医疗、农业生产、企业登记、税费征收等与群众和企业生活、生产密切相关的领域，今后采用“不见面审批”，即“在线咨询、注册认证、网上申请、网上审核、网上办结、快递送达、评价反馈”的办理模式，通过“一张网”(统一入口：http://www.jszwfw.gov.cn/江苏政务服务网)，实施“全程网办”，让“数据多跑路，群众不跑腿”，市民可以在网上或者通过 EMS 快递服务轻松快速办结。

△ 中国科学院公布 2017 年中国科学院院士增选初步候选人名单，共有 157 位科学家入选，如皋籍教授、东华大学材料科学与工程学院院长朱美芳入围。

2 日

△ 市委常委、组织部部长、统战部部长缪爱诚率队到城东实验幼儿园、北外附属如皋龙游湖外国语培训中心，现场查看学校在建工程推进情况，重点了解、协调解决存在的问题和困难。副市长张亚鸾参加活动。

3 日

△ 省地税局副局长张滢率队到如皋，调研了解全市建筑业重点企业“营改增”以后的经营状况，收集税收执法服务方面的好建议。南通市地税局党组书记、局长佘元原，如皋市委副书记、市长何益军，市委常委、常务副市长丁锋参加活动。

△ 市委副书记、市长何益军召集相关部门和镇(区、街道)负责人召开通扬运河长江流域水环境治理座谈会，详细了解水环境整治和“河长制”落实情况，研究推动区域生态环境质量持续改善，进一步提升通扬运河流域水质。

△ 如皋市召开畜禽养殖污染专项整治验收工作动员会，通报全市畜禽养殖污染专项整治工作开展情况。市领导丁兴华、史有根、黄文斌、张百璘、万维庆出席会议。

3—4 日

△ 市第十七届人大常委会召开第四次会议，先后听取审议市政府关于全市医疗卫生服务体系建设情况的报告，关于 2017 年上半年国民经济和社会发展计划执行情况的报告，关于 2016 年决算、2017 年上半年财政预算执行情况及预算调整报告，关于 2016 年度市本级财政预算执行和其他财政收支情况的审计工作报告，关于《如皋市市级预算审查监督办法》等四项制度修改完善情况的说明，并对市政府相关工作进行满意度测评。会议表决通过《如皋市人大常委会关于批准 2016 年市级财政决算的决议(草案)》《如皋市人大常委会关于批准 2017 年市级预算调整方案的决议(草案)》《如皋市人大常委会关于修改完善〈如皋市市级预算审查监督办法〉等四项制度的决定(草案)》和任命吕兰为如皋市人民政府副市长的相关人事任免事项，为新任命人员颁发了任命书并举行了宪法宣誓仪式。

4日

△ 市委书记陈晓东主持召开市委常委会，传达南通市政府安全生产工作会议精神，汇报全市上半年安全生产工作情况，研究讨论市委十二届五次全体（扩大）会议方案和会议报告、全市上半年项目建设工作考核结果、《关于在深入开展深化“百千万”工程推进富民强企奔小康“走帮服”活动中认真做好各类问题梳理与化解工作的实施意见》等议题。

5日

△ 参加市委十二届五次全体（扩大）会议的人员，实地参观汽车文化体验馆项目、赛麟汽车项目、鑫程医院医养一体化项目、北外附属如皋龙游湖培训中心项目、联仓大宗商品服务中心项目、永友粮食仓储物流项目、德禄家具（南通）有限公司项目和如皋工业园区（如城街道）东部家具产业园、梦百合项目等全市经济社会发展亮点，感受如火如荼的项目建设现场。

6日

△ 市委十二届五次全体（扩大）会议在市行政中心礼堂召开，回顾总结上半年工作，研究部署下半年各项重点工作。大会听取审议了市委书记陈晓东代表市委常委会向大会所作题为《上下同心勇担当、主攻富民善作为，为高水平全面建成小康社会而努力奋斗》的工作报告，点评了上半年项目建设情况，部署下半年项目建设工作，宣布了上半年项目建设、重点单项工作考核结果及表彰决定，并为上半年项目建设考核先进单位颁发了流动红旗。与会人员经过认真酝酿、讨论，通过《关于追认给予谢万建开除党籍处分决定的报告》《中国共产党如皋市第十二届委员会第五次全体（扩大）会议决议（草案）》。

7日

△ 省司法厅、省法治宣传教育领导小组办公室、如皋市司法局在安定广场联合举办以“美好生活·德法相伴”为主题的“普法惠民环省行”活动，通过歌舞、小品、表演唱等群众喜闻乐见的形式向群众宣传法律常识，并为现场观众提供实时法律咨询服务。市委常委、副市长桂万先出席活动。

△ 南通市副市长、河长制办公室主任赵闻斌率队到如皋，听取河长制工作落实情况汇报，调研如泰运河如皋段河长制工作落实情况。市领导何益军、丁兴华、张百璘参加会议。

△ 如皋市举行干部调整集体谈话会，与14名来自基层一线的新任乡镇政法委员集中谈心谈话，勉励他们敢于工作、勇于工作、善于工作，干出成绩，干出水平。市委常委、政法委书记缪小华，市委常委、组织部部长、统战部部长缪爱诚参加会议。

△ 如皋市召开深化“百千万”工程推进富民强企奔小康“走帮服”活动大讲坛暨推进会，通报当前全市“走帮服”活动开展情况。市委书记陈晓东出席会议并讲话。会议随机抽取市发改委、建工局、妇联、如皋工业园区（如城街道）、长江镇（如皋港区）5家单位作了“走帮服”活动交流发言。市领导吴道健、张元健、丁兴华、马金华、缪小华、丁锋、史有根、缪爱诚、茅红宇、祝国庆、桂万先出席会议。

8日

△ 省委组织部组织一处处长倪春青一行到如皋调研基层党建工作，实地考察经济技术开发区北郊花苑智慧党建平台、平原池村公共服务中心和如皋工业园区（如城街道）宗岱村公共服务中心，详细了解基层党建活动开展、党组织和党员作用发挥、村级经济发展、村营收入构成等情况。市委常委、组织部部长、统战部部长缪爱诚陪同调研。

△ 如皋市举行首届如皋青年人才大会暨“看如皋 话发展 助成长”如皋籍在外青年学子家乡行活动，进一步吸引青年才俊、优秀学子到如皋创新创业，鼓励如皋籍青年回乡发展。市领导陈晓东、缪爱诚、张亚鸾出席活动，并为首批成立的6个如皋驻外学子团支部、4个如皋青年学子就业创业见习基地授牌。

9日

△ 市委书记陈晓东主持召开专题会议，听取城市水系和大健康产业、软件园建设、新能源汽车产业基地建设三个指挥部的工作推进情况汇报，相关部门负责人就进一步做好指挥部工作提出了建议、意见。市领导张元健、马金华、缪小华、刘向阳、丁锋、桂万先、邵晓泉、黄文斌、张亚鸾、高峰、张百璘、程瑞琴、严世斌、刘晓洁出席会议。

△ 市委书记陈晓东，市委副书记、市长何益军召集规划、交通运输、卫计、教育、招商等部门召开专题会议，听取关于新城区功能提升规划、城市综合交通城区快速路网规划、建立“北上广”产业协同中心策划方案的相关汇报。市领导缪爱诚、黄文斌、张亚鸾、程瑞琴出席会议。

△ 磨头镇在昆山市举行投资环境说明会，对投资环境进行推介说明并进行项目发布，着力与昆山企业集团、科研院所、重点平台、产业园区加快对接步伐，共谋发展。此次活动举行了“中国如皋精密模具产业园”揭牌仪式，形成签约项目11个。市领导钱志刚、陈杰出席活动。

10日

△ “人大代表接待选民日”，市领导陈晓东、何益军、吴道健、张元健分别以市人大代表的身份，到经济技术开发区双龙社区、如皋工业园区(如城街道)城南社区、长江镇(如皋港区)中心沙社区、吴窑镇长庄社区各自人大代表工作联系点，与选民代表进行面对面交流，倾听基层的意见和建议，加强人大代表与选民的密切联系，畅通社情民意反映和表达的渠道。市领导马金华、刘向阳、陈万圣、邵晓泉、张勇等参加活动。

△ 江苏省居家和社区养老创新试点会议在南京召开。会议公布首批省级“居家和社区养老创新示范市”，全省共11个县(市、区)入选，如皋市榜上有名，为南通市唯一县(市、区)。此次试点期限2年，每个试点县(市、区)省厅每年补助500万元。

11日

△ 如皋市在福建省古田县中天大酒店举办“2017年如皋(福建)食用菌产业发展对接洽谈会”，市领导丁兴华、张百璘、郑振明出席会议。会上，市农委负责人介绍如皋现代农业和食用菌产业发展情况，高新区（城南街道）、搬经镇、磨头镇与古田客商进行了项目签约。

△ 市委副书记、市长何益军率领政府办、发改委、监察局、农委、水务局、环保局等部门负责人，到经济技术开发区、搬经镇等镇(区)，实地查看通榆河(连申线)流域突出环境问题整治情况。副市长黄文斌参加活动。

14日

△ 四川省绵阳市游仙区委副书记何守君率考察团一行到如皋，考察项目推进、行政审批制度改革等工作，实地参观市行政审批大厅，听取如皋市推动行政审批制度改革的创新举措，详细了解了市场准入和项目投资建设领域的审批授权、办事流程及服务质量等情况，并举行座谈，就如何提高行政审批效率、推进重点项目落地、解决审批局运行中遇到的难题以及审批团队的发展等情况进行了探讨交流。市委常委、副市长桂万先陪同考察。

△ 南通市委常委、纪委书记韩方一行到如皋，就经济社会发展情况进行调研，先后走访查看经济技术开发区的陆地方舟、赛麟汽车、康迪电动车、平园池村生态藕池文化园和中国·如皋国际园艺城、顾庄生态园等处。市领导陈晓东、马金华、刘向阳、史有根陪同调研。

△ 全市司法行政暨大调解重点工作推进会召开，听取市司法局关于上半年全市司法行政和大调解重点工作落实情况的总结汇报。市委常委、副市长桂万先出席会议并讲话。

△ 如皋市举行全市村卫生室规范化建设现场推进会，总结2017年以来各镇(区、街道)村卫生室规范化建设推进落实情况，并就下一阶段推进工作进行部署。与会人员参观经济技术开发区袁桥社区、顾巷村和如皋工业园区(如城街道)纪庄社区3家规范化建设到位的村卫生室。经济技术开发区、白蒲镇和江安镇3家单位在会上作交流发言。副市长张亚鸾出席会议。

15日

△ 如皋市召开专题会议，落实省委主要领导指示，对“大走访”基础数据填报工作进行专题部署。会议下发《关于做好全省“大走访”信息管理系统基础信息录入工作的通知》，并对数据录入的具体要求和注意事项进行了说明。

△ 如皋市召开千企百亿银企携手对接会议，深入贯彻落实全国金融工作会议精神，切实加大对实体经济支持力度，有效化解企业融资困难。会上，市发改委负责人介绍了全市工业经济运行、企业融资需求方面的情况，金融机构、担保公司负责人介绍了本单位信贷政策和信贷产品，部分企业负责人介绍了企业融资需求。市领导何益军、丁锋、高峰出席会议。

△ 市慈善基金会举行2017年“圆梦助学”首批助学金发放仪式，首批共53名符合资助条件学生得到每人3000元资助。市领导丁兴华、邵晓泉、张百璘、郑振明出席仪式。

△ 市人大常委会副主任陈万圣率市环保局、水务局、城管局、如皋工业园区(如城街道)、高新区(城南街道)等相关部门和单位负责人，乘船实地督察大明河流域水质、企业污水排放、沿线大型养殖场、报废沉船等突出环境问题整治情况。

15—17日

△ 青海省贵德县政协主席增巴率领考察团一行到如皋，就城市建设、产业转型等方面的工作进行考察交流，先后考察如皋市城市规划展示馆、水绘园、汽车文化馆、康迪电动车、李昌钰刑侦科学博物馆、中国·如皋国际园艺城、顾庄生态园、龙游河生态公园等处。市领导陈晓东、张元健、卓么本、郑振明参加活动。

16日

△ 宁夏泾源县委书记张立君率考察团一行到如皋，就花木产业进行专项考察，实地参观中国·如皋国际园艺城和万禾花木生态园，并听取相关情况介绍。市委副书记丁兴华陪同考察。

△ 南通市副市长赵闻斌率队到如皋，深入东升南通国际石材产业城进行调研，详细听取东升南通国际石材产业城负责人关于东升产业城的项目概况、功能规划、最新建设进展等相关情况汇报，并深入到产业城入驻企业调研。副市长张百璘陪同调研。

△ 市委书记陈晓东在市综治中心约访信访群众，倾听他们的诉求，现场协调解决问题。市领导缪小华、陈晓彬、黄文斌参加接访。

△ 如皋市召开公共医疗卫生服务体系建设座谈会。市委副书记、市长何益军就如何进一步加强全市城乡医疗卫生机构对口支援工作、推进分级诊疗体系建设、进一步方便群众看病就医、减轻城乡居民就医负担，与相关镇(区、街道)、部门、医院负责人进行座谈，与会人员分析了当前全市公共医疗卫生服务体系建设中存在的不足，并提出了相应解决意见。市领导钱志刚、张亚鸾参加座谈。

△ 市委常委、副市长桂万先一行到高新区(城南街道)，结合“走帮服”活动，调研相关企业安全生产工作，先后检查宏图纺织有限公司、城开地产时代广场、天恒园林景观工程有限公司等企业，听取生产运行现状和未来发展愿景，详细查看施工现场、机械设备、消防设施、安全生产台账资料等方面情况。

△ 市老建会开展捐赠助学活动，资助43名贫困学子，发放助学金8万元，切实帮助他们解决学习和生活上的困难。副市长张百璘参加活动。

17日

△ 市政府法制办、检察院、环保局、“263”专项行动办公室在市生态环境保护检察中心联合举办全市环保法制警示教育大会。会议通报了全市生态环保的督查情况及污染环境的典型案例、介绍了生态环境保护检察中心的基本职能，播放了2名涉罪犯罪嫌疑人的现身说法视频短片。

18日 △ 南通市委重特大项目督导员黄利金率调研组一行到如皋调研重特大产业项目建设情况，先后实地走访金桥科技新建年产60万吨油脂化学品、联仓大宗商品服务中心、北外如皋培训中心等10亿元以上重特大项目建设现场，详细了解项目总体推进情况、形象进度、项目审批和年度计划投资完成情况。市领导陈晓东、丁兴华、高峰参加调研活动。

△ 市委书记陈晓东主持召开专题会议，听取高铁新城建设、渤商所长江国际交易中心建设、如皋港深度开发三个指挥部的工作推进情况汇报，相关部门负责人就进一步做好指挥部工作提出的建议、意见，推动全市重点工程、重大项目和重要产业建设高效推进。市领导何益军、吴道健、丁兴华、丁锋等出席会议。

△ 如皋市召开文化建设工程推进会，传达习近平总书记“7·26”重要讲话精神，回顾2017年以来全市文化建设工程推进情况，通报各镇(区、街道)第二季度文化建设工程考核情况及基层综合文化服务中心建设情况，对迎接国家测评和筹备省农村精神文明建设现场会议进行全面布置。市委常委、宣传部部长茅红宇出席会议。会上，丁堰镇、江安镇、长江镇(如皋港区)等镇(区、街道)就全国文明城市创建及基层综合文化服务中心建设工作进行了交流发言。

△ 如皋市召开经济社会发展情况汇报会，市委副书记、市长何益军向人大代表、政协委员通报全市上半年经济社会运行情况，介绍下一步重点工作安排，人大代表和政协委员就进一步抓好经济社会发展提出意见。市领导吴道健、张元健、丁锋、桂万先等参加活动。

19日 △ 第二十届亚洲老将田径锦标赛接待宾馆酒店工作会议举行，通报前期宾馆酒店接待工作中存在的安全风险隐患，进一步指导宾馆酒店严格按照组委会要求认真做好“第二十届亚洲老将田径锦标赛”宾客接待工作。副市长张亚鸾出席会议。

△ 如皋市召开村级统计规范化建设暨住户调查样本轮换工作会议，对全市推进村级统计“五有五化”规范化建设、住户调查样本轮换工作进行部署，与会人员参观丁堰镇新堰社区，听取丁堰镇村级统计规范化建设经验介绍。市委常委、常务副市长丁锋出席会议。

21日 △ 中兴通讯副总裁、中兴软创董事尚军率队到如皋考察，实地考察凌志软件、博云物联、青软实训、龙游湖商务区等处，并就智慧城市建设进行深入交流洽谈。市委书记陈晓东，市委常委、常务副市长丁锋参加活动。

△ 南通市“幸福相约 健康同行”暨“雉水之夜”卫计委专场文艺演出在龙游河生态公园举行，市卫计委为当选2017年“十佳幸福家庭”的10个家庭颁发证书和奖金。省卫计委副主任、党组成员何小鹏，南通市政协副主席陈宋义，如皋市委常委、组织部部长、统战部部长缪爱诚出席活动。

△ 启东市委书记王晓斌率党政代表团一行到如皋参观考察，实地考察汽车博物馆、中国·如皋国际园艺城、龙游湖商务区、凌志软件、陆地方舟、康迪汽车等处。市领导陈晓东、何益军、吴道健、张元健、丁兴华、刘向阳、茅红宇接待代表团一行。

22日 △ 世界知名厨卫品牌科勒集团全球水龙头部副总裁 Joe Hnilicka 率领考察团一行到如皋考察项目投资环境，先后观看宣传片和PPT介绍，详细了解如皋地理位置、历史文化、经济发展和投资环境等方面情况，并实地考察威格(江苏)电气设备有限公司、如皋宏皓金属表面水处理有限公司等处。市领导何益军、马金华、程瑞琴、吕兰参加活动。

△ 市委书记陈晓东率队督察安全生产工作，实地查看江苏长寿集团和荣威第二工业园区施工现场，要求相关企业进一步强化责任意识，建立健全安全生产责任体系，切实排查和消除事故隐患，有效化解各类安全风险。

△ 如皋市召开2018年国家农业综合开发产业化发展项目选项入库工作会议，全面解读省农开

局、财政厅入库文件，并就全市选项入库工作进行全面部署。各镇（区、街道）分管农业综合开发的领导和农业综合开发管理部门负责人参加会议。

△ 如皋市在白蒲镇召开2017年上半年创建“国家全域旅游示范区”现场推进会，组织与会人员参观白蒲镇的印池休闲广场、古街、美国长老会、法宝禅寺等处，全面了解该镇创建工作推进情况，通过学习先进典型，查找存在差距，努力推进下半年各项创建任务贯彻落实。市领导刘向阳、陈万圣、程瑞琴、冒平参加会议。

△ 住建部发文公布第二批全国特色小镇名单，认定北京市怀柔区雁栖镇等276个镇为第二批全国特色小镇，江苏省共15个镇入选，南通地区仅2个镇，搬经镇名列其中，填补了如皋市在以建制镇为单位的国家级特色小镇建设领域的空白。

23日

△ 市领导程瑞琴、吕兰、杜永红率督察组督察长江镇（如皋港区）企业安全生产工作，先后到华灿电讯、百川化工、隆昌化工等企业进行实地督察，听取各企业负责人对安全生产措施落实情况及安全专项整治情况的汇报，并深入各企业生产车间、厂房实地查看了解情况。

23—27日

△ 以“创新创业创造，迎接智能社会”为主题的2017世界机器人大会在北京亦创国际会展中心举行。江苏木爷机器人技术股份有限公司研发的智能机器人在此届大会上精彩亮相，吸引众多眼球。

24日

△ 省委书记、省人大常委会主任李强在南京会见加拿大巴拉德公司总裁麦凯文一行，表示支持如皋与巴拉德公司开展深度合作，做大做强燃料电池产业。省委常委、秘书长樊金龙，副省长陈震宁以及省商务厅厅长马明龙参加会见。

△ 省信访局副局长王传东率领省督察组到如皋，就强化基层社会治理创新、深化大走访和大排查大整治、细化专项维稳工作开展调查研究。市领导何益军、缪小华、刘向阳陪同调研。

△ 省商务厅、南京海关、江苏检验检疫局、省贸促会主办，20多家中央、省级媒体参与的的“FTA惠苏企”全媒体行活动走进如皋，并到德源（中国）高科有限公司、梦百合家居科技股份有限公司进行采访，实地了解企业外贸经营情况和对FTA（自贸协定）优惠政策运用及获利情况。

△ 安徽省郎溪县副县长虞文胜率队到如皋，专题考察人才工作。市委常委、副市长桂万先等陪同考察。

△ 南通市人大代表如皋团第一、二小组成员视察长江镇（如皋港区）经济发展情况，实地参观东升南通国际石材产业城规划沙盘、南通新景石材、苏中国际集装箱码头、如皋港保税物流中心（B型）等处。市人大常委会主任吴道健参加活动。

△ 南通市人大代表如皋团第三小组调研经济技术开发区新能源汽车产业发展情况，集中参观新能源企业和项目建设现场，听取园区关于新能源汽车产业发展概况的介绍。市人大常委会副主任张勇参加活动。

△ 市人大常委会副主任、丁石河河长张勇率领市水务局、市财政局相关人员开展巡河护河行动，在东陈、丁堰两个河段长的陪同下对丁石河进行巡河，并于巡河结束后在丁堰镇举行总结交流会议。

△《如皋日报》报道，根据市人民政府出台的《关于完善困难残疾人生活补贴和重度残疾人护理补贴制度的实施意见》，如皋市全面建立残疾人“两项补贴”制度，困难残疾人可享受生活补贴，重度残疾人可享受护理补贴。

25日

△ 如皋市召开创建文明城市长效管理暨文明交通专项整治推进会，通报文明城市省级测评相关情况，部署迎接国家测评相关工作和文明交通专项整治月活动，确保创建无缺项无遗漏，管理无死角无盲区，以最佳状态、最好形象迎接即将开始的国家测评。市委书

记陈晓东，市委副书记、市长何益军出席会议并讲话。经济技术开发区、如皋工业园区(如城街道)、市城管局、市市场监管局、市教育局、丁堰镇进行了交流发言。

△ 市人大常委会召开评议工作动员会，安排部署8至10月对市法院、城管局、市场监管局、农发局和江苏有线如皋分公司进行相关评议，市人大常委会评议工作正式启动。市人大常委会主任吴道健，副主任陈万圣、邵晓泉、张勇、钱志刚出席会议。

△ 市委常委、组织部部长、统战部部长缪爱诚率队到城东实验幼儿园、北外附属如皋龙游湖外国语学校，对两所学校项目建设和开学准备情况进行实地督察。

26日

△《如皋日报》报道，国家农发办调研组到如皋，就全市农业综合开发推进新型农业社会化服务体系建设工作进行调研，实地参观高新区(城南街道)农业园区烘干中心、育秧中心等公益性服务组织，详细了解这些组织在农业生产各环节中提供生产管理、技术支持以及农产品的加工、贮藏等相关服务的实施过程和未来发展方向。

△ 市委副书记、市长何益军主持召开第十七届市政府第八次常务会议，听取全市安全生产"大排查大整治"工作情况汇报，研究《关于加快全市软件和信息服务外包产业发展的若干政策(讨论稿)》《市政府关于实施健康扶贫工程的若干意见（讨论稿)》《如皋市政务公开标准化规范化试点工作实施方案》《如皋市2017年政务公开工作要点(讨论稿)》《关于分解交办"不见面审批(服务)"改革暨江苏政务服务网建设工作任务的通知》《2017年如皋市新能源汽车推广应用地方财政补贴实施细则（讨论稿)》《关于设立如皋市驻外产业协同中心的方案》《关于调整2017年全市招商引资组织工作考核细则的意见》等议题，并邀请市法院院长章智敏为与会人员解读了《中华人民共和国民法总则》。

△ 市委书记陈晓东主持召开市委中心组(扩大)学习会，邀请中共中央党校马克思主义学院副教授、复旦大学哲学博士唐爱军作了"在新的历史起点上坚持和发展中国特色社会主义"的专题报告，深入学习贯彻7月26日习近平总书记在省部级主要领导干部专题研讨班上的重要讲话精神，推动全市上下鲜帜鲜明讲政治，勇于担当善作为，以优异成绩迎接中共十九大胜利召开。

△ 如皋市举行科普讲师团成立大会，整合全市科普资源，建立健全科学素质教育长效机制，88名科普讲师团成员获得聘书。副市长陈杰出席会议。

28日

△ 新华集团北京新华中泰文化旅游开发有限公司常务副总裁李颂东率考察团一行到如皋，就文化旅游产业发展进行专项考察，实地参观水绘园、城市规划展示馆、顾庄生态园等地，详细了解了如皋经济社会发展和文化旅游产业发展情况。市领导何益军、程瑞琴、吕兰陪同考察。

△ 如皋市召开第三季度亿元以上产业项目建设会办会，市领导何益军、丁锋、桂万先、高峰、程瑞琴、吕兰出席会议。会议听取了各镇(区、街道)关于第三季度拟申报新开工亿元以上产业项目推进情况的汇报。市发改委、行政审批局、国土局、规划局等相关部门负责人对项目推进过程中遇到的问题进行了交流会商，探讨有关解决方法。与会市领导进行了点评分析，为各板块进一步理思路、明重点、解难题。

△ 市委副书记、市长何益军率领市政府办、安监局等职能部门负责人，到如皋工业园区(如城街道)的九鼎集团、神马电力等部分企业，督察安全生产隐患"大排查大整治"工作开展情况。市委常委、如皋工业园区党工委书记、如皋市长寿旅游度假区党工委书记刘向阳参加督察活动。

29日

△ 如皋市召开招商引资工作推进会议，通报设立如皋市产业协同中心、调整招商引资考核办法的相关情况，点评2017年以来全市开放型经济工作完成情况。市领导陈晓东、何益军、刘向阳、茅红宇、张勇、程瑞琴、吕兰出席会议。会上，经济技术开发区、磨头镇和

新设立的长三角产业招商协同中心、珠三角产业招商协同中心、京津冀产业招商协同中心三大产业招商协同中心负责人进行了交流发言。

△ 如皋市举行第二十届亚洲老将田径锦标赛组委会成立大会暨新闻发布会。国家体育总局田径运动管理中心副主任王楠，江苏省体育局副局长王志光，如皋市领导茅红宇、张亚鸾出席会议。

30日

△ 日本福冈县议会议员、福冈县日中友好协会副会长中村诚治率经济交流团一行到如皋考察花木盆景产业，实地参观江苏熙树园、中国·如皋国际园艺城、如皋柏景园林有限公司等处。市领导邵晓泉、吕兰陪同考察。

△ 省政协副主席阎立到如皋，就丝绸文化传承与发展进行专题调研，到丝毯艺术博物馆参观，详细了解丝毯历史、工艺等方面的情况，并与该馆馆长就丝绸产业发展现状、存在的主要问题进行了沟通与交流。南通市政协主席黄巍东、如皋市政协主席张元健陪同调研。

△ 全市"不见面审批(服务)"改革暨江苏政务服务网建设推进会召开。市领导丁锋、桂万先出席会议。市委常委、常务副市长丁锋在会上作动员讲话。市行政审批局、国土局、市场监管局、环保局四家单位负责人交流发言。

△ 《如皋日报》报道，市人大常委会执法检查组对全市《宗教事务条例》贯彻实施情况进行执法检查，实地走访查看丁堰观音山寺、白蒲法宝禅寺、九华地藏寺等宗教场所。市人大常委会副主任邵晓泉参加活动。

8月30日—9月3日

△ 为贯彻实施"一带一路"倡议，推进企业对外经贸合作，市委书记陈晓东率领如皋市商务代表团一行赴柬埔寨王国开展考察交流，先后拜访中国驻柬埔寨王国大使馆经商处和柬埔寨环保部，实地考察西哈努克市西港码头，在业务合作、人才培养与交流、项目建设方面合作等方面开展交流，并就缔结友好城市达成初步意向。市领导刘向阳参加考察。

31日

△ 民政部区划地名司副司长李伟率领验收组一行到如皋，就第二次全国地名普查工作进行实地检查验收，查阅资料，并听取工作汇报后，对相关地名普查工作予以肯定。副市长张百璘参加相关活动。

△ 市政协召开主席会议专题协商强化富民举措促进农民增收工作。市政协主席张元健，副主席郑振明、冒平、严世斌、刘晓洁，秘书长许映亮出席会议，并实地考察了范氏生态水产专业合作社、平园池村合作社、金旺家庭农场、江苏花名堂农业科技发展有限公司等处。

2017 年 9 月

1日

△ 省科协、省教育厅联合公布2017年江苏省STEM(Science科学、Technology技术、Engineering工程、Mathematics数学)项目试点学校名单,全省243所学校入围,如皋市共有江苏省如皋师范学校附属小学、安定小学、白蒲镇白蒲小学、如皋师范学校附属小学幼儿园4所学校名列其中,占南通总数的1/5。

2日

△ 市人大常委会副主任邵晓泉率领机关工作人员到“走帮服”联系村——丁堰镇红桥村,开展精准帮扶送健康义诊活动,现场特邀市人民医院各科室20余名主治医生和医务人员,为村民作健康讲座,普及健康知识,预防心脑血管、高血压等常见疾病,并进行解答咨询、测量血压等健康义诊。

△ 市公安局在江安镇周群社区开展“企村共建”活动,推进“走帮服”工作,邀请九鼎集团等12家知名企业负责人参观社区村民服务设施、环境,听取社区基本情况,并与社区签署交换“企村共建协议”。副市长、市公安局局长陈晓彬参加活动。

△ 如皋市电梯行业商会第一次会员大会暨成立大会召开。市领导高峰、杜永红出席会议。截至8月底,全市在用电梯达5728部,其中,垂直电梯5460部、自动扶梯222部、自动人行道46部。

△《如皋日报》报道,截至2016年年底,全市公路总里程达3860公里,其中高速公路72.4公里,一级公路278公里,二级公路310.8公里。公路网密度达261.3公里/百平方公里,高于南通市公路网平均密度211.8公里/百平方公里,远高于全省公路网平均密度152.1公里/百平方公里,在全省60多个县市中处于第一方阵,位列第五名。

5日

△ 2017年如皋市青年干部培训班在市委党校开班。培训班由市委组织部、市委党校联合举办,来自全市各镇(区、街道)、机关各部门的44名“80后”副科职领导干部参训。市委副书记、党校校长丁兴华,市委常委、组织部部长、统战部部长缪爱诚出席开班仪式。

6日

△ 最高人民检察院副检察长徐显明一行到如皋,实地考察市检察为民服务中心、李昌钰刑侦科学博物馆等处。南通市委常委、政法委书记姜永华,如皋市领导陈晓东、缪小华、桂万先陪同考察。

△ 中国林业集团公司总经理林展一行到如皋考察,听取市委书记陈晓东介绍全市经济社会发展情况,并进行相关交流,谋求更好合作和共赢发展。

△ 全国中小企业股转系统公告显示,江苏如皋农村商业银行股份有限公司(证券简称:如皋银行,证券代码:871728)的挂牌申请获得批准,并于当日在新三板挂牌上市,成为新三板第六家、2017年第三家挂牌银行。

△ 在南京召开的第十九届江苏国际服装新闻发布会上,如皋市和扬州市邗江区、常州市天宁区共同获得“江苏省服装服饰产业基地”授牌。

7日

△ 南通市政府党组成员朱晋率队到如皋,听取第二十届亚洲老将田径锦标赛筹备工作汇报,就赛事筹备工作进行会商。副市长张亚鸾参加活动。

△ 如皋市举行如皋港集装箱业务发展恳谈会,共同探讨如皋现代物流发展的挑战与机遇。市委副书记丁兴华及国内船务、海运公司代表,东升国际石材城、荣威娱乐等企业代表出席恳谈会。

△ 市安监局牵头举行部分重点企业安全生产事故警示教育会,对全市近期相关重点企业发生的安全生产工伤事故进行通报。副市长高峰出席会议。

△ 第三届东盟营销峰会在印尼雅加达莱弗士酒店举行。位于丁堰镇的江苏涤诺日化集团有限公司与其他5家中国企业获得活动颁发的"2017年中国企业印尼投资冠军奖"。

7—8日

△ 黑龙江省佳木斯市前进区委书记杨新率队到如皋,开展为期2天的参观考察,先后实地参观长江镇(如皋港区)东升国际石材产业城、经济技术开发区陆地方舟和康迪电动汽车、如皋工业园区(如城街道)中国·如皋国际园艺城、市行政审批服务大厅。市领导陈晓东、丁兴华、马金华、刘向阳陪同考察。

8日

△ 如皋市举行河长制暨水环境治理工作推进会,听取市环保局通报5—8月各镇(区、街道)水环境治理考核情况,市水务局对下一阶段工作进行安排、部署,各镇(区、街道)相关负责人就上一阶段水环境治理工作总结及下一步工作安排进行交流发言。市领导张百璘、万维庆出席会议。

△ 如皋市召开双拥工作暨创建省级"双拥模范城"动员大会,全面落实双拥工作任务,积极营造双拥共建氛围,确保成功夺取省双拥模范城"四连冠"。市领导陈晓东、丁兴华、祝国庆、张百璘出席动员大会。

△ 第三十三个教师节来临之际,市领导陈晓东、吴道健、缪爱诚、钱志刚、张亚鸾、郑振明等分别到如皋中学、如皋初级中学、如师附小、如皋中专、附小幼儿园、外国语学校、如皋市第一中学、东皋幼儿园、安定小学、实验初中、市特殊教育学校、如皋市第二中学等学校,走访慰问一线教职员工,向全市广大教师及教育工作者致以节日祝贺和诚挚问候。

9日

△ 市委书记陈晓东主持召开市委常委会,传达省、南通市2017年军队转业干部安置工作会议精神,研究讨论《关于加快全市软件和信息服务外包产业发展的若干政策(试行)》、《关于进一步打造资本市场"如皋板块"的若干政策意见》、如皋参与南通市港口一体化改革情况、《市依法治市领导小组会议暨法治建设推进大会方案》、《如皋市贯彻落实〈党政主要负责人履行推进法治建设第一责任人职责规定〉责任分解方案》等议题。

9—10日

△ 为期2天的中国·如皋开源空间首届黑客松(黑客马拉松)大赛举行。南通市商务局局长李玲,如皋市领导陈晓东、桂万先、钱志刚、高峰出席大赛启动仪式。大赛由工业和信息化部软件与集成电路促进中心(CSIP)、如皋市委、市政府联合国际知名开源品牌Ubuntu(Canonical公司)举办,以"用开源技术打造物联网应用"为题,吸引来自全国各地的20多支团队、56名程序员参赛,在限定的36小时内在Ubuntu上开发出独具创意新颖的物联网应用及解决方案。

10日

△ "教育如皋 卓越如歌"大型庆祝活动在市行政中心礼堂举行,如皋市优秀乡村教师、如皋市教育均衡优秀教师、如皋市德业双馨十佳教师等受到表彰。市领导陈晓东、何益军、吴道健、张元健、缪爱诚、钱志刚、张亚鸾、严世斌出席活动。

△ 胡瑗(安定先生)塑像落成仪式在安定小学举行,市委书记陈晓东,市委副书记、市长何益军与教育部中教国际教育交流中心主任印凯、胡瑗后裔胡爱群共同为胡瑗塑像揭幕。仪式上,工作人员宣读了胡瑗后裔、法中友好协会副会长、执行秘书长胡宗源先生的海外贺信,数百名师生以追思先贤的

方式度过第三十三个教师节。市领导吴道健、张元健、缪爱诚、钱志刚、张亚鸾、严世斌及部分师生、家长代表出席仪式。

△ 市委常委、组织部部长、统战部部长缪爱诚率队到北外附属龙游湖外国语学校督察学校项目建设,实地查看幼儿教室、各类活动室、教师办公室等场所,了解安全、环保、设施配套等方面情况,并对教职工致以节日的问候。

11日

△ 如皋市召开第六次亿元以上产业项目招引审批建设会办会,就相关镇(区、街道)亿元以上项目遇到的相关问题进行会办,并研究三季度亿元以上产业项目相关情况及有关项目信息。市领导陈晓东、何益军、丁锋、茅红宇、高峰、吕兰出席会议。

△ 全市青年干部座谈会在市委党校举行。市委常委、组织部部长、统战部部长缪爱诚主持会议,市机关各部门、各镇(区、街道)的27名参训的“80后”科级干部代表参加座谈。

△《如皋日报》报道,市委副书记、市长何益军率队赴中国航空综合技术研究所(301所)考察,洽谈如皋创建全国首个县级标准化综合改革试点城市事宜,并就其他潜在合作领域进行商议对接。副市长吕兰参加考察洽谈。

12日

△ 南通市中级人民法院院长曹忠明率队到如皋,专题调研全市生态环境司法保护机制建设情况,先后实地考察康迪电动汽车、赛麟汽车、百川化工等产业转型升级项目,乘船溯江而上查看长江沿线非法码头整治情况,调研经济技术开发区人民法院、如皋港区公安分局、驻如皋港区检察室等基础设施建设及队伍建设情况。市领导何益军、缪小华、桂万先等陪同调研。

△ 市委书记陈晓东率队调研全国文明城市创建工作,先后到市人民医院、文定苑、通师如皋校区、城北市场、庆余社区综合文化服务中心、上海嘉苑等处,详细查看卫生保洁、宣传氛围营造、车辆停放等各方面情况,并就现场发现的问题进行交办。市领导刘向阳、茅红宇、万维庆参加活动。

△ 如皋·吴窑(上海)智能家居产业基地招商会在上海维也纳大酒店举行,实现项目集中签约6项,投资总金额达19.5亿元,其中单体投资规模最大项目投资15亿元。市委常委、纪委书记史有根参加活动。此次签约的思凯林家居产业园建成达产后,可形成家居产业年应税销售30亿元、配套产业年应税销售20亿元的规模,创造约6000个就业岗位,每年纳税超1.5亿元。其中一期项目9月份启动,占地4公顷,新建4万平方米厂房。

△ 如皋市在高新区实验小学举行2017年全国科普日活动暨“科普中国 百千万行动”启动仪式。市领导缪爱诚、陈杰出席活动,并现场观摩了江苏省首届“公民科学素养大赛”小学组比赛。

△ 经济技术开发区举行新能源汽车产业发展研讨会,听取开发区相关部门负责人、企业代表围绕新能源汽车产业发展,结合各自实际,从当前新能源汽车产业发展现状、人才招引培训、产业链培育等方面提出意见和建议。市委常委、经济技术开发区党工委副书记马金华出席研讨会。

14日

△ 市级机关党建工作推进会议召开,全面总结前一阶段机关党建工作成绩,深入研判形势、找准问题,研究部署下一阶段工作任务和举措,并对“勇争创”主题活动征文及摄影比赛获奖人员进行表彰。市委常委、组织部部长、统战部部长缪爱诚出席会议。市检察院、法院、财政局、人社局、地税局5家单位党组织分别作了经验交流。

14—15日

△ 黑龙江省哈尔滨市依兰县委书记尹承云一行考察如皋市改革发展稳定相关工作,实地考察东大街、行政审批局、中国·如皋国际园艺城等处,听取全市行政审批改革和综合执法改革等有关工作情况介绍。市领导陈晓东、丁锋、桂万先参加活动。

15日 △ 如皋市在上海召开建筑业服务上海合作恳谈会,上海建工集团、上海市政工程设计研究总院集团有限公司等50家来自上海的企业应邀出席,活动现场签约8个项目,总投资20亿元。副市长黄文斌出席活动。

△ 南通市人大常委会原副主任李明勋率领南通市人大常委会离退休老领导考察如皋市经济社会发展情况,实地查看龙游湖商务区、龙游河生态公园、李昌钰刑侦科学博物馆、中国·如皋国际园艺城等处。市领导陈晓东、吴道健、刘向阳参加活动。

16日 △ 副省长蓝绍敏一行到如皋,围绕特色田园乡村建设试点工作开展专题调研,实地查看如城街道顾庄社区顾家庄、中国·如皋国际园艺城、大明社区大缪马村、钱长村夏家庄。南通市领导韩立明、沈雷、吴永宏,如皋市领导陈晓东、何益军、丁兴华、刘向阳、丁锋、黄文斌等参加调研。

△ 市委常委、组织部部长、统战部部长缪爱诚到丁堰镇,对化工企业上海制皂(集团)如皋有限公司、传统纺织企业丁堰纺织有限公司进行安全生产"大排查大整治"和"走帮服"活动。

△ 丁堰镇刘海小学、刘海幼儿园拆除重建工程项目正式启动。市领导缪爱诚、张亚鸾出席开工仪式。工程为地上一层,总建筑面积5387.7平方米,一期投入1600万元,依据现有地形地貌特征,整体采用书院式设计风格,通过中间的共用礼堂将东西院落分隔开幼儿园和小学,精致而典雅。

17日 △ 省住建厅党组书记、副厅长顾小平一行调研如皋建筑业发展情况,实地走访荷兰小镇、江苏华夏电影胶片修复技术有限公司、北外附属如皋龙游湖外国语学校等处。市领导陈晓东、黄文斌陪同调研。

18日 △ 如皋市召开第二十届亚洲老将田径锦标赛冲刺动员会。市领导陈晓东、茅红宇、钱志刚、陈晓彬、张亚鸾、严世斌参加会议。

△ 市委副书记、市长何益军率领市政府办、金融办、发改委、重大项目办、行政审批局等部门负责人赴高新区(城南街道)、白蒲镇、下原镇、长江镇(如皋港区)、磨头镇、如皋工业园区(如城街道)、经济技术开发区督察,逐一实地查看三季度拟申报亿元以上项目,现场协调解决项目推进中存在的具体问题。市领导丁兴华、丁锋、高峰参加督察。

△ 龙游河二期、宝塔河整治及生态修复项目开工。市领导陈晓东、何益军、刘向阳、史有根、陈万圣、黄文斌、冒平、万维庆参加开工仪式。龙游河二期和宝塔河整治及生态修复项目总投资约2亿元,融入海绵城市建设理念,综合运用物理、生物和生态等手段,目标勾连贯通城市水系,提高城市防洪排涝能力,改善城市黑臭水体,建设生态宜居景观,彰显"因水而生""因水而兴""因水而灵"的城市特质。其中,龙游河二期长约1000米,占地面积约7万平方米,打造生态绿道2000米,新建3座桥梁以及2座国家AAA级标准旅游厕所,整治后用于景观绿化建设;宝塔河长约2000米,占地面积约13万平方米,打造生态绿道4000米,新建3座桥梁以及2座国家AAA级标准旅游厕所,整治后连通龙游河和茅雉河。

19日 △ 全省国土资源日常执法监管工作现场会在如皋召开,实地观摩两处已经整改到位消除违法状态的地块现场。省国土资源厅副厅长吴震强,南通市委常委、常务副市长单晓鸣,如皋市领导何益军、丁锋、桂万先参加活动。

△ 南通市委书记、市人大常委会主任陆志鹏到如皋开展"走帮服"活动,实地走访东陈镇、丁堰镇部分老党员、生活困难户和江苏明德玩具股份有限公司、白蒲镇秀才巷等处。

△ 市委书记陈晓东率队到九鼎集团和力星股份2家重点企业调研,了解企业发展状况,帮助解

决发展中遇到的难题。市领导刘向阳、高峰参加活动。

△ 政协如皋市第十四届常委会第四次会议召开,听取市规划局关于城市水系畅通工程规划建设情况的介绍和市水务局、住建局关于城市水系畅通工程的情况汇报,视察全市城市水系畅通工程建设现场,审议通过《关于加速推进城市水系畅通工程规划建设的建议案(草案)》和有关人事事项。

△ 市政协举行"政协委员慈善爱心基金"揭牌捐赠仪式。市政协主席张元健、市慈善总会会长石耀共同为爱心基金揭牌,并向慈善总会捐赠了爱心款。基金由长江镇(如皋港区)、石庄镇政协工委和民宗侨台、工商、城建委员组发起倡议,全市全体政协委员积极响应,捐赠款达 75.935 万元。

△ 第二十届亚洲老将田径锦标赛举行志愿者出征仪式,全市近 400 名青年志愿者参加活动。副市长张亚鸾出席活动。

20日

△ 省人社厅副厅长朱从明率队调研如皋人才工作,实地查看神马电力博士后科研工作站、海迪科(南通)光电科技有限公司、留学人员创业园等处相关情况。市委副书记丁兴华陪同调研。

△ 省首届乡土人才传统技艺技能大赛"园艺城杯"盆景制作、印染、明式家具项目竞赛在中国·如皋国际园艺城开幕。市领导陈晓东、丁兴华、刘向阳、张百璘出席大赛开幕式。大赛以"技能、匠心、传承、创新、富民"为主题,共有 190 名选手参赛。

△ 人民论坛调研组到如皋,就融合党建工作进行调研,实地参观经济技术开发区平园池村、双钱轮胎等处。市委常委、宣传部部长茅红宇陪同调研。

△ 华夏电影业务战略项目启动会举行。市委副书记、市长何益军,市委常委、宣传部部长茅红宇出席启动会,听取负责项目规划设计的世界知名咨询公司普华永道相关负责人介绍该项目计划与方法论。

△ 如皋市召开 2017 年第二次银政联席会议,听取人民银行如皋支行负责人通报全市信贷情况,各家银行负责人交流"千企百亿"银企携手行动贷款落实情况及支持地方经济发展的有关举措,部分担保公司负责人介绍有关担保业务开展情况,市金融办负责人就相关金融工作进行了点评。市领导陈晓东、何益军、丁锋、桂万先、高峰、冒平出席会议。

△ 如皋市举行出租房屋安全隐患集中整治推进会议,进一步推动出租房屋安全隐患集中整治,加强和规范全市出租房屋管理。副市长陈晓彬出席会议。

△ 如皋市召开粮食生产全程机械化示范市创建中期检查暨观摩推进会,聚焦关键短板,加快全市粮食生产全程机械化创建步伐,督察推进示范镇建设,确保 2017 年顺利完成省全程机械化整体推进示范市建设目标。副市长张百璘参加会议。

△ 南通市首家理论名师工作室"姚呈明"理论武装工作室在如皋正式揭牌成立。南通市委宣传部副部长黄正平,如皋市委常委、宣传部部长茅红宇出席揭牌仪式。工作室以南通市首个获得中宣部表彰的"全国基层理论宣讲先进个人"姚呈明姓名命名,主要成员由首席名师、专家顾问、兼职讲师和研修人员构成。

20—21 日

△ 西班牙国家科技创新协会主席阿尔瓦罗·西蒙·德布拉斯、芬兰赫德米亚商业发展有限公司总裁佩卡·尤斯拉一行到如皋考察,实地考察森松(江苏)重工有限公司等处,并就推进科技资源进一步全面合作进行探讨。市领导陈杰、吕兰陪同考察。市科学技术协会、软件园分别与芬兰赫德米亚公司、马拉加的欧洲商业与创新中心签署合作意向书。

21日

△ 银川市西夏区区委常委、统战部部长贺满庭率领考察团到如皋,开展经济合作交流座谈,实地参观中国·如皋国际园艺博览城、李昌钰刑侦科学博物馆等处,并与如皋市工商联缔结友好商会。市政协副主席冒平陪同考察。

△ 省宗教局宗教三处处长方汉民一行检查第二十届亚洲老将田径锦标赛相关筹备工作情况，实地查看锦都金鼎大酒店和光华大酒店，详细了解锦标赛期间穆斯林餐饮清真饮食保障情况。副市长张亚鸾陪同检查。

△ 如皋市向亚洲老将田径联合会通报第二十届亚洲老将田径锦标赛相关筹备情况。亚洲老将田径联合会主席维瓦·维格特塔纳利斯、副市长张亚鸾参加活动。

△ 南通市崇川区人大代表一行到如皋调研现代农业发展情况，先后观看宣传片，并实地参观考察金岛生态园、顾庄生态园、中国·如皋国际园艺城等处，对如皋现代农业发展状况进行深入了解。市人大常委会主任吴道健、副主任邵晓泉参加活动。

△ 如皋市召开依法治市领导小组会议暨法治建设推进会，总结回顾上半年法治如皋工作，动员部署当前和今后一个时期的法治建设工作。市领导陈晓东、何益军、缪小华、陈万圣、陈晓彬出席会议。

22日

△ 市委副书记、市长何益军会见亚洲老将田径联合会主席 Viwat Vigrantanoros 一行。市领导钱志刚、张亚鸾、严世斌参加会见。

△ 市委副书记、市长何益军率队检查第二十届亚洲老将田径锦标赛相关筹备工作开展情况，重点查看奥体中心场地、各功能室和锦都金鼎大酒店、光华大酒店等处，要求相关责任单位全力做好服务，确保赛事圆满举行。副市长张亚鸾参加活动。

△ 如皋市召开强化安全生产暨消防监管工作会议，通报全市安全生产"大排查大整治"行动开展情况及消防安全形势，各镇(区、街道)提交中共十九大消防安全工作责任书。市领导陈晓彬等参加会议。

23日

23–24 日

△ 中共中央党校第十一期县委书记研修班部分学员到如皋考察交流，实地参观长江镇(如皋港区)、东升石材产业城、苏中国际集装箱码头、保税物流中心、金岛生态园、中国·如皋国际园艺城、电影博物馆、水绘园、龙游湖商务区、顾庄生态园、李昌钰刑侦科学博物馆等处。市领导陈晓东、丁兴华、程瑞琴陪同考察。

24日

△ 世界中医药学会联合会(世界中联)医养结合专业委员会第二届学术年会在如皋举行，与会专家、学者及企业精英共同探讨老龄化社会中医养结合的实践与创新。市领导张元健、刘向阳参加活动。

△ 市委书记陈晓东，市委副书记、市长何益军，副市长张亚鸾会见亚老联主席维瓦·维格特塔纳利斯，国家体育总局田径运动管理中心主任于洪臣、副主任李频，省体育局副局长刘彤，南通市政府党组成员朱晋等出席第二十届亚洲老将田径锦标赛的领导和嘉宾，介绍如皋经济社会发展情况。

△ 北美汽车人协会到如皋，就新能源汽车产业进行考察，听取关于新能源汽车产业发展情况的介绍，并举行座谈交流。市委常委、经济技术开发区党工委副书记马金华陪同考察。

△ 如皋市举行"享寿如皋"大健康产业专题推介会，向来自全国各地的专家、学者以及业界精英推介如皋、宣传如皋，并围绕花木盆景、生态旅游、长寿食品、健康医学、养老养生等方面，重点推介 23 个项目，寻求合作共赢之路。市委常委、如皋工业园区党工委书记、如皋市长寿旅游度假区党工委书记刘向阳出席推介会。

24—28 日

△ 历时 5 天的第二十届亚洲老将田径锦标赛在如皋举行。亚老联主席维瓦·维格特塔纳利斯，世老联主席斯坦·帕金斯，亚老联副主席、中国田径协会副主席王大卫，国家体育总局田径运动管理中心主任于洪臣、副主任李频，省老年人体育协会主席王湛，省体育局副局长刘彤，南通市政府党组成员朱晋，南通市老年人体育协会主席刘井石，如皋市四套班子领导陈晓东、何益军、吴道健、张元健等出席

开幕式,观看了“龙腾江海 如皋如歌”文体表演。此届运动会由亚洲老将田径联合会主办,中国田径协会、江苏省体育局、如皋市政府联合承办,开创了亚洲老将田径锦标赛首次在一个国家县级城市举办的先河,是迄今为止如皋市承办的规格最高、规模最大、影响最广的体育赛事,共有来自20个国家和地区的1900多名老将参赛,其中,年龄最大的101岁,年龄最小的35岁。

25日

△ 市委书记陈晓东率领市农委、规划局相关负责人,冒雨调研石庄镇重点工作推进情况,实地走访石庄镇杨庄村远润生态农业合作社项目、鸿悦华庭、闸口社区公共服务中心、砖桥社区公共服务中心、南通温氏家禽有限公司等处,并走访部分农户。市委常委、宣传部部长茅红宇参加调研。

△ 市委副书记、市长何益军会见富力地产江苏省公司总经理李明一行,听取富力地产相关工作人员介绍《如皋府前时尚活力区概念规划》和《如皋酒店投资报告》,就投资合作、实现共赢等进行深入交流。市领导陈万圣、黄文斌参加会见。

△ 《如皋日报》报道,如皋在沪企业家商会筹备会议在上海举行,26位如皋籍在沪企业家代表参加会议。市委常委、组织部部长、统战部部长缪爱诚,市政协副主席、市工商联主席杜永红出席会议。

△ 《如皋日报》报道,省护路办副主任许正东率队到如皋,深入铁路沿线检查铁路护路联防工作,先后实地查看如皋安全隐患整改情况以及下穿铁路道口安全设施建设情况,现场踏勘宁启线废弃铁路现状。

26日

△ 融通科技产业集团副董事长牛庆民一行到如皋考察项目投资环境,听取市委副书记、市长何益军展示全市高铁新城功能性布局的详细规划,就今后发展愿景、各项目选址范围、功能定位及规模进行介绍,并实地考察龙游湖(高铁新城商务区)、创智湖(中央创新区、生命健康科技园、国际社区)、顾庄生态园、李昌钰刑侦科学博物馆等处。市领导何益军、吕兰参加活动。

△ 企业家面对面——南通新能源汽车产业发展研讨会在经济技术开发区汽车文化馆举行。南通市委书记陆志鹏,南通市委常委、秘书长沈雷,如皋市领导陈晓东、何益军、马金华、高峰参加活动。会上,中国工程院院士杨裕生,中国汽车技术研究中心新能源汽车与财经政策研究室副主任、博士方海峰,吉林大学汽车工程学院教授、博士生导师靳立强等专家和学者,围绕新能源汽车动力电池技术、新能源汽车国家政策现状和走势、电机电控技术发展等主题做了介绍。包括赛麟汽车、陆地方舟、康迪电动汽车在内的与会如皋企业负责人,就电控企业要做好哪几方面的技术储备工作、新能源物流车政策鼓励方面的方向是什么、哪些汽车结构可以在保证安全性的前提下进一步轻量化等话题与杨裕生院士等进行了现场交流。

△ 全市河长制电视电话会议在市行政中心召开。会议贯彻省、市关于“263”专项行动及南通市“三河三行业”整治的决策部署,进一步落实“河长制”要求,对排查工作进行再动员再部署,并对全市河道污染源及基础情况排查复核工作进行业务培训。市领导何益军、黄文斌、万维庆出席会议。

△ 《如皋日报》报道,截至目前,据市发改委统计,如皋共有上市公司6家,“新三板”挂牌企业9家,上海股权托管中心挂牌企业7家,上市(挂牌)入轨企业、后备企业60多家。至“十三五”末期,全市上市公司、“新三板”挂牌企业有望分别突破15家、20家。

27日

△ 住房和建乡建设部城建司巡视员刘贺明、省住建厅副厅长陈浩东率领专家组一行对如皋创建中国人居环境奖工作进行现场核查,先后查阅有关创建资料,并分10个组进行实地核查,在肯定成绩的同时,从提升公共交通水平、提高再生水利用水平、加强历史建筑修缮和利用等方面提出相关建议。市领导陈晓东、何益军、史有根、陈万圣、黄文斌、冒平、万维

庆参加活动。

△ 市委书记陈晓东召集相关部门负责人专题研究全市全域旅游发展，讨论如皋全域旅游整体规划方案、如皋全域旅游大数据解决方案，审阅如皋全域旅游宣传片《如皋之恋》。市领导刘向阳、吕兰参加活动。

△ 如皋市举办台商台胞台属中秋联谊活动，与在如皋台商台胞及台属欢聚一堂，共庆佳节，共叙友情，共谋发展。市人大常委会副主任邵晓泉参加联谊活动。

△ 石庄镇卫生院揭牌暨核磁共振开机仪式举行。副市长张亚鸾出席仪式并讲话，要求卫生院先行先试，积极打造镇级基本医疗和公共卫生服务如皋模式，为全市实现一镇（区、街道）一公立卫生院（社区卫生服务中心）提供可复制样板。

△ 白蒲镇（上海）投资环境说明会在上海市嘉定区举行，邀请白蒲在沪能人及有投资意向的客商30余人共聚一堂，共谋发展。市政协主席张元健出席会议并致辞。说明会形成签约项目3个，分别是：北京旋极星达技术有限公司与白蒲镇合作的北斗陶瓷天线项目、昆山欣斯特机械有限公司与白蒲镇合作的塑料机械制造项目、上海泓泽金属制品有限公司与白蒲镇合作的金属制品项目。

28日

△ 2017第四届中国风盆景展在如皋开幕。市领导丁兴华、刘向阳、张百璘、杜永红、郑振明出席活动。展会为期6天，共展出大中品盆景200盆，小品微型盆景100组。同时，40位盆景大师进行了现场表演。

△ 南通市检察院检察长俞昕水一行调研如皋检察院党建工作开展情况，先后观摩如皋市检察院“青马沙龙”“手机端智能化党建平台”软件功能演示，听取检察院党建工作开展情况汇报，听取一堂微型党课，并以党代表身份与基层党员群众进行了谈心。市委书记陈晓东，市委常委、政法委书记缪小华陪同调研。

△ 市政协主席会议专题协商全市少数民族工作，就当前存在的困难、问题矛盾进行专题协商讨论，进一步推进民族团结进步事业。市政协主席张元健，副主席杜永红、郑振明、冒平、严世斌、刘晓洁参加活动，并先后走访白蒲镇苏田劳保用品厂、白蒲镇文峰社区、如皋工业园区（如城街道）孔庙社区等处。

△ 中国民营500强企业上海三盛宏业投资集团董事长陈建铭率队到如皋考察交流，洽谈合作商机。市领导陈晓东、刘向阳、黄文斌陪同考察。

△ 市委书记陈晓东率队到江安镇督察中共十九大信访维稳安全保卫工作，先后走进村（社区）督导矛盾纠纷排查化解、走进企业检查安全隐患排查及安全生产工作，要求统一思想、强化责任、扎实抓好社会稳定工作，为中共十九大胜利召开提供坚强的社会稳定保障。市领导祝国庆、陈晓彬参加活动。

28—29日

△ 市第十七届人大常委会第五次会议召开，听取并审议市政府《关于全市水系畅通工程建设情况的报告》《关于全市科技创新工作的报告》和市人大常委会执法检查组《关于检查〈宗教事务条例〉贯彻实施情况的报告》，表决通过市检察院提请的人事免职事项。

△ 由中国民间文艺家协会副主席、中国工艺美术大师吴元新等人组成的专家组一行到如皋，通过实地考察如皋古镇、古街，品尝如皋美食等多种形式，对如皋市申报“中国长寿饮食文化艺术之乡”进行评审，并提出了相关建议。副市长张百璘参加相关活动。

29日

△ 市企业联合会、市企业家协会召开全市企业家座谈会，学习领会《中共中央、国务院关于营造企业家健康成长环境，弘扬优秀企业家精神，更好发挥企业家作用的意见》相关精神。副市长高峰出席会议。

30日 △ 我国第四个烈士公祭日，如皋市在烈士陵园举行公祭活动，深切缅怀革命烈士，告慰先烈英灵。市四套班子全体领导、烈属代表、老战士代表、驻如皋部队官兵代表、少先队员代表及社会各界代表参加活动。

△ 如皋港至盘锦港内贸集装箱直达班轮航线开通，成为如皋港继上海、广州、泉州等集装箱航线开通后又一直达班轮航线。市领导丁兴华、祝国庆、张勇、吕兰、冒平出席开通仪式。该集装箱直达班轮航线为九天一班，航程100小时到达，可将北方的粮食转运至长江各口岸，同时将长江流域的化肥、盐、日用品等运至东北地区。

△ 市委书记陈晓东，市委副书记、市长何益军，副市长高峰率领相关部门负责人一行，检查国庆、中秋安全生产工作，先后实地查看如皋火车站等处，要求各责任单位切实加强安全生产工作，确保“双节”期间全市安全形势稳定，确保广大人民群众过一个平安、欢乐、祥和的节日。

△ 市委常委、副市长桂万先率领市安监局、行政审批局、人社局、机关事务管理局、市场监管局、消防大队、供电公司等部门负责人一行，对市行政中心、市民服务中心和档案馆综合楼的安全生产情况进行现场督察，重点督察电力保障、食品卫生、反恐防恐、安全防范管理措施落实及人员密集场所，高层建筑消防安全、电梯设备运行安全、电气火灾综合治理等安全稳定专项预案、突发事件应急预案及人员控制和疏导措施。

△ 副市长黄文斌率领市交通运输局、建工局、市场监督管理局、安监局等部门相关负责人一行，到南通汽运集团如皋分公司、金科世纪城施工工地等处，督察国庆、中秋期间城建交通条线安全生产工作。市领导万维庆参加督察。

△ 副市长张亚鸾率教育局、卫计委、消防支队、民宗局等相关部门负责人督察安全生产工作，实地查看市奥体中心、安定小学等处。

2017 年 10 月

4日

△ 越南籍货轮“VOSCO SKY”轮安全靠泊如皋港码头，该海轮船长 189.99 米、吃水深度达 11.5 米，最大可载重 52523 吨各类货物，此航次装载 46600 吨印尼煤炭靠泊江苏如皋港进行卸货，刷新如皋港靠泊海船最大吃水纪录，是如皋港有史以来靠泊的最大船舶，标志着如皋港逐步迈入靠泊 5 万吨级及以上船只的崭新时代。

8日

△ 市委副书记、市长何益军率队督导中共十九大安保维稳工作，先后到海阳路警务服务站、文峰路口、丰乐派出所和市公安局 110 指挥大厅、大数据指挥中心等处，详细了解警力配备、应急处置、联动维稳、巡逻查控、群体性事件处置等重点工作开展情况，听取中共十九大安保维稳工作汇报，并慰问了一线执勤的公安干警。副市长、市公安局局长陈晓彬参加督导活动。

9日

△ 南通市委宣传部副部长黄正平调研如皋市文广传媒集团工作，先后听取集团基本情况和发展思路介绍，并走进新媒体指挥中心、播出机房等办公区，详细了解集团在传统媒体与新兴媒体融合发展道路上的具体做法。市委常委、宣传部部长茅红宇陪同调研。

△ 如泰运河如皋段综合整治现场推进会在丁堰镇召开，与会人员听取如泰运河沿线 5 镇(区、街道)负责人交流发言，实地参观新步升净油有限公司、润泽园南岸护坡、环西桥等整治现场及丁堰镇河长制办公室，了解丁堰镇在工业废水处理、水生态修复、生态水系建设等方面的经验做法。会上，市水务局负责人对如泰运河沿线综合整治情况进行了点评，并对下一阶段工作进行了部署。市委副书记丁兴华、副市长张百璘参加会议。

△ 从市旅游局获悉，2017 年“十一”黄金周期间，全市主要景区接待游客量大幅提升，共接待游客 51.42 万人次，同比增幅 58.22%；实现旅游综合收入 6.81 亿元，同比增幅 65.29%。其中，水绘园景区共接待游客 9 万人次，同比增长 89.2%，平均每天接待游客 1 万多人次，达景区的最大承载量。

△《人民日报》首次刊发“2017 全国综合实力百强县市”榜单，如皋榜上有名，位列第二十六位。一同公布的“2017 全国新型城镇化质量百强县市”“2017 年度全国创新创业(双创)百强县市”，如皋也均上榜，分别列第六十八位和第二十三位。

10日

△ 市委书记陈晓东一行拜访新华网股份有限公司董事长田舒斌，并做客新华网演播室，介绍如皋氢能产业的发展历程、现有规模以及发展前景，表示坚持绿色发展理念不动摇，全力打造“世界氢能之都”，努力为我国实现可持续发展、减缓气候变化的目标做出积极贡献。市领导马金华、茅红宇参加活动。

△ 如皋市在新华网北京总部召开第二届国际燃料电池汽车大会新闻发布会，介绍大会总体安排、筹备进展情况，以及大会承办方如皋氢能产业发展现况和未来发展规划情况，并回答新闻媒体记者提问。中国汽车工程学会常务副理事长兼秘书长张进华，市委书记陈晓东，市委常委、经济技术开发区党工委副书记马金华，市委常委、宣传部部长茅红宇，《人民日报》、新华社、央视网、新华社《每日电讯》等 30 多家新闻机构的记者以及氢能行业、科研院所的专家代表出席发布会。

△ “代表接待选民日”，市领导缪爱诚、陈万圣、邵晓泉、张勇、钱志刚、陈晓彬、严世斌分别到东陈镇尚书村、如皋工业园区(如城街道)城东社区、搬经镇晓庄村、东陈镇石池村、磨头镇朗张村、江安镇周

庄社区、江安镇曹杜村联系点，听取群众对全市经济建设、社会民生事业发展等方面的意见和建议。据统计，自2017年7月市人大常委会将每月10日定为“代表接待选民日”起，截至2017年10月，在“代表接待选民日”活动中，全市共有1447名各级人大代表接访选民3537名，收集选民意见2785条。

△ 在如皋的南通市政协委员前往恒康家居科技股份有限公司调研，详细了解企业生产经营和创新发展状况，倾听企业发展需求，与企业负责人共商突破企业发展瓶颈的对策，努力破解发展难题。市政协主席张元健，秘书长许映亮参加活动。

△ 市委常委、组织部部长、统战部部长缪爱诚率领市水务局、环保局、农委以及东陈镇相关负责人一行到丁堡河，就水域综合整治情况开展实地巡查，详细询问河段疏浚清障和环境整治等情况，并就岸线水域占用、河道保洁、排水口设置、岸线两侧畜禽养殖，以及航道日常管理工作中存在的诸如占用航道边坡倾倒垃圾等问题，与在场部门负责人探讨解决办法。

△ 如皋市启动迎接中共十九大“扫黄打非”集中行动，以整治销售非法出版物、音像制品、卫星地面接收设施等行为，严防通过“两微一端”等网络平台传播非法内容，整治非法弹窗广告，整治“四假”等为重点，先后对天平市场、苏浙大市场、磨头镇等文化体育经营场所展开检查。副市长张亚鸾参加活动。

11日

△ 市十七届人民政府第二次全体(扩大)会议召开，回顾总结2017年以来工作，部署安排决胜四季度相关工作。会议由市委常委、常务副市长丁锋主持。市发改委、商务局、招商局等单位负责人在会上交流发言。市领导何益军、丁锋、桂万先、陈晓彬、黄文斌、高峰、张百璘、陈杰、吕兰、万维庆出席会议。市人大常委会副主任陈万圣、市政协副主席冒平等应邀参加会议。

△ 市委副书记、市长何益军到市奥体中心足球场，为即将出征宁夏银川的南通支云球队加油助威。10月7日，在中乙联赛决赛阶段第一轮中，南通支云坐镇主场迎战北区第一宁夏山屿海，取得2:2的成绩。14日，南通支云客场与宁夏山屿海进行第二回合比赛，此次比赛事关支云冲甲，南通支云若能取胜，将顺利进入全国四强。

△《如皋日报》报道，全市第二批生活垃圾分类试点工作正式启动，以都市华庭为代表的8个小区和以如皋市第一中学为代表的17家单位加入试点，尝试生活垃圾源头分类。如皋市生活垃圾分类工作于2017年初正式启动，根据《如皋市主城区生活垃圾分类管理试点方案》，市城管局作为牵头实施单位，以政府购买服务的方式，引进中国天楹股份有限公司，政企合作、实施分类。本着“先易后难、试点先行、以点带面”的原则，分两批进行试点，第一批为以武定苑、文定苑为代表的5个试点小区、以实验小学为代表的10家试点单位，共设置垃圾分类投放点32个、垃圾分类箱54组，回收可利用垃圾约3.5吨，有毒有害垃圾0.2吨。

12日

△ 台湾纳诺新材料科技有限公司董事长吕鸿图一行到如皋，与长江镇(如皋港区)分别就环保合作项目进行对接洽谈，就项目规划设计、产业资本嫁接、园区招商与合作、管理层组织架构等进行探讨，为快速推进产业园建设打好基础。市委副书记、市长何益军，副市长高峰参加活动。

△ 市委书记陈晓东率队到九华镇，就招商引资、项目建设、社会治理等重点工作推进情况进行调研，先后走访云屏村公共服务中心、九华社区公共服务中心、华培动力、伟越电器等处，就社区建设、转型升级、技术创新等工作与村干部和企业负责人进行现场交流，并慰问部分老党员。市领导茅红宇、陈杰、冒平参加调研。

△ 市委书记陈晓东深入白蒲镇，走访桥口、黄行、姚家园3个村庄，看望慰问部分老党员，并走访华文服饰、白蒲黄酒等企业，听取白蒲镇重点工作推进情况汇报，对该镇2017年以来发展情况进行调

研。市政协主席张元健参加活动。

△ 市人大常委会副主任陈万圣率领市环保局、水务局等部门负责人一行，对人大代表在市十七届人大一次会议上提出的《关于开展专项整治保障地表水质小康指标顺利达标的建议》进行督办，先后到红星河、丰年养殖场、东冒养殖场、茅雉河等处，深入了解畜禽养殖、河道水环境整治相关情况。副市长黄文斌参加活动。

△ 共青团如皋市代表会议召开，全市 105 名各界青年代表参加会议。会议总结全市共青团第十七次代表大会以来工作情况，研究部署下一阶段共青团改革目标和方向，成功选举产生出席南通市第十七次团员代表大会代表。市委常委、组织部部长、统战部部长缪爱诚，市人大常委会副主任张勇，市政协副主席严世斌出席会议。

△ 市委常委、组织部部长、统战部部长缪爱诚以"不忘初心讲政治"为主题，为全市 300 多名团干部、优秀青年代表、"80 后"科级干部上专题党课。

△ 省人力资源和社会保障厅公布 2017 年度省级创业示范基地名单，顾庄生态园名列其中，在被评为"南通市创业孵化基地"的基础上，再次荣获"江苏省创业孵化示范基地"称号，成为如皋继华夏花卉、苏中红木大世界、技工学校后第四个省级创业示范基地。

13日

△ 市委书记陈晓东一行深入长江镇（如皋港区）调研重点工作推进情况，实地走访华灿电讯、康典石材项目、东和电子、长源码头、东升国际石材产业城、联仓科技等处，并针对如皋港集团提出的码头后方腹地、财政鼓励政策等问题进行了现场办公。

△ 如皋市对理财机构负责人进行集中约谈，传达国务院《处置非法集资条例（征求意见稿）》以及江苏省和南通市相关文件精神，落实互联网金融风险专项整治清理整顿要求，市公安局、市市场监管局负责人现场宣讲非法集资的量刑和案例，重申了相关法律知识。市委常委、常务副市长丁锋出席活动并讲话。

14日

△ 江苏省全国经济百强县首届党建论坛在如皋举行。省委党校教育长陈开颜主持开幕式，省委党校常务副校长桑学成，南通市委组织部副部长、"两新"工委书记张辉为论坛致辞。论坛以"特色·融合·标准"为主题，围绕"打造特色党建品牌，深化融合党建理念，构建标准党建模式"，共同探讨新形势下基层党建如何创新作为，来自中央、省、市的各级领导、党建专家、基层党建工作者共计 700 余人参加论坛，并参观市红十四军纪念馆、经济技术开发区党群服务中心、平园池村、博爱医院、市检察院等基层党建典型，切身感受如皋党建工作的良好氛围及发展成果。市领导陈晓东、缪爱诚出席活动。开幕式上，如皋市村（社区）党建标准化建设活动正式启动，南通、如皋两地党的建设理论与实践创新研究院揭牌。

△ 市委书记陈晓东主持召开市委常委会，传达中纪委《关于六起高校领导干部违反中央"八项规定"精神问题的通报》和全省城市基层党建工作经验座谈会、南通"走帮服"推进会、南通市安委会全体（扩大）会议相关精神，听取和讨论"两学一做"学习教育、全市三季度安全生产工作情况汇报、《关于加强和改进人民政协工作的意见》等相关议题。

△ 市委书记陈晓东主持召开党政联席会，研究讨论《2017 年加快推进现代农业发展的激励办法》《全市重点工作点评暨全年目标冲刺推进会方案》和"第二届国际燃料电池汽车大会"、"第十八届科技·人才洽谈会"相关筹备情况等议题。

△ 如皋市以视频会议形式召开安全生产暨环保督察交办问题整改"回头看"推进会，通报全市前三季度安全生产工作和"大排查大整治"工作开展情况，通报并部署环保督察及突出环境问题整改工作，部署全市下一阶段特别是中共十九大期间安全生产工作。市领导何益军、缪小华、丁锋、张勇、黄文斌、高峰、杜永红出席会议。

14—15 日

△ 清华大学“一带一路”战略研究院考察团到如皋考察大健康产业，先后实地考察龙游湖商务区、如皋港区发展沙盘、金岛生态园、苏中国际集装箱码头、保税物流中心、东升国际石材产业城、汽车文化馆等处，详细了解全市经济社会及产业发展亮点，初步形成与如皋市大健康产业合作方案。市领导陈晓东、马金华、张亚鸾、冒平参加相关活动。

16 日

△ 全省“1+3”重点功能区战略调研组一行到如皋，专题考察新能源汽车产业发展情况，先后实地考察康迪电动汽车、赛麟项目建设现场、百应能源、汽车文化馆等处。市领导何益军、丁锋、高峰陪同考察。

△ 南通市召开深入推进“不见面审批(服务)”改革电视电话会议。市领导丁锋、桂万先在如皋市分会场参加收听收看，并于电视电话会议结束后召开贯彻会议，对全市推进“不见面审批(服务)”改革和“三集中三到位”工作提出具体要求。

△ 南通市委副书记张兆江到如皋调研现代农业试点镇建设工作，听取全市现代农业试点镇建设情况汇报，实地查看丁堰镇新堰社区张氏家庭农场、鞠庄社区建锋家庭农场、赵明村海景园林农业项目和高标准农田建设项目现场，详细了解农场土地流转规模、经营理念等情况和村(社区)负责人对村集体组织开展适度规模经营的意见，鼓励村(社区)大胆尝试村集体经营模式，不断探索村集体和农民增收的新途径。市委副书记丁兴华陪同调研。

△ 中科新源材料技术有限公司和高新区(城南街道)成功签署总投资超过 4 亿元的半导体直冷机生产项目投资协议书。市委常委、市纪委书记史有根，副市长高峰，市政协副主席刘晓洁出席签约仪式。半导体直冷机因不再需要使用有害氟利昂的压缩机和电加热器即可达到加热、制冷，无潜在环境污染，同时通过精确制冷，耗电量可降低至传统制冷机的 10%至 20%，具有较好的发展前景，可应用到航天航空、移动终端、计算机等多个领域，该项目成功落户对于如皋增强经济发展动力、促进绿色发展具有积极意义。

△ 市委书记陈晓东到市公安局就中共十九大安保维稳工作进行调研，并看望慰问坚守一线的公安民警。市领导缪小华、陈晓彬参加调研。

△ 市委副书记、市长何益军率领市政府办、发改委、公安局、安监局、商务局、市场监督管理局、消防大队主要负责人一行，对全市安全生产工作进行督察，先后实地走访泰利达化工有限公司、五山漂染久久冷冻、明德机械、润宏大酒店等处，现场处理发现的问题，对部分安全隐患严重的企业给予了“黄牌”警告、责令停产改造。副市长高峰参加督察活动。

△ 市委常委、组织部部长、统战部部长缪爱诚率队到东陈镇、丁堰镇，督察部分企业安全生产工作，实地走访查看东陈镇的南通新空间幕墙材料制造有限公司、江苏新核力机电有限公司、凯晖科技股份有限公司、江苏唯路易实业有限公司 4 家企业和丁堰镇的南通明德塑胶有限公司、南通杨天机电设备有限公司、如皋丁堰纺织有限公司、江苏涤诺日化集团有限公司等企业，详细了解厂房设备、生产流程、运输存储等情况和安全生产制度执行、责任落实、隐患排查以及整改落实情况，对发现的安全生产风险点逐一提醒督察整改。市人大常委会副主任张勇，市政协副主席严世斌参加督察活动。

△ 如皋市举行中共十九大期间校园及周边秩序整治推进会，再次强化部署全市校园及周边秩序整治工作。会议通报了全市校园及周边秩序治理工作情况，相关部门、学校就近期学校安全综合整治工作进行了交流发言。副市长陈晓彬、张亚鸾出席会议。

17 日

△ 市委副书记丁兴华率队到高新区(城南街道)、如皋工业园区(如城街道)、经济技术开发区，现场督察江苏家仕乐科技孵化园项目、赛麟乘用车车身总成制造项目等 10 亿元以上重大项目，会办项目建设过程中遇到的各类矛盾问题，推进项目加快建设。副市长

高峰参加活动。

△ 如皋崇德少年法学苑揭牌仪式在长江青少年素质教育实践基地举行。副市长张亚鸾出席揭牌活动。

△ 如皋市召开2017年青年干部培训班成果汇报会。会议由市委副书记丁兴华主持,市委书记陈晓东出席并讲话,市委常委,组织部部长、统战部部长缪爱诚宣布了优秀学员名单,5位参训学员代表畅谈了心得体会。

△ 市委副书记、市长何益军召集市政府办、法制办、国土局、环保局、"263"办公室等相关部门负责人一行,围绕破产审判、公益诉讼,专题听取市法院、检察院工作汇报。市领导吴道健、桂万先、陈万圣、黄文斌参加相关活动。

18日 △ 中国共产党第十九次全国代表大会在北京开幕。市四套班子领导陈晓东、何益军、吴道健、张元健、丁兴华等在市委楼525会议室集中收看中共十九大开幕会电视直播盛况,认真聆听习近平同志代表党的第十八届中央委员会所作工作报告。全市广大干部群众也纷纷通过电视、广播、网络,及时收看、收听大会开幕会直播。

△ 2017年全市公务员在职培训班在市委党校正式开班,并在开班典礼后,集中收看中共十九大开幕会,聆听难忘的"开班第一课"。市委常委、组织部部长、统战部部长缪爱诚出席活动并讲话。

△ 无锡市梁溪区委常委、常务副区长陈红升率领考察团到如皋考察综合行政执法体制改革、行政审批制度改革等工作。市委常委、副市长桂万先陪同考察。

△ 南通市理论宣传工作创新现场交流会在如皋召开,与会人员集中观摩"三堂融合"现场,参观姚呈明理论武装工作室,听取如皋市、南通团市委、港闸区、通州区、海安县分别交流理论宣传工作创新经验和做法。市委常委、宣传部部长茅红宇出席会议。

△ 如皋市召开第十批科技镇长团月度工作例会,与会人员实地参观考察江南大学(如皋)食品生物技术研究所,详细了解研究所创建和运营情况,并听取10名科技镇长团成员交流挂职以来工作体会,汇报当前工作成果以及接下来的工作思路,研究部署下一阶段具体工作。市委常委、组织部部长、统战部部长缪爱诚,副市长、第十批科技镇长团团长陈杰参加会议。

△ 2017年南通市公共文化服务展示月"双庆十九大 群星耀江海"全国群众文艺优秀作品展演如皋专场在市文化馆举行。来自全国民间的艺术团队欢聚如皋,舞出魅力、舞出精彩,向中共十九大献礼。市领导钱志刚、严世斌出席活动。

19日 △ 南通市副市长、如泰运河整治指挥部指挥长赵闻斌在如皋组织召开如泰运河第四次整治推进会,进一步研究落实如泰运河整治的对策和措施,持续深入推进如泰运河综合整治工作。市委副书记丁兴华、副市长张百璘出席会议。

△ 市委副书记、市长何益军召集市发改委、规划局、高新区(城南街道)、长江镇(如皋港区)等部门和单位负责人,主持召开10亿元以上重大服务业项目协调推进会,集中协调解决影响和制约重大项目开工建设的具体问题,逐一听取了双创产业中心、鑫程医院、联仓大宗商品服务中心等10亿元以上重大服务业项目建设情况汇报,详细了解项目推进过程中遇到的困难和问题,并分析研究原因,制定解决办法和措施,明确牵头责任单位、配合单位和时限要求。市领导刘向阳、丁锋、黄文斌参加会议。

△ 2017年度如皋市道德模范事迹巡讲启动仪式暨首场报告会举行,8位宣讲团成员用质朴的语言和真挚的情感讲述了如皋市最美老师郝霞,中国好人、最美乡邮员赵颖东,如皋市最美城市守护人田爱民、陶胜丽夫妇等9位道德典型的先进事迹,集中展示了全市近年来道德风尚建设成果。市委常委、宣传部部长茅红宇参加活动。

△ 如皋文峰大世界"跨越20年,一路有你"20周年大型公益活动启动仪式在锦都金鼎大酒店举

行。市委常委、宣传部部长茅红宇参加活动。

△ 江苏省科技厅确认徐庄软件科技产业园等27家园区为省级科技产业园，江苏省如皋特高压输变电装备科技产业园名列其中。

20日

△ 市委副书记、市长何益军一行对东陈、丁堰两镇重点工作推进情况进行督察，先后走访东陈镇的污水处理厂、南东陈社区二线河，丁堰镇的西东色织、污水处理厂、盛鸿漂染等处，并听取两镇相关工作汇报。

△ 市委副书记、市长何益军率领相关部门负责人对如皋工业园区(如城街道)重点工作推进情况进行调研。市委常委、如皋工业园区党工委书记、如皋市长寿旅游度假区党工委书记刘向阳参加调研。

△ 如皋市举行秋季秸秆禁烧禁抛与综合利用工作会议，回顾总结夏收工作，动员全市上下迅速行动起来，抓好秋季秸秆禁烧禁抛与综合利用工作。副市长张百璘出席会议。

△ 如皋市基层政务公开标准化规范化试点工作推进会召开，解读和通报试点工作背景、上级试点要求、前期工作开展情况及下一步工作安排，研究探索建立基层政务公开标准化规范化“如皋模式”。市领导丁锋、桂万先出席会议。根据试点方案，全市重点围绕重大项目建设、财政预决算、环境保护等9个方面开展试点工作，实施标准化规范化“3544”工程，即“三张清单”标准管理、“五公开”工作流程、“四位一体”融合平台、“四轮驱动”监管机制。

△ 如皋市举行全市空气质量达标“百日攻坚行动”动员会，分析研判2017年以来大气污染防治工作形势，进一步强化秋冬大气污染治理措施，巩固前期全市空气质量取得的成果，确保达到年度考核目标。市领导黄文斌、万维庆参加会议。

△ 如皋市举行2017年公立医院管理工作会议，副市长张亚鸾出席会议。会议解读《如皋市公立医院医院管理委员会工作规则》，听取各公立医院党政主要负责人对2016年以来工作情况进行口头述职，其他班子成员进行书面述职，通报2016年院长年薪制考核结果、2017年考核办法，并对各医院院长、副院长及院长助理发放了聘书，各医院院长递交了目标责任书。

△ 副市长张亚鸾率领市卫计委、市场监督管理局、安监局等部门相关人员，督察中共十九大期间安全生产工作，先后到巨人网吧、如城实验小学、全民健身中心、博爱医院、福成庵等处，实地查看并详细了解带班、值班制度的执行情况和人员密集场所安保消防情况。

21日

△ 如皋市召开重点工作点评暨全年目标冲刺推进会。市委书记陈晓东，市委副书记、市长何益军出席会议并讲话。市领导缪小华、丁锋、史有根、缪爱诚、茅红宇分别围绕分工“四个全面”重点工作的推进情况进行点评，各镇(区、街道)主要负责人在会上表态发言。会议为项目建设季度先进单位颁发了流动红旗。

△ 东皋大讲堂特邀中国品牌研究一线专家王汉武教授，为如皋企业家作“企业品牌战略”专题讲座。市委常委、宣传部部长茅红宇参加活动。

△ 经国家中医药局批准，2017年国家级中医药继续教育项目——“不孕不育症中西医结合诊疗进展及基层应用学习班”在市中医院举行落户、开班仪式。国家中医药管理局人事教育司巡视员兼副司长金二澄，南通市卫计委主任、党组书记陈冬梅，如皋市副市长张亚鸾出席开班仪式，来自上海、南京、南通相关中医院和中西医结合医院的妇科、妇产科、生殖临床研究所的10多名专家、学者、教授应邀出席仪式。

22日

△ 南通苏马游艇设备股份有限公司并购江苏中欧海兰游艇制造有限公司签约仪式在吴窑镇江中宾馆举行，公司全球岛链运动休闲潜水船宿运营计划同时启动。市政协副主席郑振明出席签约仪式。

22—24 日

△ 中央电视台《航拍中国》摄制组走进如皋，开展为期 3 天的拍摄活动。摄制组先后到水绘园、定慧寺、顾庄社区、寿星园、安定广场等点位进行拍摄，记录了如皋独特的长寿人文风情。此次《航拍中国》走进如皋，是《航拍中国》江苏篇的组成部分，预计包含江苏篇在内的“第 2 季”2018 年 3 月与观众见面。

23 日

△ 中国青旅集团常务副总经理、中青旅实业集团董事长伞翔宇率考察团一行到如皋考察。市委副书记、市长何益军介绍如皋市大旅游、大健康产业发展情况，并与考察团一行就长江镇（如皋港区）大旅游、大健康产业项目进行洽谈。

△ 位于九华镇的南通伟越电器有限公司的沙特战略合作伙伴奥马尔（Omar）一行到如皋考察。市领导陈晓东、茅红宇会见奥马尔一行。

24 日

△ 如皋市以视频会议形式召开畜禽养殖污染整改提升会议。市委副书记丁兴华主持会议，市委副书记、市长何益军出席并讲话，副市长张百璘对关闭拆除阶段工作进行总结和点评，并对整改提升阶段进行详细安排和部署，经济技术开发区浦东社区、搬经镇芹界村、磨头镇、江安镇 4 家单位交流发言。此次会议在各镇（区、街道）设立分会场，会议对象扩大到所有村（社区）干部，以充分发挥基层基础作用，确保第一时间巡查发现、第一时间预警处置，切实守牢生态治理第一道防线。

△ 市委副书记、市长何益军就全市重大项目建设工作进行专项调研，先后听取市重大项目协调推进办公室对四季度申报项目情况的分析、省级重大项目开工及包装等情况的汇报，详细询问项目建设进展情况以及推进过程中存在的困难，现场协调解决相关具体问题。副市长高峰参加调研。

△ 市政协召开 10 亿元以上重大项目推进情况督察会，听取如皋工业园区（如城街道）、高新区（城南街道）、长江镇（如皋港区）等单位相关负责人详细汇报鑫程医院、园艺城二期、开元药物、中膜新材料、初曦生物等 10 亿元以上重大项目工作推进情况。市政协主席张元健，副主席郑振明、冒平、严世斌、刘晓洁，秘书长许映亮参加会议。

△ 国家发改委等十部委联合发布第三批结合新型城镇化开展支持农民工等人员返乡创业国家级试点城市名单，江苏省共 5 个县市上榜，如皋榜上有名。

△ 江苏省如高高压电器有限公司获得工业和信息化部两化融合管理体系证书，成为如皋市首家通过该体系贯标认证的企业。

△ 根据省经信委公布的名单，江苏思源赫兹互感器有限公司技术中心和江苏汤臣汽车零部件有限公司技术中心被认定为“省级企业技术中心”。截至 2017 年 10 月，全市累计有 28 家企业被认定“省级企业技术中心”。

25 日

△ 如泰运河督察组组长刘盘生、副组长刘志刚率领南通督察组一行到如皋，就如泰运河（如皋段）综合整治工作进行专项督察，实地查看河道清淤整治现场、西东印染如皋有限公司污水处理提标改造现场等处。市委副书记丁兴华参加相关活动。

△ 市委书记陈晓东专题听取如皋海关工作汇报，并重点围绕落实南京海关支持江苏外向型经济发展措施、服务如皋开放型经济发展等进行研究，对下一步如皋海关加强党建工作、支持如皋港口发展、融入地方经济社会发展大局提出具体要求。

26 日

△ 陕西省汉中市委常委、常务副市长李九红率队到如皋考察经济社会发展情况，实地参观龙游湖商务区、如皋软件园等处，并听取全市经济社会发展情况介绍。市委常委、副市长桂万先陪同考察。

△ 如皋市举行秋收秋种工作现场会,切实加快秋收秋种进度,全面提高秋播质量,与会人员观摩家高新区(城南街道)粮食生产基地秋收秋种现场。副市长张百璘出席会议。

△ 如皋市召开全市"阳光扶贫"监管系统运行动员部署暨业务培训会,各镇(区、街道),各相关部门负责人集中学习"阳光扶贫"监管系统基本信息及使用方法,进一步明确系统运行的关键环节和工作要求,为实现精准扶贫提供强有力保障。市委常委、纪委书记史有根,副市长张百璘参加会议。

△ 市政协召开民主评议水务局工作动员会,听取市水务局工作情况汇报,并进行民主评议动员。市政协主席张元健,副市长张百璘,市政协副主席郑振明、冒平、刘晓洁,秘书长许映亮出席会议。

△ 中共十九大精神专题研讨会在市老干部活动中心举行。来自市党建研究会部分会员、党建理论界专家学者、姚呈明理论武装工作室学员代表、党员代表参加会议,市党建研究会副会长姚呈明为与会人员作了领学。

27日

△ 重阳节即将来临之际,市领导陈晓东、张百璘等分别率队,到经济技术开发区平园池村、如皋工业园区(如城街道)长港村,对部分高龄老人进行慰问。

△ 市委书记陈晓东,市委副书记、市长何益军分别率队,到经济技术开发区纪港村、镇南村,看望慰问部分现役军人家属,致以亲切问候。副市长张百璘参加活动。

△ 市委副书记丁兴华率领市水务局、交通运输局、环保局以及相关镇(区、街道)负责人一行,围绕排口、沉船等重点问题对如泰运河(如皋段)开展巡查,从丁堰镇涤诺集团码头乘船,沿如泰运河航道前往如皋城郊海事处码头,沿途巡查、询问河段疏浚清障和环境整治等情况,对仍存在问题的河段提出整改意见,并召开座谈会,就河面垃圾清理、违章建筑拆除、入河排口梳理、砂石码头整治、河坡绿化提升、畜禽养殖整治、河道清淤落实、河坡塌方排查以及重点断面治理等方面工作提出具体要求。

△ 市"做知书达礼好少年"道德讲堂暨第七届"美德少年"颁奖典礼在安定小学举行。市委常委、宣传部部长茅红宇出席活动。

28日

△ 第十八届如皋科技·人才洽谈会在市行政中心礼堂开幕。原商务部副部长周可仁宣布洽谈会开幕,市委书记陈晓东作题为《如皋,一派江南景象》的主题演讲。此届洽谈会以"聚力创新、聚焦富民"为目标,以"广纳高端人才智力、助推实体经济发展"为主题。会上,在如皋创新创业的企业代表江苏赛麟汽车科技有限公司常务副总裁顾镭,专家代表吉林大学党委常委、副校长孙友宏,省科技厅副巡视员景茂,中国科学院院士、上海交通大学教授颜德岳先后发言;市委书记陈晓东、新华社中国经济信息社副总裁苏会志、中林如皋港务集团有限公司总裁王利伟共同启动华东煤炭价格指数发布触摸球,中国经济信息社指数中心副总经理韩显男进行了华东煤炭价格指数发布;中国民间文艺家协会党组成员、秘书长周燕屏宣读了授予如皋"中国长寿饮食文化艺术之乡"称号的命名批复,中国民间文艺家协会副主席吴元新为如皋市"中国长寿饮食文化艺术之乡"授牌,副市长张百璘接受了荣誉牌匾;市委书记陈晓东和清华大学教授、清华大学"一带一路"战略研究院副院长、清华大学健康产业与管理研究中心主任黄德海共同为"健康如皋联合课题组研究基地"揭牌。省知识产权局副局长张春平,南通市委副书记张兆江,南通市委组织部副部长、人才办主任王亚雄等领导,中科院院士、化学工程联合国家重点实验室副主任、清华大学教授费维扬,中科院院士、北京大学物理学院教授秦国刚,国家首批"千人计划"专家、合肥国家同步辐射实验室主任、中国科技大学教授陆亚林等嘉宾和北京大学、清华大学、南京大学等全国66所知名高校,以及中国科学院长春光学精密机械与物理研究所、中国科学院上海微系统与信息技术研究所、中船重工702研究所等18家科研院所的300多位专家、学者应邀参会,并于会前参观了如皋汽车文化馆、江苏神马电力股份有限公司、中国·如皋国际园艺城、江苏赛麟汽车科技有限公司15万套汽车核心零部件项目现场等科技企业和重点项目。

△ 第十八届如皋科技·人才洽谈会对接峰会在锦都金鼎大酒店举行。副市长高峰主持会议,市委副书记、市长何益军致辞,市科技局党组书记、局长马军华围绕全市特色产业和重点企业技术需求进行了集中发布。会上,哈尔滨工程大学青岛船舶科技研究所董事长兼总经理孙宏放、江南大学(如皋)食品生物研究所所长荆政、江苏省第三代半导体产业研究院常务副院长王善力就各自研究方向和发展愿景进行了发言,北京大学、东南大学等高等院校、科研院所的专家教授进行了科研成果发布。峰会组织与会人员观看了如皋科技人才专题宣传片《共赢未来》,举行了校企集中对接洽谈,形成正式合作协议 30 余项,其中 18 个项目集中签约。

△ 2017"一带一路"软件行如皋峰会召开,市委书记陈晓东为峰会致辞。峰会以"一带一路:重塑产业与社会"为主题,工业和信息化部信息化和软件服务业司副司长李冠宇、省经济和信息化委员会副主任池宇、中国电子信息产业发展研究院院长卢山分别发言,国家信息中心信息化和产业发展部主任单志广、中软国际解放号高级咨询顾问陈民周等行业领导和专家发表了主旨演讲,具有投资发展潜力和优秀创新软件的企业家进行了经验交流分享。活动中,中国软件行业协会投资专业委员会正式成立,9 个项目集中签约,与会人员参观了高新区(城南街道)部分重点项目。

△ 如皋花木大世界举行"绿荫护苗"爱心助学活动。副市长张亚鸾出席活动。公司于 2015 年 10 月发起该活动,每年通过慈善拍卖形式,筹集 10 万元爱心善款,资助全市 100 名孤困儿童。

28—29 日

△ 2017"东泽"杯国际风筝邀请赛暨全国风筝精英赛(宜兴站)江苏省风筝公开赛在宜兴市周铁镇太湖风筝广场举行,如皋市风筝代表队获得佳绩,市风筝协会黄道生获串类最长类风筝赛第一名、龙串类风筝赛第三名,王友年获龙串类风筝赛第二名,杨建获翅串类风筝赛第二名,杨志兵获打斗风筝赛第三名,沙海源获地方特色风筝表演奖和体育道德风尚奖运动员称号。

29 日

△ 如皋市举行高铁新城规划发布暨产城融合转型发展推介会,10 个项目集中签约。工业和信息化部科技司原副司长阮汝祥,国家发改委国防动员研究发展中心主任张笑,中国社会科学院城市发展和环境研究所执行研究员、经济学博士李学锋,工业和信息化部赛迪研究院军民融合研究所所长李宏伟等嘉宾出席活动。会上,市委副书记、市长何益军发布高铁新城规划并作产业推介,重点从科学前瞻的总体布局、便捷高效的交通体系、绿色低碳的生态环境、创新引领的产业格局等方面进行了推介。与会人员观看了电视专题片《点睛大江东》,10 位特邀嘉宾围绕"交通格局嬗变与城市转型""区域协作和产业转型""军民融合与如皋战略性新兴产业培育""世界长寿乡品牌资源开发与大健康、大旅游产业发展"4 个主题作了精彩发言。

△ 第三届如皋"梦想之星"创业大赛决赛在市文化馆举行,入围决赛的 10 个团队围绕纳米材料、生物医药、互联网等项目课题展开路演。市领导高峰、陈杰出席会议。此次大赛共有 30 多个团队报名参与,15 个项目参加了资格赛选拔。

30 日

△ 南通市委办副调研员曹明率领南通项目办项目建设专题调研组一行到如皋调研,实地查看百应能源、康迪电动车、华灿线缆等项目,详细了解项目总体推进情况,听取全市重特大产业项目建设情况介绍及相关建议意见。副市长高峰陪同调研。

△ 南通市副市长、如泰运河整治指挥部指挥长赵闻斌考察如泰运河如皋段省考断面水质情况,实地查看中林港务煤炭、矿沙堆场、华泰重工船舶制造项目等处,对省考水质断面上下游各 1000 米、左右岸 500~1000 米内的生活污水直排、渔船停靠整治及水质监测等提出明确要求,并就长青沙水源地环境问题整改方案进行研究部署。如皋市副市长张百璘陪同考察。

△ 市委书记陈晓东先后主持召开市委常委会,传达学习中共十九大精神,研究部署全市学习宣传贯彻落实中共十九大精神工作,讨论《关于鼓励花木盆景产业转型发展的政策意见(讨论稿)》、全市

花木盆景产业转型发展大会方案、《如皋市村(社区)党建标准化试点建设工作实施方案(讨论稿)》《全市村(社区)党建标准化建设动员部署会暨第三期“村(社区)书记大讲坛”活动方案》《“走帮服”共性问题清单》《关于国有企业转型发展的意见》《如皋市承担行政职能事业单位改革实施方案(讨论稿)》《关于三季度全市“两个责任”落实情况督查的情况通报》《中秋国庆期间深入推进作风建设情况汇报》《市纪委、市委组织部关于加强领导干部谈话活动实施办法(试行)》《关于进一步加强全市关工委组织建设和“五老”队伍建设的意见》《第三届如皋市道德模范评选情况汇报》等议题。

△ 市委副书记、市长何益军率领市政府办、环保局、发改委、规划局等相关部门负责人一行,专题调研长江镇(如皋港区)重点工作,要求该镇高点定位,做好产城融合文章。副市长张百璘参加调研。

△ 市委副书记、市长何益军率领市政府办、环保局、水务局、农委等相关部门负责人一行开展巡江行动,先后实地巡查如皋港引河长江入口、华泰重工、垃圾7号池、诚晖石化等处,重点查看了沿江排污口、沿江堆场码头整治情况,要求沿江企业规范码头堆场管理,强化码头排污、降尘、除噪措施,针对沿江危化品源等加强管理,维护江岸环境,并对下一步整治工作进行了交办落实。副市长张百璘参加活动。

31日

△ 2017年“世界城市日”全球主场活动在广州举行,市委书记陈晓东代表如皋市现场接受“中国人居环境奖”授牌。2017年全国仅两个城市获得“中国人居环境奖”,如皋是唯一上榜的县级城市,同时也是苏中、苏北地区率先获得此项殊荣的县级市。

△ 如皋港集装箱年吞吐量首次突破10万标箱活动推介会在金岛生态园举行。市委副书记丁兴华为活动致辞,市人大常委会主任吴道健宣布如皋港集装箱第10万标箱——装满进口咖啡豆的2017年第10万个集装箱——在苏中国际码头起吊装船,运往上海港,市政协主席张元健宣读了中共如皋市委、如皋市政府向如皋港集团发来的贺信。会上,如皋港集团总经理马玉东介绍了如皋港集装箱、保税物流等发展情况,部分嘉宾代表交流发言,如皋港至营口港的集装箱直达班轮船航线项目、如皋港至重庆的集装箱直达班轮船航线项目、如皋港至盘锦港的集装箱直达班轮船航线项目进行了集中签约,浦海航运公司向如皋市委、市政府赠送了船模。

△ 据如皋出入境检验检疫局统计,截至10月,如皋地区累计出口肠衣14383.8吨、货值28799万美元,超过上年全年14262吨的出口量,较上年同期分别增长25.7%、40.5%,呈现持续强劲增长趋势,年内出口额有望突破3亿美元大关。

2017 年 11 月

1 日

△ 甘肃省山丹县人大常委会主任王继虎率领考察团一行到如皋，专题考察市社会矛盾纠纷调处中心建设情况，实地参观市交通事故处理综合服务中心、社会矛盾纠纷调处中心等处。市人大常委会主任吴道健陪同考察。

△ 第二届国际司法鉴识和教育研讨会在如皋举行。来自美国、俄罗斯、丹麦、波兰、捷克、印度、中国台湾等 10 个国家和地区的 50 多名外国专家、学者，中国人民公安大学、中国政法大学、国家检察官学院、上海政法学院等 19 所国内高校科研院所的专家、学者，最高人民检察院民事行政检察厅厅长胡卫列，江苏省委政法委副书记侍鹏，省高级人民法院党组副书记、副院长周继业，省侨务办公室主任王华，省人社厅党组成员、副厅长朱从明，南通市委常委、政法委书记姜永华，如皋市领导何益军、缪小华、刘向阳、桂万先、陈晓彬出席研讨会，近 30 位国内外刑侦鉴识科学方面专家进行主题演讲，并共同签订《战略联盟倡议书》。会上，美国纽黑文大学、如皋市人民政府分别与上海政法学院、南通大学签署相应合作办学备忘录。

△ 2017 年科级干部进修班(一)暨新提任副科职干部培训班开班。市委常委、组织部部长、统战部部长缪爱诚出席开班典礼。培训班为期 15 天，培训内容包括全面从严治党、中国特色社会主义理论体系、如皋革命斗争史与如皋治沙精神、中国共产党的奋斗历程及基本经验、群众工作方法及难题破解等。

△ 市政协经济一、二组及城建委员组举行民主评议市水务局工作专题会议，结合市水务局机关科室、下属单位工作职能与履职情况，对水资源管理、“河长制”推进、农村环境改善、队伍建设等进行全面评价。市政协主席张元健、秘书长许映亮参加活动。

△《如皋日报》报道，省管党费援建搬经镇卢庄村公共服务中心工程举行开工奠基仪式。市委常委、组织部部长、统战部部长缪爱诚参加活动。

2 日

△ 如皋市在沪企业家商会第一次会员大会暨成立大会在上海环球港凯悦酒店举行。会议通过《如皋市在沪企业家商会章程》，选举产生如皋市在沪企业家商会会长、执行会长、常务副会长、副会长、理事等，成立了如皋市在沪企业家商会党支部。福然德股份有限公司董事长崔建华当选如皋市在沪企业家商会会长。市领导陈晓东、何益军、吴道健、张元健、缪爱诚、张勇、杜永红出席会议。此次活动中，如皋市工商联分别与上海市宝山区工商联、长宁区工商联、虹口区工商联、静安区工商联缔结为友好工商联。

△ 全市文化建设工程推进会召开，通报三季度文化建设工程考核情况和全市基层综合文化服务中心建设、文化产业等重点工作推进情况，部署冲刺全年目标任务。市委常委、宣传部部长茅红宇出席会议。与会人员参观了如皋工业园区(如城街道)孔庙社区、经济技术开发区陆姚社区、如皋工业园区(如城街道)顾庄社区，高新区(城南街道)、东陈镇、吴窑镇有关负责人在会上交流发言。

△ 市政协磨头镇工委开展“百名政协委员面对面对接单亲特困家庭”活动，8 名对接委员为磨头镇 10 户单亲特困家庭送去慰问金。市政协副主席冒平参加活动。

3 日

△ 市委副书记、市长何益军主持召开第十七届市政府第十次常务会议，学习中共十九大精神、《中华人民共和国统计法实施条例》，讨论研究《关于深化统计管理体制改革、进一步加强统计工作的意见》、全市农村公路“建养一体化”情况汇报等相关议题。

△《如皋日报》报道，北京爱尔斯生态环境工程有限责任公司董事长武学军率领专家团队一行到如皋洽谈水环境综合整治项目方案。该团队在前期调研基础上，针对如皋主城区、丁堰镇的水系综合整治工程提出初步方案，并通过专题片介绍、PPT演示、专家现场陈述等多种方式进行了详细汇报。市领导何益军、张百璘、杜永红参加洽谈。

△ 全国如皋商会第七次合作交流会议在上海举行，全面推动如商再创辉煌。市政协副主席杜永红出席会议。

△ 住房和城乡建设部下发关于2016—2017年度中国建设工程鲁班奖（国家优质工程奖）获奖单位的通报，由如皋市建筑企业江苏江中集团有限公司承建的哈尔滨金河湾世纪广场酒店工程荣获2016—2017年度中国建设工程鲁班奖（国家优质工程奖）。自1997年获得第一个鲁班奖以来，江苏江中集团已获12项鲁班奖。

4日

△ “江苏省好记者讲好故事”巡讲团走进如皋暨市文广传媒集团庆祝第十八个记者节活动在市文广集团演播大厅举行。活动中，巡讲团8位好记者分享部分好新闻故事，并就如皋市文广传媒集团日报编委会副总编刘琍讲述的四川大凉山采访故事进行了现场连线；市文广传媒集团青年记者进行了集中宣誓，并接受了省领导的授旗。活动还为集团小记者团揭牌，并表彰了“十佳”“十优”新闻工作者。省三项学习教育办公室常务副主任周强、副主任刘哲，南通市委宣传部常务副部长陈慧宇，如皋市领导陈晓东、茅红宇、钱志刚、张亚鸾、严世斌参加活动。活动开始前，市委书记陈晓东一行走访市文广传媒集团的电视新闻部、日报要闻部、全媒体指挥中心、广播部，慰问一线新闻工作者，并赠送了部分书籍。

△ 全市村（社区）党建标准化建设动员部署会暨第三期“村（社区）书记大讲坛”在行政中心礼堂举行。会上，市领导宣布国家标准委立项批复、《关于明确党建标准化建设试点村（社区）的通知》，7名村（社区）党组织书记结合自身实际，分别就“村（社区）党建标准化建设”“村级公共服务管理”两大主题进行交流发言。陈晓东、何益军、吴道健、张元健、丁兴华等市四套班子领导出席活动。

△ 如皋市召开化工企业“四个一批”和燃煤锅炉整治工作推进会议，通报“四个一批”化工整治推进情况、燃煤锅炉整治任务完成情况。全市共有45家化工企业和133台燃煤锅炉列入南通市整治任务，相关镇（区、街道）和企业在会上表态发言，确保2017年底前完成目标任务。市领导何益军、黄文斌、高峰、万维庆出席会议。

△ 如皋市举行首届健康节暨“胸痛中心、卒中中心、创伤中心”建设启动仪式，以“健康节”活动为载体，融合南京延陵荟大型义诊活动、“健康南通行、共筑中国梦暨2017南通市医改惠民”主题宣传活动，推出系列医疗卫生惠民服务项目，促进健康如皋全民行动。副市长张亚鸾出席启动仪式。

6日

△ 市委书记陈晓东一行调研市法院工作，先后听取法院工作开展情况汇报，实地参观市法院诉讼服务中心、律师调解员工作室、执行接待室、执行指挥中心等处，详细了解法院相关业务流程，要求市法院认真开展自身业务，努力营造良好发展环境，更好服务推动经济社会发展。市委常委、政法委书记缪小华参加调研。

△ 市委副书记、市长何益军召集高铁新城指挥部相关部门和单位负责人，专题研究推进新城医院、学校设计招标工作，要求加紧完善招标文件，充分体现功能融合、节能环保、交通组织等要求，确保11月下旬挂网招标。副市长张亚鸾参加会议。

△ 市政协委员视察全市民营剧团发展工作情况，实地视察龙歌文化传播有限公司的舞台保障仓库、王兵舞蹈队排练现场，观看民营剧团优秀节目调演，并对民营剧团发展工作提出意见和建议，促进其持续健康发展。市政协主席张元健，市政协副主席郑振明、冒平、严世斌、刘晓洁，秘书长许映亮参加活动。

7日

△ 江苏省举行中共十九大精神报告会电视电话会议，邀请中央宣讲团成员、中央财办副主任易纲作专题辅导报告，市委书记陈晓东等市四套班子领导在如皋市分会场收听收看，并就学习宣传贯彻中共十九大精神强调，开展好形式多样的宣传宣讲活动，让中共十九大精神在如皋大地上落地生根，奋力推进“两聚一高”新实践，加快建设“强富美高”魅力如皋。

△ 省编办副巡视员郭卫民一行调研如皋市行政管理体制改革工作和综合行政执法体制改革情况，与市相关部门负责人、部分镇负责人座谈，详细了解全市行政管理体制改革工作开展情况。市领导陈晓东、丁锋、桂万先陪同调研。

△ 市委书记陈晓东率领市发改委、国土局、规划局、消防大队等部门和单位负责人一行，对四大主功能区部分重大项目推进情况进行现场督察，实地查看赛麟乘用车车身总成项目、龙能科技、尔昕木业新中式家具加工项目、如皋“双创”产业中心项目、中潮特种钢管项目等多个项目现场。市领导丁兴华、刘向阳、茅红宇、高峰参加督察。

△ 市委组织部组织召开镇(区、街道)人武部部长座谈会，加强对干部队伍综合研判，深入了解干部的工作和心理状态，指导、帮助广大干部进一步坚定信念、奋力进取。市委常委、组织部部长、统战部部长缪爱诚出席会议。

8日

△ 南通市民政局局长王国平率队到如皋，听取全市创建省级“双拥模范城”工作汇报，并通过观看宣传片、实地走访、查看台账资料、开展座谈等多种形式，深入了解如皋创建省级“双拥模范城”工作推进情况。市领导祝国庆、张百璘参加会议。

△ 如皋市开展2017年建议提案办理工作集中督察活动，督促各承办单位进一步提高认识，狠抓落实，不断提高办理水平，先后听取相关承办单位负责人汇报交流督察内容落实情况，部分市人大代表、政协委员对建议提案办理工作提出建议和意见。市领导丁锋、桂万先、张勇、严世斌参加活动，市委常委、常务副市长丁锋对办理工作进行了点评。

△ “盛世归瓷——奚建军、吴培外销瓷收藏展”在中国华侨历史博物馆开幕。中国侨联副主席康晓萍、葡萄牙驻华大使佩雷斯、如皋市副市长张亚鸾出席开幕仪式。展览集中展示了奚建军和吴培的200余件(套)精选藏品，计划在京展出后前往全国各大城市开展巡回展出。

9日

△ 国家信访局办信司副司长张仁光率队到如皋，就基层信访工作进行调研，听取市相关负责人介绍处置群众重复来信工作主要做法、群众重复来信工作的现状及办理难点、产生群众重复来信的原因以及相关意见、建议等情况。市委常委、政法委书记缪小华陪等陪同调研。

△ 省档案局局长、党组书记谢波一行到如皋考察档案工作，先后参观李昌钰刑侦科学博物馆、江苏华夏电影胶片修复技术有限公司等处，并对国家级档案科技计划项目《基于电影胶片档案社会化保管的文化产业建设研究》进行省级验收。市委常委、宣传部部长茅红宇参加活动。

△ 第二届国际燃料电池汽车大会在如皋召开。大会由国际氢能燃料电池协会(筹)、中国汽车工程学会主办，南通市人民政府、如皋市人民政府承办，以“融合发展、产业共赢”为主题，来自20多个国家和地区的近千名燃料电池产业的政学精英、业界巨头及南通市副市长杨海龙，如皋市领导陈晓东、何益军、马金华、高峰等出席大会。开幕式上，科技部高新技术发展及产业化司副司长续超前宣读了全国政协副主席、中国科学技术协会主席、科学技术部部长万钢的贺信。市委书记陈晓东以“如皋氢能与燃料电池发展与应用实践”为主题作了交流发言。市委副书记、市长何益军为大会致辞。与会专家、学者分享交流了燃料电池汽车领域最新发展成果，从燃料电池及燃料电池技术、资本、政策、基础设施等方面，全面分析了商业化遇到的问题、障碍、解决方案和发展建议等，并就如何共同推进燃料电池商业化应用进行了研讨。

10日 △“代表选民接待日”之际,市领导马金华、缪小华、刘向阳、史有根、茅红宇、祝国庆、黄文斌、张亚鸾、高峰、张百璘、程瑞琴、万维庆以人大代表身份回原选区接待选民,面对面听取群众心声,认真征求基层群众对市政府重点工作、为民办实事项目等方面的意见、建议,了解基层群众关心的热点难点问题,帮助解决实际困难。市人大常委会副主任邵晓泉参加活动。

△ 如皋市举行老年大学建校30周年纪念活动。市委常委、组织部部长、统战部部长缪爱诚出席纪念活动。

11日 △ 如皋市召开花木盆景产业转型发展大会,总结发展经验,分析新形势、把握新机遇、发展新业态,加快转型升级、推进绿色崛起。市领导陈晓东、何益军、张元健、丁兴华、刘向阳、邵晓泉、张百璘、杜永红出席会议,市花木盆景产业联合会、江苏花名堂有限公司、如皋工业园区(如城街道)、市农委等部门、单位和个人在会上交流发言。

13日 △ 长江(南通段)河长会议在如皋召开。与会人员乘船巡查长江南通港至皋张汽渡段,有关河长交流了长江河长制工作推进情况及交办问题整改情况。南通市委副书记、长江(南通段)河长张兆江,如皋市委副书记、市长何益军出席会议。

△ 南通市焦港河综合整治工作推进会议在如皋召开。南通市委常委、常务副市长单晓鸣,如皋市人大常委会主任吴道健出席会议,并实地巡查江安大桥南侧桥下垃圾清理、违建拆除现场以及位于搬经镇的南通星河电子有限公司排口封堵现场,听取如皋市关于焦港河治理工作情况的汇报。

△ 南通市粮食局局长张军一行到如皋考察秋粮收购工作,实地查看如皋粮食储备库和如皋市粮食购销公司丁堰粮库,详细了解全市秋粮收购具体情况。副市长张百璘陪同考察。

14日 △ 中央文明委公布第五届全国文明城市入选名单,如皋市继荣获中国人居环境奖后,在苏中苏北县级市中率先跻身全国文明城市。

△ 省台办台商服务中心主任尹伟林到如皋,就台商服务工作示范点创建工作开展调研,实地查看台企南通斯密特森光电科技有限公司、南通安佑生物科技有限公司,了解相关示范点创建情况。市人大常委会副主任邵晓泉陪同调研。

△ 市委副书记、市长何益军听取全市“一流域一策”行动计划编制进展汇报。市领导黄文斌、张百璘、万维庆参加相关座谈会。

△ 市委组织部、市旅游局、市委党校联合举办的“国家全域旅游示范区创建专题培训班”在如皋市委党校开班。副市长吕兰出席开班仪式并讲话。

△ 副市长张亚鸾接待前来市北外附属龙游湖外国语学校寻求合作的澳大利亚圣-斯蒂芬学院院长伊恩-岚里奇率领的教育考察团队一行,陪同团队观摩百年老校——如皋师范学校附属小学的国学展示,现场考察北外附属龙游湖外国语学校在建工地。

15日 △ 根据南通市政协加强“三河三行业整治督察”工作要求,市政协副主席冒平率领督察组一行对全市“一河两行业”整治工作开展季度督察,实地查看如泰河沿线的西东印染、五山漂染、协和印染等重点印染企业的污水处理车间、在线监测设备,以及部分重点河段水体水质,并与相关企业负责人就污染物达标排放进行交流。

16日 △ 南通市检察机关党的建设工作会议在如皋召开。省检察院副巡视员徐平,如皋市委常委、政法委书记缪小华出席会议。

△ 荣威国际控股有限公司(股票名称:荣威国际,股票代码:03358.HK)在香港联合

交易所主板发行股票并成功挂牌上市，发行价为每股4.38元港币。

17日 △ 市委书记陈晓东在北京为如皋市领取“全国文明城市”奖牌。

△ 如皋市磨头镇在上海举行投资环境说明会，共达成签约项目8个，其中，文体类合作项目2个、平台类合作项目2个、落户产业项目4个。市人大常委会主任吴道健、副市长陈杰出席会议。

△ 如皋市下原镇在上海绿地会议中心举办医疗器械专题推介会。上海及周边地区医疗器械产业发展协会代表、有投资意向的医疗器械企业家代表及医疗器械产业相关合作平台、专业融资机构负责人等40余位嘉宾参加活动。市委常委、纪委书记史有根为活动致辞，上海产业合作促进中心副主任丁士强、如皋市医疗器械同业商会会长邵贤斌、上海泰迪之家科技股份有限公司董事长陈健作为嘉宾代表交流发言，会上2个项目签约。

18日 △ 全市25个亿元以上产业项目集中开工，总投资额97.8亿元。市领导何益军、马金华、缪小华、刘向阳、丁锋、史有根、张业莺、高峰、程瑞琴、冒平、严世斌、刘晓洁、万维庆等分四组出席相关镇(区、街道)的项目开工仪式。

△ 如皋市召开城市搬迁攻坚扫尾推进会，确保各地块全面完成搬迁扫尾工作。市领导何益军、黄文斌、冒平、万维庆出席会议。

19日 △ 新疆昌吉市副市长邓向东率队考察如皋市行政审批制度改革相关工作，实地参观市行政审批局大厅，并就行政审批局构建相关事宜开展交流。市委常委、副市长桂万先陪同考察。

△ 如皋在沪企业家商会青年联合分会成立。市领导丁锋、吕兰、杜永红出席成立大会。

20日 △ 为期6天的市统计系统人员业务培训班开班。市委常委、常务副市长丁锋出席开班仪式。来自各镇(区、街道)分管统计工作的主要负责人、具体从事统计工作的业务人员以及市统计局全体人员共计90人参训。

21日 △ 如皋市召开推进江苏省2017年简政放权创业创新环境评价工作会议，研究部署下一阶段全市迎检工作的各项重点任务。市领导丁锋、桂万先出席会议。

22日 △ 融通科技产业集团副董事长牛庆民一行到如皋考察，实地查看部分地块，了解全市经济社会发展相关情况，并就项目选址、业态引进、项目推进计划等与如皋市进行交流。市领导茅红宇、吕兰陪同考察。

△ 南通市人大代表开展视察公安工作活动，实地探访市火车警务站、市电商快递物流园警务室、市公安交通管理服务中心等处，听取公安工作情况汇报，就进一步做好公安工作提出意见、建议。市领导吴道健、马金华、陈万圣、邵晓泉、张勇、钱志刚、陈晓彬参加活动。

△ 如泰运河如皋段综合整治第二次现场推进会在东陈镇举行，与会人员实地参观东陈镇污水处理厂、洗车场截污纳管现场、杭桥农村生活污水处理示范工程等处，详细了解东陈镇在工业废水处理、生活污水处理、水生态修复等方面的经验做法。市委副书记丁兴华参加会议。

22—23日

△ 陕西省洋县县委副书记、县长杜家才率领该县党政代表团一行到如皋考察，实地查看市城市规划展示馆、中国·如皋国际园艺城、软件园等处和如皋港部分项目，并举行如皋市·洋县对口协作座

谈会、洋县招商推介会暨招商项目签约仪式,与如皋市签订有关对口协作协议。市领导何益军、丁兴华、丁锋、桂万先参加活动。

23日

△ 省农业发展银行行长徐浩率队到如皋,对全市经济社会发展情况进行考察,实地查看如皋国际园艺城、顾庄生态园、龙游湖等地。市领导何益军、刘向阳、丁锋陪同考察。

△ 佳码集团董事长、摩天三五控股有限公司副总裁林胜荣一行到如皋,就氢能源产业园项目投资进行考察洽谈。市委常委、经济技术开发区党工委副书记马金华,副市长高峰陪同考察。

24日

△ 首影传媒董事长、总裁柯丁图一行到如皋,实地参观东大街、李昌钰刑侦科学博物馆、华夏胶片电影修复基地、中国·如皋国际园艺城、龙游湖商务区等处,并就市电影文化小镇项目进行考察,从就业、创业、影视基地打造等方面探讨电影文化小镇的建设规划设想。市领导丁兴华、刘向阳出席相关活动。

△ 市委副书记、市长何益军深入如皋工业园区(如城街道),走访慰问长港村3户困难家庭。

△ 2018年度全市党报党刊发行工作会议举行,全力以赴做好相关党报党刊征订发行工作。市委常委、宣传部部长茅红宇出席会议。

△ 上海足协执委、上海上港俱乐部青训总监成耀东受邀到如皋考察市足球学校及青训基地建设情况,实地考察市长青沙足球基地、奥体中心、校外足球训练基地等地。副市长张亚鸾陪同考察。

25日

△ 首届如皋市健康节系列活动之“健康南通行”启动暨“复旦大学附属中山医院如皋市人民医院医疗技术协作中心”揭牌仪式活动在市人民医院举行。南通市卫计委党组书记、主任陈冬梅,南通广电传媒集团党委委员、副总经理李晓东,如皋市副市长张亚鸾、市政协副主席严世斌等出席活动。

26日

△ 市中医院第八届膏方节暨“健康南通行,共筑中国梦”市长医工日活动在市中医院举行,首届如皋市健康节正式收官。活动邀请省中医院专家为广大市民提供诊疗服务,并举办了以“传承中医文化,共创健康人生”为主题的签名活动。副市长张亚鸾出席签名活动,并在市中医院门诊大厅服务台开展医改政策、急救和爱卫知识、中医文化宣传以及导诊咨询服务。

△ 市委书记陈晓东召集市委办、市政府办、市发改委、市重大项目办、市服务业办主要负责人举行专题会议,听取四季度亿元以上重点项目进展情况汇报。市领导何益军、丁兴华、马金华、刘向阳、丁锋、高峰出席会议。

△ 市委书记陈晓东主持召开专题会议,调研全市财税工作,先后听取市财政局、国税局、地税局负责人分别汇报全市财税工作完成情况及冲刺全年目标任务的工作举措,部分主功能区负责人交流弥补财政收入缺口的具体举措,要求全市财税系统科学研判形势,积极稳妥推进财税改革,全面完成全年目标任务。市领导何益军、马金华、刘向阳、丁锋参加会议。

△ 如皋市举行陈从周先生99周年诞辰暨梓翁亭、《梓翁亭记》碑揭幕仪式,追忆陈从周为如皋城市规划和文化传承做出的杰出贡献。市委书记陈晓东为活动致辞,并与陈从周长女陈胜吾共同为《梓翁亭记》碑揭幕。市委常委、宣传部部长茅红宇,副市长黄文斌,著名画家陆亨、原同济大学副校长朱绍中等共同为“梓翁亭”揭幕。

27日

△ 美国华尔街YUN Capital副总裁程建群博士率队到如皋,实地考察全市投资环境,并就一系列新能源汽车产业项目合作进行洽谈。市领导何益军、万维庆参加相关活动。

△ 省粮食局局长夏春胜一行到如皋,就全市秋粮收购工作进行调研,实地考察如皋

粮食储备库。市委副书记丁兴华、副市长张百璘陪同调研。

△ 南通重特大产业项目调研组到如皋,就如皋市10亿元以上重特大产业项目进行跟踪调研,先后听取市相关负责人汇报三季度11个已确认项目实施进展情况、部分四季度拟申报重特大项目推进情况、重大产业项目考核建议等相关汇报。市委副书记、市长何益军,市委副书记丁兴华,副市长高峰参加调研。

△ 市政协主席会议专题协商"七五"普法工作,与会人员先后参观市公安局交警大队、搬经镇湖刘社区德法建设、华冠德法文化主题园等处,并听取全市"七五"普法工作情况汇报。市政协主席张元健,市委常委、副市长桂万先,市政协副主席杜永红、郑振明、冒平、严世斌、刘晓洁,市政协秘书长许映亮参加活动。

△ 全市2个亿元项目(特种电缆项目、高科技结构壁塑料管道项目)签约仪式在白蒲镇蒲新生态园举行。市政协主席张元健出席仪式。总投资1亿元的特种电缆项目由上海永进特种电缆有限公司、上海翱运进出口贸易有限公司联合投资,占地约2公顷,预计2018年一季度开工建设,年底投产。总投资1亿元的高科技结构壁塑料管道项目由南通天海塑业科技有限公司投资,总占地3.33公顷,其中一期占地2公顷,二期占地1.33公顷,预计2018年一季度开工建设,年底投产。

28日

△ 中国市政工程华北设计研究总院第五设计研究院相关团队一行到如皋,就开展水环境治理、提升水环境质量进行专题研究。该团队通过PPT演示、专家现场陈述等多种方式,从项目概况、污水处理现状、整治思路、方案讨论、工程设计、智慧水务等方面汇报了如皋市污水综合治理工程方案,并就需要市政府帮助协调的相关工作进行交流。市领导何益军、黄文斌、杜永红、万维庆出席活动。市相关部门负责人结合各自工作实际,就做好水环境综合治理工作提出了意见和建议。

△ 青海省海南州委副书记、统战部部长、州扶贫开发工作领导小组副组长更藏率队到如皋考察,听取市人大常委会主任吴道健介绍如皋经济社会发展情况,并参加南通石材协会和如皋市慈善基金会向海南州贵德县捐赠助学金358000元的捐赠仪式,慰问在江苏海通海洋工程装备有限公司务工的贵德县藏族同胞。南通市副市长赵闻斌、杨海龙,如皋市领导吴道健、张元健陪同考察。

△ 如皋港至营口港、如皋港至武汉港内贸集装箱直达班轮航线开通仪式在苏中国际集装箱码头举行。市领导何益军、丁兴华、张勇、高峰、陈杰、冒平,洋浦中良海运有限公司董事长朱建强等来宾以及如皋口岸联检机关、市级相关部门、长江镇(如皋港区)负责人出席活动。

△ 市委副书记、市长何益军在如皋港保税物流中心会见洋浦中良海运有限公司董事长朱建强一行,希望双方继续携手努力,为如皋港更加美好的明天共同奋斗。

△ 市政协主席会议协商全市财政工作,要求财政部门作为政府综合经济管理部门,不断开创财政事业新局面,为推进"两聚一高"、建设"强富美高"魅力如皋做出积极贡献。市政协主席张元健,副主席郑振明、冒平、严世斌参加会议。

29日

△ "人往皋处走"——如皋·上海人才对接峰会在上海应用技术大学举行,市委常委、组织部部长、统战部部长缪爱诚在会上进行如皋市人才发展环境推介并发布了全市重点需求的各类人才智力项目。会议为上海应用技术大学、上海海洋国家大学科技园、上海交通大学、上海市成功教育研究所与如皋共建共用的4个招才引智合作基地揭牌,聘请国家"千人计划"专家、上海涡卷精密机械技术研究所所长倪诗茂等7位"招才引智顾问",并组织60多家企业在上海应用技术大学举办如皋企业专场招聘会,初步达成人才就业意向200多个。南通市委组织部副部长、市人才办副主任吴陈钢,如皋市领导陈晓东、陈杰,上海应用技术大学党委书记刘宇陆、副校长陈东辉参加活动。

△ 江苏政务服务网如皋综合服务旗舰店正式上线，秉承江苏政务服务“网上批、快递送、不见面”宗旨，贯彻“让信息多跑路、群众少跑腿”建设理念，开设“套餐服务”“e 审批大厅”“民生热点”三大板块，致力为企业、群众提供更便捷、更低碳、更高效、更透明的政务服务，最大限度利企便民。

△ 省人社厅下发通知认定 2017 年江苏省大学生优秀创业项目，如皋经济技术开发区的“预构件模具”、东陈镇的“香堂芋、黑塌菜特色种植”、高新区的“智能触控设备研发”、下原镇的“一站式婚庆服务”4 个创业项目成功入选。

29—30 日

△ 市第十七届人大常委会第六次会议召开，听取并审议市政府《关于 2017 年为民办实事项目实施情况的报告》《关于市十七届人大第一次会议代表建议办理情况的报告》《关于高铁新城建设情况的专项报告》《市人民检察院关于司法责任制改革情况的报告》《关于 2017 年市级财政预算调整方案(草案)的报告》。会议表决通过了市人民法院提请的人事任免事项，任命吴志华为市人民政府副市长，审议并通过了《如皋市人大常委会关于召开如皋市第十七届人民代表大会第二次会议的决定(草案)》，部分南通市人大代表在会上进行了述职。

30 日

△ 山东省临沂市莒南县委书记、县委党校校长张佃虎，县委副书记、县长郇恒赛率领党政代表团一行到如皋，就东升国际石材产业城培育发展经验进行考察，先后参观石材加工生产区、展示交易区、荒料交易区等处，听取东升石材产业城整体规划、业态分布以及最新生产与建设进展等情况介绍，并到金东升玉石奢石馆、致尊建材精加工复合板及新景玉石大板生产线现场，深入了解石材生产工艺流程、销售情况等。市委副书记、市长何益军，市政协主席张元健，市委副书记丁兴华陪同考察。

△ 江苏海事局副局长王士明一行到如皋考察，听取市委书记陈晓东介绍全市港口发展情况。市领导何益军、茅红宇参加相关活动。

△ 如皋市召开市委中心组(扩大)学习会，邀请党的十九大代表、省委宣讲团成员、南通市副市长陆卫东作中共十九大精神宣讲报告。市委中心组全体成员，全体市管领导干部、条管部门班子成员出席会议。

2017 年 12 月

1 日

△ 中国石化集团金陵石化有限公司党委书记、董事长戚建国一行到如皋调研。市领导陈晓东、缪爱诚、程瑞琴、吕兰参加相关调研活动。

△ 市委副书记、市长何益军率领市政府办、环保局、水务局、农委等相关部门负责人一行对吴窑镇域内河道开展巡河行动，了解该镇河段疏浚清障和环境整治等情况，指出岸线水域占用、河道保洁、排水口设置、岸线两侧畜禽养殖等问题，并就河道日常管理工作中存在的河坡垃圾倾倒、畜禽养殖污染等问题探讨解决办法，推动整改工作落实。市政协主席张元健参加活动。

2 日

△ 中国工业物联创新发展高峰论坛暨中国物联网百人会年度活动在如皋举行。工业和信息化部科技司高技术处调研员李伟、赛迪研究院总工程师乌宝贵、国际经济技术合作中心副所长张放，如皋市领导陈晓东、何益军、丁锋、茅红宇、钱志刚、高峰、陈杰、刘晓洁出席活动。大会以“智慧物联 应用创新”为主题，有关行业专家、物联网领域重点企业代表、创新企业代表、行业知名投资机构及投资人等共同探讨了工业物联网技术变革与创新发展趋势，解读了我国物联网发展的政策体系。活动还举行了中国工业物联产业生态研究白皮书发布仪式，与会人员参观了如皋汽车文化馆、如皋软件园等处。

△ 2017 年如皋市花木盆景产业专题推介会在常州市武进区明都国际会议中心举办。市委副书记丁兴华致辞，市政协副主席、市工商联主席、市花木盆景产业转型发展领导小组办公室主任杜永红解读如皋市花木盆景转型升级相关政策，市农委负责人推介全市花木盆景产业项目，会上集中签约 18 个项目，市领导刘向阳、邵晓泉、张百璘出席会议。

4 日

△ 市委副书记、市长何益军主持召开第十七届市政府第十一次常务会议，研究讨论《如皋市公证体制改革方案》、《如皋市人民政府重大行政决策程序规定》、《关于加强政府合同合法性审查的意见》、《如皋市—洋县对口协作工作实施方案》、南通市中央环保督察组交办信访案件办理情况等议题。

△ 中国华侨国际文化交流基地在如皋市李昌钰刑侦科学博物馆揭牌。省侨联党组书记、主席周建农，如皋市委副书记、市长何益军共同为基地揭牌。市领导刘向阳、程瑞琴参加揭牌仪式。

△ 如皋第三代半导体研究院举行系列研讨会第一次专题讲座，参会专家全面系统阐述第三代半导体应用领域和产业发展概况，介绍如皋第三代半导体研究院团队、平台优势和技术研究方向，为全市产业发展规划描绘清晰的路线图，更好地服务全市第三代半导体技术发展和产业升级。市委常委、宣传部部长茅红宇参加活动。

△ 为纪念第四个国家宪法日和第十七个法制宣传日，市法宣办、市司法局在安定广场联合举行以“不忘初心 牢记使命 奋力开拓新时代如皋司法行政工作新实践”为主题的宪法宣誓签名活动以及法治宣传和法律咨询活动。市委常委、副市长桂万先参加活动。

△ 省发改委认定的第二批省级生产性服务业集聚示范区名单在《新华日报》发布，如皋市软件外包产业园名列其中。

5日

△ 省侨联、省华侨公益基金会在如皋举行“侨心善行 博爱情浓”侨界大型慈善公益活动。省侨联党组书记、主席周建农代表省侨联向如皋市捐赠物资，并为省华侨公益基金会如皋侨联义工队授旗。如皋市领导陈晓东、缪爱诚、张亚骞、吕兰参加活动。市委书记陈晓东在活动启动仪式上致辞。活动表彰了一批如皋市侨界公益慈善事业先进集体和先进个人。此次慈善捐赠活动包括医疗慈善和物资捐赠两个版块，医疗方面主要对全市患有心脏和肾脏功能障碍患者进行免费检查，筛选20名特困先心病心脏患者免费接受上海德达医院的诊疗手术，并提供价值200万元的全额医疗费用扶持，对前来就诊的肾脏功能障碍患者进行基本诊疗，并对适宜人群终身免费资助价值100万元的肾脏治疗药品，此外，还为全市困难群体、环卫工人、孤困儿童捐赠2000件冬衣及物资（价值150万元）。当天，如皋侨界慈善公益活动心血管疾病筛选第一站在如皋博爱医院启动。

△ 中国林业集团董事长宋权礼、总经理林展率队到如皋考察，实地参观焯盛石化码头、熔盛重工等处，并听取国林汇泰重组江苏熔盛重工转型港口物流产业的工作报告。市领导陈晓东、何益军、丁兴华以及市发改委、港口局、行政审批局等部门负责人参加相关活动。

△ 南通市委宣讲团成员、中共南通市委党校常务副校长蒋建到如皋经济技术开发区，向全区全体党政领导、机关干部、村（社区）定补干部、规模以上企业负责人宣讲中共十九大精神。

△ 市委书记陈晓东主持召开市委常委会，以“学习宣传贯彻党的十九大精神”为主题，开展“两学一做”学习教育常态化制度化第四季度交流研讨，研究讨论《“六大指挥部”重点工作考核办法（试行）》、《如皋市深化文明城市建设三年行动计划（2018—2020）》、《关于建立全市规划工作领导小组的通知》、《如皋市—洋县对口协作工作实施方案》、《关于国家监察体制改革有关精神的通报》、《2017年度科级领导班子及成员全面考核考察建议方案》等议题。

△ 江苏省新闻出版广电局下发《关于表彰2017年度江苏省“无小耳朵社区”创建工作先进单位的通报》，如皋市被评为全省“无小耳朵社区”创建工作先进市。

6日

△ 市委书记陈晓东率队深入如皋经济技术开发区调研重点工作推进情况，先后到大唐热电、珈伟龙能、科创中心项目建设现场等处进行实地查看，现场协调解决工作推进过程中的难点问题，为项目排忧解难。市委常委、经济技术开发区党工委副书记马金华参加调研活动。

△ 如皋市举行信保基金合作协议签约仪式，首批5家金融机构（如皋农村商业银行、南京银行如皋支行、张家港农商行如皋支行、无锡农商行如皋支行、如皋包商村镇银行）、3家担保公司（如皋科技开发和工商企业担保公司、江苏再担保南通信用担保公司、南通众和担保公司）决定加入信用担保公司运行体系，分别与市信保办签约。市委常委、常务副市长丁锋出席签约仪式。

△ 如皋市组织召开全市科级领导班子全面考察动员会，部署2017年度全面考察工作。

6—7日

△ 省住建厅组织专家对如皋市创建省生态园林城市工作进行为期2天的考核，经现场实地考核、审核相关资料台账、听取工作汇报后，考核组对如皋生态园林建设成就予以充分肯定，并提出了意见建议。市领导史有根、黄文斌、万维庆参加相关活动。

7日

△ 2017中国爵——中国盆景作家国家大赛及系列盆景活动在如皋举行。南通市委副书记张兆江，如皋市委副书记丁兴华、市政协副主席杜永红出席大赛启动仪式。此次大赛是中国盆景史上有史以来规模最大的一次，共有全国九大赛区的百余名选手云集一堂，于同一时间、同一场地进行盆景制作，最终产生1位“中国爵冠军”、5位“中国爵——中国盆景高级作家”、5位“中国爵——中国盆景作家”。

△ 由中国汽车报社主办、如皋经济技术开发区协办的“2017年中国新能源汽车发展论坛暨第十

四届全国百家优秀汽车零部件供应商颁奖典礼”在如皋举行。国内行业专家、政府领导及100多家一级零部件供应商参会。如皋市委常委、经济技术开发区党工委副书记马金华为活动致辞,中国机械工业联合会执行副会长陈斌等嘉宾作了主题演讲。与会专家围绕“近年来全球汽车产业呈现出电动化、智能化、网联化、共享化等发展趋势,中外企业分享发展规划、产品布局及应对之策”“新能源汽车相关企业应如何解决‘产业热、市场冷’的矛盾,有哪些举措?”等话题进行了深入讨论。

7—8日

△ 市委书记陈晓东率领党政代表团赴对口协作的陕西省洋县考察交流,共谋全面小康大业,全力构筑优势互补、协同联动、互利共赢的区域发展新格局。考察期间,如洋双方举行了对口协作捐赠仪式,双方有关部门及镇村分别签订了对口协作协议。

8日

△ 海安县政协主席李春旺率领南通市政协委员海安组,到如皋视察“三河三行业”整治工作,实地查看丁堰镇河长制办公室以及西东印染、豪利莱化工2家企业整治情况和茅雉河综合整治一期工程现场。市领导张元健、冒平、万维庆,市政协秘书长许映亮参加活动。

△ 2017中国(江苏)老字号博览会暨老字号创新发展高峰论坛在南京举行,来自全国17个省、市地区的200多家知名老字号企业在此次博览会上亮相。南通市商务局组织7家企业参展,如皋市共有如皋市林梓潮糕店、南通白蒲黄酒有限公司、如皋市白蒲三香斋茶干厂、如皋四海楼美食店4家“江苏老字号”企业参加。

△ 中国科学技术协会公布2017年示范院士专家工作站评选结果,江苏隆昌化工有限公司院士专家工作站名列其中。

△ 省经信委、省委组织部等五部门联合公布2017年度江苏省农村信息化应用示范基地名单,新增13家江苏省农村信息化应用示范基地,如皋经济技术开发区、如皋工业园区(如城街道)名列其中,为南通市仅有的2家入选单位。

8—9日

△ 市委副书记、市长何益军受邀出席首届吉林大学科技服务地方与合作发展大会,参观考察吉林大学、中国科学院长春光机所,并代表如皋市人民政府与吉林大学签订共建吉林大学(如皋)新能源汽车产业技术研究院协议,推进如皋新能源汽车产业快速发展。

11日

△ 国家知识产权局下发关于第十九届中国专利奖授奖的决定,来自如皋市的梦百合家居“一种适用于平泡发泡工艺的MDI体系的非温感记忆绵”、九鼎新材“一步法成型玻璃纤维连续原丝毡生产工艺”2项目获得第十九届中国专利优秀奖。

12日

△ 《如皋日报》报道,江苏省经信委联合江苏大学新能源汽车公共技术服务平台在经济技术开发区组织开展“走进如皋新能源汽车产业”活动,来自江苏大学的3名专家介绍了新能源汽车公共技术服务平台的情况,分享了在新能源汽车领域的最新发展成果,并与参会的如皋市9家新能源汽车企业代表就电池技术、整车装配、系统集成等方面进行交流,分析了生产运营中遇到的问题、障碍,提出了相关解决方案和发展建议。副市长高峰参加活动。

13日

△ 浙江省安吉县委副书记、县长陈永华率领该县代表团一行到如皋考察,先后考察城市规划展示馆、李昌钰刑侦科学博物馆、顾庄生态园、中国·如皋国际园艺城等处。市领导何益军、史有根、黄文斌、万维庆参加活动。

△ 市人大常委会副主任陈万圣率队督察大明河整治工作,乘船实地督察大明河沿线养殖场、生

活污水排放、报废沉船、危桥等突出环境问题整治情况，详细了解“河长制”落实情况与河道治理工作，对存在问题要求相关部门予以尽快整治，全面提升治水成效。

△ 如皋市举办首次食品安全事故(Ⅳ级)应急演练桌面推演活动，进一步提升全市食品安全应急工作处置能力。副市长高峰出席活动。推演以“某村的30名村民在农村集体聚餐中食用了被亚硝酸盐污染的土豆烧牛肉后发生食物中毒”为背景，按照应急推演脚本的情景设置，市政府办、市食安办、市市场监管局、市卫计委、市公安局等部门参演人员分职能分别对事故报告、应急响应、应急处置、响应终止四个应急化场景进行了桌面模拟推演，完成该食品安全事故处置、调查、分析、定性等工作。

14日

△ 陕西省洋县到如挂职干部对接座谈会召开，就挂职活动作具体安排。洋县县委常委、组织部部长蔚文波，如皋市委常委、组织部部长、统战部部长缪爱诚参加活动。

△ 市委书记陈晓东率领市委办、市委研究室、市住建局、市环保局、市农委、市规划局、市水务局、规划设计院等相关部门和单位负责人一行到东陈镇，实地参观调研杭桥村乡村环境综合治理示范工程，听取中国科学院生态中心研究员、中国科学院大学教授范彬博士所作介绍《打造“厕所革命”之如皋模式——统筹县域乡村环境综合治理，激发大健康的产业经济》。市委副书记丁兴华参加活动。“污水和垃圾资源化技术”由中国科学院生态环境研究中心示范工程团队针对我国乡村在现代化转型过程中出现的卫生、环境与污染治理问题研发，该团队选择东陈镇杭桥村14组进行推广，通过对农户进行负压便器和户用厨房粉碎机的推广安装，使污染物及污水进入排放系统，通过资源化中心处置，突破传统生活废弃物治理模式，实现污水和垃圾的减量化、资源化，具有很高生态价值。

△ 市委书记陈晓东集中调研磨头镇、吴窑镇、下原镇、搬经镇重点工作，听取相关镇负责人就2017年工作开展情况、2018年工作计划所作汇报。市领导吴道健、缪小华、史有根、陈万圣、邵晓泉、郑振明、刘晓洁参加调研。

△ 第四届江苏最美乡村推选活动结果公布，全省30个村获第四届江苏最美乡村称号，由财政投资240万元、组建土地股份合作社、建成莲藕池塘围坝60余公顷的如皋经济技术开发区(城北街道)平园池村成功入围第四届“江苏最美乡村”。

15日

△ 国家城乡就业创业融合发展调研暨部分全国农村劳动力转移示范县研讨会在如皋召开，与会人员实地查看如皋市就业创业融合发展示范基地、创业典型以及市场、平台、培训、产业发展服务就业创业典型，听取江苏省人社厅和张家港、如皋、灌云、淮安、阜宁、宝应、丹阳、姜堰、泗洪9个示范县(市、区)开展农村劳动力转移工作的历程以及在政策制定、公共服务等方面开展城乡一体化的就业创业工作经验做法介绍，研究探讨了新形势下城乡就业创业融合发展思路和方向。会议特别赞扬了如皋通过大市场、大平台、大网络、大服务“四个平台”在城乡统筹就业工作上取得的可喜成绩。

△ 南通市巡察工作推进会暨巡察成果运用观摩会在如皋召开，总结回顾2017年度巡察工作成效，研究部署2018年度巡察工作任务。南通市委常委、市纪委书记韩方，如皋市委书记陈晓东，市委常委、纪委书记史有根出席会议。

△ 市委书记陈晓东集中调研东陈镇、丁堰镇、白蒲镇重点工作，听取各镇负责人就2017年工作开展情况及2018年工作计划所作汇报。市领导张元健、缪爱诚、严世斌参加调研。

16日

△ 市委书记陈晓东主持召开座谈会，集中调研如皋工业园区(如城街道)、高新区(城南街道)、长江镇(如皋港区)、九华镇、石庄镇、江安镇重点工作推进情况。市领导丁兴华、刘向阳、茅红宇、祝国庆、黄文斌、张百璘、冒平参加调研。

△ 平谦国际有限公司董事长莫悦宁到如皋考察。市领导陈晓东、茅红宇陪同考察，并介绍如皋市

经济社会发展情况。

△ 全国县域经济专门研究机构社会智库中郡县域经济研究所发布《2017县域经济与县域发展报告》,公布第十七届县域经济与县域基本竞争力监测评价结果,如皋市位列第十五位,连续六年保持争先进位态势。

18日 △ 省卫计委主任、党组书记谭颖率队到如皋调研基层医疗卫生工作,实地查看市第三人民医院门诊大厅、急诊科、内科等科室,并与医务人员和相关部门领导分别就分级诊疗、业务能力提升、全科医生规培、工资收入、人才引进、职称岗位设置等进行了交流。市领导陈晓东、何益军、张亚鸾陪同调研。

△ 原江苏省委副书记顾浩到如皋调研,实地参观华夏花卉、光大生物能源(如皋)项目、磨头镇金旺家庭农场。市人大常委会主任吴道健、副主任钱志刚陪同调研。

△ 新疆昌吉市委常委、常务副市长庄玉廷率领考察团一行到如皋考察行政审批制度改革工作,并就行政审批局组建相关事宜进行交流。市委常委、副市长桂万先陪同考察。

△ 白蒲镇文峰社区相邻理事会正式成立,原省委副书记顾浩,如皋市委常委、组织部部长、统战部部长缪爱诚出席成立大会。

19日 △ 南通市政法系统"不忘初心、牢记使命"先进事迹巡回报告会在如皋召开,以先进典型为榜样,为全市政法队伍注入强大精神动力。市领导缪小华、陈晓彬参加会议。

△ 市委书记陈晓东主持召开市委常委(扩大)会议,对国民经济运行、财经、开放型经济、服务业、工业经济、三农等工作进行专题调研,回顾总结2017年以来工作,分析研判当前经济形势,科学谋划下一步及2018年工作思路和举措。市四套班子领导何益军、吴道健、张元健、丁兴华等出席会议。

△ 市委书记陈晓东主持召开市委常委(扩大)会议,专题研究人大政协、旅游业、小城镇建设、城建交通、生态文明、建筑业、社会事业、民主法治、党建(群团)等工作,总结2017年成绩,研究部署2018年发展思路和举措。市四套班子领导何益军、吴道健、张元健、丁兴华等出席会议。

△ 如皋特色农产品展销会在上海华丰菜场举行。展销会为期3天,由如皋市政府、上海普陀区商务委、上海永昌企业发展有限公司、普陀区供销合作社主办,旨在为上海市民提供"有机、绿色、无公害"的名特优农产品,丰富上海市民菜篮子,共有16家农产品企业到上海设摊位展销。其间,副市长张百璘赶赴上海对展销会情况进行了实地查看。

20日 △ 海峡两岸关系研究中心主任仇开明一行到如皋调研台资企业转型升级情况,先后走访查看顺帆家庭用品(南通)有限公司、南通斯密特森光电科技有限公司2家台资企业。副市长程瑞琴陪同调研。

△ 副市长高峰率队专题调研全市项目建设情况,先后实地查看南通梦百合家居扩建、赛麟汽车等项目建设现场。

21日 △ 市委书记陈晓东,市委副书记、市长何益军召集相关部门负责人,专题听取"国家全域旅游示范区"创建工作情况汇报,要求积极动员社会各界力量,形成全域旅游创建强大合力,确保如期实现创建目标。市领导刘向阳、程瑞琴、吕兰参加调研。

△ 国家质检总局发布2017年第108号公告,批准对新乐花生等32个产品实施国家地理标志产品保护,如皋黄酒名列其中,获批国家地理标志保护产品。

22日 △ 全市党外知识分子联谊会三届一次会员大会召开，副市长黄文斌代表市党外知识分子联谊会第二届理事会向大会作工作报告。会议选举产生市党外知识分子联谊会第三届理事会会长、副会长、秘书长、副秘书长，市政协副主席郑振明当选市党外知识分子联谊会第三届理事会会长。市领导缪爱诚、郑振明参加会议。

23日 △ 上海市宝山区工商联考察团一行到如皋考察经济社会发展亮点，寻求合作契机，先后实地查看市中国·如皋国际园艺城、汽车文化馆、顾庄生态园等处。市政协副主席杜永红参加活动。

△ 市委副书记、市长何益军率领市政府办、规划局、国土局、财政局等部门相关负责人一行，深入高新区(城南街道)、如皋工业园区(如城街道)、经济技术开发区，就全市2018年政府投资城建项目进行现场踏勘，先后实地踏勘龙游河景观带、高新区农贸市场、茅雉河连通工程、新城高中、中医院三期工程等项目现场，涉及城市道路建设、河道综合整治、绿化景观建设、学校医院建设等多个领域。市领导丁锋、史有根、茅红宇、陈万圣、黄文斌、张亚鸾、冒平、万维庆参加活动。

23—24日

△ 如皋市举行科级以上领导干部十九大精神专题学习班，切实把全市上下的思想、认识和行动高度统一到中共十九大精神上来，以系统化思维谋划和推进各项工作，奋力开创新时代如皋改革发展新局面。市四套班子领导陈晓东、何益军、吴道健、张元健、丁兴华等参加活动。

25日 △ 如泰运河如皋段综合整治第三次现场推进会在经济技术开发区举行，与会人员实地参观新生社区河坡生态修复现场、袁桥社区四级河放养鱼苗现场等整治现场，详细了解经济技术开发区围绕"水质改善、环境变美"这一阶段性目标推出的经验做法。会议对如泰运河沿线综合整治情况进行了点评，同时部署下一阶段工作，对打击非法开采地下水及电力捕鱼行为进行了专项整治部署。市领导丁兴华、张百璘参加会议。

26日 △ 市委书记陈晓东，市委副书记、市长何益军率领市党政代表团一行赴上海市嘉定区考察学习，先后参观嘉定汽车创新港、嘉定新城城市规划展示馆，并与嘉定区签订合作备忘录，进一步深化区域合作，推动协同发展。嘉定区委书记马春雷，区委副书记、区长章曦参加相关活动。

△ 市人大常委会组织召开2017年度镇、街道人大工作交流会，总结2017年工作，部署新一年工作。市人大常委会主任吴道健，副主任邵晓泉、张勇、钱志刚参加会议。

△ 市委统一战线工作领导小组召开会议，对当前及今后一个时期全市统一战线重点工作进行具体部署。与会各成员单位认真学习了中共十九大报告中关于统一战线的新论述，集体审议了《中共如皋市委统一战线工作领导小组成员单位职责分工》等文件。市委常委、组织部部长、统战部部长缪爱诚出席会议。

△ 市政府专题组织召开粮食生产全程机械化示范镇考评验收会议，总结粮食生产全程机械化示范市创建工作经验，对示范镇创建进行考评验收。副市长张百璘参加会议。

△ 南通、如皋检察工作情况通报会在如皋市检察院举行，南通市检察院检察委员会专职委员陈学武，如皋市检察院党组书记、检察长孙亚分别向部分南通、如皋两级人大代表通报2017年检察工作情况，代表们参观了市检察院检察工作区、检察为民服务中心，观看了南通、如皋检察工作专题片，并提出了相关意见和建议。

△ 国家知识产权局确定新一批国家知识产权强县工程、传统知识知识产权保护示范、试点县(区)，如皋市等30个县(市、区)获批国家知识产权强县工程示范县(区)，示范周期为2017年12月至

2020年12月。

27日 △ 省委召开全省领导干部警示教育大会，深入学习贯彻中共十九大关于全面从严治党新要求，以案明纪、警钟长鸣，进一步表明坚定不移正风肃纪和推进反腐败斗争的鲜明态度，推动全省各级党员干部真正做到自重自省、自警自励，永葆忠诚干净担当的政治本色。省委书记娄勤俭在会上讲话，省委副书记、省长吴政隆主持大会。市四套班子领导陈晓东、吴道健、张元健等在如皋市分会场参加了收听收看。

△ 省侨联副主席张霓一行到如皋调研侨联工作，走访看望贫困归侨侨眷，并组织召开侨联工作座谈会，听取市侨联负责人汇报如皋市侨联基本情况和基本侨情，介绍近年来侨联工作取得的成效及存在的问题。

△ 南通市副市长、如泰运河整治指挥部指挥长赵闻斌在如皋组织召开如泰运河第五次整治推进会，实地调研并检查杭桥村生活污水处理示范工程、如泰运河拆违现场和河坡生态修复现场、平园池村四级河和家沟家塘整治现场、纪港村三级河整治现场等部分镇区治理现场，进一步研究落实如泰运河整治对策和措施，纵深推进如泰运河治理工作。市委副书记丁兴华参加会议。

△ 如皋市举行2018年全市机关公务员平时考核工作部署推进会议，进一步加强公务员日常考核和管理，着力打造高素质专业化公务员干部队伍。市委常委、组织部部长、统战部部长缪爱诚出席会议并讲话。

△ 如皋市农产品沪皋流通销售商会换届大会在上海举行。副市长张百璘出席大会，希望新一届商会理事会进一步提升服务水平，继续关心、支持家乡建设和发展，努力为如皋的美好明天献计出力。

△ “如皋盆景走进上海”展示活动开幕式在上海植物园举行，如皋市人民政府与上海植物园交换战略协议书。上海市绿化和市容管理局副局长方岩，中共上海植物园委员会书记陆洪丽，上海植物园园长奉树成，中国盆景艺术家协会会长鲍世琪，如皋市领导何益军、丁兴华、邵晓泉、张百璘、杜永红，以及中国盆景大师及苗木行业专家、企业负责人等各界人士共200人出席活动。此次展示活动以“融入都市生活，走进百姓人家”为主题，持续至2018年1月2日，由如皋市和上海植物园共同遴选150盆精品盆景进行现场展示，其中，参展的雀舌罗汉松“跃龙门”、真柏“盼归”分别获得2014年青岛·国际花卉博览会金奖、银川·第九届中国花卉博览会金奖。

△ 全国中小企业股转系统公告显示，南通皋液重工股份有限公司(证券简称：皋液重工，证券代码：872520)的挂牌申请获得批准，并于当日在“新三板”挂牌上市。

△ 江苏人才发展战略研究院、省人才创新创业促进会联合发布《江苏县市人才竞争力20强报告(2017)》，对全省41个县市人才竞争力重新排名，如皋市人才综合竞争力居全省县市第八位。

28日 △ 国家质检总局组织考核督察组一行，对如皋港进境粮食指定口岸的建设情况进行考核、验收，先后听取项目建设、检验检疫能力等情况汇报，详细审查项目申报、台账等资料，实地检查、审核苏中国际码头进境粮食防疫管理体系、码头接卸仓储、查验设施、实验室建设等软、硬件设施。市领导何益军、程瑞琴参加活动。

△ “孝俤爱心基金”揭牌仪式暨国骄产业园、“颜德岳院士工作站”签约仪式在长江镇(如皋港区)举行。市慈善基金会理事长石耀、江苏国胶化学科技有限公司董事长张孝俤共同为“孝俤爱心基金”揭牌，中国化工领域著名专家、高分子化学家、中国科学院院士、上海应用技术大学特聘教授、上海交通大学教授颜德岳与国骄产业园签订颜德岳院士工作站协议。市领导高峰、郑振明出席活动。

28—29日

△ 市第十七届人大常委会第七次会议召开，听取并审议“一府两院”相关人员履职报告、《市人大常委会工作报告(草案)》、市十七届人大二次会议有关事项说明。会议同意市十七届人大二次会议的

各类有关事项，通过《如皋市第十七届人民代表大会常务委员会代表资格审查委员会关于代表变动情况和补选代表的代表资格的审查报告(草案)》和如皋市人大常委会《关于表彰市十七届人大一次会议优秀代表建议的决定(草案)》、《关于表彰2017年度优秀“人大代表之家”的决定(草案)》，表决通过市法院提请的人民陪审员任免议案、市检察院提请的人事任免事项。

29日

△ 如皋主城区至南通火车西站的快速通道——通皋大道经过一年多紧张筹备正式开工建设。市委书记陈晓东，市委副书记、市长何益军等出席开工仪式，并与中国建筑股份有限公司副总裁李百安、中建华东投资有限公司董事长宋璇共同启动通皋大道项目。全长28公里的通皋大道全线按照双向六车道城市快速路标准进行设计，沿线分别经过如皋市的高新区(城南街道)、下原镇、九华镇和通州区平潮镇，其中如皋段长22.3公里，根据项目建设计划及PPP合作协议，2018年完成总投资的45%，实施路基桥梁下部结构、涵洞的施工，2019年12月31日前完成道路、桥梁、交通工程和绿化施工，争取与锡通高速、沪通大桥同步建成通车。

△ 市委书记陈晓东，市委副书记、市长何益军率领相关部门负责人一行检查元旦期间安全生产工作，确保节日期间全市安全形势稳定，实地查看通皋大道如皋段施工现场、龙游湖风景区等处。

△ 市委书记陈晓东一行到磨头镇，走访慰问2017年荣立一等功现役军人程海林的家庭，送上诚挚祝贺与问候，并为其家属送去慰问金。市领导丁兴华、祝国庆、张百璘参加慰问。

△ 吴窑镇举行思凯林家居产业园一期项目建设开工暨二期项目投资签约仪式。副市长程瑞琴出席活动。“思凯林家居产业园”预计总投资14.6亿元，计划通过整合各类资源，带动软床、床垫等家居配套产品，引进五金、海绵等相关材料供应产业在园区进行投资，逐步形成以家居产业为核心、综合配套齐全、产业集群突出的专业产业园区，建成达产后可创造家居产业年应税销售30亿元、配套产业年应税销售20亿元。

31日

△ 市委宣传部、市文广传媒集团、市文广新局、江苏新空间集团主办的2018新年音乐会在如皋大剧院举行。市委常委、市人武部部长祝国庆，副市长张亚鸾出席音乐会，与广大市民共同欣赏了中央民族乐团的精彩演出。

△ 据市人社部门统计，截至2017年年底，全市发放社会保障卡586576张，累计持卡人数达1281003人，社会保障卡累计持卡人数位列南通县市区第一，基本实现动态全覆盖目标任务。

△ 2017年，如皋港集装箱吞吐量突破15万标箱，达150764标箱，同比增长131.7%，实现自2014年2月26日开港以来持续倍增发展目标。

△ 2017年，如皋口岸成为江苏乃至全国进口棕榈油的重要口岸之一，全年共进口棕榈油48.4万吨，约占全国总量的14%，总货值约4.2亿美元，较上年分别同比增长3.9%和9.2%。

成就展台

Chengjiu Zhantai

2017年如皋市经济社会发展主要成就

成就一：突出发展主题，综合实力持续增强

“四个千亿”目标全面完成，实现地区生产总值1038亿元、增长8.5%，工业应税销售1133亿元、增长20.2%，服务业应税销售1030亿元、增长35.5%，建筑业施工总产值1074亿元、增长15.3%。完成一般公共预算收入71.3亿元、同口径增长6.1%，税占比80.7%。现代农业稳步发展。粮食生产再获丰收。“6+1”产业结构持续优化。项目农业投入30亿元，高标准农田、适度规模经营面积占比分别达73%、48.5%。新增省级农业龙头企业1家、示范家庭农场5家、“三品”31个。如皋黄酒获批国家地理标志保护产品。创成省粮食生产全程机械化示范市。工业经济稳中提质。完成规模工业产值2259亿元、增长11.9%。净增规模企业57家、亿元企业40家。六大产业应税销售全面增长，占规模工业比重达83.3%。力星钢球、神马电力、九鼎新材、华东液压在细分产品市场占有率国内第一，入围省制造业单项冠军培育企业，其中力星钢球入围全国制造业单项冠军示范企业。如高高压、万达轴承获批省科技小巨人企业。建筑业克难奋进。行业区域性金融风险有效化解。获鲁班奖1项、国优奖2项。中如建工晋升特级资质。六建、江中、标龙等领军企业承揽超高层建筑数量、施工合同额增长迅速，多元化经营取得明显进展。服务业量质齐升。五大行业营业收入增长32%，服务业税收42.5亿元。新增规模以上企业26家。社会消费品零售总额376亿元、增长10%。国家全域旅游示范区创建有序推进。创成省四星级乡村旅游区1家、三星级5家。旅游综合收入137亿元、增长16%。各项存款余额1255亿元，贷款余额773亿元，制造业贷款余额占比15.8%。引进金融机构2家。荣威国际在港交所成功上市，如皋农商行、皋液重工在“新三板”挂牌。经济运行监测得到加强，统计管理体制改革不断深化，综合性基础性作用充分发挥，GDP增量、增幅和两个收入增幅居南通第一。

成就二：加快创新转型，产业结构更加优化

项目建设加快推进。全年新开工亿元以上产业项目186个、完成投资188亿元，其中10亿元以上项目19个，省级重大项目、南通“双百工程”分别完成投资41亿元、147亿元。固定资产投资600亿元、增长10%。技改投入216亿元、增长7.5%，占规模工业投入68.5%。新增国家两化融合管理贯标试点企业2家、省智能车间3家。项目建设考核始终处于南通前列，在全年项目建设竞赛13项核心指标中，工业累计投资额和重特大项目、工业项目、前20强项目数等6项指标居南通第一。在南通“四个全面”抓落实、“两聚一高”争标兵7次月度评估中，5次获得第一，发展质量持续提升。如皋港工业园区在南通省级园区重大产业项目建设考核中位居第一。创新驱动能力增强。高新技术产业、新兴产业产值分别增长22.7%、24%。新认定高新技术企业58家。全社会研发投入占GDP比重2.59%。万人发明专利拥有量20.5件，新增PCT国际专利74个、省级各类企业技术创新平台8个。新增国家“千人计划”10人、自主培养1人。梦百合获省专利项目金奖。神马电力获国家科技进步特等奖，汤臣汽配获南通科技进步一等奖。星球石墨、百川化工、包装食品机械等企业主导制定并发布国家标准2个、行业标准3个，成立全国滚动轴承标委会滚动体分委会。特色园区支撑有力。获批国家火炬新能源汽车特色产业基地、省特高压输变电装备科技产业园、省纺织服装产业基地。如皋港现代综合物流园获评省级示范物流园区，软件园获批省级生产性服务业集聚示范区。

成就三：深化改革开放，发展活力不断迸发

综合改革进程加快。供给侧结构性改革持续推进，淘汰钢铁落后产能80万吨，房地产去库存周期降至4个月，制造业企业直接融资9.2亿元，通过减费降税等措施降低企业成本11.3亿元。“互联网+政务服务”“不见面审批(服务)”改革加快推进，实现“3550”目标。有序推进基层政务公开标准化规范化等国家级试点。土地节约集约利用成效显著，获国家、省奖励计划指标100公顷。成功承办省国土资源日常执法监管工作现场会。对外开放更加深入。新批外资项目42个，其中3000万美元以上项目18个。实际到账外资3.8亿美元。进出口总额30.8亿美元、增长19%，其中出口24.3亿美元。新增服务外包企业165家，完成服务外包执行额3.8亿美元、增长39%，其中离岸外包5974万美元、增长38.4%。境外投资6951万美元。外经营业额3.2亿美元。平台功能不断提升。高新区与CSIP合作全面深化，开源空间正式运行。新开通内贸集装箱直达航线4条。集装箱吞吐量突破15万标箱，实现连年翻番。完成港口吞吐量5562万吨、增长11%。海事、海关、国检、边检等口岸查验单位高效运转。

成就四：强化统筹协调，城乡面貌明显改善

城市建设持续推进。城市总规修编获省政府批准，综合交通、城市水系等专项规划编制完成，新城功能提升规划成果得以应用。中心城区完成基础设施投入10亿元，新建改造道路12条，铺设雨污管网6.5公里，建成小游园4个，新增绿地60公顷。完成茅雉河一期、龙游河二期和宝塔河基础工程。城市搬迁27.7万平方米，老小区改造21万平方米。出让土地28公顷。商品房销售185万平方米、增长54%。完成城市环境综合整治“931”项目41个，创成省物业示范项目1个。获批中国人居环境奖、国家节水型城市、中国绿色发展优秀城市。交通建设稳步发展。完成交通投入10亿元。高铁南站成功获批，通皋大道开工建设，完成宁启铁路如皋段绿化工程。成为省农村公路“建养一体化”试点市。镇村建设步伐加快。城镇化率达58.5%。完成9个镇总规修编。新改建农路100公里、农桥20座，疏浚整治河道395条，新增造林1067公顷，改造农村危房100户，铺设燃气管道60公里。土地承包经营权确权登记颁证基本完成。累计发放“两权”抵押贷款1.1亿元，居南通第一。搬经镇入选全国特色小镇，如城街道3个村庄成为省特色田园乡村试点，城北街道平园池村获全国美丽乡村百佳范例奖。

成就五：推进生态治理，环境质量日趋好转

综合整治强力推进。扎实开展“263”专项行动，积极推进化工企业“四个一批”专项整治，关停化工生产企业42家；平稳有序开展禁养区养殖场(户)关闭工作，关闭拆除5101家、182万平方米；取缔关闭不达标砖瓦生产企业45家、沿江非法码头27座。全面落实“河长制”“断面长制”，与光大水务合作开展全域水环境治理，完成全流域河道污染源核查，整治黑臭河道161条。完成19家镇级污水处理厂工艺和管网评估。在南通率先编制土壤污染防治方案。监管力度不断加大。实施跨行政区域重点河流交界断面水质“双向补偿”机制。探索建立生态环境保护共同监管、司法保护、执法监督三大机制。保持铁腕治污高压态势，化解突出环境问题122件。节能减排成效显著。14家企业通过清洁生产审核，万元GDP能耗降幅和主要污染物减排完成省下达目标任务。空气质量优良率74.1%、提高1.8个百分点。11个“水十条”考核断面优于Ⅲ类水质比例为54.5%，集中式饮用水水源地水质达标率100%，内河地表水主要污染物超标浓度明显下降、水质改善幅度20%以上。

成就六：聚焦民生改善，幸福指数逐步攀升

富民增收取得实效。出台富民增收政策25条。新增城镇就业8526人、创业2918人，农村劳动力转移4581人。“晚霞行动”累计实现“5060”人员再就业10.6万人。58%的新一轮建档立卡低收入人口实现脱贫。在南通率先实施健康扶贫工程。预计城乡居民人均可支配收入39700元、18400元，分别增长8.5%、9%。保障体系不断完善。城乡居民医保整合并轨。职工“五险”实现动态全覆盖。城乡低保、农村五保标准稳步提高，被征地农民即征即保，残疾人两项补贴落实到位，职工基本照护险启动实施。“五道医疗保障线”不断完善。获全国老龄系统先进集体。社会事业全面发展。教育现代化示范区综合监测得分全省领先。普通高考万人本科上线率南通第一,职教对口高考本科上线人数占全省 1/7。建成幼儿园 3 所。村卫生室公有化率 100%。通过全国基层中医药工作先进单位复审。成功承办第二十届亚洲老将田径锦标赛,南通支云跻身中乙足球南北区交叉赛。获全国群众体育先进单位。基层综合性文化服务中心建成率 80%。预计文化产业增加值占 GDP 比重 5.3%,保持南通第一。15 件民生实事较好完成。

成就七:创新治理方式,文明程度显著提升

精神文明建设扎实推进。举全市之力、融全民之智,创成全国文明城市。如皋工业园区获评全国文明单位,江安周庄获评全国文明村。爱心城市品牌效应持续放大,书香如皋建设成效显著。新闻媒体和网络舆论不断释放正能量。民主法治建设不断加强。深入实施"七五"普法,成立全国首家"法暖黄昏"老年人权益司法保障工作站,法律援助标准化建设被列为省级试点。村规民约作用充分发挥,城乡社区"微自治"取得实效。社会治理水平日益提高。立体化治安防控体系更加完善,圆满完成重大活动和敏感时点的安保维稳工作。交通管理服务中心投入运行。"阳光信访"系统深度运用,市长公开电话办结率 99%。社会矛盾和安全隐患大排查大整治行动扎实开展,安监、消防联合执法常态化,安全生产基层基础进一步夯实,生产安全事故起数和死亡人数实现"双下降",安全生产形势总体稳定,公众安全感达 97%。

成就八:深入推进"两学一做"学习教育常态化制度化,认真落实党风廉政建设责任制,坚决支持执纪执法机关严肃查处违纪违法案件

坚持依法行政,完善重大行政决策程序,加强行政监察和审计监督,强化行政问责,政风行风持续向好。主动向人大、政协汇报经济社会发展情况,自觉接受人大及其常委会法律监督、工作监督和政协民主监督。办理人大代表建议 322 件、政协委员提案 411 件,代表、委员满意和基本满意率分别为 99.7%、100%。此外,物价、人防、气象、应急、信息公开等工作不断加强。公共资源管理、政府投资项目建设、机关事务管理进一步规范。积极支持工会、共青团、妇联、侨联、科协、残联、文联、工商联、社科联等群团组织发挥作用。民族宗教、外事侨务、对台事务、老龄、慈善、档案、地方志、红十字会、老区建设、关心下一代、历史文化研究、老科协、老年体协等工作取得新进步。国防动员、征兵、双拥等工作成绩显著。

惠民实事

Huimin Shishi

实施通皋大道如皋段建设工程

完成初步设计申报及施工图设计审查并出图。如皋段已于2017年12月29日开工建设，累计搬迁686户。完成投资5.5亿元，占工程总量的27.5%。

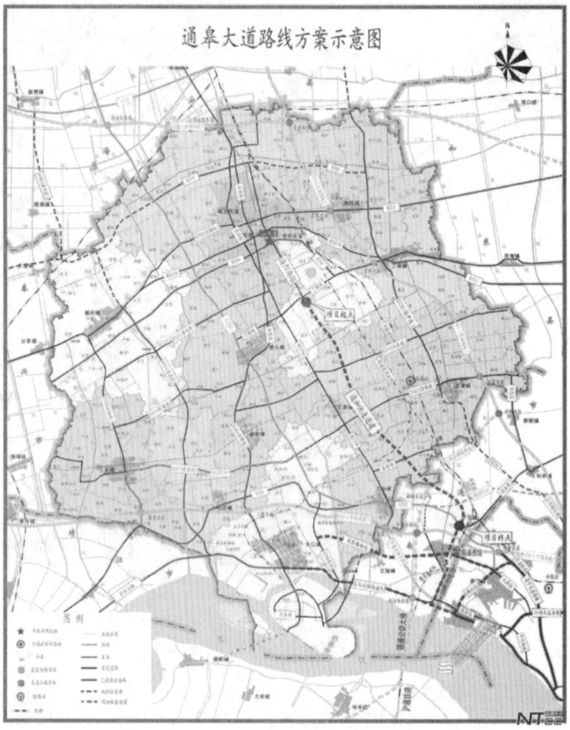

通皋大道路线方案示意图

继续实施农村公路及危桥改造工程

完成提档升级公路100公里，新建通居公路200公里，新建、改造农村危桥20座。

清理河道　改造危桥

提升城市便民服务功能配套工程

福寿西路小游园、如师河东小游园、中央商务河小游园已竣工，宝塔河绿化工程已完成设计招标。中心城区垃圾中转站完成建设前期手续，待办理施工许可后启动建设。完成东皋中转站、安定广场南、新世纪广场、颐园、青云路等公厕建设。便民疏导点结合新生桥西停车场一并建设。城区免费 Wi-Fi 建成投入使用。

实施创业就业推进工程

全年新增创业 2918 人，创业带动就业 14595 人，劳动力回(外)引 6270 人，均超额完成目标任务。城镇登记失业率为 1.87%。实现“零就业”家庭动态清零。扎实推进高校毕业生就业促进计划和重点群体就业援助工作，对接服务率 100%。安置“191”就业援助对象 707 人。创新实施“晚霞行动”，新增“5060”人员再就业 2 万人。

继续推进脱贫致富奔小康工程

深入开展结对帮扶，为村(社区)、低收入农户送去慰问金、实物计 2700 万元，16300 多户受益。免除建档立卡低收入户合作医疗个人筹资部分 627.21 万元。58%的建档立卡低收入人口人均纯收入达 7000 元。13 个省级经济薄弱试点村扶持项目实施到位。

走访慰问贫困户

推进养老服务体系建设

依托新注册的如皋市安康通健康服务有限公司，服务低保、重残等80周岁以上困难老人、95周岁以上高龄老人等对象2668人次，全年派发工单22466件，服务时长69453小时，回访满意率98%以上。完成17家养老院消防安全改造提升。

义诊服务

继续实施农村河道综合整治工程

全面启动“河长制”。疏浚县级河道1条、镇级河道9条、村庄河道及家沟家塘385条。完成拆坝建桥114座，小型公益设施桥105座，超额完成目标任务。水质网格化智能监测系统已纳入光大水务水环境综合整治项目。制定《如皋市水环境区域生态补偿考核办法(试行)》，实施镇域水环境生态“双向补偿”工作。

整治一新的农村河道

推进城区水系畅通整治工程

编制完成《城市水系专项规划》。完成茅雉河整治一期工程。完成龙游河北延及宝塔河土方开挖工程量的85%,木桩施工超过40000根。完成皋南河(宣化路—志颐路)截污管网、挡土墙建设及河道清淤工作。完成宏坝河截污、清淤、驳岸、护栏及道路施工。完成大司马河(圃园路至中央大道段)市政、绿化施工,圃园路至惠政小区段完成搬迁和土方开挖。完成幸福河(政法路—益寿路段)市政、绿化施工。

区域供水畅通工程

实施教育信息化基础工程

完成"班班通"智慧纳米黑板项目,触摸一体机项目正在招标;完成"校校通"网络改造项目设计招标,88所学校网络改造进入设计阶段;完成"人人通"高中信息技术教室更新项目。

实施老旧小区改造及危房整治工程

老小区改造(丰乐苑、新北商城、绘园二区、建工综合楼、蒲行新村9#~18#、健康西村311#~502#)全部完工。完成航运公司宿舍楼搬迁,蒲行苑1~3号楼纳入2018年整体搬迁改造计划。

推进村卫生室(社区卫生服务站)规范化建设工程

365 家村卫生室(社区卫生服务站)产权公有化全面完成,投入 1000 万元用于基本医疗及办公设备采购并全部配备到位。

推进村级综合文化服务中心建设

完成 203 个村(社区)基层综合文化服务中心建设任务,在建 16 家 2018 年 1 月底前全面完成。

推进城市交通疏堵工程

完成城市交通疏堵工程规划。结合老小区改造、文明城市创建等,新增停车泊位 697 个,启动建设停车场工程 4 个。落实大司马路、宁海路路段包保责任,加强路段巡逻管理。海阳路、中山路绿波带已实施。

改造后新增的停车泊位

实施高标准农田建设项目

完成工程总量的 53.3%,超序时要求。其中农发局国家高标准农田建设项目完成工程量的 40%,国土局省级以上投资土地整治项目完成工程量的 90%,发改委新增千亿斤粮田项目完成工程量的 30%。

专文选编

Zhuanwen Xuanbian

专 题 报 告

深入学习贯彻党的十九大精神 谱写高水平全面建成小康社会如皋新篇章

——在市委十二届六次全体（扩大）会议上的讲话

（2018 年 1 月 5 日）

陈 晓 东

同志们：

这次会议的主要任务是，高举习近平新时代中国特色社会主义思想伟大旗帜，深入学习贯彻党的十九大精神，全面贯彻落实中央经济工作会议、农村工作会议和省委、南通市委全会精神，回顾总结党的十八大以来及 2017 年全面建成小康社会的实践成就，系统谋划决胜高水平全面建成小康社会的总体思路，研究部署 2018 年经济社会发展和党的建设工作，动员全市各级党组织和广大干部群众，不忘初心，牢记使命，扎实推进“两聚一高”新实践，奋力开创新时代“强富美高”魅力如皋建设新局面，谱写高水平全面建成小康社会如皋新篇章。

下面，根据常委会讨论的意见，我讲四个方面的内容：

一、党的十八大以来及 2017 年全面建成小康社会不断开创新局面

党的十八大以来，市委团结带领全市人民，紧紧抓住长三角一体化、长江经济带等战略机遇，主动适应经济发展新常态，积极应对前进道路上的困难挑战和风险考验，开创了全面建成小康社会实践的新局面。

（一）2017 年，全面建成小康社会取得新成效。全市上下大力践行新发展理念，按照“四个全面”抓落实、“两聚一高”争标兵的要求，聚焦项目建设，狠抓关键举措，经济社会保持平稳健康发展。

经济发展稳健有力。预计经济增长 8.5%，地区生产总值、工业应税销售、服务业应税销售、建筑业施工总产值全面突破 1000 亿元大关。完成一般公共预算收入 71.3 亿元，同口径增长 6.1%。综合实力位居全国百强县市第二十六位。项目建设提质增效，新开工亿元以上产业项目 186 个，其中 10 亿元以上重特大项目 19 个。利用外资、对外贸易增势强劲，集装箱年吞吐量突破 15 万标箱。

创新转型纵深推进。预计高新技术产业、新兴产业产值分别增长 22.7%和 24%，全社会研发投入占比达 2.59%。获批国家知识产权强县工程示范县（区），建成国家级创新载体平台 2 个、省级 4 个，新认定高新技术企业 58 家。信息化和工业化深度融合持续推进，资本市场”如皋板块”再添新生力量，制造业、建筑业竞争力进一步增强。高端人才引进和培养工作取得新进展，人才数量竞争力跃居全省县（市）第一、综合竞争力保持第八。

城乡环境持续提升。大力推进城乡统筹发展，切实强化规划引领作用，注重完善基础设施和功能配套，狠抓城区水系畅通、交通拥堵整治、老小区改造等实事工程，城市人居环境明显改善。积极探索乡村振兴路径，入选全国特色小镇、美丽乡村示范村、省农业特色小镇各 1 个、省特色田园乡村建设试点村庄3个。强势推进“263”专项行动，严格抓好中央和省环保督察交办问题整改落实，“河长制”全面推行，畜禽养殖污染治理成效显著，节能减排完成上级下达任务

文化建设成效明显。加强党对意识形态工作的领导，全面开展党的十九大精神特别是习近平新时代中国特色社会主义思想的宣传宣讲，中国特色社会主义和中国梦深入人心。积极培育和践行社会主义核心价值观，群众性精神文明创建活动持续深化，讲好如皋故事成为共识并取得显著成效。基层综合性文化服务中心、公共文化服务数字化建设深入推进，全民健身和竞技体育蓬勃发展，被表彰为全国群众体育先进单位。

人民生活不断改善。深入开展“走帮服”活动，探索形成了“点线面”工作法，创新构建了“晚霞行动”增收、高标准农田建设增产、移风易俗减负三大富民动力机制，完善实施了“五道医疗保障线”、教育均衡发展等富民惠民工程，人民对就业、教育、医疗、养老等公共服务的获得感和满意度进一步增强。注重整合社会各方资源，大力开展精准扶贫、精准脱贫，全年5281户11693人“建档立卡”，低收入人口稳定脱贫。

社会大局和谐稳定。平安如皋、法治如皋、诚信如皋建设协同推进，探索形成了以“三活”“四清”“五必报”为核心的网格化服务管理新模式，构建了自治、法治、德治“三治融合”的基层社会治理新格局。民主法治建设取得新进展，人大和政协工作全面加强，爱国统一战线不断壮大，民族宗教工作创新推进，国防动员和双拥工作扎实开展，群团工作健康发展，团结奋进的良好局面进一步巩固。

（二）十八大以来，全面建成小康社会取得重大进展。我们以一任接着一任干的执着，奋发有为、主动作为，办成了许多引领持续发展、增进民生福祉的大事和实事，解决了许多久攻不下、突发棘手的矛盾和难题，为高水平全面建成小康社会打下了坚实基础。

发展思路发生深刻转变。遵循新发展理念，全力破解“负债式”经济增长困局，将以政府投资拉动为主扭转为以社会投资拉动为主，将龙头企业引领带动优化为产业集群整体带动，将平台融资撬动拓展为平台经济撬动，经济发展更加稳定、更趋健康、更可持续。

战略布局形成有效支撑。“六大指挥部”建设从战略构想走向创新实践，从重点突破走向系统推进，形成了稳固支撑经济发展的“四梁八柱”。发扬“挑战不可能”的精神，建成了如皋港保税物流中心（B型），争取了长江-12.5米深水航道福中福北国家改造计划，启动了通皋大道工程，获批了盐通高铁如皋南站，凸显了中国东部沿海大通道和长江黄金水道在如皋交汇的战略优势。

产业转型迈出坚定步伐。把握经济新常态“大逻辑”，大力实施先进制造业与现代服务业“双轮驱动”战略，持续打造新能源及新能源汽车、软件和信息服务、花木盆景、纺织服装等产业集群，致力发展以石化煤炭石材为重点的平台经济，积极构建以港口服务、综合物流、临港产业等为支撑的现代物流体系，产业集聚发展的特色更加鲜明。

难事要事得到妥善解决。坚定不移推动熔盛重工重组转型，果断应对建筑业信贷断链危机，有力化解了区域性金融风险。妥善处置台商城矛盾纠纷、“4·6”粉尘爆炸事故，吸取了深刻教训并做到了举一反三。持续开展违法用地整治，大力推进土地节约集约利用，有效破解了用地瓶颈，获得1500亩国家建设用地计划指标奖励。

城市形象得到显著提升。坚持以一流的规划引领城市发展，坚持以“十年磨一剑”的韧劲建成苏中苏北首个县级全国文明城市，坚持以矢志不渝的信念创成国家生态市、国家节水型城市和中国人居环境奖城市，获批创建国家全域旅游示范区，成功举办亚洲老将田径锦标赛、国际燃料电池汽车大会、国际司法鉴识和教育研讨会、“一带一路”软件行如皋峰会等活动，切实提升了如皋对外的影响力和美誉度。

人民福祉得到持续增进。把聚焦富民、共享发展摆在最突出的位置，覆盖城乡的社会保障体系、公共服务体系和社会治理体系更加健全。新一轮脱贫致富奔小康攻坚战压茬推进，城乡居民收入增

长快于经济增长，中等收入群体持续扩大，人民的获得感、幸福感得到增强。

（三）十八大以来，全面建成小康社会实践积累了经验。历经五年砥砺奋进、艰辛探索，高水平全面建成小康社会取得阶段性进展。实践中，我们积累了一些经验，需要在今后一个时期继续坚持和发展。

始终突出科学发展这一首要任务。我们把发展作为解决一切问题的基础和关键，坚持稳中求进工作总基调，坚持以战略思维把握大势、以系统思维谋划全局、以创新思维推动工作、以底线思维破解难题，全力转变发展方式、优化经济结构、转换增长动力，发展质量和效益不断提升。

始终突出深化改革这一核心动力。我们坚持以重点突破带动全局的方法论，蹄疾步稳推进全面深化改革，相对集中行政许可权、综合行政执法体制等改革走在全国前列，国资改革转型迈出实质性步伐，探索确立了县级集成改革试点的框架性思路，获批启动了基层标准化改革创新先行区创建工作，形成了具有竞争优势的体制机制、营商环境。

始终突出开发开放这一重要抓手。我们以打开对外交通格局为先导，纵深推进开放发展，构建了以国家级经济技术开发区、国家一类口岸为核心的高端开放平台矩阵，参与“一带一路”和长江经济带建设、融入长三角一体化形成新突破，对接服务上海、打造综合物流港取得新成效，开放型经济发展水平显著提升。

始终突出项目建设这一关键支撑。我们始终践行“发展要靠项目支撑”的理念，站在全局和战略的高度大抓项目、抓大项目，构建了以协同招商、精准服务、链条推进、集群发展为特色的项目建设格局，为经济增长、创新转型、债务化解、富民增收提供了坚实支撑。

始终突出民生为本这一根本立场。我们把以人民为中心的发展思想贯彻到经济社会发展的各方面和全过程，千方百计增加公共服务有效供给，不断回应人民对美好生活的向往，构建了以需求为导向、以富民为核心、以获得感为标准的“大民生”格局，最大限度地凝聚了同心同向、共建共享的发展合力。

始终突出党的领导这一政治保证。我们坚持党对一切工作的领导，管党治党的螺丝拧得更紧了、责任压得更实了。民主集中制得到坚决贯彻，基层组织建设、干部队伍建设得到切实强化。中央“八项规定”和省市委“十项规定”精神有效落实。监督执纪“四种形态”充分运用，巡察监督“利剑”作用和派驻监督“探头”作用充分发挥，风清气正的政治生态进一步形成。我们扎实开展党的群众路线教育实践活动和”三严三实“专题教育，推进“两学一做”学习教育常态化制度化，锻造并提振了“遇到矛盾就兴奋、碰到困难就迎上”的过硬作风，重拾并弘扬了“勠力同心、同甘共苦、坚韧不拔、善作善成”的治沙精神，广大干部群众心齐气顺、干事创业的氛围更加浓厚。

二、深刻领会新时代中国特色社会主义发展的战略安排，明确决胜高水平全面建成小康社会的总体思路

党的十九大胜利闭幕后，全市上下迅速掀起了学习宣传贯彻的热潮。各级党组织要进一步加强领导、精心组织，切实在学懂弄通做实上狠下功夫，自觉把思想和行动统一到党的十九大精神上来，凝聚到十九大确定的各项目标任务上来，落实到高水平全面建成小康社会的实践上来，融汇到推进“强富美高”魅力如皋的建设上来。

（一）深刻领会新时代中国特色社会主义发展的战略安排。党的十九大综合分析国际国内形势和我国发展条件，根据我们党“两个一百年”奋斗目标进入交汇期、中国特色社会主义进入新时代的实际情况，对新时代中国特色社会主义发展作出了战略安排，到2020年全面建成小康社会，在实现第一个百年奋斗目标的基础上，乘势而上开启全面建设社会主义现代化国家新征程，分两步走，到2035年基本实现社会主义现代化，再奋斗十五年，到21世纪中叶把我国建成富强民主文明和谐美丽的社会主义现代化强国。“两步走”战略极大提升和丰富了我们党第二个百年奋斗目标的内涵，是中国特色社会主义理论与实践的丰富发展，体现了习近平新时代中国特色社会主义思想的继承性、创新性、时代性。我们要按照十九大确定的时间表和路线图，进一步把握好发展的黄金战略机遇期、窗口期，坚定发展信心，加快发展步伐，提高发展质量，突出抓重点、补短板、强弱项，坚决打好防范化解重大风险、精准脱贫、污染防治三大攻坚战，使全面建成小康社会得到人民认可、经得起历史检验，在高水平全面建成小康社会的基础上，积极探索开启基本现代化建设的新征程，努力把宏伟蓝图一步步变成美好现实。

（二）清醒认识高水平全面建成小康社会的短板弱项。对照省定《江苏高水平全面建成小康社会监测指标体系》，54个监测指标中，预计有29个指标已达标，11个指标实现度达80%以上。根据相关指标实现程度，结合我市发展实际，到2020年如期达到新版小康指标要求，仍有部分指标存在一定差距。主要表现在四个方面：一是现代服务业发展还不充分，与服务业相关联的指标实现度偏低，我们必须坚定不移实施先进制造业与现代服务业“双轮驱动”战略，进一步加大力度、加快速度，推动现代服务业多领域齐头并进。二是科技创新能力还不够强，科技创新体系有待进一步完善，战略性新兴产业占比、科技进步贡献率有很大提升空间，我们必须加快实施创新驱动发展战略，深化科技体制机制改革，提升企业自主创新意识，促进科技成果加速转化。三是生态环境治理还需发力，环境保护和污染治理任重道远，水环境综合整治有待进一步强化，我们必须精准发力，重拳出击，铁腕治污，不折不扣做好环境保护各项工作，走出一条“绿水青山就是金山银山”的发展之路。四是要素供给结构还需优化，土地资源、空间规模、环境容量有限的现实仍需正视，企业贷款难、融资贵、用工成本上升的矛盾有待破解，我们必须加大改革力度，矫正要素配置扭曲，帮助企业降低成本，提高土地利用效率，提升全要素生产率，推动经济提质增效。

（三）系统谋划高水平全面建成小康社会的总体思路。决胜高水平全面建成小康社会是十二届市委向全市人民作出的庄严承诺，是时代赋予我们的重大历史使命。完成这一历史使命，我们必须精准认知高水平全面建成小康社会的核心要义，就是发展水平要更高、群众获得感要更强。围绕这一要求，今后三年我们的发展取向、工作导向、奋斗指向，都必须更加鲜明、更加突出、更加集中，这就是：推动高质量发展，提升百姓获得感。

推动高质量发展，要求我们必须进一步增强创新这个第一动力，体现协调这个内生特点，打造绿色这个普遍形态，拓展开放这个必由之路，强化共享这个根本目的，在创新工作体制机制、优化干部队伍结构、提升全员素质的基础上，推动速度向质量、制造向创造、产品向品牌的有效转变。提升百姓获得感，要求我们必须始终坚持把人民对美好生活的向往作为我们的奋斗目标，千方百计加快富民步伐，全力以赴保障群众合法权益，切实让百姓得到更多实惠。推动高质量发展，是新时代要求；提升百姓获得感，更是民心所盼。这是我们最应该干且必须干好的事情，也是我们今后三年必须打赢的主攻仗。

今后三年，我们在工作理念上，要牢牢把握稳中求进工作总基调，保持战略定力，坚持底线思维，更加注重经济发展的质量和效益，更加注重环境的承载能力和资源的节约集约利用，更加注重保障改善民生，更加注重促进社会和谐稳定，脚踏实地、一步一个脚印向前迈进。在工作方法上，要以系统性、辩证性思维谋划全局，以整合的手段推动工作，使发展的各个环节、各种要素相互衔接、相互促进，推动经济与社会、城市与农村、发展与民生、改革与稳定之间协调发展。在工作推进上，要强化对发展规律性的认识，学会“十个指头弹钢琴”，统筹谋划政策，科学配置力量，协调推进落实，要加紧研究制定并实施决胜高水平全面建成小康社会三年行动计划，下决心解决事关全局的重点问题、矛盾交织的难点问题、群众关注的热点问题，坚决打好“三大攻坚战”。

三、深入贯彻落实新发展理念，实现高水平全面建成小康社会新作为

今年是贯彻党的十九大精神的开局之年，是改革开放40周年，也是决胜全面建成小康社会、实施“十三五”规划承上启下的关键一年。我们的指导思想是，全面贯彻党的十九大精神，以习近平新时代中国特色社会主义思想为指导，认真落实总书记视察江苏重要讲话要求和中央经济工作会议、农村工作会议精神，按照省委十三届三次全会和南通市委十二届五次全会工作部署，紧扣社会主要矛盾变化，统筹推进“五位一体”总体布局和协调推进“四个全面”战略布局，统筹做好稳增长、促改革、调结构、惠民生、防风险各项工作，推动质量变革、效率变革、动力变革，充分发挥“六大指挥部”主抓手作用，大力实施先进制造业与现代服务业“双轮驱动”战略，加快决胜高水平全面建成小康社会“六大工程”建设，奋力谱写新时代如皋发展新篇章。

今年，全市经济社会发展的主要预期目标是：经济预期增长8%，一般公共预算收入完成72亿元，全社会研发投入占比提高到2.6%，居民消费价格涨幅控制在3%左右，城镇登记失业率控制在3%以内，城乡居民人均可支配收入分别增长8.5%、8.8%，节能减排完成上级下达任务，供给侧结构性改革取得实质性进展。做好今年工作，我们要突出抓好以下工作：

（一）坚持把提高发展质量作为引领全面小康的“核心工程”。以习近平新时代中国特色社会主义经济思想为统领，以构建现代化经济体系为目标，紧扣高质量发展新要求，聚焦实体经济，强化创新引领，不断增强经济创新力和竞争力。

1.激活发展动能。坚定不移做大做强先进制造业，加快构建富有竞争力的现代产业体系。加快发展新经济。推动互联网、大数据、云计算、人工智能与产业的深度融合，聚焦共享经济、数字经济、生物经济、现代供应链等领域，促进新产业、新业态、新模式加快成长，推动产业迈向价值链中高端。改造提升传统动能。坚持以亩产税收贡献论英雄，积极推进工业企业资源集约利用综合评价，促进要素向高效益、高产出、高技术、高成长性企业集聚，倒逼落后和过剩产能退出、低效企业转型。通过市场和法律等手段淘汰“僵尸”企业，腾出更多空间资源，解决供地矛盾。大力推动船舶海工、化工新材料、纺织服装等传统产业加快技术升级、设备更新和绿色低碳改造步伐，催生发展新动能。优先发展战略性新兴产业。加快发展以氢能及氢燃料为重点的新能源及新能源汽车产业，超前谋划布局智能网联汽车产业，致力打造以新能源及新能源汽车产业为主导产业的绿色智造基地。大力发展以特高压输变电装备研发生产为重点的智能电网产业，扶持发展以第三代半导体研发生产为重点的新一代信息技术产业，保持足够的定力和韧劲，涵养发展生物技术、新医药产业等其他战略性新兴产业。提速发展现代服务业。深入推进“互联网+”行动，加快现代服务业垂直细分、跨界融合。重点发展工业设计、检验检测、现代物流、电子商务、供应链管理、软件和服务外包等生产性服务业，加快发展特色旅游、健康养老、现代商贸、文化创意等生活性服务业，不断提高现代服务业贡献份额。转型发展建筑业。大力推进建筑业工业化、信息化、智能化深度融合，全面深化经营管理体制机制改革，引导企业走差异化、特色化、多元化发展之路，鼓励企业扩张重组、强强联合，拓展更广阔市场空间，培育建筑业领军型企业。全力抓好第四次全国经济普查，确保普查结果全面准确反映我市新动能培育壮大、经济结构优化升级的新成效。

2.猛攻项目建设。高度聚焦项目的层次和质态，注重在强链、补链、延链上下功夫，确保重大项目建设高效突破。提高“引”的能力。认真研究国家和省产业政策、投资导向及区域经济发展规律，结合如皋产业特色和功能定位，落实一产业一部门协同推进机制，发挥产业招商协同中心、对接服务上海平台作用，紧扣产业链中世界500强、行业100强企业，招引龙头型项目、产业链项目和重大外资制造业项目，提高产业集聚度和竞争力。增强“选”的定力。坚持“贵地不能贱用、好地不能孬用”原则，遵循“提着篮子去选菜”思路，立足算大账、算综合账、算长远账，选定符合如皋市产业发展定位的”四高项目”，为产业发展提供有力支撑。加大“挖”的力度。鼓励引导全市工业企业加强靶向研究，精心谋划筛选一批优质技改项目，积极培育一批项目投入增长点，力争规模企业技改面60%以上。加快“转”的速度。推进融通中欧中心、一下网络基地等在手项目快开工，力争全年新开工重特大项目20个，全力推动赛麟乘用车车身总成制造、初曦水分子等19个10亿元以上新建项目快建设，加快新能源燃料电池、薄膜电池、装配式建筑等储备项目快转化，实现投资速度、项目质态、项目转化和服务水平“四个稳定提升”，力争项目竣工率80%以上、转化率

60%以上。

3.夯实实体基础。实体经济发展离不开科技创新、现代金融、人力资源的强有力支撑。不断增强科技创新能力。加快建立以企业为主体、市场为导向、产学研深度融合的技术创新体系，积极推进大中型工业企业、规模以上高新技术企业研发机构全覆盖。深入推进两化融合，大力创建一批智能车间和智能工厂。深化科技体制机制改革，完善区域科技创新服务体系，加快创新型城市建设步伐。着力提高金融服务水平。引导金融机构加大支持实体经济力度，持续扩大制造业信贷总量。积极招引并大力培育创投股投机构（基金），鼓励并支持有条件的企业上市挂牌，提升直接融资能力。坚决打击恶意逃废债、非法集资、高利贷等非法活动，着力营造良好的金融生态环境，守住不发生区域性金融风险的底线。有效防控化解政府性债务风险，严格按照"底数要清、措施要实、责任到人"要求，切实规范政府性债务管理，坚决管控好、逐步化解好、确保不出险。积极引进培育创新创业人才。研究制定具有竞争优势的人才政策，重点引进和培育高层次创新型人才和高技能专家型人才，积极打造引才、用才、留才的发展环境，为高质量发展提供智力支撑。

4.抓实四梁八柱。"六大指挥部"是全市经济社会发展的六根主藤，要整合资源、集中优势，悉心呵护藤上之花，着力结出更多喜人之果。新城建设指挥部要紧扣上海大都市北翼、扬子江城市群、江海联动跨江融合的重要门户节点，以"一核九园区"建设为抓手，引进专业化城市运营商，加快中央商务区建设，启动高铁南站建设，推进城市综合体、学校医院、高端酒店等功能配套建设。城市水系建设和大健康产业发展指挥部要丰富历史文化与现代文明交相辉映的长寿养生福地内涵，加快推进城市水系畅通工程，力争实现龙游河与内外城河的相连贯通。启动盆景大观园、总部经济大楼、电影文化小镇等项目建设。现代物流产业发展指挥部要放大华东煤炭、联仓科技等供应链优势，推动华东塑化城业务落地，启动中巴木业产业基地建设，加快渤商所总部大楼建设，确保石化、煤炭、木材、粮食等大宗商品加工贸易实现新突破。如皋港深度开发指挥部要落实好长江经济带"共抓大保护"的要求，加快推进以港口转型发展、城市功能提升为重点的深度开发，加快岸线资源整合，完善腹地功能配套，全力推动如皋港从"普通产业港"向"综合物流港"转变，力争集装箱年吞吐量突破 25 万标箱。新能源汽车产业基地建设指挥部要瞄准打造具有区域竞争力的地标性主导产业的定位，重点打造"嘉定如皋汽车产业协同发展示范区"，共同建设世界级汽车产业中心。要大力推进"氢经济示范城市"项目实施和氢能小镇建设，强化延伸汽车产业链，做大做强整车和零部件企业。软件园建设指挥部要围绕建设以软件及信息产业为特色的创意创业青年友好城市，依托 CSIP 专业化运营管理，引进行业内具有影响力的企业落户，提升软件园发展层次。加快综合数据中心建设，推动"双创"产业中心建设招商并重，确保项目建成与企业落户同步到位。加强与浦东软件园对接，力争合作共建取得新成效。

（二）坚持把深化改革开放作为推动全面小康的"动力工程"。坚定"改革开放再出发"的信心和决心，坚定不移做深做透改革开放这篇大文章，努力在新起点上实现新突破，推动改革和开放相互促进、相得益彰。

1.坚决打好全面深化改革攻坚战。围绕构建县域治理现代化的如皋样本，集中力量抓改革促发展。强化"集成性"。要强化"系统集成、协同共振"的改革思路，蹄疾步稳推进南通集成改革试点，加快推进公共治理服务行政管理体制改革，在行政管理、区域经济、生态文明等体制改革方面加快突破，把更多"点上盆景"串成美丽"面上风景"。协同推进基层标准化改革创新先行区创建等 8 项国家级、12 项省级改革试点。聚焦"放管服"。要以推动营商环境持续走在全省前列为目标，在不见面审批上再深化，让数据"多跑路"、企业群众"少跑腿"，力争实现 90%的审批服务事项"网上办"。在零缺陷服务上求提升，进一步深化重大项目推进机制，全力当好服务企业、群众的"店小二"，确保实现"2340"目标。在精准化监管上多探索，推动综合执法重心下移，实现"一张网格管治理"。复制推广长江镇行政管理体制改革经验，有序推进镇（区、街道）"一支队伍管执法”改革。紧扣“供给侧”。要巩固“三去一降一补”成效，以降低企业融资、用工成本为重点，不断创新支持企业发展的政策举措，进一步激发和保护企业家精神，为经济发展增添活力。要巩固和完善农村基本经营制度，深化农村土地制度改革，完善承包地“三权”分置制度，强化区域农村产权交易市场建设，让改革成果惠及广大群众。

2.加快推动形成全面开放大格局。注重提升开发开放层次水平，大力拓展对内对外新空间。增强“合”的效应。要抓住长三角一体化发展、江苏“1+3”重点功能区建设等黄金机遇，充分利用上海大都市圈溢出效应，把跨江融合、接轨上海作为对外开放的战略基点、重要平台，大力实施“六大对接工程”，着力打造南通对接服务上海“第一桥头堡”。释放“产”的能量。要大力推动我市外贸从“大进大出”转向“优进优出”，努力形成产品、技术、服务的全产业链出口。要引导企业理性对外投资，捕捉海外投资机遇，获得关键技术、优化全球布局、打造国际品牌。拓展”融”的内涵。要主动融入“一带一路”，坚持“建工厂”与“建市场”相结合、产能输出与模式输出相结合，加快培育双马、涤诺、梦百合等企业建设境外产业集聚区。继续发挥六建集团境外承包工程的支柱作用，推进中如建工、益有燃气等企业加快探索国际合作，积累国际市场开拓经验，发挥企业“走出去”集群示范效应。

3.充分发挥开发开放平台新优势。不断放大平台载体的磁场效应，为产业集聚发展提供有力支撑。在平台打造上出精品。主功能区要进一步明确主导产业，强化综合配套，承接重特大项目，打造一流的现代产业园区。要对接挂钩 1~2 个镇，在园区协同共建、产业协同发展上探索新路径，促进产业链延伸拓展。其他镇要主动策应主功能区产业发展需求，大力推进产业园区提档升级工程，在发展规划编制、土地整理储备、基础设施建设等工作上下足功夫，不断提升项目承载力和要素吸引力。在能级提升上下狠劲。要加快启动如皋综合保税区、汽车滚装码头建设申报工作，大力推进国家农业科技园区核心区建设，切实加快省级高新区“去筹”进程。积极推进区域通关一体化、通关无纸化等改革，着力提升口岸能级。在国际合作上求突破。要在开放的范围和层次上进一步拓展，以国际产业园区合作为着力点和突破口，加快形成内外联动、东西双向的园区共建共享开放新局面。

（三）坚持把统筹城乡发展作为支撑全面小康的“基础工程”。要在更高层面、以更快速度、用更实举措推动城市加快转型、镇区协调发展和乡村振兴繁荣，构建城乡互动、区域协调、融合并进的城乡发展格局。

1.切实加快城市转型发展。增强城市发展动力必须牢牢抓住转型发展这一突破口，推动城市精明增长、紧凑发展。以科学规划引领城市转型。积极推进“多规融合”，高标准抓好高铁站周边等区域城市设计，加快完善地下综合管线、景观风貌等专项规划，在重要地段、重要节点精心绘就城市未来的“成长坐标”。严格依法执行规划，合理安排土地出让，确保城市健康有序发展。以高效建管提质城市转型。积极采用 PPP 模式，用好棚户区改造相关政策，不断加大老小区、城中村改造力度，持续提升城市整体形象。以海绵城市建设为抓手，扎实推进水系综合整治和地下管廊建设改造，努力建成“会呼吸”的城市。深化网格化、数字化城管模式，积极构建“大城管”体制，努力实现城市管理的高水平、高效能。以互联互通助力城市转型。有序推进城区道路改造提升，重点抓好“三桥三路”建设，持续优化城区公交线路，全面推进重点区域停车场建设，进一步畅通城市“微循环”。统筹推进市镇村三级道路建设维修，着重抓好“四好农村路”建设，抓紧抓好 S355 改扩建前期准备工作，重点加快通皋大道、S226 等干道建设进程，不断优化城市“大交通”格局。以全域旅游创建加快城市转型。按照全域旅游总体规划，加快完善全域旅游配套设施，深入推进“旅游+”产业融合，持续擦亮“五色如皋”城市名片，促进旅游业全区域、全要素、全产业链发展，实现传统旅游向全域旅游发展模式的转变。

2.切实加快镇区协调发展。镇区向上连接城区，向下辐射农村，是推进城乡融合发展的重要节点。优化发展定位。立足区位条件、资源优势、产业基础，进一步明确功能定位和发展方向，完善镇域规划体系，优化功能区块布局，着力打造长寿小镇、花卉小镇、红色小镇、鲁班小镇等一批“精而美、专而强”的特色小镇。突出产业支撑。更加注重将城镇建设与培育特色产业相结合，优先发展有特色、有技术、有市场、有税源的优势产业，不断提升镇区的集聚力、带动力和影响力。强化公共配套。重点完善污水管网、住宅小区、农贸市场、商业街区、休闲娱乐、景观绿化等配套功能。落实基本公共服务清单制度，稳步推进公共服务均等化，实现“公共服务不出镇”。重视被撤并镇区的发展，从全镇层面统一规划、建设和管理，提升镇域发展的整体形象。

3.大力实施乡村振兴战略。按照“产业兴旺、生态宜居、乡风文明、治理有效、生活富裕”的总体要求，大力推进乡村振兴，加快实现农业强农村美农民富。加快发展现代农业。全面落实支农惠农政策，在保障粮食安全的基础上，积极构建现代农业产业体系、生产体系和经营体系，大力推动花木盆景产业转型发展，鼓励扶持本土农产品规模化种植，着力培育一批“皋”字牌的特色农产品。积极推进农业领域“机器换人”、“电商换市”、“设施增地”和“接二联三”，提升农业竞争力和生产经营效益。不断改善农村面貌。以推进特色田园乡村建设为契机，加快农村基础设施提档升级，稳步推广垃圾资源化利用试点，大力推进厕所革命，注重提升“七位一体”长效管理质态，全力打造美丽乡村集群。持续抓好脱贫攻坚。瞄准特定贫困群体实施精准帮扶，注重扶贫同扶志扶智结合、输血与造血并重，全面落实社会救助、教育资助、健康扶贫、金融助力等政策，着力解决好因病致贫返贫问题，确保新一轮“建档立卡”低收入人口脱贫率达80%。

（四）坚持把优化生态环境作为实现全面小康的“底线工程”。要围绕创建国家生态园林城市、国家生态文明建设示范市县的目标，加快生态文明体制改革，努力建设天蓝、地绿、水清的美丽如皋，让百姓从心底里感受到“绿色”福利。

1.着力推进绿色发展。牢固树立“绿水青山就是金山银山”的意识，高度重视长江经济带生态环境保护工作，切实履行好大保护责任，统筹生产生活生态三大空间，推动形成绿色发展新常态。大力发展循环经济。以产业优化升级、企业清洁生产、园区生态改造为重点，积极发展节能环保产业，努力构建绿色产业链体系。推动大唐热电供热管网覆盖面进一步延伸，推进资源全面节约和循环利用。强力推动节能减排。严格执行新上项目能耗和环境影响评价制度，加快传统产业低碳化改造，确保单位GDP能耗降幅、主要污染物排放量达到硬性约束指标要求。合理规划并加快建设环保基础设施。合力引导低碳生活。积极倡导简约化、绿色化的生活方式，反对奢侈浪费和不合理消费，打造“微公交”绿色出行共享新能源汽车示范城市。

2.着力解决突出问题。全面推进环境综合整治，重点解决好沿江生态环境问题，下大力气补齐生态环境突出短板。打好水质提升总体战。深化“263”专项行动，把治水消劣作为环境整治的头等大事，认真落实河长制，夯实河长职责，加强水系监控，推进全流域综合治理，综合施策，系统治水。加大饮用水源地保护力度，开展非法开采地下水专项整治，畅通城市水系，彰显水韵如皋特色风情。打好蓝天保卫战。坚持优化能源结构，严格落实控煤、降尘、秸秆禁烧等综合治理措施，全面推行“绿色建造”“绿色施工”，促进空气质量持续改善。打好土壤治理持久战。强化土壤环境综合监管，系统整治农业面源污染，加大“散乱污”企业和化工园区环境隐患排查和集中治理力度，从源头上保障好人民群众的“米袋子”、“菜篮子”和人居环境安全。打好环境信访攻坚战。严格落实属地管理责任，切实强化存量环境信访矛盾化解，做到责任到镇到村到人，实现逐村销号、不留死角。严格遏制新增环境信访事项，切实加大联合执法力度，确保实现环保信访总量明显下降。

3.着力构建长效机制。切实将制度建设贯穿到生态文明建设全过程，发挥制度管长远的作用。严守生态红线保护制度。进一步优化生态红线保护区域，健全问责机制，实施最严格的保护。健全生态文明制度体系。推进生态环境监管体制改革，提高环境安全监管、风险预警和应急处置能力。坚持“谁污染、谁负责、谁治理”，实施区域生态补偿，不断提高生态环境损害赔偿和修复效率。完善环境监督执法体制。严格落实生态文明建设考核评价和责任追究制度，加大环境督察力度，严厉打击环境违法行为，形成有利于生态保护的浓厚氛围。

（五）坚持把改善民生事业作为提升全面小康的“幸福工程”。坚持以造福人民为最大政绩，时刻把百姓的安危冷暖放在心上，既尽力而为又量力而行，既让人人尽责又让人人享有，使人民群众的获得感、幸福感、安全感更加充实、更有保障、更可持续。

一要千方百计促民富。细化落实“富民25条”，确保政策落地生效。激励群众“勤劳之手”，持续实施“晚霞行动”，促进有就业意愿的“5060”人员就业创业，增加工资性收入。重点关注就业困难群体，开发公益性岗位700个以上，力争动态消除“零就业”家庭。用好政府“托底之手”，严格落实最低工资制度，努力构建和谐劳动关系。落实好“五道医疗保障线”制度，持续推进全民参保计划，依法征缴社保基金，确保被征地农民即征即保。不断完善基本养老保险和医疗保险制度，合理调整各类参保人员社保待遇。借力市场“无形之手”，加快规划建设人力资源服务产业园，积极策应城市人口导入窗口期，鼓励引导如皋籍大学生返乡就业创业。加快推进国家产教融合项目新能源汽车研发实训基地建设，大力开展职业技能培训，持续提升就业创业实效。

二要持之以恒惠民生。不断增加公共服务供给，加快推动社会事业全面发展。优先发展教育事业。合理规划教育资源布局，切实加强师资队伍建设，持续深化优质均衡教育，重点抓好高新区实验初中、江安初中、城东小学及部分幼儿园等工程建设，努力让孩子们享受到更好的教育。加快发展医疗卫生事业。深化医药卫生体制改革，落实分级诊疗制度，拓展家庭医生签约服务范围，加快镇公立卫生院建设，推进中医院三期工程建设，努力让老百姓享受便捷高效的医疗卫生服务。积极推动医养融合发展，构建多层次养老服务体系。切实保障住房需求。认真落实好多主体供给、多渠道保障、租购并举的住房制度，高度重视危房解危工作，稳妥处置镇区房地产遗留问题，推动房地产市场健康有序发展。大力发展文化事业。持续扩大公共文化产品服务供给，全面完成基层综合性文化服务中心建设，推进文化产业发展壮大，努力让人民群众享受丰富且有内涵的文化供给。

三要全力以赴保民安。切实将社会治理工作抓得紧而又紧、实而又实、细而又细，努力营造安居乐业、稳定有序的良好环境。建设法治如皋。严格落实法治建设领导责任制，加快推行法律顾问制度，不断强化依法行政能力，确保行政负责人应诉率达100%、法治政府建设满意率90%以上。加快推进司法体制改革，努力提升执法司法满意度。加大全民普法力度，在全社会形成尊法、学法、守法、用法新风尚。建设平安如皋。严格落实信访维稳和社会治安综合治理领导责任制，深入开展社会矛盾和安全隐患大排查大整治活动，做实“全科网格”工程，将矛盾和隐患发现在基层、解决在网格，切实降低矛盾信访发生量、万人民商事案件立案率。深入推进“雪亮工程”建设，确保各类风险能控、可控、在控。严格落实安全生产“党政同责、一岗双责”责任制，切实强化底线意识，加大安全生产执法力度，实现安全生产形势稳定向好。强化食品药品安全监管，确保人民群众“舌尖上的安全”和用药安全有效。建设文明如皋。持续巩固全国文明城市的创建成果，深入实施“文明城市建设三年行动计划”，扎实推进殡葬改革，细化落实村规民约，遏制人情歪风，推动“民俗喜庆堂”“殡仪服务中心”等公共设施建设，努力形成崇尚文明的良好社会风尚。

四、牢牢把握新时代党的建设总要求，强化高水平全面建成小康社会政治保障

坚持党要管党、全面从严治党，切实将加强党的建设作为夯实全面小康的“强基工程”，凝聚起新时代如皋改革发展的强大合力。

（一）加强思想政治建设，永葆绝对忠诚的鲜明品格。政治建设是党的根本性建设，思想建设是党的基础性建设，必须抓紧抓实、抓出成效。把政治建设摆在首位。要牢固树立“四个意识”和“四个自信”，把忠诚核心、维护核心、看齐核心作为最大的政治融入血脉、铸入灵魂，坚定维护以习近平同志为核心的党中央权威和集中统一领导，做到政治上旗帜鲜明、思想上同心同向、行动上紧紧跟随。要坚持党对一切工作的领导，支持人大、政府、政协和“两院”开展工作，加强统战民宗、人武双拥、老干部等工作，更好发挥群团组织作用。把政治生活严在实处。要尊崇党章，严格执行新形势下党内政治生活若干准则，完善和落实民主集中制的各项制度，坚持不懈用好批评和自我批评的锐利武器，烧旺锤炼党性、砥砺品格的“大熔炉”，切实增强“讲政治、懂规矩、守纪律”的思想自觉和行动自觉。把理论武装推向纵深。要以坚定理想信念宗旨为根基，以落实意识形态工作责任制为抓手，大力弘扬马克思主义学风，推进“两学一做”学习教育常态化制度化，扎实开展“不忘初心、牢记使命”主题教育，定期举办村（社区）书记大讲坛，探索建立雉水党课大讲堂，更加坚定自觉地用习近平新时代中国特色社会主义思想武装头脑、指导实践。

（二）加强干部队伍建设，锻造堪当重任的中坚力量。高素质专业化是新时代干部队伍建设的目标指向和实践取向，必须一以贯之、贯彻到底。坚决落实好干部标准。要坚持党管干部原则，坚持正确选人用人导向，坚定不移把好干部标准特别是政治标准挺在前面、落到实处，选优配强各级领导班子，坚决防止“带病提拔”，在全市形成“当干部就不要想发财、想发财就不要当干部”“不谋私利才能谋根本、谋大利”的思想共识，切实提升干部队伍的纯洁性、战斗力。持续优化干部队伍结构。注重让“789”年轻干部到经济发展一线经受锻炼，到“六大指挥部”建设、招商引资、项目建设、脱贫攻坚等岗位上墩苗成长、历练作为，源源不断选拔使用经受住实践考验、实绩突出的优秀年轻干部。统筹做好培养选拔女干部和党外干部工作，加大人才招引和投入力度，切实做好党管人才工作。不断健全激励约束机制。要坚持严管和厚爱结合、激励和约束并重，健全完善鼓励激励、容错纠错、能上能下“三项机制”，旗帜鲜明为敢于担当、踏实做事、不谋私利的干部撑腰鼓劲，切实加强党内关怀帮扶工作，推动全市上下形成比学赶超、创先争优的浓厚氛围。

（三）加强基层组织建设，构筑坚强有力的战斗堡垒。党的基层组织是党的全部工作和战斗力的基础，基层党建工作必须全面进步、全面过硬。提升基层组织的组织力。要贯彻“一切工作到支部”的理念，以突出政治功能为根本，抓实党建标准化试点工作，把基层党组织建设成为宣传党的主张、贯彻党的决定、领导基层治理、团结动员群众、推动改革发展的坚强堡垒。提升基层组织的战斗力。要加大基层组织保障力度，重点解决基层党组织弱化、虚化、边缘化问题，严格落实“三会一课”“5+X”主题党日、党务公开等制度，进一步创新组织设置和活动方式，切实加强带头人队伍建设，不断强化党员的日常教育管理，稳妥有序开展不合格党员组织处置工作，着力提升基层党组织的活力和战斗力。提升基层组织的服务力。要以落实“一轴四轮”职责为核心，以解决突出问题为根本，在“走帮服”活动中大力推行“点线面”工作法，不断增强基层党组织的服务功能，推动基层党建与改善民生协调发展、深度融合。

（四）持之以恒正风肃纪，提振奋发有为的精神状态。作风建设永远在路上，不能有任何喘口气、歇歇脚的念头。做密切联系群众的忠实践行者。要紧紧围绕保持党同人民群众的血肉联系，进一步增强群众观念和群众感情，严肃认真对待群众反映强烈的问题，坚决纠正损害群众利益的行为，全心全意为人民服务，不断厚植党执政的群众基础。做弘扬优良作风的示范带动者。要坚持以上率下，深入贯彻习近平总书记关于进一步纠正“四风”、加强作风建设重要指示精神，坚决落实中央“八项规定”“实施细则”和省委“具体办法”，坚决防止已经遏制的问题反弹回潮，针对新问题新表现切实加以整治，不断巩固拓展作风建设成果，决不能颠倒了公私、混淆了是非、模糊了义利、放纵了亲情。做敢于担当责任的坚定引领者。要始终保持昂扬的干事热情、满腔的创业激情、攻坚的壮志豪情，秉持“遇到矛盾就兴奋、碰到困难就迎上”的作风，勇于挑最重的担子，敢于啃最硬的骨头，善于接最烫的山芋，奋力奏响新时代如皋改革发展的雄浑交响。

（五）坚定不移惩贪治腐，巩固风清气正的政治生态。当前，反腐败斗争形势依然严峻复杂，巩固压倒性态势、夺取压倒性胜利的决心必须坚如磐石。强化不敢腐的震慑。要进一步压紧压实全面从严治党“两个责任”，坚持无禁区、全覆盖、零容忍，坚持重遏制、强高压、长震慑，以更大力度整治群众身边腐败问题，特别是从源头上狠刹“微腐败”，让群众感受到反腐成效。扎牢不能腐的笼子。要加强对权力运行的制约和监督，进一步深化巡察监督和派驻监督，持续开展村（社区）和基层站所专项巡察，稳步推进监察体制改革，着力构建党统一指挥、全面覆盖、权威高效的监督体系，把党内监督同国家机关监督、民主监督、司法监督、群众监督、舆论监督贯通起来，不断铲除腐败现象的生存空间和滋生土壤。增强不想腐的自觉。要坚持把纪律和规矩挺在前面，贯彻“惩前毖后、治病救人”的方针，深入践行监督执纪“四种形态”特别是第一、第二种形态，切实加强监督执纪问责和纪律教育、警示教育，让党员干部不断筑牢拒腐防变的思想防线，习惯在受监督和约束的环境中工作生活。

同志们，新时代召唤新气象，新担当不辱新使命。让我们紧密团结在以习近平同志为核心的党中央周围，高举习近平新时代中国特色社会主义思想伟大旗帜，大力弘扬治沙精神，坚决扛起责任担当，以永不懈怠的精神状态和一往无前的奋斗姿态，开拓创新、锐意进取、埋头苦干，奋力谱写高水平全面建成小康社会如皋新篇章。

政府工作报告

——2018年1月13日在如皋市第十七届人民代表大会第二次会议上

何益军

各位代表：

现在，我代表市人民政府向大会报告工作，请予审议，并请市政协委员和其他列席人员提出意见。

2017年工作回顾

过去的一年，我们在市委的正确领导下，在市人大、市政协的监督支持下，始终坚持稳中求进总基调，自觉践行新发展理念，扎实推进改革发展稳定各项工作，实现了本届政府良好开局。

一年来，我们坚定不移突出发展主题，综合实力持续增强。“四个千亿”目标全面完成，预计实现地区生产总值1038亿元、增长8.5%，工业应税销售1133亿元、增长20.2%，服务业应税销售1030亿元、增长35.5%，建筑业施工总产值1074亿元、增长15.3%。完成一般公共预算收入71.3亿元、同口径增长6.1%，税占比80.7%。现代农业稳步发展。粮食生产再获丰收。“6+1”产业结构持续优化。项目农业投入30亿元，高标准农田、适度规模经营面积占比分别达73%、48.5%。新增省级农业龙头企业1家、示范家庭农场5家、“三品”31个。如皋黄酒获批国家地理标志保护产品。创成省粮食生产全程机械化示范市。工业经济稳中提质。完成规模工业产值2259亿元、增长11.9%。净增规模企业57家、亿元企业40家。六大产业应税销售全面增长，占规模工业比重达83.3%。力星钢球、神马电力、九鼎新材、华东液压在细分产品市场占有率国内第一，入围省制造业单项冠军培育企业，其中力星钢球入围全国制造业单项冠军示范企业。如高高压、万达轴承获批省科技小巨人企业。建筑业克难奋进。行业区域性金融风险有效化解。获鲁班奖1项、国优奖2项。中如建工晋升特级资质。六建、江中、标龙等领军企业承揽超高层建筑数量、施工合同额增长迅速，多元化经营取得明显进展。服务业量质齐升。五大行业营业收入增长32%，服务业税收42.5亿元。新增规模以上企业26家。社会消费品零售总额376亿元、增长10%。国家全域旅游示范区创建有序推进。创成省四星级乡村旅游区1家、三星级5家。旅游综合收入137亿元、增长16%。各项存款余额1255亿元，贷款余额773亿元，制造业贷款余额占比15.8%。引进金融机构2家。荣威国际在港交所成功上市，如皋农商行、皋液重工在“新三板”挂牌。经济运行监测得到加强，统计管理体制改革不断深化，综合性基础性作用充分发挥，GDP增量、增幅和两个收入增幅居南通第一。

一年来，我们全力以赴加快创新转型，产业结构更加优化。项目建设加快推进。紧紧抓住项目建设这个“牛鼻子”，全年新开工亿元以上产业项目186个、完成投资188亿元，其中10亿元以上项目19个，省级重大项目、南通“双百工程”分别完成投资41亿元、147亿元。固定资产投资600亿元、增长10%。技改投入216亿元、增长7.5%，占规模工业投入68.5%。新增国家两化融合管理贯标试点企业2家、省智能车间3家。项目建设考核始终处于南通前列，在全年项目建设竞赛13项核心指标中，工业累计投资额和重特大项目、工业项目、前20强项目数等6项指标居南通第一。在南通“四个全面”抓落实、“两聚一高”争标兵7次月度评估中,5次获得第一,发展质量持续提升。如皋港工业园区在南通省级园区重大产业项目建设考核中位居第一。创新驱动能力增强。高新技术产业、新兴产业产值分别增长22.7%、24%。新认定高新技术企业58家。全社会研发投入占GDP比重2.59%。万人发明专利拥有量20.5件,新增PCT国际专利74个、省级各类企业技术创新平台8个。新增国家“千人计划”10人、自主培养1人。梦百合获省专利项目金奖。神马电力获国家科技进步特等奖,汤臣汽配获南通科技进步一等奖。星球石墨、百川化工、包装食品机械等企业主导制定并发布国家标准2个、行业标准3个,成立全国滚动轴承标委会滚动体分委会。特色园区支撑有力。获批国家火炬新能源汽车特色产业基地、省特高压输变电装备科技产业园、省纺织服装产业基地。如皋港现代综合物流园获评省级示范物流园区,软件园获批省级生产性服务业集聚示范区。

一年来,我们蹄疾步稳深化改革开放,发展活力不断迸发。综合改革进程加快。供给侧结构性改革持续推进,淘汰钢铁落后产能80万吨,房地产去库存周期降至4个月,制造业企业直接融资9.2亿元,通过减费降税等措施降低企业成本11.3亿元。“互联网+政务服务”“不见面审批(服务)”改革加快推进,实现“3550”目标。有序推进基层政务公开标准化规范化等国家级试点。土地节约集约利用成效显著,获国家、省奖励计划指标100公顷。成功承办省国土资源日常执法监管工作现场会。对外开放更加深入。新批外资项目42个,其中3000万美元以上项目18个。实际到账外资3.8亿美元。进出口总额30.8亿美元、增长19%,其中出口24.3亿美元。新增服务外包企业165家,完成服务外包执行额3.8亿美元、增长39%,其中离岸外包5974万美元、增长38.4%。境外投资6951万美元。外经营业额3.2亿美元。平台功能不断提升。高新区与CSIP合作全面深化,开源空间正式运行。新开通内贸集装箱直达航线4条。集装箱吞吐量突破15万标箱,实现连年翻番。完成港口吞吐量5562万吨、增长11%。海事、海关、国检、边检等口岸查验单位高效运转。

一年来,我们持之以恒强化统筹协调,城乡面貌明显改善。城市建设持续推进。城市总规修编获省政府批准,综合交通、城市水系等专项规划编制完成,新城功能提升规划成果得以应用。中心城区完成基础设施投入10亿元,新建改造道路12条,铺设雨污管网6.5公里,建成小游园4个,新增绿地60公顷。完成茅雉河一期、龙游河二期和宝塔河基础工程。城市搬迁27.7万平方米,老小区改造21万平方米。出让土地28公顷。商品房销售185万平方米、增长54%。完成城市环境综合整治“931”项目41个,创成省物业示范项目1个。获批中国人居环境奖、国家节水型城市、中国绿色发展优秀城市。交通建设稳步发展。完成交通投入10亿元。高铁南站成功获批,通皋大道开工建设,完成宁启铁路如皋段绿化工程。成为省农村公路“建养一体化”试点市。镇村建设步伐加快。城镇化率达58.5%。完成9个镇总规修编。新改建农路100公里、农桥20座,疏浚整治河道395条,新增造林1.6万亩,改造农村危房100户,铺设燃气管道60公里。土地承包经营权确权登记颁证基本完成。累计发放“两权”抵押贷款1.1亿元,居南通第一。搬经镇入选全国特色小镇,如城街道3个村庄成为省特色田园乡村试点,城北街道平园池村获全国美丽乡村百佳范例奖。

一年来,我们攻坚克难推进生态治理,环境质量日趋好转。综合整治强力推进。扎实开展“263”专项行动,积极推进化工企业“四个一批”专项整治,关停化工生产企业42家;平稳有序开展禁养区养殖场(户)关闭工作,关闭拆除5101家、182万平方米;取缔关闭不达标砖瓦生产企业45家、沿江非法码头27座。全面落实“河长制”“断面长制”,与光大水务合作开展全域水环境治理,完成全流域河道污染源核查,整治黑臭河道161条。完成19家镇级污水处理厂工艺和管网评估。在南通率先编制土壤污染防治方案。监管力度不断加大。实施跨行政区域重点河流交界断面水质“双向补偿”机制。探索建立生态环境保护共同监管、司法保护、执法监督三大机制。保持铁腕治污高压态势,化解突出环境问题122件。节能减排成效显著。14家企业通过清洁生产审核,万元GDP能耗降幅和主要污染物减排完成省下达目标任务。空气质量优良率74.1%、提高1.8个百分点。11个“水十条”考核断面优于Ⅲ类水质比例为

54.5%，集中式饮用水水源地水质达标率100%，内河地表水主要污染物超标浓度明显下降、水质改善幅度20%以上。

一年来，我们千方百计聚焦民生改善，幸福指数逐步攀升。富民增收取得实效。出台富民增收政策25条。新增城镇就业8526人、创业2918人，农村劳动力转移4581人。“晚霞行动”累计实现“5060”人员再就业10.6万人。58%的新一轮建档立卡低收入人口实现脱贫。在南通率先实施健康扶贫工程。预计城乡居民人均可支配收入39700元、18400元，分别增长8.5%、9%。保障体系不断完善。城乡居民医保整合并轨。职工“五险”实现动态全覆盖。城乡低保、农村“五保”标准稳步提高，被征地农民即征即保，残疾人两项补贴落实到位，职工基本照护险启动实施。“五道医疗保障线”不断完善。获全国老龄系统先进集体。社会事业全面发展。教育现代化示范区综合监测得分全省领先。普通高考万人本科上线率南通第一，职教对口高考本科上线人数占全省1/7。建成幼儿园3所。村卫生室公有化率100%。通过全国基层中医药工作先进单位复审。成功承办第二十届亚洲老将田径锦标赛，南通支云跻身中乙足球南北区交叉赛。获全国群众体育先进单位。基层综合性文化服务中心建成率80%。预计文化产业增加值占GDP比重5.3%，保持南通第一。15件民生实事较好完成。

一年来，我们坚持不懈创新治理方式，文明程度显著提升。精神文明建设扎实推进。举全市之力、融全民之智，创成全国文明城市。如皋工业园区获评全国文明单位，江安周庄获评全国文明村。爱心城市品牌效应持续放大，书香如皋建设成效显著。新闻媒体和网络舆论不断释放正能量。民主法治建设不断加强。深入实施“七五”普法，成立全国首家“法暖黄昏”老年人权益司法保障工作站，法律援助标准化建设被列为省级试点。村规民约作用充分发挥，城乡社区“微自治”取得实效。社会治理水平日益提高。立体化治安防控体系更加完善，圆满完成重大活动和敏感时点的安保维稳工作。交通管理服务中心投入运行。“阳光信访”系统深度运用，市长公开电话办结率99%。社会矛盾和安全隐患大排查大整治行动扎实开展，安监、消防联合执法常态化，安全生产基层基础进一步夯实，生产安全事故起数和死亡人数实现“双下降”，安全生产形势总体稳定，公众安全感达97%。

过去的一年，我们深入推进“两学一做”学习教育常态化制度化，认真落实党风廉政建设责任制，坚决支持执纪执法机关严肃查处违纪违法案件。坚持依法行政，完善重大行政决策程序，加强行政监察和审计监督，强化行政问责，政风行风持续向好。主动向人大、政协汇报经济社会发展情况，自觉接受人大及其常委会法律监督、工作监督和政协民主监督。办理人大代表建议322件、政协委员提案411件，代表、委员满意和基本满意率分别为99.7%、100%。此外，物价、人防、气象、应急、信息公开等工作不断加强。公共资源管理、政府投资项目建设、机关事务管理进一步规范。积极支持工会、共青团、妇联、侨联、科协、残联、文联、工商联、社科联等群团组织发挥作用。民族宗教、外事侨务、对台事务、老龄、慈善、档案、地方志、红十字会、老区建设、关心下一代、历史文化研究、老科协、老年体协等工作取得新进步。国防动员、征兵、双拥等工作成绩显著。

各位代表，回顾一年的工作，取得的成绩令人欣喜，积累的经验值得铭记。我们深刻体会到：只有牢记使命、一心为民，紧紧依靠群众，才能爬坡过坎、共建共享。2017年，“四个千亿”目标全面实现，“六大指挥部”高效运行。这得益于我们始终把满足人民日益增长的美好生活需要作为不懈追求，团结和带领全市人民积极投身稳增长、促改革、调结构、优生态、惠民生、防风险各项工作，群众幸福感、满意度全方位提升。只有咬定目标、久久为功，凝聚众智众力，才能不负众望、奋斗以成。2017年，我们成功获得中国人居环境奖殊荣，创成苏中苏北首个县级全国文明城市，获批高铁南站。这得益于我们大力弘扬“治沙精神”，孜孜以求、挑战极限，攻克一座又一座堡垒，把“不可能”变为“可能”。只有勇立潮头、敢为人先，致力革新求变，才能突破制约、开创局面。2017年，我们狠抓县域公共治理改革，探索建立生态环境保护三大机制，创建全国基层标准化改革创新先行区，县域治理的突出短板和制约因素逐步破除。这得益于我们敢于刀刃向内、勇于革故鼎新，运用系统化理念、集成式思维，切实推动政府自身改革。只有落实有方、执行有力，大兴实干之风，才能把美好愿景变为生动现实。2017年，我们坚持“项目为王”,创新建立三大产业协同中心,成功举办第二届国际燃料电池汽车大会、“一带一路”软件行如皋峰会,在南通“四个全面”抓落实、“两聚一高”争标兵考核中持续保持领先。这得益于我们始终牢记勤勉务实的发展担当,以团结凝聚合力,以实干应对挑战,全力提升政府效能,营造了干事创业、锐意进取的良好氛围。在此,我谨代表市人民政府,向全市人民,向人大代表、政协委员和离退休老同志,向驻如皋部队、武警官兵,向关心和支持如皋发展的社会各界人士,致以衷心的感谢和崇高的敬意!

各位代表，面对新形势、新任务、新要求，我们清醒地看到，工作中还存在一些短板和不足：一是经济社会发展还不平衡、不充分，总量、均量、质量有待提升，产业结构总体处于中低端，旗舰型、龙头型企业不多，科创体系仍不健全，创新驱动能力不强，城镇化水平相对偏低。二是对照省定标准，高水平小康社会建设存在不少弱项，人均地区生产总值、城乡居民可支配收入等指标还低于全省平均水平；公共服务有效覆盖面不广、供给不均衡。三是生态环境治理任务艰巨，水环境整治任重道远，群众对身边的突出环境问题反映比较强烈。四是政府自身建设还需加强，极少数干部作风不实、缺乏担当。问题所在就是努力所向，对于这些问题，我们将用发展的办法、创新的手段、有力的措施、持久的韧劲，切实加以解决。

落实高质量发展要求,全力推进 2018 年各项工作

2018 年是贯彻党的十九大精神的开局之年，是改革开放 40 周年，是决胜高水平全面建成小康社会、实施“十三五”规划承上启下的关键一年。站在建设新时代“强富美高”魅力如皋的起点上，我们无比欣喜地感到，如皋活力迸发、前景美好，发展的又一个春天已经来到！新的一年，我们将准确把握如皋发展的“形”与“势”。随着长三角一体化、上海大都市圈、省“1+3”重点功能区等多重战略机遇叠加，依托“陆海江黄金交汇点、沪苏通高铁桥头堡”区位优势，以及良好的产业基础、完善的功能平台、高效的政务服务，如皋作为上海大都市北翼扬子江城市群江海联动、跨江融合的重要门户节点，正处在新时代发展的“风口”上。新的一年，我们将科学谋划如皋发展的“计”与“策”。谱写高水平全面建成小康社会如皋新篇章，必须围绕“以新能源和新能源汽车为主导的产业化绿色智造基地、以软件及信息产业为特色的创意创业青年友好城市、现代文明和历史文化交相辉映的长寿养生福地”的定位，坚持走创新发展、集聚发展、特色发展之路，实现资源效益最优化，提高区域核心竞争力。新的一年，我们将全面提升如皋发展的“量”与“质”。坚定不移贯彻新发展理念，以推动高质量发展、提升百姓获得感为导向，推动质量变革、效率变革、动力变革，厚植发展优势、增强发展动力，着力在转型升级、彰显特色上下工夫，促进速度、质量和效益相统一，实现总量、均量、质量“三量齐升”。

2018 年政府工作的指导思想是：全面贯彻党的十九大精神，以习近平新时代中国特色社会主义思想为指导，认真落实总书记视察江苏重要讲话要求和中央经济工作会议、农村工作会议精神，按照省、南通和市委全会工作部署，紧扣社会主要矛盾变化，统筹推进“五位一体”总体布局、协调推进“四个全面”战略布局，做好稳增长、促改革、调结构、惠民生、优生态、防风险各项工作，以“六大指挥部”为抓手，大力实施先进制造业与现代服务业“双轮驱动”战略，重点推动产业、城市、交通转型升级，打造创新、改革、开放动力引擎，致力生态质量、公共治理、民生福祉改善提升，打好“三大攻坚战”，推进“两聚一高”新实践，推动高水平全面建成小康社会各项工作取得更大进展。

2018 年全市经济社会发展主要预期目标是：地区生产总值增长 8%，一般公共预算收入完成 72 亿元，全社会研发投入占比提高到 2.6%，固定资产投资增长 8%以上，社会消费品零售总额增长 10%左右，进出口总额增长 6%，城镇登记失业率控制在 3%以内，城乡居民人均可支配收入分别增长 8.5%、8.8%，节能减排完成上级下达目标任务，大气、水环境质量持续改善。

按照上述要求，今年重点抓好以下七个方面工作

一、坚持稳中求进总基调，以项目建设为抓手，致力推动经济行稳致远。紧扣高质量发展新要求，突出特色发展，大抓项目、抓大项目，不断增强经济创新力和竞争力。

狠抓招商选资。精准出击“盯”项目。梳理并锁定与我市产业发展契合度高的世界名企、大型央企和实力民企，加快引进一批科技含量高、资源消耗少、发展前景好、财税贡献大的优质项目。树立全域特色产业招商理念，主攻一批强链补链项目，加快新能源和新能源汽车、软件及电子信息产业集聚。充分利用现有产业基础和资源禀赋，围绕军民融合、生命健康、新材料等领域，引进并储备一批战略性新兴产业项目。优化方式“招”项目。加强招商专业化、区域化的协调共进，依托三大产业协同中心和板块招商力量，强化领导招商、资本招商、委托招商、产业链招商。突出以企引商、以商引商等有效手段，利用企业的上下游合作渠道及商务资源，吸引关联项目落户。扩大如皋商界“朋友圈”，借助商会、行业协会和海内外人脉等资源，全面拓宽招商渠道。坚持引资、引技和引智结合，精心组织“一会两节”、第三届国际燃料电池汽车大会等品牌活动。力争引进超100亿元或10亿美元项目1个、超50亿元或5亿美元项目2个、超10亿元或1亿美元项目25个。注重存量“挖”项目。引导企业依托“机器人+”“互联网+”“标准化+”，加快企业转型升级。鼓励企业嫁接资本，助力企业二次裂变。支持企业与行业龙头开展合作，不断提高产品知名度、市场占有率。加大对特色产业板块发展的关注和扶持，实现龙头企业引领，提升集群竞争力。力争实现规模企业技改面60%以上。

聚焦项目建设。抓有效投入。围绕“新开工10亿元以上项目20个、项目竣工率80%以上、转化率60%以上”的要求，开展重大项目增效年活动，突出项目投资强度、亩均产出效益、科技核心竞争力等关键指标，引导重大项目建设由注重规模向效益引领转变。重点推进赛麟汽车、龙能科技、初曦水分子、长江国际交易中心等项目快建设，推动百应新能源、一下科技网络基地、中膜新材料等项目快开工，促进骐宏电机、北方汤臣汽车变速箱、科勒洁具等储备项目快落地，实现投资总量、结构、速度与效益同步提升。抓区域特色。树立新能源及新能源汽车、软件及电子信息、现代物流等特色产业“全市一盘棋”发展思路，形成主功能区与面上镇协作共赢、做大做强特色产业的坚定共识和鲜明导向。配置好研发设计、孵化平台、公共检测等高端服务平台，推动项目加速向特色园区集聚，构建大中小企业专业化紧密协作的格局。实施骨干企业、专精特新企业、小微成长企业培育计划，打造一批特色产业集群。抓推进机制。按照“一个特色产业、一个专业团队、一套服务班子”的要求，充分发挥新能源和新能源汽车、军民融合产业发展基金的引导作用，打造同行业的“第一”和“唯一”。健全项目推进机制，发挥市重大项目办作用，全力以赴抓好审批、建设、投产等关键环节。科学合理安排政府性投资项目，提高政府投资的规范性、绩效性。充实PPP项目库，借助市场力量建设运营公共设施，全面激发社会投资活力。

务实对接上海。承接高端产业转移。加强研究上海规划及其发展战略，找准对接服务上海的发展定位。主动对接上海自贸区、虹桥商务区、张江高科技园区等重点功能区，承接高端制造业、生产性服务业溢出的优质项目，力争引进亿元以上项目60个。探索“上海孵化、如皋转化”模式，打造科技成果转移最佳承载地，新增产学研项目12个、省级创新平台1个、高层次人才10名。加快共建合作园区。推动嘉定如皋汽车产业协同发展示范区建设，借助嘉定打造世界汽车产业中心契机，强化在新能源汽车、燃料电池、加氢站建设和智能网联汽车研发、测试、生产等领域开展全方位合作。加强高新区与浦东软件园深度对接，着力在软件设计、网络科技、电子商务、文化创意、服务外包以及信息技术等方面取得突破，筑牢上海大都市北翼门户城市“软件业”的领军地位。鼓励如皋港区发挥岸线和腹地资源优势，探索共建合作园区，主动承接临港产业，拓展发展空间。推进资源共享互补。探索与上海公共服务同城化，寻求在健康旅游、教育文化、特色农产品等领域开展合作，共建教育实践园区、文化创意平台，接待上海游客 190 万人次，实现农副产品销售额 36 亿元、在沪建筑施工产值 19 亿元。

服务实体经济。强化服务意识。弘扬企业家新“四千四万精神”，健全服务实体经济常态化机制，构建“亲”“清”新型政商关系。加强对重点产业和企业分类施策、精准帮扶，帮助企业降低“软成本”。强化监测运行。完善经济运行监测指标体系，健全统计调查和监测分析制度，强化数据收集、处理、发布和共享工作。算好投入、产出、税收三本账，建立企业效益综合评价体系。做好第四次全国经济普查。实施企业梯队成长计划，新增新开业规模企业 30 家，净增亿元企业 30 家、10 亿元企业 2 家、50 亿元企业 1 家。强化要素保障。开展“千企百亿”银企对接活动，发挥信保基金作用，打造“皋易贷”中小微企业融资服务平台，新增贷款 100 亿元，制造业贷款占比提高 2 个百分点。筹建“土地指标银行”，推进低效用地再开发。完成占补平衡 3500 亩、增减挂钩 3000 亩。加强劳动力供需衔接，提高职校毕业生本地就业率，劳动力回（外）引 6000 人。强化错峰管理，促进科学、节约、有序用电。

二、坚持转型升级主旋律，以结构优化为导向，致力构建现代产业体系。加快产业结构调整和新旧动能转换，聚集全市要素资源，大力发展特色产业和战略性产业，不断提升发展质量和效益。

推动先进制造业集聚集群。依托主功能区和特色产业基地，突出抓好产业集群，促进从单一企业集聚向全产业链集群转变，推动制造业优化升级。鼓励赛麟、康迪、陆地方舟等汽车制造企业扩大产能，利用整车厂核心优势，促进三电配套、汽车模具、液压装备、电子仪表等关键零部件企业加速集聚，扶持力星钢球、汤臣汽配、超达科技等企业提升自主创新能力，持续做大做强，形成全产业链竞争优势。鼓励神马电力、思源赫兹、天南电力等智能装备企业加大自主研发设计力度，开发集成系统，做强国家级输变电特高压电力设备及配件产业基地。培育壮大华灿电讯、海迪科等电子信息企业，重点发展移动网络成套设备、电子元器件、半导体照明等领域，并逐步向新一代信息技术产业延伸。支持森松重工、海通海洋等船舶海工及配套企业向开发特种船舶、智能船舶等高技术高附加值产品转型。鼓励九鼎新材、百川锂材料等新材料企业绿色化改造，发展高性能碳纤维、纳米材料、特种金属、非金属等先进复合材料。支持梦百合、泰慕士等高端纺织企业向个性化定制、互联网消费等模式转型，加强技术创新、品牌建设，打造国家级出口纺织服装质量安全示范区。支持明德玩具、卓远机器人、木爷机器人等科技成长型企业用创新引领发展，积极研发新产品，努力开拓新市场。充分放大氢能产业发展的比较优势，以“氢经济示范城市”和“国际燃料电池汽车大会”为平台，全面加强与国际氢能委员会及加拿大、日韩等国外氢能政府间组织和技术领军企业合作；以参与国内氢能产业联盟等方式，积极推动与央企和知名民企在氢能产业上的合作；加大对百应能源、江苏清能、安思卓等氢能企业的要素扶持，重点突破低成本制氢、储氢和电堆制造技术，开发氢燃料客车和物流车，加快氢能小镇建设，让氢能产业成为新一轮发展的战略性新兴产业。

推动现代服务业提档升级。做强大数据产业。编制大数据特色产业发展规划，招引“大智云物移”企业，建设政务云、商务云、工业云等大数据中心和应用平台。建成软件园二期主体工程。放大 CSIP 托管效应，提高开源空间运营水平，新增软件及信息产业项目 45 个。支持凌志软件、博云物联、天语信息等企业做大做强。与知名高校合作建设软件学院，为发展软件业和人工智能产业提供人才支撑。做强大健康产业。放大长寿品牌效应，加快发展健康医学、体育健身等产业，打造长三角大健康产业集聚区。建立长寿农产品认证机构，构建长寿食品标准体系。推进鑫程医养、长寿康养中心等项目。做强大旅游产业。推进国家全域旅游示范区创建，完善旅游基础设施，建设旅游集散服务中心。以旅游规划为引领，全力突破主城区、长江、白蒲为重点的区域项目布局，支持国际园艺城、龙游湖风景区创建国家 AAAA 级旅游景区，长江药用植物园创建省五星级乡村旅游区。

启动电影文化小镇、长寿美食小镇等项目建设。实现旅游综合收入增长15%以上。

推动现代物流业加速发展。优化基础设施。保障福北-12.5米航道建设，加快建设长源一期2个5万吨级公用泊位、又来沙港池12座码头。推动4座2万平方米保税仓库建设。深化服务功能。引进第三方、第四方物流企业20家，吸引知名船公司设立分支机构2个，整合培育现代物流供应链企业5家。鼓励本土企业在如皋港开展进出口业务。加快联仓、中储粮等项目建设。启动综保区申报，支持如皋港区申报省进口石材指定口岸。加强战略合作。新增向外联动北部湾、宁波等沿海及近洋航线，向内联动重庆、武汉等沿江及内河港口。加快熔盛重工战略重组，实现由制造业向现代物流业转型。参与打造长三角现代物流发展联合体，形成完备的现代物流体系。力争集装箱年吞吐量突破25万标箱。

推动建筑业创新转型。壮大企业实力。支持中如与中船重工开展战略合作，引导六建、标龙等企业加强数字建造技术应用，鼓励装饰装潢、建筑安装等企业走专业化、精细化发展道路，培育一批经营特色明显、科技含量高、市场前景好的优质企业。新增特级资质企业1家。支持多元发展。鼓励有条件的企业采取联合体投标、PPP等方式，参与轨道交通、桥梁隧道等重大基础设施建设，进入污水处理、公共交通等领域开展“建营一体化”业务。拓展海外市场。支持江中、中如等企业跟踪“一带一路”沿线国家投资热点，通过股份合作、项目合作等方式加快“走出去”步伐。实现建筑业施工总产值1100亿元。装配式建筑占新建建筑面积比例达30%，创成省级装配式建筑示范项目2个。

三、坚持改革开放强引擎，以科技创新为驱动，致力增强发展内在动力。围绕需求导向、问题导向、效果导向，稳妥推进重点改革，始终突出创新驱动，不断拓展开放空间。

释放综合改革新红利。推进供给侧结构性改革。加大落后产能淘汰力度，依法依规推进化工、印染等落后低效产能退出。制造业企业直接融资超10亿元，新增上市企业2家，不断提高非金融企业直接融资占比。认真落实各项清费减税政策，切实降低企业成本。把“补短板”与提高发展的整体性协调性结合起来，增强发展后劲。深化“放管服”改革。围绕“不见面审批、零缺陷服务、精准化监管”，健全完善政务服务“一张网”，优化再造审批流程，巩固提高" 3550" 改革成果。以网格化、数字化、扁平化为支撑，组建公共治理服务中心。推动综合执法重心下移，有序推进镇级“一支队伍管执法”改革。深化商事制度改革，扩大“双随机一公开”覆盖面，探索“门槛管理”向“信用管理”转变，提升事中事后监管效能。推动其他领域改革。加快国有平台市场化转型，推进国有资产经营公司优化整合、国有企业集中统一监管，重构国有资本运营体系。完善政府投融资决策机制，严格“借、用、还”闭环管理，严格管控新增债务，杜绝违法违规融资行为，有效防范化解政府性债务风险。深化财税体制改革，加快建立现代财政预算制度，落实税制改革举措和税收优惠政策，培育壮大税源经济。统筹做好8项国家级、12项省级改革试点。

培育创新驱动新动能。突出创新主体。落实省科技创新政策，新认定高新技术企业15家。高新技术产业产值占规模工业比重提升1个百分点。万人发明专利拥有量22件。搭建创新平台。加快科技创新中心建设，推进与大院大所合作，建成产业研究院2家，新增省级研发机构3家、众创空间1家，规模以上高企研发机构覆盖率90%以上。推进全国基层标准化改革创新先行区、国家知识产权强县工程示范市建设。集聚创新人才。发挥科技镇长团作用，实施“雉水英才”“1222”人才引进计划，推进“148”本土人才培育工程，新增“千人计划”等国家级人才10名，以“双创计划”为代表的省级项目20个,高技能实用人才6500名。营造创新环境。深化科技体制机制改革,建立科技、人社、人才“三位一体”的服务协调机构,实施科技创新积分管理模式。设立科技引导基金,鼓励龙头企业出资设立天使基金,大力引进风投、创投基金,新增“苏科贷”“如科贷”6800万元。

实现双向开放新突破。提升外资利用水平。聚焦全球产业链和价值链中高端，引进超亿美元项目3个以上。鼓励荣威国际等重点企业增资扩股。抢抓国家扩大服务业对外开放的机遇，力争生产性服务业利用外资占服务业比重超过15%。完成到账外资3亿美元。增创外贸发展优势。探索外贸征信平台建设，健全外贸综合服务体系。积极培育进出口超亿元企业，推动重点外贸企业供货转自营，形成新的外贸增长点。引导企业密切关注国际贸易政策，提升新能源汽车、高压输变电、家居用品等领域进出口份额，外贸进出口增长6%。加快对外合作步伐。发挥超达科技、伟越电器等企业示范作用，引导产业链上下游企业集群式“走出去”，扶持梦百合、涤诺等企业建设境外产业集聚区，支持双马争创国家级经贸合作区，推动益有燃气、中如建工等企业开展国际合作，启动中巴木业产业基地建设，力争中外合作园区实现突破。完成对外投资额6000万美元，实现服务外包执行额4亿美元。

强化主体板块新支撑。引导主功能区围绕“一特三提升”要求，打造1个主导产业，涵养1个战略性新兴产业，与一般镇区互动协同链式发展。经济技术开发区用好“国字号”金字招牌，高度聚焦新能源和新能源汽车产业，谋划布局智能网联汽车产业，大力发展氢能地标性主导产业，加快完善国际展会、公共服务平台等功能配套，打造国内最有影响力的氢能产业基地和重要的新能源汽车产业集聚区，形成新能源汽车产业的核心竞争力，确保在国家级开发区考核中争先进位。高新区坚持在“高”“新”上下工夫，以科技为引领，围绕软件和信息服务、电子信息、智能制造等高端产业，突出与新城区的协同发展，增强对产业、人才、资本等全要素的吸引和承载能力，实现科创能力提升、新兴产业导入和城市转型的良性互动，全力打造全市最具活力的高铁经济圈。长江镇（如皋港区）瞄准“城市副中心”定位，加快港产城一体化进程，集聚发展新材料、装备制造、通信电子等“区中园”。发挥钻石级航道和纵深腹地配套优势，全面增强港口、贸易、商务等服务功能，大力发展平台经济、大宗商品交易，积极拓展全产业链、供应链服务，以现代物流引领发展，全力推动“产业港”向“综合物流港”转变。如皋工业园区充分放大“三张金名片”品牌效应，建设现代都市型产业示范区。以大健康产业为主线，依托国家级农业科技园区核心区良好的花木生态基底，致力打造融文化创意、教育培训、康养示范、旅游休闲为一体的AAAAA级长寿旅游度假区，提升全域旅游核心功能。立足产业基础和上市公司如城板块，优化功能布局，加快东西部工业园区提档升级，培育发展总部经济、功能食品、工业设计、软件信息等2.5产业，集中资源培育壮大1~2个特色优势产业。

四、坚持乡村振兴新战略，以服务“三农”为主线，致力促进农业农村现代化。按照“产业兴旺、生态宜居、乡风文明、治理有效、生活富裕”要求，统筹做好“三农”工作，开创如皋“新乡土时代”。

大力发展现代农业。调优产业体系。以农业供给侧结构性改革为主线，稳定粮食生产，巩固提升“6+1”重点产业。加快花木盆景产业转型发展，引进市外园林、施工企业入驻，鼓励建设效益化、彩色化、珍贵化树种基地，推进盆景微型化、外向化发展，助推苗木种植结构调整，新增花木种植面积1万亩。筹建中国盆景博览园。推进农业领域“机器换人”“电商换市”“设施增地”和“接二连三”，提升农业综合竞争力。健全经营体系。发展多种形式适度规模经营，培育家庭农场70个、农业龙头企业10家，培训新型职业农民8000人。打造农业“互联网+”全产业链平台，探索建设全产业领域大数据中心。放大“苏·皋长寿”品牌优势，强化产销对接。构建生产体系。推进丁堰镇“三个全覆盖”试点。招引规模农业项目40个。新增“三品”20个，高标准农田0.52万公顷。农田水利现代化水平89.9%。粮食生产全程机械化水平80%以上。

全面深化农村改革。深化产权制度改革。推进合作社综合社改革，积极发展农民股份合作。加强农村产权交易标准化建设，农村集体资产资源全部进场交易。探索土地制度改革。实施农民承包地经营权有偿退出试点。推进区域范围内集体建设用地指标置换、“同一乡镇”等试点。探索农村宅基地制度改革。推进农村金融改革。推动土地承包经营权抵押贷款“增量拓面”，贷款余额突破2亿元，涉农银行参与率80%。优化“联办共保”模式，探索保险与产业协调发展机制，持续提高农

业保险保障水平。

推动镇村融合发展。优化规划体系。推动面上10个镇控制性详规编制全覆盖。引导4个中心镇完善规划、提升功能、集聚产业，加快形成辐射周边的片区中心；6个特色镇合理确定发展规模和产业定位，实现优势产业和特色城镇互动并进。完善基础设施。推进城乡天然气管网和区域供水三期工程。加强“四好农村路”建设，实施农村公路“建养一体化”试点。加快信息基础设施建设。完善农村生活污水处理、垃圾分类收运等基础设施。做优特色镇村。推进搬经全国“长寿农业”特色小镇建设和白蒲、石庄历史文化名镇保护。加快如城街道顾家庄、大缪马、夏家庄等省级特色田园乡村试点建设。

健全乡村治理体系。健全自治机制。完善村务公开、村务监督制度，全面推进村民小组微自治，实现组织健全、自治有效、服务完善、文明祥和的村民自治。加强村干部队伍建设。树立文明新风。运用道德讲堂、善行义举榜等载体，发挥新乡贤示范引领作用，细化落实村规民约，扎实推进殡葬改革，倡导移风易俗，营造健康淳朴的文明乡风。建设和谐社区。完善社区公共服务设施，强化社会组织建设，健全民主管理机制，建成省级和谐示范村（社区）8个。

五、坚持城市转型突破口，以提升功能为根本，致力彰显文明城市魅力。坚持古城保护和新城建设联动开发，着力增强城市吸引力和承载力，提升城市发展品质。

突出规划引领。完善规划体系。推进“多规合一”背景下的城镇体系研究和“两线”划定工作。完成城北片区控规和新城区地下综合管线等专项规划编制，开展高铁南站片区、创智湖、龙游河三期策划和规划设计。注重规划运用。统筹新城区高品质开发与主城区功能提升，有序推进城市发展。大力开展规划招商，吸引更多知名企业落户，出让土地1000亩，新开工商品房200万平方米。严格规划监管。加强城区和主功能区规划的统一管理，严格规划审批和执行监管，保持城市规划实施的严肃性。

提升主城品质。加快城市更新。统筹推进城市棚户区（危旧房）和反差地段改造，完成搬迁面积50万平方米。继续实施老小区改造。建设桃源路、滨河路东延等10条城市道路。新建A级旅游公厕10座。改善城市生态。推进海绵城市建设，强化城市水系治理，完成幸福河、皋南河黑臭水体整治，实施主城区雨污分流管网改造和内外城河控源截污。推进沿路沿河绿化提升，增加城市绿色雕塑、“三小”游园布点，新增绿地80公顷。加强城市管理。拓展“智慧城管”内涵，提高城市精细化管理水平。完善现代物业服务体系，实行生活垃圾分类、餐厨废弃物收集处置和建筑垃圾资源化利用，推进再生资源分拣中心和中型垃圾中转站建设。开展违法建设、工地扬尘、餐饮业油烟噪音污染等专项治理。

推进新城建设。完善基础设施。完成茅雉河一期、龙游河二期和宝塔河生态景观建设，推进创智湖和龙游河三期等水系项目。实施海阳南路、圃园路绿化景观提升和观风路、汪平路贯通工程。推进功能配套。以“一核九园区”建设为抓手，引进专业化城市运营商，加快中央商务区建设，启动高铁南站建设，推进学校、医院、高端酒店、城市综合体等功能配套建设。实施空间整理。加快规划区内房屋搬迁、土地整理，整合发展空间。注重对花木盆景、绿化园林、民房民舍等特色资源的预留与利用，保留区域优势和特色。对城市主入口、新城核心区等“窗口”区域实施景观改造，打造“城市苗圃”“绿色廊道”。

完善交通体系。优化区域交通格局。完成盐通铁路征地报批、搬迁。开展北沿江铁路、宁通高速改造、通扬线河道改造、如皋南站、张皋过江通道等工程前期工作。推进省道226、355、403建设用地搬迁。加快快速路网建设。做好市区快速路网一期工程预可研；推进通皋大道如皋段主体施工，完成总投资的45%；实施如港公路提升改造，完成工程量的50%；完成通港快速通道前期研究论证，构建“1246”通勤圈。开工建设100公里慢行绿道。推进城区交通疏堵。深化城市交通疏堵工程规划，实施益寿路综合改造。建成奥体东侧、国税局北侧等4个停车场。加强城区拥堵路段管理引导，发挥现有地下停车设施作用，探索推进城市停车差别化收费制度。实施城市主干道绿波带改造，便捷城市交通。

六、坚持绿色发展大方向，以系统治理为手段，致力丰富美丽如皋内涵。全力推动生产生活方式绿色转型，坚决打好污染防治攻坚战，以最大的决心和勇气补齐生态环境突出短板。

推动绿色低碳发展。加快构建绿色产业链体系，鼓励企业开展节水、节材和资源综合利用等技术改造，GDP能耗下降3.7%。推进循环经济产业园建设，开展绿色工厂创建，实施南通市级节能与工业循环经济重点项目24个、清洁生产重点企业8家。推进重点污染源企业环保设施建设和运行监管。发展绿色农业，推进农业投入品减量化、农业废弃物再利用、种养业循环等生态发展模式。倡导简约适度、绿色低碳的生活方式，打造“微公交”绿色出行共享新能源汽车示范城市。

狠抓环境综合治理。全面落实“河长制”，坚持源头治理、全民共治，深入开展“263”“散乱污”“三河三行业”等专项整治，全力抓好中央、省环保督察和南通交办突出环境问题整改。在“治气”上，狠抓燃煤锅炉、工业烟粉尘、挥发性有机物等专项治理，加快集中供热供气，空气质量优良率75%以上。在“治水”上，按照流域系统治理思路推进水环境整治，实施如泰运河流域综合整治试点，重点整治三四级河道及村沟村塘，完成工程量的50%。启动乡镇污水处理厂补空、扩建、达标提升工程，实施统一运行监管模式。加强城区污水处理设施规划统筹，提高运行效益。强化排污、排水许可监管，实现源头控污。地表水优于Ⅲ类比例72.7%以上。在“治土”上，全面实施“土十条”，加强工业企业用地土壤检测，强化重金属和危险化学品管理。加强固体废物处置监管，提升九洲环保、绿能固废处理能力。

加大生态保护力度。突出抓好生态空间管控与保护，严守耕地保护、开发强度和生态保护三条红线，优化生产、生活、生态空间布局。严格执行土地利用总体规划，合理控制土地开发，调整建设用地结构，实现资源生态永续利用。深化长江“共抓大保护”行动，切实履行长江经济带生态环境保护责任，强化水源地风险、排污、空间和执法管控。推进乡村环境综合治理试点，稳步推行杭桥村农村集中居民点生活废弃物终端处理模式。狠抓农村“七位一体”环境综合整治，基本完成畜禽养殖污染治理。以国家森林城市创建为契机，强化古树名木保护，推进以江堤、一级河堤为重点的造林绿化工程，林木覆盖率达25.2%。

健全制度保障体系。严格环境准入，完善项目环评全过程监管机制。实行环评承诺与责任追究制度，规范环评中介服务市场。落实生态环境保护共同监管责任，全面实施网格化管理。建立生态环境司法保护中心，形成公检法联动机制，加大环境违法犯罪打击力度。建立生态环境损害赔偿制度。开展企业环境信用登记评级，建立环境违法企业“黑名单”制度。实施水环境区域生态补偿，加大跨行政区域重点河流交界断面水质考核力度。

七、坚持富民惠民落脚点，以人民满意为追求，致力提高民生幸福指数。始终以造福人民为最大政绩，时刻把百姓的安危冷暖放在心上，多谋民生之利，多解民生之忧，多办民生实事。

加快富民增收步伐。认真落实富民增收25条，提高城乡居民工资性收入和经营、财产、转移性净收入。促进就业创业。探索城乡就业创业融合发展新路径，完善创业担保贷款工作机制，注重解决结构性就业矛盾。积极开展职业技能培训，放大“就业直通车”效应，促进高校毕业生等重点群体就业，持续推进“晚霞行动”，扶持自主创业2500人，新增城乡就业8000人。落实最低工资制度，构建和谐劳动关系。壮大村级经济。落实财税、金融、土地保障等扶持政策，推进资源开发型、资产经营型、休闲观光型等集体经济，不断增加村级集体收入。强化农村“三资”管理，坚决遏制新增不良债务。聚焦精准扶贫。持续推进“双联双助”工作，加快“阳光扶贫”监管系统建设，落实产业、教育、保险、健康、志愿服务等扶贫措施，确保80%以上新一轮建档立卡低收入人口精准脱贫。落实省“富民强村”行动计划，确保33个经济薄弱村年收入增加15万元以上。扎实做好与陕西洋县对口支援和扶贫协作工作。

提高公共服务水平。优先发展教育事业。全面落实立德树人根本任务，加强师德师风建设，培育高素质教师队伍，办好人民满意教育。加快如城城东小学、高新区实验初中、江安初中等学校建设。深化产教融合、校企合作，完善职业教育培训体系。提升健康保障水平。深化医药卫生体制改革，坚持医疗卫生事业公益性，稳步推进镇级公立卫生院资源整合和能力建设。强化“三医联动”，加大医疗服务综合监管力度。支持民营医院转型发展。加强全科医生和乡村医生培养。支持中医药事业发展。优化计生服务，促进人口健康均衡发展。大力建设文化强市。开展群众性文化活动，基层综合性文化服务中心建成率达100%。做好历史文化遗产保护与利用，申报国家历史文化名城。推进盆景、电影胶片等博物馆建设。倡导全民阅读，让书香成为如皋气质。推进媒体深度融合试点，建成城乡应急广播体系。加快广电智慧社区、数字档案馆（室）建设。培育新型文化业态，文化产业增加值占GDP比重达5.4%。持续擦亮体育品牌。办好市第十一届运动会。开展全民健身活动，积极承办高水平品牌赛事，放大“体育+”综合效益。加大对支云足球俱乐部扶持力度，促进足球产业发展，积极打造“足球城市”。

织密民生保障网络。完善基本保障体系。实施全民参保计划，提升扩面征缴质量，实现养老保险动态全覆盖。城乡居民医保实现“六个统一”，新增被征地农民全部纳入社保体系。实施职工基本照护险。探索建立社保大数据监控系统，加强社保基金征收和监管。健全社会救助体系。稳步提高优抚、社会救助标准，实现城乡低保标准并轨。落实残疾人“两项补贴”，推进“残疾人之家”建设。健全临时救助制度，提升“救急难”实效。丰富养老服务供给。推进省级居家和社区养老服务创新示范市建设，鼓励建设公建民营、医养融合养老机构，构建多层次、多样化社会养老服务体系。

推进社会综合治理。强化民主法治建设。深入推进“七五”普法，加大村（社区）公共法律服务供给，全面提升法律援助和司法救助水平。大力推动群众自治和部门共治双轮驱动，健全自治、法治、德治“三治融合”的基层社会治理格局。加强省级民主法治示范村（社区）建设。深化精神文明建设。持续巩固全国文明城市创建成果，深入实施“文明城市建设三年行动计划”，深化“诚信如皋”“爱心城市”建设。强化网络舆论治理，打造清朗网络空间。狠抓社会公共安全。强化隐患预警和风险防控，健全突发事件应急联动处置机制。加强安全监管，以综合监管、部门监管和属地管理推动企业主体责任落实，坚决防范和遏制较大以上事故发生。筑牢社会维稳防线。进一步畅通群众合理诉求渠道，健全矛盾纠纷化解责任体系和运作机制，依法分类处置重点突出疑难信访事项，压实各级责任，做实“全科网格”工程，切实将矛盾和隐患发现在基层、解决在网格。强化立体化、智能化社会治安防控体系建设，坚决打击各类违法犯罪行为，确保社会大局长治久安。发挥工青妇等群团组织和社会组织作用。加强民族、宗教工作。强化全民国防教育，扎实开展双拥活动。

各位代表，民生彰显民意，民生凝聚人心。按照立足当前办实事、着眼长远建体系的思路，从当前条件最具备、群众最期盼的事情做起，推出10类15件民生实事和25件重要民生项目，我们将一件接着一件办，一年接着一年干，以实实在在的成效兑现承诺、取信于民。

不忘初心、牢记使命，努力建设人民满意的政府

开启新征程、谋求新跨越，是人民寄予的殷切厚望，更是时代赋予的神圣职责。我们将始终心系民生、肩扛责任、脚踏实地，在能为上增才干，在敢为上勇担当，在有为上重实效，努力打造法治、创新、廉洁、服务型政府。

一、在科学决策中体现政治担当。坚持集思广益。持续深化“走帮服”活动，深入一线，加强调研。健全政府常务会议代表列席制度。推行阳光政务，实施重大行政决策听证制度，畅通民意诉求渠道。坚持规范程序。建立重大决策前向党委和人大报告、向政协通报制度。认真落实公众参与、专家论证、风险评估、合法性审查和集体讨论决定的重大行政决策机制。积极推行重大行政决

策目录管理，完善政府法律顾问制度，进一步控制决策风险、提高决策质量。严格执行重大行政决策终身责任追究制度。坚持创新实践。抓住群众和市场主体反映最强烈、最直接的问题，坚持用创新的思维、改革的精神，寻求破解路径，提高决策的针对性和实效性，确保经得起时间和实践的检验。

二、在依法行政中体现法治担当。坚持法治思维。严格执行法治政府建设实施方案，加强城市建管、环境保护、资源管理、社会治理等重点领域制度建设，推动政府在法治轨道上深化改革，在法律框架内规范行为，在简政放权中服务发展。规范行政执法。推行权力清单、责任清单动态管理，全面落实行政执法责任制，推进国家基层政务公开标准化规范化试点。深化综合行政执法体制改革，科学划分执法权限，合理配置执法力量。推行行政执法公示、执法全过程记录、重大执法决定法制审核等制度，促进规范公正文明执法。全面接受监督。依法接受党内监督、国家机关监督，自觉接受人大及其常委会法律监督、工作监督和政协民主监督，认真办好人大代表建议和政协委员提案。推进审计监督全覆盖。主动接受社会监督和舆论监督。

三、在真抓实干中体现责任担当。勇于担当作为。大力弘扬"治沙精神"，提振"遇到矛盾就兴奋、碰到困难就迎上"的精气神，主动"对号入座"，敢啃"硬骨头"、敢于"涉险滩"，做到难题面前敢闯敢试，自觉担负起改革发展稳定的重任。健全容错纠错机制，旗帜鲜明地为敢于担当、踏实做事的干部撑腰鼓劲。找准工作关键。善于盯住经济社会发展中的大事要事，进一步谋新招、出实招，突出抓好让老百姓真正有获得感的事、对面上发展撬动力强的事、培育未来竞争力的事，以重点突破带动全局发展。拧紧责任"螺丝"。按照市委的总体部署，在抓落实上持续用力，编好"任务书"和"进度表"，做到"目标任务化、任务项目化、项目节点化、节点责任化"，形成"责任闭环"。优化政府运行机制，强化绩效管理，创新督查方式，做到抓铁有痕、踏石留印。

四、在勤政廉政中体现纪律担当。带头加强学习。始终把学习贯彻党的十九大精神作为首要政治任务，用习近平新时代中国特色社会主义思想武装头脑。开展"不忘初心、牢记使命"主题教育，推进学习型政府建设，提升公务人员专业素养和干事创业激情，用新发展理念推动工作不断迈上新台阶。强化制度约束。深入贯彻中央"八项规定"《实施细则》和省委《具体办法》，驰而不息纠正"四风"。深化政府系统廉政风险防控机制建设，健全完善政府投资工程建设领域阳光防范体系，加大监督检查、效能监察、执纪问责力度。强化政府性债务管理，严控一般性支出，深化财政资金绩效管理，把有限的财力更多用到保民生、补短板、增后劲上。严明纪律规矩。把党风廉政建设作为根本保障，全面履行"一岗双责"。贯彻落实党内政治生活若干准则，不断强化政治纪律和组织纪律，严格执行廉洁纪律、群众纪律、工作纪律、生活纪律，树立为民务实清廉政府形象。

各位代表，实干托起梦想，奋斗创造幸福。让我们以党的十九大精神为指引，在中共如皋市委坚强领导下，在市人大、市政协监督支持下，不驰于空想、不骛于虚声，勠力同心、同甘共苦、坚韧不拔、善作善成，在新时代"赶考"路上谱写好高水平全面建成小康社会如皋新篇章，向全市人民交出一份满意的答卷！

附件：2018 年政府为民办实事和重要民生项目清单

一、交通畅通建设工程方面

1.完成盐通铁路征地报批、搬迁；配合开展北沿江铁路、宁通高速改造、通扬线河道改造、如皋南站、张皋过江通道等工程前期工作，完成市区快速路网一期预可研、工可报告。

★2.推进通皋大道建设，完成如皋段总投资的 45%及通州段立项、征地搬迁。

★3.实施如港公路（新丁磨路至皋张汽渡段）等级提升改造，完成工程量的 50%。

★4.继续推进主城区交通疏堵工程，完成益寿路（惠政路至环西大桥南段）及相关节点综合改造；建成国税局北侧、奥体东侧等4个停车场，新增停车位600个，强化拥堵地段的单行设置和城市停车管理。

5.完成沈海高速东陈、丁堰出口改造提升。

*6.加强“四好农村路”建设，实施农村公路“建养一体化”试点工程，完成农村公路提档升级190公里、通居公路200公里，农桥改造20座。

二、生态环境治理工程方面

*7.推进生态建设行政及司法集成化改革，落实生态环境保护共同监管责任，全面实施网格化管理，建成公共治理服务中心和生态环境司法保护中心，全面补齐生态环境突出短板。

*8.按照流域系统治理思路推进水环境整治，实施占全市流域面积41%的如泰运河流域（含通扬运河与如泰运河重合河段）综合整治试点，重点整治三四级河道及村沟村塘，完成工程量的50%；开工建设与泰兴河道接通工程，完成工程量的70%。

9.启动焦港引水泵站建设，完成征地搬迁，并完成工程量的80%。

10.实施焦港北段及如皋港整治工程，均完成总工程量的60%。

*11.已建乡镇污水处理厂和65个村庄生活污水处理设施(除工艺需要改变的外),全部达到委托专业运营条件。完成首轮乡镇污水处理厂扩容提标工程招标并开工建设,实施全市统一监管模式。

12.完善水质监测预警体系，建成碾砣港闸重点断面水质自动监测站。

13.提升危险废物处置能力，建成填埋能力3.5万吨/年的危废集中处置项目1个。

*14.完成中心城区幸福河(惠政小区段)、皋南河(宣化路至惠隆路段)2条黑臭河道整治任务。

15.开工建设宏坝河（东皋路至绿杨路）、宝塔河（李渔路至茅雉河段）东延工程。

16.推进茅雉河连通工程，完成惠政路至汪平路段河道开挖。

三、城区功能提升工程方面

17.完成创智湖公园搬迁、规划方案设计，启动水面开挖。

18.推进龙游河生态湿地建设，开挖龙池港（建龙路至古龙游河段）。

*19.建成大司马河二期西侧、闸桥西侧、国税局北侧等3处小游园；新建便民疏导点2个。

四、住房保障改善工程方面

20.启动蒲行苑等危房解危和老城区棚户区改造。

五、医疗卫生体系工程方面

*21.推进中医院三期改扩建工程，6月底前完成项目方案设计、招投标等前期工作并开工建设。

22.健全分级诊疗体系，新增2所公立镇卫生院（街道社区卫生服务中心）。

23.推进医养结合发展，新增护理院1家，新建护理站3家。

24.开展公益性应急救护培训1.2万人次。

六、教育均衡提升工程方面

*25.实施江安初中校舍建设工程。

26.实施“雏鹰启航”家庭教育促进工程，打造家庭教育网络平台，培训100名家庭教育骨干教师，为全市所有中小学（幼儿园）学生家庭免费发放家庭教育指南。

七、扶贫救助保障工程方面

*27.实施职工医保参保人员基本照护保险制度。

28.实施残疾人康复、就业帮扶工程，0~14岁残疾儿童康复训练全覆盖；新增残疾人培训120人、就业110人；加强残疾人综合服务阵地建设，新建7家镇级“残疾人之家”。

29.建立“贫困母亲两癌救助专项基金”，救助“两癌”妇女100人；免费为公共服务行业从业人员预防健康检查6万人。

30.继续实施健康扶贫工程，为全市建档立卡低收入人口购买家庭财产、意外伤害、重大疾病等商业保险。

八、富民增收保障工程方面

31.新建高标准农田7.8万亩，其中，国家农业综合开发土地治理项目2万亩，省级以上投资土地整治项目3.8万亩，新增千亿斤粮食产能规划项目2万亩。

*32.继续实施“晚霞行动”“191”就业援助，各类重点困难群体就业援助对接服务率达95%，新增就业8000人。

九、公共安全提升工程方面

*33.完善消防防控体系，新建市政消火栓250个、区域二级专职消防站1个。

34.建成气象防灾减灾中心。

十、社会公共服务工程方面

35.推进新殡仪馆和公墓工程建设，年内完成方案设计、征地报批、搬迁等前期工作，力争开工建设。

36.实施文化惠民“四送”工程，全年送戏不少于100场，送电影不少于2000场，送图书不少于2.5万册，送展览不少于20场。

37.新增15所学校免费向社会开放体育设施，开展免费体质监测3200人次。

38.加大村（社区）公共法律服务供给，建立“一对一”法律顾问制度。

*39.继续推进58家村（社区）综合性文化服务中心建设，其中，新建6家、扩建30家、添置器材22家。

40.整合资源、系统推进村（社区）公共服务中心标准化规范化建设，完成90家居家养老服务中心、150家村级综治中心建设任务。

注:标记*的是政府为民办实事项目。

如皋市2016年度环境状况公报

如皋市环保局

2016年，全市不断强化绿色发展理念，以改善环境质量为核心，认真贯彻落实环保优先方针，突出生态文明建设主题，不断加强污染治理和环境监管，打击各类环境违法行为，不断加大污染减排力度，积极推进污染治理，着力加强农村环境综合整治，全市主要污染物排放总量和强度持续下降，全市环境质量总体保持稳定，环境安全得到有力保障，全年未发生重特大环境污染事故及环境事件。

环境质量

（一）水环境

1.饮用水源水

2016年集中式水源地水质均符合《地表水环境质量标准》(GB 3838—2002)中表1Ⅲ类、表2和表3标准，水质状况良好。

2.地表水

2016年，全市共设碾砣港闸、焦港桥、夏堡北大桥、曙光电灌站、新省道334公路桥、新国道204公路桥、长庄大桥、林梓大桥、东陈大桥、环西大桥等10个“水十条”考核断面，各断面均达到相应的功能区标准。全年总体水质为轻度污染，I~Ⅲ类水质断面占70%，Ⅳ类水质断面占30%。

3.地下水

2016年两地下水测井所测指标均值除化肥厂氨氮超《地下水质量标准》(GB/T 14848—93)表1Ⅳ类标准外，其余所测指标均值均符合标准。

4废水和主要污染物排放量

2016年，全市工业废水排放总量为2368万吨，工业废水中主要污染物化学耗氧量(COD)排放量为5357吨。城市生活污水排放量（含全市各乡镇进入污水处理厂的量)3173万吨。

（二）空气环境

1.城市空气

2016年我市环境空气中二氧化硫、二氧化氮、颗粒物(PM10)颗粒物(PM2.5)指标年均值分别为28微克/立方米、29微克/立方米、79微克/立方米和45微克/立方米，自然降尘浓度年均值为4.9吨/平方公里·月。2016年我市空气质量优良天数270天，优良率74.0%。

2.酸雨

2016年我市降水总体呈弱酸性，降水pH均值为6.06，酸雨频率为9.3%。

3.废气和主要废气污染物排放量

2016年全市工业废气排放量为3.18×106万标立方米，二氧化硫排放量为9523吨，氮氧化物排放量为4313吨，烟(粉)尘排放量为8712吨。

（三）声环境

1.区域环境噪声

2016 年市区区域声环境质量昼间平均等效声级值为 52.6 分贝，总体质量等级为二级（较好）。

2.道路交通噪声

2016 年全市道路交通噪声昼间加权平均等效声级值为 63.8 分贝，质量等级为一级（好）。昼间道路交通噪声等效声级污染减轻。

3.功能区噪声

2016 年，如皋市功能区噪声 3 类区声环境质量达到相应功能区要求，1 类区昼间、2 类区昼夜间和 4a 类区夜间声环境质量未达到相应功能区要求。

（四）固体废物

2016 年，全市工业固体废物产生量为 55.21 万吨，其中危险废物产生量为 0.84 万吨，工业废物综合利用量 54.67 万吨，处理量为 0.08 万吨，贮存量 0.46 万吨。到 2016 年底，全市共有城镇污水处理厂 22 座，实际处理污水量 12.04 万吨/天，日产生污泥量 28.76 吨。污泥规范化处置率达到 100%。

保 障 措 施

1.坚持绿色发展，不断夯实生态环境基础

坚持规划引领。制定了《关于加快推进生态文明建设的实施意见》，对“十三五”全市生态文明建设工作进行全面部署。召开全市生态文明建设推进大会，以《2016 年如皋市生态文明建设与环境保护重点任务分解表》的形式，将生态文明建设重点任务分解到各部门、镇（区、街道），进一步明确分工、落实责任、形成合力，全面推进生态文明建设。

加强生态宣传。通过定期举办各类环保培训和讲座，进一步提升法律政策水平，强化对新《环保法》的理解和运用；结合“4·22”世界地球日、“6·5”世界环境日等重要纪念日，组织开展形式多样的科普宣传活动，通过开展“绿色科普宣传进社区”“雉水之夜”环境保护专场演出和送戏下乡等活动，全面营造绿色低碳的生活理念；坚持正常化开展重点企业负责同志、相关从业人员专题培训和学习活动，切实提升执法理念、执法措施、执法水平，提高企业的环保自律意识。

推进绿色创建。紧紧围绕改善环境质量这一目标，扎实开展生态文明创建各项工作。国家生态市获得命名，创建省级绿色学校 1 所、南通市级绿色学校 11 所，组织 21 家学校分别参加了省、市绿色学校创建培训。

落实生态红线管控。划定生态红线区域共 15 块，分别被列入省及南通市生态红线区域保护规划，省级确认红线区域 8 块，239.47 平方公里，南通市级 7 块，89.86 平方公里。两级红线总面积 329.33 平方公里，占国土面积的 22.3%，顺利通过全省生态红线保护区域监督管理现场核查。

2.强化综合治理，切实改善生态环境质量

加强水环境综合整治。制定《如皋市水污染防治工作方案》《如皋市“十三五”水环境保护规划》和《如皋市水环境三年行动方案》，化学需氧量、氨氮排放总量分别削减 2.36%、2.37%，完成上级减排目标任务。配合对全市畜禽禁养区进行调研分析，制定《如皋市畜禽养殖区域划分管理办法》，积极推进水治理重点工程，建成城镇污水处理厂污泥无害化处置项目和危险废物焚烧处置项目。

深化农村环境综合整治。强化资金投入，狠抓责任落实，加快农村小型生活污水处理站建设，2013—2014 年投资 2748.43 万元的项目全部实施到位，2016 年在南通市首家通过省级验收。项目实施后，新增污水收集能力 1390 吨/天，畜禽粪便处理能力 100 吨/天，新增 COD 减排能力 892.49 吨/年，氨氮减排能力 43 吨/年。2015 年农村环境综合整治工程总计投资 1696 万元，项目已全部实施；2016 年投资 1090 万元，九华和吴窑铺设污水管网 8000 米，建设小型生活污水处理设施 1 座，项目已开始施工。

突出大气污染防治。大力实施“蓝天工程”，根据国家、省、市有关要求，印发了《2016年大气污染防治工作任务》《关于贯彻实施新〈大气污染防治法〉的通知》，明确责任部门，落实年度目标任务，同时将重污染天气应对纳入政府突发事件应急管理体系，实行政府主要领导负责制，高标准完成G20峰会空气质量保障工作。完成4家化工企业VOCs整治、10家重点企业清洁生产审核、7家省市级标准化示范工地创建、1家重点堆场粉尘治理、4家港口岸电系统工程改造。黄标车淘汰任务全面完成。狠抓秸秆禁烧和综合利用工作，实行禁烧期间全天侯轮班制巡查，两季禁烧工作均无省、市两级通报火点。

3.加大执法力度，全面提升环境监管成效

“三整治一化解”强势推进。积极部署迎接中央环保督查工作，对交办信访处理工作及时查核、及时处罚、及时上报。有5家企业被取缔，13家被责令停产整顿，10家被责令限期改正，15家企业被处罚款，罚款总额为128.94万元，推进“环境保护违法违规建设项目清理整治、10蒸吨/小时及以下燃煤小锅炉大气污染整治、2016年突出环境问题整治和突发环境信访集中化解”专项行动，实行日报制度、工作点评制度、督导巡查制度、责任追究制度，均按时间节点完成整治任务，工作成效明显。

执法“亮剑行动”持续开展。排污申报登记1092家(次)，核定981家(次)，征收排污费1762万元，超额完成征收任务。对化工、金属表面处理、制革等重点行业开展清洁生产审核1872厂次，逐企逐项整治存在问题。开展化工园区“春风行动”和达标排放百日攻坚整治专项行动，停产整治化工企业6家。全年出动环境监察6374人(次)，检查企业2498厂(次)，下达行政处罚决定书86份，处罚金额480.85万元。

环境监管能力稳步提升。开展环保综合行政执法体制改革，实行网格化执法管理，设立6个基层环保分局，实现执法重心下沉。南通市内率先建成环保信息平台，实现污水处理厂、排污企业、大气监测等联网监控全覆盖，对全市空气质量、饮用水水源、企业排污行为等进行全天候远程监控。按照《企事业单位突发环境事件应急预案备案管理办法》，开展了环境风险评估和应急预案备案工作，成功举办“2016年度南通市突发环境事件应急演练暨集中式饮用水源水突发环境事件应急演练”。

2017年6月13日

2017 年如皋市国民经济和社会发展统计公报

如皋市统计局

2017 年，面对错综复杂的宏观紧环境，全市上下自觉践行新发展理念，始终坚持稳中求进工作总基调，以推进供给侧结构性改革为主线，紧紧围绕全年目标任务，扎实推进改革发展稳定各项工作，经济和社会发展总体呈现“增长平稳、转型加快、质态优化、民生改善”的发展态势。

一、综合

年末全市常住人口 124.74 万人，其中，城镇人口达到 73.45 万人，增长 3.0%，城镇化率 58.9%，同比提高 1. 8 个百分点。年末户籍人口 142.55 万人，同比减少 1.13 万人。全市常住人口出生率 8.77‰，人口死亡率 9.45‰，人口自然增长率-0.68‰。

2017 年末人口数及构成

指　标	年末数(万人)	比重(%)
年末常住人口	124.74	-
城镇人口	73.45	58.9
乡村人口	51.29	41.1
年末户籍人口	142.55	-
#18 岁以下	19.62	13.8
18-35 岁	27.35	19.2
35-60 岁	57.58	40.4
60 岁以上	38	26.6
# 男性人口	71.07	49.9
女性人口	71.48	50.1

经南通市统计局评估，全年实现地区生产总值 1025.80 亿元，增长 8.2%。人均地区生产总值 82149 元，增长 8.4%。第一产业增加值 66.05 亿元，增长 3.1%；第二产业增加值 492.30 亿元，增长 8.2%，其中工业增加值 413.89 亿元，增长 8.0%；第三产业增加值 467.45 亿元，增长 9.1%。三次产业结构优化调整为 6.4:48.0:45.6，三产比重同比提高 0.6 个百分点。

全年居民消费价格总指数 101.7，即物价总水平比上年增长 1.7%，低于全国 0.1 个百分点，与省、南通市持平。其中，交通和通信类价格略有下降，其它均有不同程度上涨。

八大类商品及服务价格涨跌构成

类　别	比上年增长(%)	对总指数的影响(增减百分点)
食品烟酒	–1.1	–0.33
衣着	0.8	0.27
居住	8.5	1.05
生活用品及服务	2.2	0.12
交通和通信	2.0	0.15
教育文化和娱乐	1.9	0.09
医疗保健	1.7	0.25
其他用品和服务	2.7	0.07

二、农业

全年实现农林牧渔业总产值 114.47 亿元，增长 3.5%。其中，农业产值 62.57 亿元，增长 4.9%；林业产值 0.23 亿元，下降 8.9%；牧业产值 37.10 亿元，增长 4.7%；渔业产值 6.68 亿元，增长 6.9%；农林牧渔服务业产值 7.89 亿元，增长 8.1%。

全年粮食种植面积 103.89 千公顷，同比减少 3.28 千公顷；棉花种植面积 0.03 千公顷，同比减少 0.05 千公顷；油料种植面积 13.46 千公顷，同比减少 0.15 千公顷；蔬菜种植面积 20.78 千公顷，同比增加 0.59 千公顷。全年粮食产量 68.91 万吨，下降 2.9%；棉花产量 32 吨，下降 61.0%；油料产量 3.90 万吨，增长 3.2%；蔬菜产量 73.42 万吨，增长 3.3%。

主要农副产品产量

指标名称	计量单位	产量	比上年增长%
粮　食	万吨	68.91	–2.9
棉　花	吨	32	–61.0
油　料	万吨	3. 90	3.2
蚕　茧	万吨	0.32	–10.8
生猪年末存栏数	万头	79.00	1.8
生猪出栏数	万头	116.01	7.2
羊年末存栏数	万头	21.75	–1.9
羊出栏数	万头	41.52	–1.1
家禽年末存栏数	万只	1042	–4.0
家禽出栏数	万只	2599.11	4.6
禽　蛋	万吨	7.17	1.1
水产品	万吨	2.74	–1.0

年末全市拥有农业机械总动力 85.07 万千瓦；拥有拖拉机 8868 台，其中大中型拖拉机 2205 台；拥有联合收割机 2370 台，其中自走式收割机 2363 台；全市农机化投入 20809 万元，其中用于农业机械

购置的达14100万元;全市农用化肥施用量(折纯)3.1万吨。

三、工业和建筑业

全市完成工业增加值413.89亿元,增长8.0%。年末,全市销售收入2000万元以上规模企业达845家,完成规模以上工业总产值2259.15亿元,增长11.9%;高新技术产业产值1107.68元,增长17.7%,占全市规模以上工业总产值的比重为49.0%,同比提高1.6个百分点;新兴产业产值733.74亿元,增长18.6%,占全市规模以上工业总产值比重为32.5%,同比提高1.6个百分点。全市规模以上工业主营业务收入2233.98亿元,增长11.7%;规模以上工业利润总额137.16亿元,增长6.5%;工业产品产销率99.3%。全部工业应税销售收入1142.36亿元,增长24.7%,全部工业实缴税金40.66亿元,增长17.1%。规模工业部分工业产品产量如下:

规模工业部分工业产品产量

	单位	全年产量	累计±%
橡胶轮胎外胎	条	2496796	38.6
民用钢质船舶	万载重吨	20.5	19.7
钢球	万粒	694067.82	14.3
新能源汽车	辆	17259	117.3
锻压设备	台	732	7.2
高压电器	台	18702	-30.2
半导体分立器件	万只	655373	14.7
纱	吨	75760	-6.2
布	万米	33214	-10.2
服装	万件	14507	2.9
玻璃纤维纱	吨	21630	6.2
饮料酒	吨	22831.6	-23.5

全年规模以上工业企业综合能源消费量115.27万吨标准煤,下降6.4%;万元产值综合能耗0.0510吨标准煤,下降16.3%。重工业企业综合能源消费量83.04万吨标准煤,下降7.5%,万元产值能耗0.0511吨标准煤,下降18.1%;轻工业企业综合能源消费量32.22万吨标准煤,下降3.6%,万元产值能耗0.0509吨标准煤,下降11.7%。

十大行业能源消耗情况

行业	综合能源消费量(万吨标准煤)	单位产值能耗(吨标准煤/万元)	单位产值能耗比上年增减(%)
纺织服装业	1.98	0.0201	-17.0
化学原料及化学制品制造业	28.45	0.0658	-18.1

行业	综合能源消费量(万吨标准煤)	单位产值能耗(吨标准煤/万元)	单位产值能耗比上年增减(%)
纺织业	11.04	0.1020	-13.1
黑色金属冶炼及压延业	5.65	0.1110	-33.3
橡胶和塑料制品业	6.86	0.1226	-22.2
通信设备、计算机设备业	14.98	0.0402	-19.7
通用设备制造业	2.84	0.0500	6.3
非金属矿物制品业	5.69	0.0435	-5.9
电气机械及器材制造业	3.40	0.0191	-15.6
汽车制造业	2.58	0.0232	-39.0
铁路、船舶、航空航天及其他交通运输设备制造业	2.05	0.0316	-5.0

全年实现建筑业增加值78.41亿元,增长9.2%。全市建筑业施工总产值首超千亿,达1015.97亿元,增长25.2%。建筑队伍人数25.05万人,遍布全国30个省(区、市)、10多个国家和地区,其中工程技术人员1.72万人;年末境外劳务人员近千人。全年建筑企业承建施工面积1.33亿平方米,增长8.1%。全年建筑企业创鲁班奖1项、国优奖2项、省优质工程奖22项。中如建工集团有限公司获得特级资质,全市拥有特级资质建筑企业达3家。全市一、二、三级资质建筑企业分别达到28家、108家和91家。全市注册一级建造师925人、二级建造师2231人。

四、固定资产投资

全年完成固定资产投资600.27亿元,增长10.1%。其中,工业投资315.23亿元,增长7.7%;三产投资284.12亿元,增长13.0%;旅游业投资44.57亿元,增长20.7%。

全年完成房地产开发投资45.39亿元,下降13.8%;房屋施工面积523.81万平方米,增长0.2%,其中,住宅施工面积353.64万平方米,下降2.0%;商品房屋销售面积184.59万平方米,增长53.5%,商品房屋销售额106.13亿元,增长74.8%。

五、国内贸易

全年实现社会消费品零售总额376.26亿元,增长10.0%。分城乡看,城镇消费品零售额242.05亿元,增长10.0%;乡村消费品零售额134.21亿元,增长9.9%。分行业看,批发和零售业零售额334.41亿元,增长9.7%;住宿和餐饮业零售额41.85亿元,增长11.7%。

限额以上批发和零售业零售额分类情况

指　标	零售额(亿元)	比上年增长(%)
粮油、食品类	9.25	4.7
饮料类	1.29	13.8
烟酒类	2.86	11.1

指　标	零售额(亿元)	比上年增长(%)
服装鞋帽、针、纺织品类	8.42	-11.0
家用电器及音像器材类	9.59	4.6
汽车类	42.76	11.9
石油及制品类	22.28	1.0
家俱类	1.06	5.7
日用品类	2.87	4.3
化妆品类	2.13	13.5
金银珠宝类	2.68	4.6
书报杂志类	1.45	3.5

年末，11个亿元专业市场完成交易额128.85亿元，与上年持平。

六、开放型经济

全年新批外资投资项目42个，其中超千万美元项目29个，超3000万美元项目18个。全年完成工商注册外资7.2亿美元，下降49.01%；实际到账外资2.86亿美元，增长3.3%；对外贸易稳中向好，与152个国家和地区建立了进出口贸易关系。全年完成进出口总值212.54亿元，增长27.5%。其中自营出口总额169.21亿元，增长27.4%。主要出口产品中，机电产品出口42亿元，增长29.4%；纺织品出口28亿元，下降0.4%；高新技术产品出口19亿元，增长65.2%。出口超亿元企业达到38家。

进出口贸易主要方式分类情况

指　标	总量(亿美元)	比上年增长(%)
进出口总值	212.54	27.5
出口	169.21	27.4
其中：一般贸易	129.54	23.6
加工贸易	39.63	44
进口	43.33	27.8
其中：一般贸易	28.19	36.8
加工贸易	11.92	64.5

进出口贸易主要市场情况

国家和地区	出口总值（亿美元）	比上年增长(%)	进口总值（亿美元）	比上年增长(%)
印　度	30016	50	2661	22.7
日　本	195538	2.5	34907	–4.8
泰　国	79859	–22.1	2456	–79.9
比利时	24308	7.9	2018	–5.2
英　国	51530	21.2	8053	3.1
德　国	72252	19.1	12788	28.40
法　国	32172	63	24147	30.30
意大利	21307	10.5	3894	–20.10
荷　兰	51422	33.7	7166	–48.9
西班牙	31988	9.2	11456	27.3
俄罗斯	20605	97.7	186	150.8
巴　西	37218	14	215	–82.7
美　国	357870	29.7	40628	46.6
澳大利亚	28248	42.6	625	–20.0
东盟组织	251166	29	158290	–7.1
欧盟组织	374115	19.8	71791	5.0

七、交通、邮电和电力

全年交通运输、仓储及邮政业增加值 48.71 亿元，增长 10.3%。全年公路客运量 487 万人次，旅客周转量 39359 万人公里；公路货运量 2341 万吨，货物周转量 375131 万吨公里；水路货运量 662 万吨公里，货物周转量 504396 万吨公里。港口完成货物吞吐量 5562 万吨。完成交通设施投入 8.50 亿元，完成农村等级公路 300 公里，改造危桥 29 座，新建镇村客运站亭 10 座。城乡客运协调发展，公交系统日臻完善，万人公交拥有量达 7.34 标台。

全年邮政业务收入 2.87 亿元，增长 10.8%；电信业务收入 13.20 亿元，增长 3.1%。年末，全市固定电话用户 22.89 万户，移动电话用户 137.29 万户，互联网宽带接入用户 57.64 万户。

全社会用电量 54.25 亿千瓦时，增长 7.8%，其中，农业用电量 9490 万千瓦时，增长 6.5%；工业用电量 360344 万千瓦时，增长 4.5%；建筑业用电量 6221 万千瓦时，增长 1.3%；城乡居民生活用电量 103318 万千瓦时，增长 16.6%。

八、财政、金融和保险业

全年完成财政总收入 135.70 亿元，下降 5.6%，其中一般公共预算收入 71.31 亿元，增长 0.1%。全年财政总支出 148.38 亿元，增长 2.7%，其中一般公共预算支出 109.41 亿元，增长 13.5%。

年末，金融系统本外币各项存款余额 1258.05 亿元，增长 9.4%，其中，城乡居民储蓄存款余额 725.68 亿元，增长 4.1%。金融系统贷款余额 773.13 亿元，增长 8.0%。其中，短期贷款余额 298.72 亿元，增长 12.8%；中长期贷款余额 439.38 亿元，增长 11.8%。全年人保财产和人寿保险两大保险公司保费收入 14.08 亿元，增长 20.2%；赔款及给付 8.45 亿元，增长 38.8%。

九、科学技术和教育

全年申请专利7921件,其中发明专利申请量为3612件;专利授权量1795件,其中发明专利授权量300件,万人发明专利拥有量达到20.5件。全年申报各级各类科技项目743项,获得立项373项,获各级扶持资金3840.23万元。全年有15项科技成果获国家及省市科技进步奖,其中国家行业协会科技进步奖3项,南通市级一、二、三等奖各2项、3项和5项。全年新增省级工程技术研究中心3家、省研究生工作站3家。

全市共有普通中学31所,在校学生48260人;职业中学2所,在校学生10176人;小学55所,在校学生61551人;幼儿园77所,在园儿童32468人。年末,教职工总人数13029人,其中专任教师10973人。

十、文化、卫生和体育

全市共有文化产业法人单位1520家,从业人员5.3万人。年末累计建成农村乡镇文化站14家,"农家书屋"、"社区书屋"345家。拥有公共图书馆2家、各类博物馆纪念馆22家、各级文物保护单位54处,其中,全国重点、省级、南通市级文物保护单位各2处、4处和3处。分别拥有国家级、省级、南通市级非物质文化遗产1项、10项和28项。

广播人口、电视人口综合覆盖率均达100%。年末有线数字电视用户29.36万户,占总户数的84.1%。

年末全市有各级各类医疗机构532个,其中,公立医院6个,非营利性民营医院57个,以预防保健为主的医疗卫生机构17个,门诊部10个,村卫生室(社区卫生服务站)365个,个体诊所、厂校医务室74个。全市医院共有床位6404张,每1000位常住人口拥有床位5.12张;有执业(助理)医师3457人,每1000位常住人口拥有执业(助理)医师2.76人;注册护士2861人,每1000位常住人口拥有注册护士2.28人。全市有卫技人员6631人、乡村医生933人。2017年,城乡居民基本医疗保险筹资标准提高到人均659元,全市共有101.3252万人参保,统计参保率保持100%。基金总量达6.68亿元,列入重大疾病保障范围的病种增至25个。市镇两级政策范围内住院补偿比分别达72%和77%,住院平均实际补偿率提高至56%。

全年分别成功承办国际、全国、省级体育赛事各1项、4项和2项。全市新增晨晚练健身点40个,全市全民健身活动参与群众超过50万人次。体育彩票年销售额达16073万元。

十一、人民生活和社会保障

城乡居民抽样调查数据显示,全年城镇居民人均可支配收入39918元,增长9.1%;人均生活消费性支出22690元,增长4.0%。年末全市城镇居民人均住房建筑面积56.5平方米。

城镇居民人均消费支出情况

指　标	人均消费支出(元)	增长(%)
食　品	6346.7	4.1
衣　着	1674.4	2.6
居　住	3684.2	4.8
家庭设备用品及服务	1303.6	9.1
医疗保健	1528.7	9.4
交通与通讯	2678.8	9.5
娱乐、教育、文化服务	4034.9	7.7
杂项商品与服务	558.6	5.1

城镇居民家庭每百户耐用消费品拥有量

消费品名称	计量单位	拥有量	比上年增长(%)
洗衣机	台	123	–
电冰箱	台	132	2.3
微波炉	台	108	–
空调器	台	217	0.5
固定电话	部	88	–2.2
移动电话	部	321	2.6
家用电脑	台	107	–
家用汽车	辆	87	17.6

全年农村居民人均可支配收入 18463 元，增长 9.4%；人均生活消费支出 13649 元，增长 9.0%。年末农村居民人均住房面积 63 平方米。

农村居民人均消费支出情况

指　标	人均消费支出(元)	比上年增长(%)
食　品	4136	6.9
衣　着	778	7.2
居　住	2251	14.4
家庭设备用品及服务	846	5.9
交通通讯	1761	8.3
文教娱乐用品及服务	2498	9.0
医疗保健	1064	12.8
其他商品和服务	315	4.6

农村居民家庭每百户耐用消费品拥有量

消费品名称	计量单位	拥有量	比上年增长(%)
彩色电视机	台	223	–
电冰箱	台	125	3.3
摩托车	辆	77	13.2
固定电话机	部	77	–8.3
移动电话	部	310	–
家用计算机	台	83	–
空调机	台	182	5.8
热水器	台	144	0.7

消费品名称	计量单位	拥有量	比上年增长(%)
家庭汽车	辆	77	13.2
家用计算机	台	83	-
空调机	台	172	0.6
热水器	台	143	-
家庭汽车	辆	68	17.2

年末全市拥有各类养老机构 22 家,总床位数 6268 张;年末全市农村拥有敬老院 14 家,床位 3228 张。在全市农村 4902 名五保对象中,有 1225 人实行了集中供养。全年婚姻登记 14177 对。

年末全市参加企业职工养老保险人数 16.3672 万人,比上年增加 0.1744 万人;参加城镇职工基本医疗保险人数 25.701 万人,比上年增加 4.8932 万人;参加失业保险人数 13.8331 万人,比上年增加 0.1723 万人。年末,城镇登记失业人数 4385 人,城镇登记失业率 1.87%。

十二、城镇建设和环境保护

全年累计完成中心城区基础设施投入 8.92 亿元。全年新开房地产 200 万平方米,竣工 175 万平方米;全年新增道路 9.85 公里,建成区新增绿化面积 25.69 万平方米,城市绿化覆盖率达 41.2%;公共自行车投放点达 81 处,共计投放自行车 1700 辆;共有道路灯具 3.80 万盏,城市亮化率 99.0%;建成区新增燃气管道 50 公里,新增用户 0.85 万户,年供气量达 16051 万立方米;全年新增自来水管网 66.68 公里,自来水日供水能力 40 万吨。

全市空气主要污染物年平均值为:二氧化硫 0.018 毫克/立方米,二氧化氮 0.028 毫克/立方米,可吸入颗粒物(PM10)0.078 毫克/立方米,可吸入颗粒物(PM2.5)0.045 毫克/立方米。全年空气污染指数达到良好以上的天数达 277 天,占全年天数的 75.9%。全市主要河流水质基本符合相应功能区水质标准,集中式饮用水源地水质达标率 100%。区域环境噪声平均等效声级为 51.7 分贝,交通干线噪声加权平均等效声级为 64.0 分贝,符合国家环境噪声质量标准。

注:1.本公报数为初步统计数,人均 GDP 按常住人口计算。

2.公报中地区生产总值、各产业增加值绝对数按当年价格计算,增长速度按可比价格计算。

先进荣誉

Xianjin Rongyu

国家级及以上荣誉

1月11日

住房和城乡建设部通报了2016年中国人居环境奖获奖名单，如皋市东大街历史文化街区保护项目列入2016年度“中国人居环境范例奖”。这是南通地区县级城市中首个“中国人居环境范例奖”。

2月17—19日

第八次中国草莓大会在合肥长丰举行，经中国园艺学会草莓分会组织国内外草莓专家组成的评审组评审，由如皋市东陈镇全红草莓园选送的“桃薰”草莓从全国各地的1000多个参展样品中脱颖而出，荣获金奖。

3月3日

中央文明办发布2月份“中国好人榜”，如皋市公安局刑侦大队四中队中队长杨兴兵当选为敬业奉献“中国好人”。

3月9日

住房和城乡建设部、国家发改委公布了第八批国家节水型城市名单，如皋榜上有名，如皋市为江苏省唯一一家县级市。

3月18日

“适道仁心向善暖医——第二届全国卫生计生微电影节”奖典礼在北京举行。如皋市卫计委选送的微电影作品《活着》荣获“第二届全国卫生计生微电影节”优秀奖，也是南通地区唯一一部获奖作品。

4月9日

2016年中国美丽乡村百佳范例村居在北京揭晓，如皋经济技术开发区平园池村榜上有名，成为南通地区唯一、全省4家上榜村之一。

4月22日

△ 在全国妇联召开的全国城乡妇女岗位建功先进集体和个人表彰大会上，如皋检验检疫局综合业务科被授予“全国巾帼文明岗”荣誉称号。

△ 北京大学举办的第十二届全国中小学生创新作文大赛江苏赛区(高中组)总决赛落下帷幕。如皋学子在比赛中大获全胜，如皋中学、白蒲中学、石庄中学、搬经中学等四所高中共取得特等奖1名、一等奖1名、二等奖10名的好成绩。其中，如皋中学高二(6)班朱妍同学获得江苏赛区(高中组)唯一的特等奖。

4月24日

如皋市博物馆接到省文物局通知，“鸢飞雉皋——如皋郭氏风筝灯彩展”列入全省2017年馆藏文物巡回（交流）展项目名单，将于5月中旬在全省巡展，南通唯一入选。

5月3日

如皋经济技术开发区获国家火炬如皋新能源汽车特色产业基地称号。

5月5—8日

白蒲小学花样跳绳队7名队员在2017“德育龙杯”全国跳绳锦标赛上，斩获男子大师赛、男子个人花样、女子四人交互绳、女子四人同步、女子团体等八项第一，共收获16金10银5铜。

5月18日

在全国公安系统英雄模范立功集体表彰大会上，如皋市公安局如城中心派出所副所长李百战被授予全国优秀人民警察称号。

5月20日

“绿色之美 因爱而生”2017地球小姐暨地球夫人中国区总决赛在上海成功落幕。来自全国各地30多位选手分为两组参与了地球小姐暨地球夫人的桂冠的角逐，选手经过双语自我介绍、旗袍秀、活力健身操运动秀、选手才艺表演及晚礼服秀等环节，最终来自江苏如皋的9号选手石冬旭赢得2017地球夫人中国区总冠军。

5月27日

由京东集团主办的“京东文学奖”正式揭晓，如皋籍女作家黄蓓佳女士全新原创的长篇儿童小说《童眸》获“年度童书奖”。这部作品也曾于4月份获评中央电视台2016年度“中国好书”。

5月

如皋市创建“全国基层中医药工作先进单位”通过复核评审组的评审。

6月8日

国家标准委办公室正式发布《关于下达第一批党建标准化试点单位名单的通知》，公布全国首批40个党建标准化试点单位名单，如皋市成为全省唯一一家入选单位。

6月22日

江苏省知识产权局对如皋市创建国家知识产权试点城市进行考核测评，并一致通过专家组的验收。

6月23日

全国爱卫会命名、公布了2014—2016年周期国家卫生县城(乡镇)名单，如皋市搬经镇、江安镇、磨头镇、丁堰镇荣膺“国家卫生乡镇”称号。

7月28日

新华社报道，中央军委主席习近平日前签署通令，如皋籍军人、海军试飞大队大队长程海林被授予一等功。

7月

住房和城乡建设部科技发展促进中心发布“2017年全国建设行业科技成果推广项目”。如皋市江苏海之屋新材料有限公司与中国建筑材料科学研究总院共同研发的“贝壳干粉内墙涂覆材料”项目顺利通过国家科技成果评估，捧得国字号推广证书。

8月1日

中国科学院正式公布2017年中国科学院院士增选初步候选人名单，共有157位科学家入选。如皋籍东华大学材料科学与工程学院院长朱美芳教授入围。

8月4日

第十届全国优秀儿童文学奖获奖名单公布，在18部获奖作品名单中，如皋籍作家郭姜燕的《布罗镇的邮递员》在童话类榜上有名，该奖项是与“茅盾文学奖”“鲁迅文学奖”齐名的中国具有最高荣誉的文学大奖之一。

8月14日

国家体育总局下发《关于表彰2013—2016年度全国群众体育先进单位和先进个人的决定》，南通市体育局、如皋市、海安县大公镇、港闸区老年体育协会等10家单位被授予“全国群众体育先进单位”称号。

8月29日

如皋市搬经镇和如东县栟茶镇从全国众多乡镇中脱颖而出，入选住房和城乡建设部、国家发改委、财政部共同认定的第二批全国特色小镇。

9月初

第三届东盟营销峰会在印尼雅加达莱弗士酒店举行。位于丁堰镇的江苏涤诺日化集团有限公司与其他5家中国企业获得了活动颁发的“2017年中国企业印尼投资冠军奖”。该奖项是综合考虑印尼中央部委BKPM、工业部、贸易部、劳工部等内部数据联合评选得出，代表中国企业在印尼投资最高水平。

10月9日，《人民日报》首次刊发“2017全国综合实力百强县市”榜单，如皋榜上有名，位列第二十六位。一同公布的“2017全国新型城镇化质量百强县市”“2017年度全国创新创业（双创）百强县市”，如皋也均上榜，分别列第六十八位和第二十三位。

10月16日

住房和城乡建设部官方网站公布了2017年中国人居环境奖获奖名单，“综合奖”只有两个，如皋就是其中之一，这也是苏中苏北县级城市中唯一获此殊荣的城市。

10月18日

第五届“孤山证印”西泠印社国际印学峰会论文终评会上，如皋籍会员刘聪泉所撰写的论文《怀珠被褐黄楚桥》获西泠印社国际印学峰会一等奖。

10月24日

△ 国家发展和改革委员会等十部委联合发布了第三批结合新型城镇化开展支持农民工等人员返乡创业国家级试点城市名单，江苏省共有5个县市上榜，如皋榜上有名。

△ 《如皋日报》报道，白蒲小学被全国跳绳运动推广中心授予“全国跳绳运动推广中心学校会员单位”称号。

10月27日

住房和城乡建设部公布2017年中国人居环境奖获奖名单，全国仅有两个城市获得“中国人居环境奖”，如皋市是唯一上榜的县级城市，同时也是苏中、苏北地区率先获得此项殊荣的县级市。

10月31日

如皋市委书记陈晓东代表如皋市在2017年“世界城市日”全球主场活动现场（广州）接受2017年中国人居环境奖奖牌授牌。

10月

人社部和全国老龄委联合印发《关于表彰全国老龄系统先进集体和先进工作者的决定》，其中先进集体40家，江苏省2家榜上有名，分别为苏州市老龄办、如皋市老龄委。

11月3日

住房和城乡建设部公布了《关于2016—2017年度中国建设工程鲁班奖（国家优质工程）获奖单位的通报》，如皋市建筑企业江苏江中集团有限公司承建的哈尔滨金河湾世纪广场酒店工程榜上有名。自1997年获得第一个鲁班奖以来，江中集团此次获得的是第十二座鲁班小金人。

11月14日

中国文明网公布了第五届全国文明城市、文明单位、文明村镇名单，如皋市正式跻身全国文明城市（县市级）行列，如皋工业园区管理委员会获评全国文明单位、如皋市江安镇周庄村获评全国文明村称号。

11月29日

全国检察机关民事行政检察工作座谈会上，最高人民检察院对在公益诉讼试点工作中做出突出贡献的集体和个人进行了表彰。如皋市检察院被评为先进基层检察院，青年干警刘涛办理的市环境保护局与江苏省源铢塑业有限公司行政处罚执行检察建议案荣获执行监督优秀案件。

12月8日

国家质检总局发布了对新乐花生等32个产品实施国家地理标志产品保护的公告，自即日起，如皋黄酒成为保护产品。

12月13日

第十九届中国专利奖颁奖大会在北京举行，如皋市有多项专利获奖。第十九届中国专利优秀奖804个项目中，如皋市梦百合家居、九鼎新材各有1项专利获得该奖项；在获得评审通过的182家国家知识产权示范企业中，如皋力星钢球获得该称号；在816家国家知识产权优势企业中，如皋市有7家企业荣此殊荣。

12月16日

全国县域经济与县域发展专业研究机构、社会智库中郡研究所在北京发布了《2017县域经济与县域发展监测评价报告》，在全国县域经济与县域综合发展榜单中，如皋市位列第十五位，连续六年保持争先进位的态势。

12月17日

2017(第三届)中国美丽乡村建设发展论坛在北京隆重举行。如皋市长江镇(如皋港区)夺得两项大奖，获评“中国美丽乡村示范镇”和“中国最美乡村旅游目的地”。

12月22日

人力资源和社会保障部、农业部颁布《关于表彰全国农业劳动模范和先进工作者的决定》，磨头镇丁冒村如皋市金旺家庭农场负责人王小龙获全国农业劳动模范称号，南通仅一人获此殊荣。

12月26日

国家知识产权局下发《关于确定新一批国家知识产权强县工程、传统知识知识产权保护示范、试点县(区)的通知》，如皋市被确定为国家知识产权强县工程示范县。

江苏省级荣誉

1月3日

省司法厅对外公示了拟提请省依法治省领导小组命名表彰的第十二批省级“民主法治示范村(社区)”名单，如皋市共有9个村列入公示名单，分别为：如皋市城北街道平园池村、如皋市搬经镇任庄村、如皋市东陈镇刘亮村、如皋市吴窑镇老庄村、如皋市城南街道申徐村、如皋市白蒲镇黄行村、如皋市江安镇黄建村、如皋市九华镇龙舌村、如皋市石庄镇楼房村。

1月7日

从2016年江苏省第十届“七彩语文杯”中小学生硬笔软笔书法展示赛上传来喜讯，市实验初中学生刘婧获得软笔书法中学组特等奖。

1月10日

江苏省高院通报2016年全省法院档案工作暨档案工作先进集体、先进个人，如皋市如皋法院被表彰为“全省档案工作先进集体”，这是继2016年11月成功创建省AAAA级数字档案室以来又一次获得的省级以上的表彰。

1月25日

新华网公布了江苏省物价局命名表彰的2015—2016年度江苏省价格诚信单位。如皋市中国邮政集团公司江苏省如皋分公司、如皋新华书店有限责任公司、南通市烟草公司如皋分公司3家单位榜上有名。

2月13日

江苏省发展和改革委员会下发了《关于批准徐州双楼物流园等7家物流园区为江苏省省级示范物流园区的批复》，如皋市如皋港现代综合物流园位列其中。

2月26日

全省政法工作会议在南京召开，如皋法院执行局局长周云、如皋市公安局迎春派出所副所长戴红梅获“忠诚卫士”荣誉称号。

3月6日

省交通运输厅公路局下发《关于表彰2016年度全省普通国省干线公路建设工程十佳项目的通报》，对10个项目进行表彰。省道355如皋新建段被表彰为2016年度全省十佳国省干线公路工程。

3月14日

《如皋日报》报道，江苏省发改委发文批准全省7家物流园区为省级示范物流园区，如皋市如皋港现代综合物流园位列其中。

3月24日

江苏文明网公布2月“江苏好人榜”榜单，如皋市公安局刑侦大队四中队中队长杨兴兵和长江镇二百亩社区居民陈步清光荣上榜。

5月9日

江苏省教育厅公布了2017年江苏省普通高中省级三好学生、优秀学生干部的公示名单。如皋市有14名学生入选三好学生公示名单，他们分别是：徐李濠（石庄中学）、黄杏（石庄中学）、徐袁源（市第二中学）、冒心怡（市第一中学）、何泽（市第一中学）、邓盈盈（白蒲中学）、吴彦（白蒲中学）、祝苏君（江安中学）、倪志伟（江安中学）、薛竺君（长江中学）、黄意明（搬经中学）、夏同济（搬经中学）、季子涵（如皋中学）、杨溢涵（如皋中学）。

5月27日

省文明办、省教育厅、团省委、省妇联、省关工委、新华报业传媒集团、省广电总台在南京举行，如皋市安定小学五(3)班周建美同学受邀参加了颁奖仪式,并被授予第四届江苏省“百名美德少年”称号。

5月

现任如皋市公安局交巡警大队如城中队指导员江锋,如皋市公安局刑侦大队六中队中队长丁力,如皋市公安局治安管理大队综合室主任丁正丽,被评为全省优秀人民警察

7月7日

由江苏省委政法委举办的第二届平安江苏微电影微视频比赛结果揭晓,如皋市妇联制作的微电影《幸福106》,从200余部作品中脱颖而出,荣获微电影三等奖,是江苏省妇联系统唯一一部获奖微电影。

7月12日

在2017年第七届江苏书展“苏州之夜”书香江苏文艺展演上,2017年江苏最美10家书店正式发布,如皋新华书店如皋书城以其阅读环境优美、服务力和体验性强等优势从27家参选实体书店中脱颖而出,获此殊荣。

8月10日

江苏省居家和社区养老创新试点会议在南京召开。会上,江苏省民政厅公布了首批省级居家和社区养老创新示范市,全省11个县(市、区)入选,如皋市榜上有名,为南通市唯一一家。此次试点期限2年,每个试点县(市、区)省厅每年补助500万元。

8月19日

江苏省毽球锦标在海门市海南体育馆赛落下帷幕。磨头小学代表包揽了小学竞技组所有项目冠军,共获得15枚金牌,21枚银牌,7枚铜牌,并获得团体奖杯5只。

8月24日

全省特色田园乡村建设试点工作推进电视电话会上,如皋市跻身全省特色田园乡村建设首批试点县(市、区),如皋工业园区(如城街道)的顾庄社区顾家庄、大明社区大缪马、钱长村夏家庄3个村庄名列100个重点培育的特色乡村试点村庄。

9月20日

江苏省档案局、江苏省档案学会对全省档案宣传工作先进集体、个人进行了表彰。如皋市档案局再次获评档案工作先进集体(一等奖),刘伯伟获评档案宣传工作先进个人。

10月16日

△ 在全省脱贫攻坚先进典型表彰会上,带领少数民族低收入群众脱贫致富的企业家、如皋市政协常委、苏田劳保用品厂厂长、土家族妇女田茂娥荣获全省扶贫济困奖。此次全省共13人获奖,南通地区仅田茂娥一人。

△ 如皋人民政府新闻中心报道,2017年江苏省级创业孵化基地评选结果揭晓,顾庄生态园在被评为“南通市级创业孵化基地”的基础上,再次荣获“江苏省级创业孵化基地”称号。

10月28—29日

在宜兴市周铁镇太湖风筝广场举行的2017“东泽”杯国际风筝邀请赛暨全国风筝精英赛(宜兴站)江苏省风筝公开赛上,如皋市风筝协会黄道生获串类最长类风筝赛第一名、龙串类风筝赛第三名,王友年获龙串类风筝赛第二名,杨建获翅串类风筝赛第二名,杨志兵获打斗风筝赛第三名,沙海源获地方特色风筝表演奖和体育道德风尚奖运动员称号。

11月6日

省档案局馆公布了全省档案文化精品奖及档案文化精品建设工作先进个人评选情况通报,如皋市档案局馆录制的视频《“红色印记”——中共如皋县委印章“水落石出”始末》喜获全省档案文化精品二等奖,周丽君获评档案文化精品建设工作先进个人。

11月10日

根据江苏省经信委公布了2017年省认定企业技术中心名单,如皋市江苏思源赫兹互感器有限公司和江苏汤臣汽车零部件有限公司荣幸成为“省级企业技术中心”。

11月11日

如皋市边检站被江苏省纪委、江苏省委宣传部等9部门联合命名为“江苏省廉政文化建设示范点”。

12月1—3日

2017年江苏省第四届中小学生跳绳踢毽锦标赛在苏州太仓体育馆举行,如皋市磨头小学获此次比赛小学组一等奖。

12月4日

《新华日报》报道,江苏省发改委发布省级生产性服务业集聚示范区名单,如皋市软件外包产业园成功入选。

12月5日

江苏省新闻出版广电局下发《江苏省新闻出版广电局关于表彰2017年度江苏省“无小耳朵社区”创建工作先进单位的通报》,如皋市被评为全省“无小耳朵社区”创建工作先进市。

12月25日

《如皋日报》报道,江苏省经信委公布了2017年江苏省农村信息化应用示范基地名单,如皋经济技术开发区和如皋工业园区(如城街道)均位列其中。

12月26日

△ 江苏人才发展战略研究院、省人才创新创业促进会联合发布了《江苏县市人才竞争力20强报告(2017)》,对全省41个县市人才竞争力重新排名,其中,如皋市人才综合竞争力居全省县市第八位。

△ 受省旅游局委托,南通市旅游局组织市级乡村旅游评定组对2017年如皋创建江苏省星级乡村旅游区的单位进行现场考核评定。经过专家组严格审核,如皋市晨阳葡萄生态园、绿野农业生态观光中心、莅江山庄、贲家巷红色生态园和华夏花卉等5家单位被评定为省三星级乡村旅

游区；蒲新生态园已通过省旅游局组织的省四星级乡村旅游区验收；江海荷香、洋环生态园等8家单位获评省二星级乡村旅游区。至此，全市共有24家省级乡村旅游区，其中四星级5家，三星级10家。

12月22日

△ 由省农委主办的2017年江苏省"十家农民合作社十个畅销产品品牌""十家电商农民合作社十个网络畅销产品品牌"发布会在江苏国际农业展览中心举办。如皋市推选的如皋市恒孚稻米农地股份合作社作为南通市惟一入选的合作社，获得了"双十"品牌称号。

△ 在省发改委最新发布的 "省级生产性服务业集聚示范区"名单中，如皋软件外包产业园成功入选，同时获得该项荣誉的还有南京软件园、徐州软件园等12家单位。

南通市级荣誉

2015—2016年度南通市文明行业文明村镇文明单位文明社区文明校园名单(如皋部分)

文明乡镇(南通市共40个)

如皋市丁堰镇、如皋市搬经镇、如皋市九华镇、如皋市白蒲镇、如皋市下原镇、如皋市石庄镇、如皋市东陈镇

文明村(南通市共162个)

如皋市如城街道顾庄社区、如皋市城北街道平原池村、如皋市如城街道新民社区、如皋市城南街道宋家桥社区、如皋市长江镇长青社区、如皋市白蒲镇朱家桥村、如皋市搬经镇湖刘社区、如皋市石庄镇永兴社区、如皋市九华镇营西村、如皋市东陈镇南东陈社区、如皋市磨头镇磨头社区、如皋市如城街道沿河村、如皋市丁堰镇新堰社区、如皋市江安镇联络新社区、如皋市城北街道邓园社区、如皋市城南街道申徐村、如皋市丁堰镇鞠庄社区、如皋市搬经镇搬东社区、如皋市搬经镇万富村、如皋市长江镇知青社区、如皋市石庄镇思江村、如皋市磨头镇天阳社区、如皋市吴窑镇老庄村、如皋市下原镇老坝村、如皋市江安镇徐柴村

文明社区(南通市共144个)

如皋市如城街道蒲行社区、如皋市如城街道长巷社区、如皋市如城街道城南社区、如皋市如城街道孔庙社区、如皋市如城街道宏坝社区、如皋市如城街道城东社区、如皋市如城街道迎新社区、如皋市如城街道秀水社区、如皋市如城街道西郊社区、如皋市城北街道庆余社区、如皋市城北街道城北社区、如皋市丁堰镇茄儿园社区

文明单位(南通市共917个)

如皋市人民法院、如皋市财政局、如皋市文化广电新闻出版局、中国邮政集团江苏省如皋市分公司、南通市烟草公司如皋分公司、江苏省电力公司如皋市供电公司、如皋市人民检察院、如皋市国土资源局、如皋市司法局、如皋市交通运输局、江苏如皋农村商业银行股份有限公司、如皋市农业技术推广中心、江苏九鼎集团有限公司、江苏省如皋市国家税务局、南通市如皋地方税务局、如皋市水绘园景区管理处、中共如皋市委办公室、如皋市人大常委会办公室、如皋市人民政府办公室、中国人民政治协商会议江苏省如皋市委员会办公室、中共如皋市纪律检查委员会(市监察局)、中共如皋市委组织部(市级机关工委)、中共如皋市委宣传部(市文明办)、中共如皋市委政法委员会、如皋市信访局、如皋市教育局、如皋市统计局、如皋市审计局、如皋市人力资源和社会保障局、如皋市城市管理局、如皋市旅游局、如皋市行政审批局(政务服务中心)、如皋市档案局、中共如皋市委党校、共青团如皋市委员会、如皋市市场监督管理局、中共如皋市委统战部、如皋市科学技术局、中共如皋市委农村工作办公室、如皋市妇女联合会、如皋市公安局、如皋市体育局、中共如皋市委党史工作办公室、中国人民银行如皋市支行、如皋新华书店有限责任公司、南通市住房公积金管理中心如皋管理部、中国移动通信集团江苏有限公司如皋分公司、中国电信股份有限公司如皋分公司、中国建设银行股份有限公司如皋支行、南通泰慕士服装有限公司、双钱集团(江苏)轮胎有限公司、如皋市住房和城乡建设局、如皋市国家税务局第七税务分局、南通市如皋地方税务局第一税务分局、如皋市发展和改革委员会、如皋工业园区(如城街道)、如皋经济技术开发区(城北街道)、如皋市国家税务局第四税务分局、南通市如皋地方税务局第三税务分局、如皋市国家税务局第二税务分局、中华人民共和国如皋海关、中国农业银行股份有限公司如皋市支行、中国银行股份有限公司如皋支行、南通市如皋地方税务局第四税务分局、南通市如皋地方税务局第六税务分局、如皋市国家税务局第一税务分局、江苏省如皋市航道管理站、如皋市交通运输综合执法大队、中国工商银行股份有限公司如皋支行、南通市如皋地方税

务局第二税务分局、如皋市国家税务局第三税务分局、如皋市气象局、如皋市国家税务局第六税务分局、江苏省沿海高速公路路政支队第四大队、中国人寿保险股份有限公司如皋支公司、如皋市水务局、中华人民共和国如皋出入境检验检疫局、如皋市环境保护局、江苏银行股份有限公司如皋支行、如皋市农业委员会、如皋市中医院、如皋市卫生监督所、如皋市救助管理站、江苏省如皋市公路管理站、如皋市公安消防大队如皋中队、如皋市高新区（城南街道）、南通市如皋地方税务局第五税务分局、如皋市公共资源交易管理办公室（管理中心）、如皋市劳动就业管理处、如皋市建筑工程管理局、长江青少年素质教育实践基地

文明校园（南通市共163个）

如皋市搬经镇初级中学、如皋市白蒲镇初级中学、江苏省白蒲高级中学、如皋市实验初中、如皋初级中学、如皋经济技术开发区实验初中、如皋市港城实验学校、如皋市第一中学、江苏省如皋中等专业学校、江苏省如皋中学、如皋高新技术产业开发区实验初中、江苏省如皋师范学校附属小学、如皋市安定小学、如皋市磨头镇磨头小学、如皋市白蒲镇白蒲小学、如皋市白蒲镇林梓小学、如皋经济技术开发区实验小学、如皋市长江镇永平小学、如皋市石庄镇石庄小学、如皋市吴窑镇江中小学、如皋市城南小学、如皋市江安镇江安小学、如皋市搬经镇搬经小学

如皋市级荣誉

如皋市2017年度“百面红旗”单位名单

工业运行红旗单位

丁堰镇　江安镇　下原镇　吴窑镇
经济技术开发区（城北街道）　如皋工业园区（如城街道）

项目投入红旗单位

石庄镇　丁堰镇　江安镇　磨头镇
长江镇（如皋港区）　经济技术开发区（城北街道）
江苏赛麟汽车科技有限公司
南通尔昕木业有限公司
龙能科技如皋市有限公司
江苏金桥油脂化工科技有限公司
江苏初曦生物科技有限公司
南通荣威娱乐用品有限公司
双钱集团（江苏）轮胎有限公司
江苏汤臣汽车零部件有限公司
梦百合家居科技股份有限公司
南通超达装备股份有限公司

开放型经济红旗单位

经济技术开发区（城北街道）　高新区（城南街道）
丁堰镇　磨头镇
江苏赛麟汽车科技有限公司
小咖秀（江苏）科技有限公司
南通荣威娱乐用品有限公司
德源（中国）高科有限公司
百川化工（如皋）有限公司
梦百合家居科技股份有限公司

财政收入红旗单位

江安镇　磨头镇　搬经镇　丁堰镇
高新区（城南街道）　长江镇（如皋港区）

服务业红旗单位

石庄镇　江安镇　吴窑镇　九华镇
长江镇（如皋港区）　经济技术开发区（城北街道）

科技创新工程红旗单位

经济技术开发区（城北街道）　长江镇（如皋港区）　丁堰镇
梦百合家居科技股份有限公司
江苏汤臣汽车零部件有限公司
南通力威机械有限公司
海迪科（南通）光电科技有限公司

城镇建设推进红旗单位

高新区（城南街道）　如皋工业园区（如城街道）
白蒲镇　磨头镇　下原镇　丁堰镇

农业现代化工程红旗单位

磨头镇　搬经镇　长江镇（如皋港区）
如皋工业园区（如城街道）　农工办　农委

建筑业红旗单位

江苏南通六建建设集团有限公司
江苏江中集团有限公司
中如建工集团有限公司
江苏标龙建设集团有限公司
南通市戴庄建筑安装工程有限公司
江苏元辰安装集团有限公司

党建工作创新红旗单位

经济技术开发区(城北街道) 丁堰镇 磨头镇
下原镇 组织部 纪委(监察委) 市委办
政府办 财政局 地税局

文化建设红旗单位

如皋工业园区(如城街道) 经济技术开发区(城北街道)
丁堰镇 搬经镇 九华镇 下原镇

社会治理工程红旗单位

如皋工业园区(如城街道) 东陈镇 搬经镇
政法委 公安局 信访局

生态文明建设红旗单位

纪委(监察委) 检察院 环保局 农委
发改委 如皋工业园区(如城街道) 下原镇

如皋市2017年度文明行业、文明单位(校园)、文明镇(村、社区)名单

文明行业

如皋市邮政系统(城西、东陈、白蒲、九华、石庄、长江、江安、搬经中心支局)

如皋市国家税务系统(第一、第二、第三、第四、第六、第七税务分局,稽查局)

如皋市人民法院系统(立案庭,经济开发区、白蒲、石庄、搬经、港区、高新技术产业开发区人民法庭)

如皋市文广新系统(图书馆、文化馆、博物馆、少年儿童图书馆、文体旅游综合执法大队)

如皋市交通运输系统(交通运输综合执法大队、如港公路磨头收费站、南通汽运如皋分公司、公路管理站、航道管理站、地方海事处)

如皋市地方税务系统(第一、第二、第三、第四、第五、第六税务分局)

如皋市财政系统(如皋工业园区财政和资产管理局,经济技术开发区财政局,高新技术产业开发区财政分局,东陈、丁堰、白蒲、下原、九华、石庄、吴窑、搬经、磨头镇财政所)

如皋市公安系统(指挥中心,法制、治安管理、交巡警、经侦、网络安全保卫、巡防大队,交巡警大队车辆管理所,如城、城东、石庄、江安、搬经、经济技术开发区、桃园、袁桥、如皋港交巡警中队,锦绣、丰乐、迎春、皋南、经济技术开发区、柴湾、袁桥、东陈、丁堰、白蒲、下原、吴窑、磨头、九华、江安、搬经、郭园派出所)

如皋市场监督管理系统(如城、经济技术开发区、东陈、丁堰、下原、九华、长江、石庄、吴窑、江安、磨头分局,综合检验检测中心)

如皋市住建系统(园林管理处、城市照明管理处、水绘园风景区管理处、房屋征收管理办公室、建筑工程质量监督站、市政设施管理处、区域供水管理处、城乡建设档案馆、自来水厂、白蚁防治站、燃气管理处、住房保障处)

如皋市卫计系统(中医院、第三人民医院、第四人民医院、卫生监督所、疾病预防控制中心、妇幼保健计划生育服务中心、120急救指挥中心,如城街道、经济技术开发区卫生所,东陈、丁堰、搬经、磨头、吴窑、石庄、下原、江安、九华镇卫生所)

如皋市旅游系统(南通惠蒲酒店、南通天海国际旅行社、如皋市佩尔斯大酒店、南通东皋国际旅行社、如皋绿园商务酒店、江苏海韵国际旅游有限公司)

如皋市司法系统(法律援助中心,公证处,搬经、江安、开发区、磨头、如城、东陈、九华、石庄、下原、长江司法所,冠华、金皋、张峰、敏政、绘园、如一、雉水律师事务所,皋城、正义、搬经、方圆、高明、石庄法律服务所)

如皋市国土资源系统(勘测院,土地储备中心,经济技术开发区、如城、高新技术产业开发区、长江分局,丁堰、白蒲、九华、江安、搬经、下原、吴窑国土资源所)

如皋市民政系统(吴庄烈士陵园管理处、社会福利中心、救助管理站、干休所、公墓管理处、社会福利有奖募捐办、殡葬管理所、殡仪馆、石庄殡仪馆)

如皋市烟草专卖系统

如皋市供电系统

江苏如皋农村商业银行股份有限公司系统(营业部,城南、如城、大明、中山路、高新、软件园、城东、兴隆、环北、如皋港、白蒲、东陈、夏堡、雪岸、大明、江防、搬经、丁堰、长江、南凌、戴庄、场北、花园、高井、九华、桃园、常青、龙舌、胜利、石庄、郭园、加力、高明、石北、马塘、丁北、磨头、新姚、袁桥、柴湾支行)

中国建设银行股份有限公司如皋支行系统(建行营业部,城中、丁堰、中山西路、福寿西路、经济开发区、下原、新皋桥支行,北门、长江、东门分理处)

中国农业银行股份有限公司如皋市支行系统(农行营业部,中山东路、开发区、文峰、丁堰、白蒲、林梓、如皋港区、石庄、下原、搬经支行)

中国银行股份有限公司如皋支行系统(中行营业部,东

皋、海阳中路、开发区、白蒲、百岁、港区、丁堰支行)

中国移动通信集团江苏有限公司如皋分公司系统 (城中、科技城、开发区、丁堰、白蒲、磨头、下原、吴窑、长江、九华、江安、搬经支局)

中国电信股份有限公司如皋分公司系统(如城、长江、白蒲、下原、高明、东陈、庆余路、林梓、磨头、江安、场北、中山路、九华、东皋、海阳北路、皋南、柴湾、郭园、丁堰、石庄、桃园、吴窑、雪岸支局)

中国人寿保险股份有限公司系统

如皋市水务系统(碾砣港闸、水费水资源、如皋港闸、焦港闸、河道堤防管理所,高新技术开发区、经济技术开发区、石庄镇、吴窑镇、九华镇水利服务站)

如皋市农委系统(农业技术推广中心、农林水利综合执法大队、林业技术指导站、畜牧兽医站、水产技术指导站、蚕桑技术指导站、农林科技与信息中心、农村能源技术指导站、种子管理站、家畜改良站,如城街道、丁堰、江安、搬经、磨头、白蒲、经济技术开发区畜牧兽医站)

文　明　镇

如皋工业园区(如城街道)　经济技术开发区(城北街道)

高新区(城南街道)　长江镇(如皋港区)

丁堰镇　搬经镇　磨头镇　吴窑镇

下原镇　九华镇　石庄镇　东陈镇

江安镇

文 明 单 位

中共如皋市纪律检查委员会(监察委)

中共如皋市委办公室(研究室、机要局、督查室、接待办)

如皋市人大常委会办公室(含各委室)

如皋市人民政府办公室(法制办、机关事务管理局、外侨办、金融办、人防办、应急办、信息中心)

如皋市政协办公室(含五个委员会)

中共如皋市委组织部(市级机关工委、“两新”工委、人才办、市编办)

中共如皋市委宣传部(文明办、文联、新闻中心、社科联)

中共如皋市委政法委员会(综治办、依法治市办、国安办)

中共如皋市委统战部(侨联)

如皋市民族宗教事务局

中共如皋市委农村工作办公室 (市政府农村工作办公室)

中共如皋市委台湾工作办公室

中共如皋市委老干部局

中共如皋市委党史工作办公室(地方志办)

中共如皋市委党校

如皋市档案局(档案馆)

如皋市总工会

共青团如皋市委员会

如皋市妇女联合会

如皋市科学技术协会

如皋市工商联(总商会)

如皋市残疾人联合会

如皋市人民检察院

如皋市发展和改革委员会(经信委、服务业办、中小企业局)

如皋市教育局(教育督导室)

如皋市科学技术局(知识产权局、地震局)

如皋市人力资源和社会保障局

如皋市建筑工程管理局

如皋市规划局

如皋市城市管理局(城管行政执法局)

如皋市商务局(口岸办)

如皋市农业机械管理局

如皋市农业资源开发局

如皋市审计局

如皋市安全生产监督管理局

如皋市统计局

如皋市物价局

如皋市信访局

如皋市体育局

如皋市行政审批局(政务服务中心)

如皋市公共资源交易管理办公室(交易中心)

如皋市政府投资项目工程建设中心

如皋市供销合作总社

如皋市港口管理局

如皋市粮食局

中国人民银行如皋市支行

如皋市气象局

如皋新华书店有限责任公司

南通市住房公积金管理中心如皋管理部

江苏银行股份有限公司如皋支行

中华人民共和国如皋出入境检验检疫局

中华人民共和国如皋边防检查站

中华人民共和国如皋海关

如皋市文化广播电视传媒集团

江苏省沿海高速公路路政支队第四大队

江苏省灌溉动力管理一处拉马河闸管理所

中国邮政储蓄银行股份有限公司如皋市支行

如皋市城市管理监督指挥中心

如皋市环境卫生管理处

如皋市城市建设管理综合执法大队

如皋市技工学校

如皋市劳动就业管理处
如皋市社会保险基金管理中心
如皋市社会医疗保险管理处
如皋市社会养老保险管理处
如皋市居民社会养老保险基金管理中心
如皋市机关事业单位养老保险管理处
如皋市公安消防大队如皋中队
新长车务段如皋火车站
如皋市体育中心
如皋市规划监察大队
如皋市房地产交易监理所
如皋市规划编制研究中心(城市规划展示馆)
如皋市规划建筑设计院有限公司
如皋市农业机械化技术推广站
如皋市农业机电排灌管理站
如皋市粮食购销公司
如皋市粮食储备库
如皋市粮食资产管理中心
江苏江中集团有限公司
江苏南通六建建设集团有限公司
江苏九鼎集团有限公司
江苏万达特种轴承有限公司
南通斯密特森光电科技有限公司
如皋市协和印染有限公司
花木大世界控股有限公司
江苏力星通用钢球股份有限公司
江苏海力达机电制造有限公司
如皋市中铁华宇电气有限公司
如皋市凯凯电信器材有限公司
江苏海通海洋工程装备有限公司
南通杰克拜尼服帽有限公司
长江青少年素质教育实践基地
百川化工(如皋)有限公司
江苏瑞晨化学有限公司
南通新邦化工科技有限公司
江苏如皋港集团有限公司
南通泰慕士服装有限公司
双钱集团(江苏)轮胎有限公司
江苏大唐国际如皋热电有限责任公司
江苏双龙健制衣股份有限公司
江苏陆地方舟新能源车辆股份有限公司
江苏长寿集团
江苏顺丰通讯服务有限公司
南通超达装备股份有限公司
江苏锐聘信息科技有限公司
如皋市永兴肠衣有限公司
南通聚星铸锻有限公司
南通恒绮纺织有限公司
南通市宇强金属制品有限公司
南通曼淇威电气有限公司
如皋市丁堰纺织有限公司
如皋市丁堰镇长寿星居家养老服务中心
如皋磨头医院
如皋磨头中兴医院
江苏路翔交通工程有限公司
如皋市泰雅特针织时装有限公司
江苏曜彰体育用品有限公司
如皋市南蒲自来水有限公司
南通皋液液压机有限公司
南通华东油压科技有限公司
如皋市中如化工有限公司
如皋市丹凤纺织品有限公司
如皋市吴窑福康医院
如皋花园医院
江苏宏景集团有限公司
南通伊藤雅针织服饰有限公司
如皋市华阳铝制品有限公司
南通协诚服饰有限公司
江苏卓远晶体科技有限公司
南通星球石墨设备制造有限公司
南通小樱时装有限公司
江苏恒祥化学股份有限公司
南通温氏家禽有限公司
上海电气环保热电(南通)有限公司
如皋市五山漂染有限责任公司
如皋市双马化工有限公司
凯晖科技股份有限公司
南通玉兔集团有限公司
江苏汤臣汽车零部件有限公司
如皋师范学校附属小学幼儿园
如皋市东皋幼儿园
如皋经济技术开发区实验幼儿园
如皋经济技术开发区第二实验幼儿园
如皋经济技术开发区何庄幼儿园
如皋市港城实验幼儿园
如皋市长江镇郭园幼儿园
如皋高新技术产业开发区实验幼儿园
如皋市如城安定幼儿园
如皋市如城实验幼儿园
如皋市如城健康幼儿园
如皋市皋南幼儿园
如皋市西城幼儿园
如皋市东陈镇东陈幼儿园
如皋市东陈镇雪岸幼儿园

如皋市丁堰镇丁堰幼儿园
如皋市白蒲镇白蒲幼儿园
如皋市白蒲镇勇敢幼儿园
如皋市下原镇下原幼儿园
如皋市吴窑镇吴窑幼儿园
如皋市磨头镇磨头幼儿园
如皋市九华镇九华幼儿园
如皋市九华镇营防幼儿园
如皋市石庄镇石庄幼儿园
如皋市江安镇江安幼儿园
如皋市江安镇葛市幼儿园
如皋市搬经镇搬经幼儿园
如皋市搬经镇夏堡幼儿园

文 明 校 园

江苏省如皋中学
江苏省江安高级中学
如皋市第一中学
江苏省如皋中等专业学校
如皋初级中学
如皋市实验初中
如皋市外国语学校
江苏省如皋师范学校附属小学
如皋市安定小学
如皋经济技术开发区实验初中
如皋经济技术开发区实验小学
如皋市港城实验学校
如皋市长江镇郭园初级中学
如皋市长江镇郭园小学
如皋市长江镇永平小学
如皋高新技术产业开发区实验初中
如皋市城南小学
如皋市如城实验小学
如皋市如城小学
如皋市东陈镇东陈初级中学
如皋市东陈镇东陈小学
如皋市东陈镇雪岸小学
如皋市丁堰镇丁堰初级中学
如皋市丁堰镇丁西小学
如皋市白蒲镇白蒲初级中学
如皋市白蒲镇白蒲小学
如皋市白蒲镇林梓小学
如皋市吴窑镇江中小学
如皋市磨头镇磨头初级中学
如皋市磨头镇磨头小学
如皋市九华镇九华初级中学
如皋市九华镇郑甸小学
如皋市石庄镇石庄初级中学
如皋市石庄镇石庄小学
如皋市搬经镇搬经初级中学
如皋市搬经镇常青初级中学
如皋市搬经镇搬经小学

文 明 社 区

如皋工业园区(如城街道)迎新社区
如皋工业园区(如城街道)花园社区
如皋工业园区(如城街道)长巷社区
如皋工业园区(如城街道)城东社区
如皋工业园区(如城街道)孔庙社区
如皋工业园区(如城街道)新民社区
如皋工业园区(如城街道)宏坝社区
如皋工业园区(如城街道)城南社区
如皋工业园区(如城街道)陆桥社区
如皋工业园区(如城街道)安定社区
如皋工业园区(如城街道)秀水社区
如皋工业园区(如城街道)蒲行社区
如皋工业园区(如城街道)大殷社区
如皋工业园区(如城街道)西郊社区
如皋工业园区(如城街道)仙鹤社区
如皋工业园区(如城街道)顾庄社区
长江镇(如皋港区)长青社区
长江镇(如皋港区)镇龙社区
长江镇(如皋港区)永平社区
长江镇(如皋港区)田桥社区
长江镇(如皋港区)杨洲社区
长江镇(如皋港区)永丰社区
长江镇(如皋港区)长江社区
长江镇(如皋港区)二案社区
长江镇(如皋港区)永建社区
长江镇(如皋港区)永福社区
长江镇(如皋港区)义圩社区
长江镇(如皋港区)场东社区
长江镇(如皋港区)薛窑社区
长江镇(如皋港区)顾桥社区
长江镇(如皋港区)范刘社区
经济技术开发区(城北街道)庆余社区
经济技术开发区(城北街道)邓园社区
经济技术开发区(城北街道)城北社区
经济技术开发区(城北街道)东风社区
经济技术开发区(城北街道)普济社区
经济技术开发区(城北街道)袁桥社区
经济技术开发区(城北街道)鹿门社区
经济技术开发区(城北街道)北郊花苑
经济技术开发区(城北街道)新王庄社区

经济技术开发区(城北街道)镇南社区
经济技术开发区(城北街道)花园桥社区
经济技术开发区(城北街道)双龙社区
经济技术开发区(城北街道)柴湾社区
经济技术开发区(城北街道)新生社区
高新区(城南街道)宋家桥社区
高新区(城南街道)张八里社区
高新区(城南街道)马塘社区
高新区(城南街道)天堡社区

磨头镇新联社区　　磨头镇天阳社区
磨头镇高庄社区　　下原镇邹庄社区
下原镇白李社区　　下原镇野树社区
下原镇桃园社区　　下原镇沈阳社区
东陈镇南东陈社区　　东陈镇山河社区
东陈镇洪桥社区　　东陈镇双群社区
东陈镇万富社区　　东陈镇雪岸社区
东陈镇冯堡社区　　丁堰镇新堰社区
丁堰镇茄儿园社区　　丁堰镇鞠庄社区
丁堰镇皋南社区　　丁堰镇凤山社区
白蒲镇文著社区　　白蒲镇蒲西社区
白蒲镇蒲东社区　　白蒲镇钱园社区
白蒲镇镇区社区　　白蒲镇前进社区
搬经镇加马社区　　搬经镇谢甸社区
搬经镇搬东社区　　搬经镇严鲍社区
搬经镇朱夏社区　　搬经镇群岸社区
搬经镇鞠桥社区　　搬经镇湖刘社区
搬经镇兴夏社区　　搬经镇叶庄社区
搬经镇横埭社区　　搬经镇董王社区
九华镇九华社区　　九华镇四圩社区
九华镇郭李社区　　石庄镇永兴社区
石庄镇石南社区　　石庄镇新生港社区
石庄镇张杨园社区　　石庄镇石北社区
石庄镇石庄社区　　石庄镇草张庄社区
石庄镇闸口社区　　江安镇章庄社区
江安镇胜利社区　　江安镇镇中社区
江安镇环池社区　　江安镇周庄社区
江安镇徐黄社区　　江安镇中心社区
吴窑镇三元社区　　吴窑镇立新社区
吴窑镇黄石社区　　吴窑镇吴窑社区

文　明　村

如皋工业园区(如城街道)沿河村
如皋工业园区(如城街道)龙游河村
如皋工业园区(如城街道)长港村
如皋工业园区(如城街道)凌青村
如皋工业园区(如城街道)新官村
长江镇(如皋港区)富圩村
长江镇(如皋港区)蔡埠庄村
长江镇(如皋港区)田王村
经济技术开发区(城北街道)平园池村
经济技术开发区(城北街道)里庄村
经济技术开发区(城北街道)万新村
经济技术开发区(城北街道)志勇村
经济技术开发区(城北街道)狮垛村
经济技术开发区(城北街道)天河桥村
经济技术开发区(城北街道)朱厦村
高新区(城南街道)申徐村
高新区(城南街道)明池村
高新区(城南街道)左邬村
高新区(城南街道)肖陆村

磨头镇新徐村　　磨头镇场东村
磨头镇朗张村　　磨头镇兴韩村
下原镇老坝村　　下原镇花园头村
吴窑镇长西村　　吴窑镇老庄村
吴窑镇平田村　　吴窑镇陈家村
东陈镇石池村　　东陈镇北庄村
东陈镇刘亮村　　东陈镇杭桥村
东陈镇尚书村　　丁堰镇刘海村
白蒲镇桥口村　　白蒲镇邓杨村
白蒲镇朱窑村　　白蒲镇朱家桥村
白蒲镇黄行村　　搬经镇万富村
搬经镇梅甸村　　搬经镇芹界村
搬经镇任庄村　　搬经镇林上村
搬经镇晓庄村　　搬经镇土山村
九华镇杨码村　　九华镇小马桥村
九华镇营西村　　九华镇姜园村
九华镇二甲村　　石庄镇凤龙村
石庄镇海圩村　　石庄镇蔡炎村
石庄镇思江村　　江安镇新建村
江安镇陈严村　　江安镇朗庙村
江安镇黄建村　　江安镇马堡村
江安镇六团村　　江安镇葛市村
江安镇佘圩村